D1662389

E-Publishing-Management

Thilo Büsching • Gabriele Goderbauer-Marchner

E-Publishing-Management

Thilo Büsching
Hochschule Würzburg-Schweinfurt
Würzburg
Deutschland

Gabriele Goderbauer-Marchner
Institut für Journalistik
Universität der Bundeswehr München
Neubiberg
Deutschland

Unter Mitarbeit von Sandra Roth und Bernhard Glasauer

ISBN 978-3-658-04109-0
ISBN 978-3-658-04110-6 (eBook)
DOI 10.1007/978-3-658-04110-6

Die Deutsche Nationalbibliothek verzeichnet diese Publikation in der Deutschen Nationalbibliografie; detaillierte bibliografische Daten sind im Internet über http://dnb.d-nb.de abrufbar.

Springer Gabler

Lektorat: Stefanie Brich/Margit Schlomski

Gedruckt auf säurefreiem und chlorfrei gebleichtem Papier

Springer Gabler ist eine Marke von Springer DE. Springer DE ist Teil der Fachverlagsgruppe Springer Science+Business Media
www.springer-gabler.de

Vorwort

E-Publishing ist nichts Neues im 21. Jahrhundert. Schon seit Jahrzehnten existiert dieser Terminus. E-Publishing wird die gedruckten Medien nicht vollständig ersetzen. Aber mit der Digitalisierung verändert und verschiebt sich das Medienverhalten. Mit diesem Lehrbuch analysieren die Autoren das E-Publishing-Management, das sich durch technische Innovationen aus publizistischer und ökonomischer Sicht sehr dynamisch entwickelt. Deshalb ist ein strukturierendes Grundlagenwerk so wichtig.

Besonders herzlich möchten wir den Co-Autoren Sandra Roth und Bernhard Glasauer danken, die den Mehrwert des Buches an vielen Stellen akzentuieren konnten. Das Buch wäre in der Form nicht möglich gewesen ohne die Visualisierungen von Andrea Wachtveitl. Dank gebührt auch den Verantwortlichen der Virtuellen Hochschule Bayern (vhb), Katharina Kucher und Ingrid Martin, die den beiden Autoren die Chance gaben, das hoch aktuelle Thema E-Publishing in eine E-Learning-Plattform zu verwandeln. Die Studierenden der Hochschule für angewandte Wissenschaften Würzburg-Schweinfurt wie die Studierenden der Universität der Bundeswehr München verdienen unseren besonderen Respekt: Im Entwicklungsprozess des E-Learning-Kurses *E-Publishing* gaben sie uns zahlreiche Anregungen für die Buchtexte.

Mit E-Publishing wird Geld verdient, immer mehr. Mit E-Publishing ist die Gratwanderung zwischen Journalismus und Public Relations noch trennschärfer zu definieren. Auf jeden Fall wird das elektronische Veröffentlichen immer anspruchsvoller, komplexer und spannender. E-Publishing spiegelt die vitale Medienwelt in einer mobilen und globalen Gesellschaft wider.

Thilo Büsching
Gabriele Goderbauer-Marchner

Inhaltsverzeichnis

Teil III Content- und Format-Management

Einleitung: Wissenschaftlich-technische Definition von E-Publishing

1

Gabriele Goderbauer-Marchner/Bernhard Glasauer

1.1 Vom Papier zum E-Reader

Es ist heute schwer vorstellbar, dass noch vor wenigen Jahren Bücher ausschließlich als Papierausgabe auf den Markt kamen. Eine andere Publikationsart war so undenkbar, dass sich die Vorstellungswelt praktisch ausschließlich auf Hard- und Softcover beschränkte. Obwohl auch heute noch die überwiegende Anzahl von Büchern als Print-Produkt erscheint, existiert in vielen Fällen bereits eine E-Book-Variante. Elektronische Publikationen – kurz E-Pub – sind heute fester Bestandteil des Buchmarkts.

Erstmals taucht der Begriff „Electronic Publishing" in den 1970er Jahren, vermutlich 1977, im englischsprachigen Raum auf, während er zu dieser Zeit im deutschsprachigen Raum noch fremd ist. Doch was bedeutet E-Publishing eigentlich genau? Die einfache Publikation als E-Book? Oder handelt es sich bei einer E-Mail bereits um E-Publishing?

Die Beantwortung dieser Fragen hängt vor allem vom Blickwinkel des Betrachters ab. Möchte man den Begriff genauer definieren, so ist zunächst zu unterscheiden, ob man sich dem Begriff technisch von der Informatik her nähert oder ob im Mittelpunkt die inhaltliche, journalistische, publizistische Sichtweise steht. In diesem Buch steht die publizistisch-ökonomische Herangehensweise im Vordergrund.

1.2 Allgemeine Definition von E-Publishing

Eine gängige Definition aus dem Wörterbuch beschreibt E-Publishing als „Publishing in which information is distributed by means of a computer network or is produced in a format for use with a computer"[1].

[1] Merriam-Webster Dictionary, http://www.merriam-webster.com/dictionary/electronic%20publishing. Zugriff am 16.09.2013.

T. Büsching, G. Goderbauer-Marchner, *E-Publishing-Management*,
DOI 10.1007/978-3-658-04110-6_1,

In dieser technisch geprägten Definition spiegelt sich vor allem die Anfangszeit des E-Publishing wider. Erst in den 1990er Jahren und dann ab 2000 findet der Begriff Eingang in die Wissenschaft der Journalistik, der Publizistik, der Medien- und Kommunikationswissenschaft. Hier steht er vor allem als inhaltlicher wie publizistischer Terminus im Zentrum. E-Pub bedeutet in diesem Kontext also die digitale Veröffentlichung – und zwar von vielen verschiedenen Darstellungsformen und Typen in elektronischer Form, im Internet oder als Datei bzw. Dokument. Veröffentlicht werden einzelne Wörter, Satzteile, Sätze, Beiträge, Bilder, Grafiken, Filme, Zeitungen, Zeitschriften, Bücher etc. Das Ziel ist es, in einer breiteren Zielgruppe Bekanntheit und/oder Image aufzubauen, sie zu informieren, zu unterhalten, zu bilden, Verkaufskontakte anzubahnen und/oder einen Dialog zu entwickeln.

Die Form der Veröffentlichung ist somit sehr vielschichtig. „Dabei kann es sich um die Erstellung eines Newsletters handeln oder um ein elektronisches Magazin, ein eZine, um einen elektronischen Informationsdienst, ein elektronisches Datenblatt oder eine E-Mail“[2]. Es geht um die Vielfalt von Informationen, die elektronisch „behandelt“ werden: Sie können über E-Pub geschrieben, formatiert, publiziert und distribuiert werden, und all das auf elektronische Weise. E-Publishing benötigt in jedem Fall einen Computer, einen Rechner, der Daten mithilfe von entsprechenden Programmen verarbeiten kann. Dies können ein PC, ein Laptop, ein Smartphone sein – ganz egal, wichtig ist ein digitales Speichermedium.

Der Begriff E-Pub wird in der allgemein-populären Sprache verwendet, er erfährt jedoch auch eine wissenschaftliche Definition, die einerseits herstellungsorientiert, andererseits durch die Auswahl von Medien in Kommunikationsprozessen hergeleitet und schließlich technisch basiert sein kann.

Wer sich mit dem Begriff E-Pub befasst, muss sich mit der sog. Digitalen Revolution auseinandersetzen, die – bedingt durch den technischen Wandel – enorme Folgen für die Medienbranche hat. Er muss sich mit der Medienkonvergenz befassen, den sozialen Netzwerken und der publizistischen Form des Web-TV, das an der Schnittstelle zwischen Journalismus und Public Relations zu sehen ist, je nach Auftraggeber, je nach Intention. Schließlich gehört zum Feld des E-Publishings das breite und bislang noch sehr unbefriedigend gelöste Thema des Paid Contents dazu – denn es geht nicht um l'art pour l'art, sondern um ein Überleben im Medienmarkt. E-Pub beeinflusst den Verlagsmarkt, besonders den E-Book-Markt. Wenn sich Technik und Nutzungsgewohnheiten, Zielgruppen und Faibles ändern, sind die Kreativen gefragt: E-Pub stellt diese vor neue Herausforderungen, kreative Produkte gilt es zu entwickeln, die neue Märkte bedeuten. Für die journalistisch tätige Medienbranche stellt E-Pub nicht den Untergang dar, im Gegenteil, mit E-Pub ist der Innovation Tür und Tor geöffnet. Voraussetzung ist nicht allein eine „schlaue App“, es ist die Kenntnis der Zielgruppe, das Wissen um deren Sprache. Es geht dabei nicht um ein Nicht-Publizieren, sondern um ein Nicht-Festhalten an der Materie Papier. E-Pub agiert

[2] http://www.itwissen.info/definition/lexikon/E-Publishing-ePublishing-electronic-publishing.html. Zugriff am 16.09.2013.

und reagiert auf die Mobilität der Gesellschaft, auf die Flexibilität und die Geschwindigkeit einer digitalen Generation.

Das Problem des elektronischen Publizierens sei bereits hier genannt, denn – bei allen Vorteilen – gibt es Schwierigkeiten in der Dauer der Haltbarkeit. Während säurefreie Bücher hunderte von Jahren problemlos überdauern, auch ein Zelluloid-Film mindestens 100 Jahre überleben kann, gehen Fachleute bei E-Pub-Produkten von einer Haltbarkeit von etwa fünf Jahrzehnten aus (Neuroth/Strathmann/Oßwald/Scheffel et al. (Hg.) 2012; Neuroth/Oßwald/Scheffel/Strathmann/Jehn (Hg.) 2009). Das stellt die Aufbewahrung vor neue Herausforderungen. Doch hier soll uns der Aspekt der Archivierung – im Augenblick – nicht beschäftigen.

Die drei größten Vorteile von E-Pub sind das rasche Tempo, mit dem Informationen gefunden werden, die Nutzung von Querverweisen, Links und die multimediale Einbindung von Darstellungen, z. B. durch Fotos, Grafiken, Animationen und Videoclips oder lange Filmsequenzen – technisch heute alles kein Problem.[3]

Ein Blick auf die rasante Entwicklung zeigt: E-Publishing ist heute – Stand 2013– für *alle* Zielgruppen von größter Relevanz. Das war vor wenigen Jahren noch anders – noch um 2005 erklärten Fachleute, E-Pub sei von Vorteil nur für beispielsweise junge, unbekannte Autoren oder wissenschaftliche Arbeiten mit geringen Publikationsauflagen.

1.2.1 Technische Definition

1.2.1.1 Datentypen

Nähert man sich dem Begriff E-Publishing von der technischen Seite, ist die naheliegendste und einfachste Unterscheidung diejenige hinsichtlich der verschiedenen Datentypen. Damit schafft man eine Definition für E-Publishing, die sich rein am Ausgabeformat, nicht aber am Content orientiert. So können alle digitalen Publikationen der folgenden Typen unter dem Begriff E-Publishing subsumiert werden (Endres/Fellner 2000, S. 21):

- Formatierte Daten (Bit, Zahl, Zeichenfolge)
- Text
- Zeichnung
- Bild (Festbild)
- Ton
- Film (Bewegtbild)
- Animation

[3] http://www.bullhost.de/e/electronic-publishing.html, Zugriff am 16.09.2013.

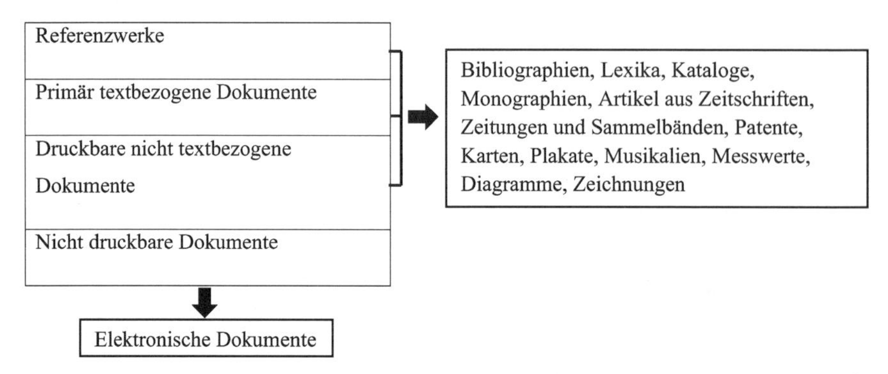

Abb. 1.1 Elektronisches Dokument vs. Elektronische Publikation. (Quelle: Scholze/Stephan 2007, S. 11, Zugriff am 16.09.2013)

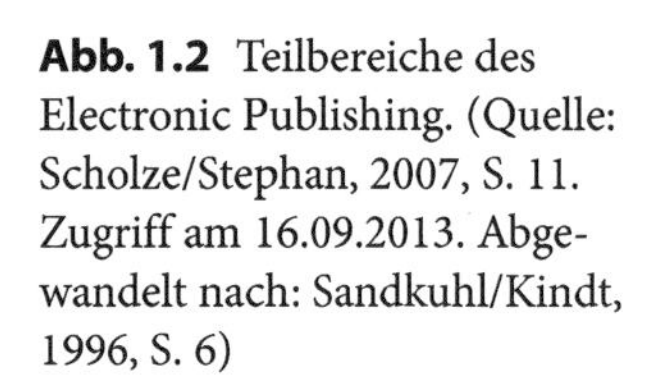

Abb. 1.2 Teilbereiche des Electronic Publishing. (Quelle: Scholze/Stephan, 2007, S. 11. Zugriff am 16.09.2013. Abgewandelt nach: Sandkuhl/Kindt, 1996, S. 6)

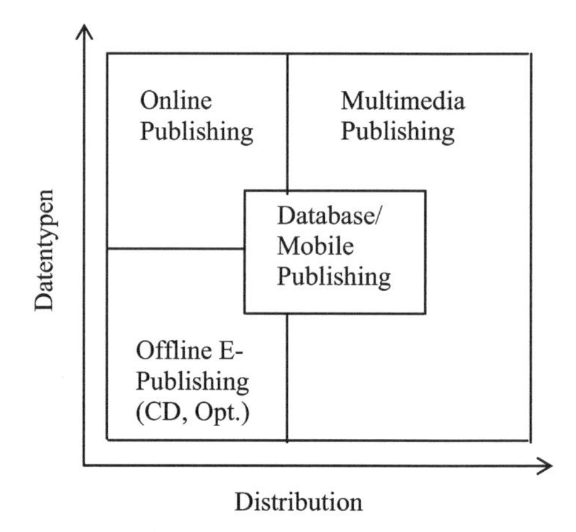

1.2.1.2 Elektronisches Dokument vs. Elektronische Publikation (vgl. Abb. 1.1)

Nimmt man jedoch den contentbezogenen Dokumentbegriff als Basis, ergibt sich eine andere Einteilung der Informationsmedien. Ausgehend von analogen text- und papiergebundenen Dokumenten unterscheidet man mehrere Kategorien.

Vom Dokument zur Publikation Erst unter Einbeziehung der Herstellerfunktion, der Öffentlichkeit und der zeitpunktunabhängigen Nutzung durch den Rezipienten wird aus dem Informationsmedium bzw. seiner Konkretisierung als Dokument eine Publikation.

Beispiel „In diesem Sinne sind digitale Fernseh- und Rundfunkprogramme keine elektronischen Publikationen (vgl. Abb. 1.2); entsprechend selektierte und elektronisch archi-

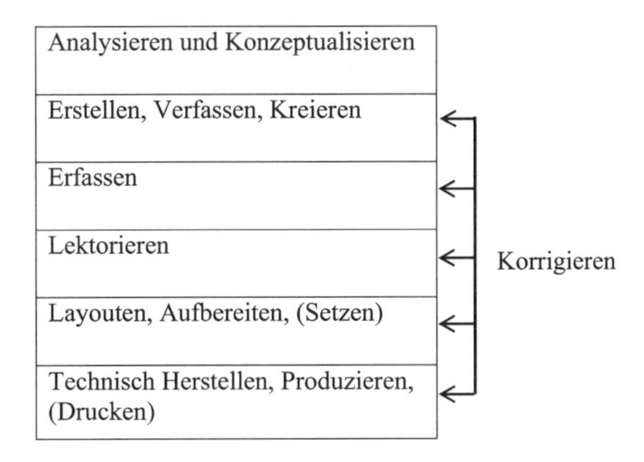

Abb. 1.3 Schematische Übersicht der herstellungsorientierten Definition nach Scholze/Stephan: (Quelle: Scholze/Stephan, 2007, S. 5)

vierte Audio-, Video- oder Multimedia-Dokumente, die (auch gegen Gebühr) für einen Rezipienten von der Sendezeit unabhängig abruf- und nutzbar sind, hingegen schon"[4].

1.2.2 Herstellungsorientierte Definitionen (vgl. Abb. 1.3)

Ausgehend von technischen Erklärungsmustern, unter Einbeziehung des Informationsaustauschs zwischen den Zielgruppen, konzentriert sich die herstellungsorientierte Definition naturgemäß auf die Herstellungsprozesse. Vertreter dieser Richtung sind unter anderem Kist, Sandkuhl, Hawkins (Kist 1988, S. 8; Sandkuhl, 1994, S. 7; Hawkins 1994, S. 378).

Dabei ergibt sich aber die Gefahr einer Begriffsunschärfe, „die dann z. B. auch den Online-Auftritt von Verlagen zu Werbezwecken mit einbezieht" (Vogel, 2001, S. 88 f.).

1.2.3 Definition nach Auswahl von Medien in Kommunikationsprozessen

1.2.3.1 Allgemein

Durch die Verbreitung des Internets seit Anfang der 90er Jahre und die steigende Anzahl von PCs in Privathaushalten wurde Electronic Publishing auch auf kommerzieller Ebene interessant. Dazu zählen CD-ROMs, DVDs, Disketten und Online-Publikationen. „Dieser Vorgang – und nur dieser: das Verlegen digitaler Endprodukte – wird seit Mitte der neunziger Jahre in den meisten Veröffentlichungen zum Thema als Electronic Publishing bezeichnet" (Scholze/Stephan, 2007, S. 6.).

[4] Scholze/Stephan 2007, S. 11/12. Zugriff am 16.09.2013.

Hier zeigt sich schon der Wandel des Begriffs infolge der Zunahme von E-Publishing. Noch deutlicher wird dies, wenn man frühere Definitionen heranzieht: Während man in Deutschland in den 80er Jahren noch die Auffassung vertrat, „Electronic Publishing ist jedoch nicht ‚Publizieren' im Wortsinn von ‚Veröffentlichung' […] durch einen Verlag […], sondern allenfalls eine Vorstufe vom Verfassen bis zum Erfassen (Setzen) und Seitenumbruch" (Ehlers, 1989, S. 452.), war man im englischsprachigen Bereich bereits offener: „Electronic Publishing: Publishing in machine-readable form" (Kent (Hrsg) 1986, S. 114).

Heutzutage umfasst das Spektrum digitaler Endprodukte im Publikationswesen einerseits eigenständige elektronische Datenbanken, Multimedia-Anwendungen, Bücher, Zeitschriften oder Zeitungen, andererseits jedoch weitaus häufiger noch digitale Supplemente oder Parallelausgaben zu herkömmlichen Veröffentlichungen.[5]

1.2.3.2 Unterscheidung nach veröffentlichtem Endprodukt

Grundsätzlich wird bei E-Publishing zwischen *Online Publishing* und *Offline Electronic Publishing* unterschieden, bei dem die Distribution nicht direkt über Netzwerke, sondern auf einem Datenträger erfolgt.

Electronic Publishing steht allgemein „für alle übrigen computerunterstützten Publishing-Verfahren" im Sinne der herstellungsorientierten Definition, solange sie sich nicht auf das veröffentlichte Endprodukt bezieht.[6]

1.2.3.3 Unter Berücksichtigung der Kommunikationspartner und ihrer Funktion

Ein weiterer Aspekt, in dem sich E-Publishing vom herkömmlichen Publishing stark unterscheidet, sind die Kommunikationspartner und ihre Funktion.

Reduziert man die Betrachtung des Herstellungsprozesses einer elektronischen Publikation auf die wesentlichen Aspekte, so gilt: Kommunikator = Hersteller = Verlag. Allerdings beschreibt diese Definition nicht das gesamte Spektrum an Publikationen. Darunter fallen vor allem „graue Formen" digitaler Dokumente wie z. B. Kongressberichte, Preprints, Reports, Dissertationen, Vorlesungsmanuskripte etc. Der Herstellerbegriff muss also in einem weiteren Kontext gesehen werden.

Entscheidend ist, dass der Autor hier alle Funktionen des Herstellungsprozesses übernimmt, auch die Qualitätssicherung, für die traditionell der Verlag zuständig wäre. Die Kriterien der inhaltlichen Qualitätssicherung sind laut Endres folgende (Endres/Fellner, 2000, S. 303):

- Wahrhaftigkeit
- Klarheit
- Kompaktheit (Präzision und Kürze)

---

[5] Weitere Definitionen vgl.: nach Merriam-Webster Dictionary. Zugriff am 16.09.2013. Nach IT Wissen. Das Große Online-Lexikon für Informationstechnologie. Zugriff am 16.09.2013.

[6] Scholze/Stephan 2007, S. 6. Zugriff am 28.8.2012.

- Konsistenz (Einheitlichkeit von Aussagen und Terminologie)
- Quellenangabe (Schutz des geistigen Eigentums Anderer)

Kennzeichnend für Electronic Publishing ist eine starke Bi-Direktionalität innerhalb des Herstellungsprozesses, aber auch die einfachere Möglichkeit der Rückmeldung durch den Rezipienten zum Kommunikator (Scholze/Stephan 2007, S. 8. Zugriff am 16.09.2013). Grundsätzlich zeichnet sich E-Publishing also vor allem durch eine starke Fokussierung auf den Hersteller und eine direkte Kommunikation zwischen Hersteller/Kommunikator und Leser/Rezipient aus.

1.3 E-Publishing und Open Access

E-Publishing hat sich in der Wissenschaftswelt etabliert und nimmt immer breiteren Raum ein. Zum einen werden Forschungsergebnisse und Aufsätze immer häufiger online veröffentlicht, zum anderen zeigt sich in der Wissenschaft eine Differenzierung hinsichtlich Open-Access-Publikationen und sog. Paid Content, Letzteres vor allem bei Fachzeitschriften.

Was versteht man unter Open Access? Hier ist die sog. Berliner Erklärung hilfreich, die 2003 unter Mitwirkung der Max-Planck-Gesellschaft verfasst wurde:

„Our mission of disseminating knowledge is only half complete if the information is not made widely and readily available to society. New possibilities of knowledge dissemination not only through the classical form but also and increasingly through the open access paradigm via the Internet have to be supported. We define open access as a comprehensive source of human knowledge and cultural heritage that has been approved by the scientific community“[7].

Im Mittelpunkt stehen also Nachhaltigkeit, Interaktivität und Transparenz; der freie Zugang zu Informationen aus der Wissenschaft ist einzig durch die Autorenrechte eingeschränkt.[8]

Dabei sind bei Open Access mehrere Formen zu unterscheiden. Mit dem Begriff „Goldener Weg“ wird die bestmögliche Situation umschrieben, in der Forschungsorganisationen und Förderer Mittel bereitstellen, damit die Publikationen schon bei der Veröffentlichung finanziert werden können. Der „Grüne Weg“ bedeutet, dass bereits erschienene Verlagspublikationen und andere digitale Objekte in frei zugänglichen Datenbanken, sog. Repositorien, bereitgestellt werden. Schließlich gibt es Open-Access-Verlage, die ihr Geld durch sog. Value-added Content verdienen, also durch kostenpflichtige Zusatzangebote (z. B. Datenbanken); der Nutzer darf – ohne zu bezahlen – Artikel lesen, kopieren, nutzen. Dies bieten bereits u. a. der Fraunhofer Verlag, der Bertelsmann Verlag oder der Akademie Verlag an.

[7] http://oa.mpg.de/lang/de/berlin-prozess/berliner-erklarung/. Zugriff am 16.09.2013.

[8] www.open-access.net. Zugriff am 16.09.2013.

1.4 Fazit

Eine allgemeingültige Definition für E-Publishing zu finden ist naturgemäß schwierig. Sie hängt zu sehr von der Betrachtungsweise, den verschiedenen Aspekten des Herstellungsprozesses, nicht zuletzt von der rapiden technischen Entwicklung ab. Wählt man eine allumfassende Herangehensweise, besteht die Gefahr, dass die Definition beliebig wird, geht man zu eng heran, läuft man Gefahr, nur einen kleinen Teilaspekt zu erfassen. Was also bedeutet nun E-Publishing wirklich?

Unter Berücksichtigung all dieser Aspekte schlagen Scholze/Stephan folgende Definition vor:

„Elektronisches Publizieren umfasst die öffentlichen Formen der zeitpunktunabhängigen Kommunikation mittels digital vorliegender Dokumente zwischen einem über seine Funktionen definierten Hersteller (Kommunikator) und einem Empfänger (Rezipient)“[9].

Dem ist lediglich hinzuzufügen, dass wir unter dem Begriff Dokumente in dieser Publikation alle Inhaltsformen, wie z. B. Wörter, Beiträge, Grafiken und Filme verstehen.

Quellen

Berliner Erklärung: http://oa.mpg.de/lang/de/berlin-prozess/berliner-erklarung/. Zugriff am 16.09.2013.
Bullhost: http://www.bullhost.de/e/electronic-publishing.html, Zugriff am 16.09.2013.
Ehlers, Hans Jürgen: Elektronisches Publizieren. In: Severin Corsten (Hrsg.): Lexikon des gesamten Buchwesens. Bd. 2. 2. Aufl. Stuttgart. 1989.
Endres, Albert, Dieter W. Fellner: Digitale Bibliotheken: Informatik-Lösungen für globale Wissensmärkte. Heidelberg. 2000.
Hawkins, Donald T.: Forces shaping the Electronic Publishing Industry of the 1990s. In: The Electronic Publishing Business and its Market. Leatherhead. 1994.
IT Wissen: http://www.itwissen.info/definition/lexikon/E-Publishing-ePublishing-electronic-publishing.html, Zugriff am 16.09.2013.
Kent, Allen (Hrsg.): Encyclopedia of Library and Information Science 41. New York. 1986.
Kist, Joost: Elektronisches Publizieren: Übersicht, Grundlagen, Konzepte. Stuttgart. 1988.
Merriam-Webster Dictionary, http://www.merriam-webster.com/dictionary/electronic%20publishing, Zugriff am 16.09.2013.
Neuroth, Heike; Oßwald, Achim; Scheffel, Regine; Strathmann, Stefan; Jehn, Mathias (Hg.): nestor Handbuch. Eine kleine Enzyklopädie der digitalen Langzeitarchivierung, Version 2.0, Verlag Werner Hülsbusch, Glückstadt 2009.
Neuroth, Heike; Strathmann, Stefan; Oßwald, Achim; Scheffel, Regine et al. (Hg.): Langzeitarchivierung von Forschungsdaten. Eine Bestandsaufnahme, Verlag Werner Hülsbusch, Glückstadt 2012.
Open Access: www.open-access.net. Zugriff am 16.09.2013.
Sandkuhl, Kurt: Breitbandkommunikation im computergestützten Publizieren: das BILUS Projekt und seine Ergebnisse, Studien zur Wirtschaftsinformatik 8. Berlin/New York. 1994.

[9] Scholze/Stephan, 2007, S. 8. Zugriff am 16.09.2013.

Scholze, Frank, Stephan, Werner: Electronic Publishing. HSK 15-3-248. Stuttgart. 2007. Zugriff am 16.09.2013, online verfügbar unter: http://elib.uni-stuttgart.de/opus/volltexte/2007/3052/pdf/hsk15_3_248_electronic_publishing.pdf.

Vogel, Andreas: Electronic Publishing. In: Detlef Jürgen Brauner (Hrsg.): Lexikon der Presse- und Öffentlichkeitsarbeit. München. 2001.

Teil I
Markt

2 Markt-Entwicklung – Der Publishing-Markt im Wandel

Gabriele Goderbauer-Marchner, Bernhard Glasauer und Sandra Roth

2.1 Der Publishing-Markt im Wandel: It's the End of the World as we know it? Quo vadis Buch & Co.?

Die Etablierung des Internets als Massenkommunikations- und Dokumentationsmedium stellt technisch, historisch und sozial einen ähnlichen technischen Fortschritt, qualitativen Sprung und eine gesellschaftliche Funktion für die Menschen des 21. Jahrhunderts dar, wie Gutenbergs Buchdruck für die damalige Gesellschaft.[1] Man kann auch sagen, dass sich durch die Digitalisierung der Welt seit dem Ausgang des 20. Jahrhunderts ein nahezu alle Lebensbereiche umfassender Wandel vollzogen hat, der den weltverändernden Folgen der Industrialisierung gleicht. Daher tönte 2012 R.E.M.s „It's the End of the World as We Know It" passenderweise und nicht ohne Hintergedanken aus den Lautsprechern der New York BookExpo.[2] Aller Anfang ist schwer und wird allzu oft verteufelt, bevor Potentiale des Wandels erkannt und gewinnbringend genutzt werden können. Ähnlich geht es derzeit auf dem klassischen Print- und Publishing-Markt in Deutschland zu. Verleger klassischer Print-Medien wie Buch, Zeitung, Magazin und Co. befinden sich noch in einer Orientierungsphase, in der momentan größtenteils zwei extreme Standpunkte vertreten werden: entweder wird der Untergang klassischer Medien prophezeit, was durch das Ende einschlägiger Medien wie des Print-*Brockhauses* (2013), der Print-*Encyclopedia Britannica*

[1] Vgl. Ebersbach/Glaser/Heigl 2011: 274. Vgl. hierzu auch Jan Felix Schrape, Gutenberg-Galaxis Reloaded? Der Wandel des deutschen Buchhandels durch Internet, E-Books und Mobile Devices. Boizenburg. 2011.

[2] Vgl. http://www.buchreport.de/nachrichten/verlage/verlage_nachricht/datum/2013/05/31/mut-zum-wandel.htm, 06.06.13.

T. Büsching, G. Goderbauer-Marchner, *E-Publishing-Management*,
DOI 10.1007/978-3-658-04110-6_2,

(2012)[3] oder der *Financial Times Deutschland* (2013) noch verstärkt wird, oder es werden allein die neuen Möglichkeiten des digitalen Medienmarkts seit der digitalen – auch elektronischen – Revolution propagiert.[4] Eher selten treten derzeit Mediatoren wie Ulrich Wilhelm[5] – Intendant des BR – auf, die zwischen den Medienvertretern versuchen zu vermitteln und Potentiale beider Medienbereiche gewinnbringend vereinen können.[6]

Wie kam es zu diesen technischen Innovationen, die derzeit den Markt spalten, und wie sehen die aktuellen technischen Möglichkeiten im Bereich E-Publishing aus? Welche Akteure spielen derzeit mit welchen Angeboten und Innovationen auf dem E-Publishing-Markt mit, und wie hat sich der E-Publishing-Markt durch diese technischen Veränderungen gewandelt?

Ausgehend von der Erfindung des Computers durch Conrad Zuse, verstärkt durch die Entwicklung des Mikrochips, entwickelte sich eine beständige Computerisierung der Gesellschaft, die erst den Aufbau weltweiter Kommunikations-Netze – wie das des Internets – ermöglichten. Digitale Güter – also Software aber auch Content – sind aus dem heutigen Wirtschaftsleben nicht wegzudenken. Sie unterscheiden sich vor allem dadurch von den materiellen Gütern, dass sie beliebig oft reproduzierbar und kopierbar sind, ohne dafür Kosten aufzuwenden. Dies wiederum bedingt eine ganze Reihe weiterer Entwicklungen, angefangen beim Tauschen und Kopieren bis hin zu neuen Erlösmodellen.

Die Entwicklung der Digitalisierung wird sich weiter fortsetzen hin zu mehr Automatisierung und Roboterisierung. 2003 waren bereits mehr Daten digital gespeichert als analog, 2007 waren es bereits 94 %. Auch die Telekommunikationskapazität war 2000 bereits zu 98 % digitalisiert, wobei Fernsehen und Radio dabei etwas hinterherhinken. Auch die weltweite Telekommunikations- und Informationsspeicherkapazitäten pro Kopf sind in den Jahrzehnten zwischen 1986 und 2007 zwischen 23 % und 28 % pro Jahr gewachsen. Man spricht daher auch vom „Digitalen Zeitalter".[7]

---

[3] http://www.boersenblatt.net/625262/, 17.06.13.

[4] http://www.buchreport.de/nachrichten/verlage/verlage_nachricht/datum/2013/05/31/mut-zum-wandel.htm, 06.06.13. Eine ähnliche Diskussion mit Vertretern extremer Standpunkte fand im medienpolitischen Arbeitskreis der Hanns-Seidel-Stiftung unter dem Titel „Dialog digitale Zukunft" im November 2012 in München statt.

[5] Wilhelm plädierte in seinem Vortrag im medienpolitischen Arbeitskreis der Hanns-Seidel-Stiftung für den Qualitätsjournalismus, zur hochwertigen Information der deutschen Bevölkerung, und für ein System von „Checks and Balances", in dem Verlage und Redakteure für die Richtigkeit und Qualität ihrer Informationen bürgen. Den richtigen Medien-Mix und die passenden crossmedialen Strategien muss der Qualitätsjournalismus derzeit noch für sich finden. Die Verarbeitung und Verbreitung hochwertigen Live-Contents, wie z. B. die Übertragung und Berichterstattung zu Großereignissen wie z. B. Fußball-Meisterschaften oder den US-Wahlen, die oft auch ein soziales Bedürfnis der Zuschauer bedienen („Public Viewing"), sieht er dabei als große Chance für die klassischen Medien.

[6] Vgl. http://www.economist.com/events-conferences/americas/video/giant-sifting-sound-0, 17.06.13.

[7] ebd.

Wenn man einen Blick auf die Gesellschaft wirft, wird klar, dass es sich bei dem beschriebenen Wandel um eine echte Revolution handelt, also einen radikalen Umbruch und nicht eine bloße Evolution. Denn ein Kennzeichen der Revolution ist die Umwälzung des kulturellen „Normensystems einer Gesellschaft".[8]

Durch die Digitale Revolution ändern sich Kommunikationsverhalten, Mentalität, Kinder- und Jugendkultur, etc. Weltumspannende wirtschaftliche, soziale und kulturelle Konkurrenz und Kommunikation tragen nicht nur zu Demokratisierung und wirtschaftlicher Prosperität bei, sondern bestimmen maßgeblich die Globalisierung. Nicht nur die neuen technischen Möglichkeiten, auch der leichte Zugang zu Wissen haben der Wissenschaft einen deutlichen Schub verpasst.

Darüber hinaus ändern sich die klassischen Strukturen von Verlagen und Zeitungen ebenso wie die Wertschöpfungsstruktur der Buchbranche.[9]

2.2 Eingrenzung von Medienkonvergenz und Crossmedia

Eines der wichtigsten Merkmale der Digitalen Revolution ist das Zusammenwachsen und Verschmelzen der verschiedenen Medien. Der Begriff „Medienkonvergenz" steht dabei für die wirtschaftliche, technische oder inhaltliche Annäherung verschiedener Einzelmedien.[10] Als Beispiel hierfür kann der Roman *Herr der Ringe* dienen. Früher ausschließlich als Printprodukt publiziert, gibt es jetzt das E-Book und das Hörbuch. Geht man einen Schritt weiter, so steht hier als nächster Schritt zunächst die Verfilmung durch Peter Jackson, dann das Computerspiel.

Anhand dieses Beispiels lässt sich der Begriff Crossmedia, der oft synonym mit Medienkonvergenz genannt wird, näher eingrenzen; dessen primäres Kennzeichen ist der parallele Einsatz von Medien.[11] Dazu kommt der Mehrwert, der sich dem Benutzer erschließt, wenn er von einer Medieneinheit zur anderen wechselt. Die Inhalte erhalten dabei eine Markierung, um den Wechsel zu ermöglichen.[12] Unter „Markierung" versteht man alle Zeichen und Symbole, die zu einem Medienwechsel einladen.[13] So klickt der Leser der E-Book-Ausgabe von *Herr der Ringe* beispielsweise auf einen Link im E-Book und kann sich dann Illustrationen ansehen, passende Musik dazu hören oder einen Ausschnitt des Films sehen.

---

[8] H.-W. Kumwiede, B. Thibaut: Revolution – Revolutionstheorien. In: Dieter Nohlen (Hrsg.): Wörterbuch Staat und Politik. Pieper, München 1991, S. 593 ff.

[9] Einen kurzen Überblick über die Folgen der digitalen Revolution für den Buchmarkt bietet: Arnold Picot, Christoph Janello, Wie das Internet den Buchmarkt verändert. Ergebnisse einer Delphi-Studie Friedrich Ebert Stiftung, Berlin 2007.

[10] Europäisches Zentrum für Medienkompetenz (Hg.), Im Blickpunkt Medienkonvergenz, Marl 2008, S. 1. http://www.grimme-institut.de/imblickpunkt/pdf/imblickpunkt_medienkonvergenz2.pdf.

[11] Gabler Wirtschaftslexikon, Stichwort: Crossmedia. http://wirtschaftslexikon.gabler.de/Archiv/81345/crossmedia-v5.html.

[12] Plank 2008: 21.

[13] Plank 2008: 31.

2.3 Bereiche der Medienkonvergenz

Die beiden Grundkomponenten der Medienkonvergenz, nämlich „zusammenstrebende“ Hardware, also das Zusammenwachsen unterschiedlicher Medien in einem gemeinsamen Ausgabegerät und „zusammenstrebender“ Inhalt, die gleichzeitige Mehrfachvermarktung von Inhalten, sind auch für die einzelnen Teilbereiche der Medienkonvergenz bestimmend. Grundsätzlich kann man zwischen vier Bereichen unterscheiden:

2.3.1 Technische Medienkonvergenz

Damit wird das Zusammenwachsen verschiedener Einzelmedien zu einem Ausgabegerät bezeichnet. Die Digitalisierung zusammen mit der Breitbandtechnologie führt dazu, dass man mit einem beliebigen Medium verschiedenartigen Content empfangen kann, vgl. hierzu Tab. 2.1.

2.3.2 Inhaltliche Medienkonvergenz

Diese Form bezeichnet das Zusammenwachsen von Information, Unterhaltung (auch Infotainment), Interaktion und Transaktion. Ein Beispiel hierfür wäre etwa: „In einer Zeitschrift dargestellte Themen (Information) werden in einer Spielshow im Fernsehen aufgegriffen (Unterhaltung), per Telefon kann über das Gesehene abgestimmt (Interaktion), und per E-Mail können zugehörige Informationen dazu bestellt werden (Transaktion).“[14] Tatsächlich sind Zuschauertelefon, *Twitter*-, *Facebook*- und E-Mail-Einbindung heute bereits unverzichtbare Bestandteile jeder Talk-Runde oder Unterhaltungssendung.

Eine klare Abgrenzung zu Crossmedia ist hier kaum möglich. Der Vorteil inhaltlicher Konvergenz liegt vor allem in der gesteigerten Wahrnehmung und dem Mehrwert für den Nutzer. Aus diesem Grund ist dieser Bereich vor allem für Werbung und Marketing interessant. Denn diverse Studien haben gezeigt, dass Werbung, wenn sie vom Konsumenten in verschieden Medien wahrgenommen wird, einen stärkeren Eindruck hinterlässt. Man spricht dabei von gesteigerter Awareness, Recognition und gesteigertem Recall.[15]

Parallel lassen sich bestimmte Themen/Produkte noch besser kommerzialisieren. So gibt es eben nicht nur das Buch *Herr der Ringe*, sondern auch den eigenen Soundtrack, das Musical, den Comic und das Computerspiel. Dabei handelt es sich keineswegs um eine

---

[14] Europäisches Zentrum für Medienkompetenz (Hg.), Im Blickpunkt Medienkonvergenz, Marl 2008, S. 2. http://www.grimme-institut.de/imblickpunkt/pdf/imblickpunkt_medienkonvergenz2.pdf.

[15] Vgl. dazu exemplarisch die Studien zu den Werbekampagnen:

Spiegel, Crossmedia Case Study BASF, Hamburg 2004. http://www.vdz.de/crossmediacases/material/19/kampagnen/unsichtbarer_beitrag._sichtbarer_erfolg/download/casestudy_basf.zip. Spiegel, Crossmedia Case Study SAMSUNG, Hamburg 2004. http://www.vdz.de/crossmediacases/material/19/kampagnen/samsung_home_entertainment/download/case_study_samsung.zip.

Tab. 2.1 Übersicht über eine Auswahl an Medien und die damit verbundenen technischen Möglichkeiten

Medium	Technik
Internettelefonieren	voice-over-ip (voipen, skypen)
Handy-TV	DVB-H (Digital Video Broadcasting Handheld), spezielles Handyformat
	DVB-T (Digital Video Broadcasting Terrestrial), normales Fernsehformat
Mobiles TV	UMTS (Universal Mobile Telecommunications Systems) und den Nachfolger LTE (Long Term Evolution)
	GPRS (General Packet Radio Service)
	WLAN (Wireless Local Area Network) und WiMax (Worldwide Interoperability for Microwave Access)
	Bluetooth
Digitales Fernsehen	IPTV
Triple Play	Internet, Fernsehen, VOIP in einem Ausgabegerät: Mediatainment-PC, Entertainment-PC: Video Festplattenrecorder mit Time-Shift und Werbefilter, Video-on-Demand
Quadruple Play	Internet, Fernsehen, VOIP und Mobilfunk in einem Ausgabegerät
Digitales Radio	DAB (Digital Audio Broadcasting), DAB Plus Systemfamilie: Audio, Video, Multimedia
Spielekonsolen	Internetfähig, Chat-Funktion, etc.

Einbahnstraße vom Buch zum Spiel, auch der umgekehrte Weg wurde mit *Resident Evil*, *Lara Croft*, *Max Payne*, etc. schon beschritten.

2.3.3 Wirtschaftliche Medienkonvergenz

Ähnlich der beschriebenen Entwicklung bei verschiedenen Inhalten verläuft auch die Entwicklung von Unternehmen. Vormals getrennte Medienbranchen wachsen verstärkt zusammen. Als Standardbeispiel sei hier nur die Firma Apple genannt, die ein reiner Computerhersteller war, mittlerweile unter anderem auch Musik anbietet.[16] Auch Internetfirmen wie Google oder Facebook sind schon längst Multimediaunternehmen. Diese Entwick-

[16] Europäisches Zentrum für Medienkompetenz (Hg.), Im Blickpunkt Medienkonvergenz, Marl 2008, S. 2. http://www.grimme-institut.de/imblickpunkt/pdf/imblickpunkt_medienkonvergenz2.pdf.

lung geht auch an den traditionellen Print-Verlagen nicht vorbei.[17] Für diesen sich immer schneller vollziehenden Umbruch sind Werbeeinnahmen beispielsweise ein Indikator. 2011 wurden in den USA 12 % der Werbeeinnahmen der Verlags- und Zeitungsbranche online generiert.[18] Im ersten Halbjahr 2012 haben erstmals alle Zeitungen und Magazine dort zusammen weniger mit Print-Werbung verdient als Google mit Online-Werbung[19], was den Marktwandel andeutet. Auch in Deutschland zeichnet sich eine ähnliche Entwicklung deutlich ab wie Tab. 2.2 veranschaulicht.[20]

2.3.4 Nutzungskonvergenz und Innovationsdynamik

Hier verbinden sich die technische und die inhaltliche Ebene bei Nutzung konvergierender Medien durch den Verbraucher.[21] Konkret ist dies die Frage danach, wie Nutzer von den Möglichkeiten der Interaktivität und Crossmedialität Gebrauch machen. Hier kann man grundsätzlich drei Grundhaltungen von Verbrauchern beobachten: „Das klassische (audiovisuelle) Mediennutzungsverhalten ist durch eine passive und reaktive Konsumption im Lean-Back-Modus geprägt. Die Mediennutzung des Internets unterscheidet sich davon primär durch einen tendenziell interaktiveren Nutzungsmodus, Lean Forward, zur Interaktion mit Inhalten oder anderen Konsumenten. In Zukunft wird der Konsument als ‚ProSument' in die Lage versetzt, Teil des Mediengeschehens zu werden, indem er die Erstellung von Inhalten steuert oder selbst Inhalte produziert, die durch andere konsumiert werden (Jump In).“[22]

Die Digitale Revolution bewirkt eine allmähliche Änderung des Nutzungsverhaltens von Lean Back zu Lean Forward und Jump In. Allerdings gilt es auch hier zu differenzieren: Die traditionelle Mediennutzung, die durch passiven Konsum gekennzeichnet ist, bleibt erhalten, aber es kommen neue Formen hinzu. Die technische Konvergenz der Geräte, Systeme und Plattformen hat eine zunehmende Vielfalt der Angebote, Konsumformen und Zielgruppen, letztlich also eine Divergenz zur Folge. Am Ende steht eine zunehmende Fragmentierung von Content, Kanälen und Diensten, was zu einer situative-

[17] Johannes Nagel, Werden Verlage zu Softwareunternehmen?, in: Claudia Fantapié Altobelli (Hg.), Print contra Online? Verlage im Internetzeitalter, München 2002, S. 49–51.

[18] Ernst&Young, Spotlight on Profitable Growth. Media & Entertainment, 2011, S. 19. http://www.ey.com/Publication/vwLUAssets/Spotlight_on_profitable_growth_2011/$FILE/Spotlight%20on%20Profitable%20Growth%202011.pdf.

[19] http://de.statista.com/themen/651/google/infografik/712/printwerbung-versus-google/, 20.06.13.

[20] BDZV, Die deutschen Zeitungen in Zahlen und Daten. Auszug aus dem Jahrbuch „Zeitungen 2011/12“, Berlin 2012, S. 18. http://www.bdzv.de/fileadmin/bdzv_hauptseite/markttrends_daten/wirtschaftliche_lage/2011/assets/ZahlenDaten_2011.pdf.

[21] Europäisches Zentrum für Medienkompetenz (Hrsg.), Im Blickpunkt Medienkonvergenz, Marl 2008, S. 3. http://www.grimme-institut.de/imblickpunkt/pdf/imblickpunkt_medienkonvergenz2.pdf.

[22] http://www-935.ibm.com/services/de/bcs/pdf/2007/konvergenz_divergenz_0307.pdf S. 2.

Tab. 2.2 Umsätze in den einzelnen Marktsegmenten (Quelle: PwC-German Entertainment and Media Outlook 2012–2016, Seite 31)

	2007	2008	2009	2010	2011	2012	2013	2014	2015	2016	2012–2016 Ø jähr-liches Wachs-tum
Film (in Mio. €)	2.366	2.357	2.629	2.590	2.648	2.641	2.646	2.677	2.700	2.727	
Veränderung (in %)	– 1,7	– 0,4	11,5	– 1,5	2,2	– 0,3	0,2	1,2	0,9	1,0	0,6
Fernsehen (in Mio. €)	11.885	11.925	11.981	12.493	12.701	12.949	13.256	13.490	13.690	13.904	
Veränderung (in %)	0,3	0,3	0,5	4,3	1,7	2,0	2,4	1,8	1,5	1,6	1,8
Musik (in Mio. €)	1.652	1.623	1.575	1.489	1.483	1.486	1.506	1.534	1.572	1.610	
Veränderung (in %)	– 3,1	– 1,8	– 3,0	– 5,4	– 0,4	0,2	1,3	1,9	2,5	2,5	1,7
Hörfunk (in Mio. €)	3.393	3.365	3.448	3.442	3.430	3.408	3.496	3.518	3.536	3.556	
Veränderung (in %)	2,1	– 0,8	2,5	– 0,2	– 0,3	– 0,6	2,6	0,6	0,5	0,6	0,7
Außenwerbung (in Mio. €)	820	805	738	766	811	835	858	880	902	924	
Veränderung (in %)	4,2	– 1,8	– 8,3	3,8	5,8	3,0	2,8	2,6	2,5	2,4	2,7
Onlinewerbung (in Mio. €)	2.521	3.019	3.216	3.610	4.055	4.507	5.004	5.507	5.992	6.504	
Veränderung (in %)	43,1	19,8	6,5	12,3	12,3	11.1	11,0	10,1	8,8	8,5	9,9
Internetzugang (in Mio. €)	6.846	8.032	8.654	8.976	9.981	10.923	11.940	12.907	13.773	14.456	
Veränderung (in %)	24,0	17,3	7,7	3,7	11,2	9,4	9,3	8,1	6,7	5,0	7,7
Zeitschriften (in Mio. €)	6.511	6.359	5.770	5.819	5.763	5.707	5.665	5.649	5.665	5.675	
Veränderung (in %)	0,5	– 2,3	– 9,3	0,9	– 1,0	– 1,0	– 0,7	– 0,3	0,3	0,2	– 0,3
Zeitungen (in Mio. €)	9.278	9.185	8.539	8.627	8.550	8.504	8.452	8.408	8.374	8.343	
Veränderung (in %)	1,2	– 1,0	– 7,0	1,0	– 0,9	– 0,5	– 0,6	– 0,5	– 0,4	– 0,4	– 0,5
Bücher (in Mio. €)	9.576	9.614	9.691	9.734	9.601	9.615	9.332	9.325	9.425	9.570	
Veränderung (in %)	3,4	0,4	0,8	0,4	– 1,4	0,1	– 2,9	– 0,1	1,1	1,5	– 0,1
Videospiele (in Mio. €)	1.639	1.891	1.863	1.979	2.053	2.145	2.311	2.547	2.779	2.997	
Veränderung (in %)	21,7	15,4	– 1,5	6,2	3,7	4,5	7,8	10,2	9,1	7,8	7,9
Gesamt (in Mio. €)	56.486	58.176	58.104	59.525	61.076	62.720	64.466	66.442	68.408	70.267	
Veränderung (in %)	5,1	3,0	– 0,1	2,4	2,6	2,7	2,8	3,1	3,0	2,7	2,8

ren und impulsorientierteren Mediennutzung führt.[23] Die Innovationsdynamik hat somit automatisch einen Anstieg der Nutzungskonvergenz als Folge.

2.4 Content als Leadgenerator

Eine der zentralen Aufgaben der Marketingabteilung eines jeden Unternehmens ist, neben der bestmöglichen Präsentation nach außen, die Generierung von Kundendaten, sogenannter Leads (Lead = Datensatz). Vereinfacht gesagt: Der Content/Inhalt der eigenen Website muss so interessant und ansprechend sein, dass der potentielle Kunde seine Kontaktdaten freiwillig und aus eigenem Antrieb angibt.[24]

Klassische Direktmarketing-Instrumente wie Coupon-Anzeigen (Couponing), Anzeigen mit telefonischem Beratungsangebot, Anzeigen mit aufgeklebter Bestellkarte und Mailing mit Info-Karte zur Anforderung weiterer Informationen, spielen heute allenfalls noch eine Nebenrolle. Online werden vor allem Werbebanner und Text-Links, die sogenannten Incentives, also Gewinnspiele, Coupons, Produktproben, etc. beinhalten, eingesetzt. Sobald der Nutzer angebissen hat und anklickt, wird er auf die sogenannte Landing-Page der Lead-Werbekampagne weitergeleitet, wo er seine Daten eingeben muss.

Tatsächlich reicht heute bereits der Besuch einer Website, um Informationen über sich, die eigene IP-Adresse und das Surfverhalten preiszugeben. Mittels *Google Analytics*[25] lässt sich herausfinden, wie oft Besucher die einzelnen Seiten der Website besuchen, wie lange sie sich dort aufhalten, wonach Besucher wirklich suchen, wie oft Conversions stattfinden, welchen Einfluss Tweets und Blog-Beiträge haben und woher die Besucher kommen. Zusätzlich lässt sich durch In-Page-Analyse die Besucherinteraktion auf der Website grafisch abbilden und durch Ereignis-Tracking herausfinden, wie sich Besucher auf ihrer Website bewegen, wie oft zum Beispiel Flash- und AJAX-Elemente genutzt oder Produktbroschüren heruntergeladen werden.

Passend dazu bietet Google Werbung an, die sich anhand „Behavioral Targeting“ (verhaltensgesteuerter Zielgruppenansprache) an den persönlichen Interessen der Nutzer orientiert. Im Klartext bedeutet dies: Sucht man im Internet nach einer Print-Ausgabe von *Herr der Ringe*, wird die Werbung passend dazu den Film und das Computerspiel empfehlen. Die Idee dahinter ist denkbar einfach: je eher die Werbung zu den Interessen des Kunden passt, desto eher wird sie wahrgenommen, desto mehr bezahlt der Auftraggeber.

Grundlage dieser Werbemittel ist immer Content, der den Nutzer interessiert. Dabei geht es auch darum, die richtigen Zielgruppen anzusprechen, um qualifizierte Leads zu erhalten. Leads mit Fake-Namen und unvollständigen Adressen erfordern nicht nur teure

[23] http://www-935.ibm.com/services/de/bcs/pdf/2007/konvergenz_divergenz_0307.pdf S. 29.

[24] http://www.bvdw.org/medien/die-fuenf-top-trends-im-online-dialogmarketing-fuer-2011?media=2597.

[25] http://www.google.de/intl/de_ALL/analytics/index.html.

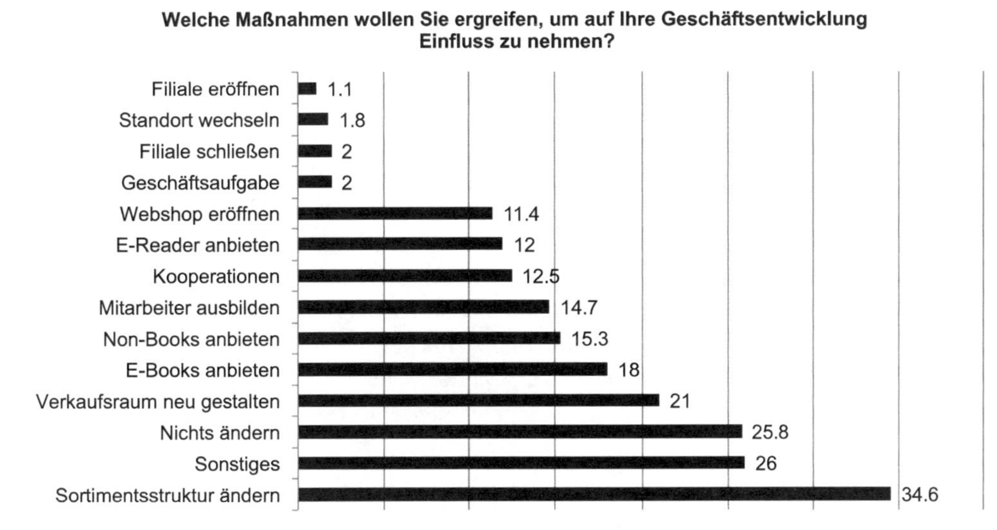

Abb. 2.1 Maßnahmen zur Geschäftsentwicklung deutscher Buchhändler 2013, Umfrage des Börsenvereins unter 570 Buchhändlern. (http://www.boersenblatt.net/599839/template/bb_tpl_branchenstudien/, 17.06.13)

zeitaufwendige Aufbereitung, sondern sind oft für die Kundengewinnung gänzlich uninteressant. Eine hohe Qualität kann vor allem dadurch erreicht werden, dass der Content informativ aber unaufdringlich ist. Der Nutzer muss von sich aus seine Daten überlassen und einer Nutzung zustimmen. Werden die Daten verantwortungsvoll genutzt, baut sich beim Kunden ein Vertrauensverhältnis auf, was zu einem positiven Image des Unternehmens sowie zur Entwicklung von Markenbewusstsein (sog. Branding) und zur Steigerung des Umsatzes führt.

2.5 Mut zum Wandel: Erfolgreiche Akteure auf dem Publishing-Markt

Mit den neuen technischen Möglichkeiten, die die digitale Revolution mit sich brachte, wandelte und wandelt sich derzeit auch das Selbstbild von Verlegern und Akteuren auf dem Publishing-Markt, vor allem den E-Angeboten wird auch von den stationären Sortimentern Potential zugeschrieben, wie Abb. 2.1 zeigt.

Die Zahl der erfolgreichen Akteure auf dem Publishing-Markt wechselt stetig und stark, ein vollständiger Überblick ist hier daher aus Aktualitäts- und Platzgründen nicht möglich. Stattdessen erfolgt an dieser Stelle eine kleine Auswahl vitaler Akteure des Publishing-Markts und ihre an die neuen Möglichkeiten angepassten Publishing-Ideen, beispielhaft für eine Großzahl von kleinen und großen, nationalen und internationalen, alten und neuen Akteuren auf dem E-Pub-Markt.

Amazon Der Online-Händler ist mittlerweile mit geschätzt mehr als 1,6 Mrd. € Umsatz im Buchgeschäft der größte Buchvertriebskanal im deutschsprachigen Raum[26], was ca. 74 % des Gesamtumsatzes am Online-Versandbuchhandel in Deutschland entspricht, wie der Bundesverband der Deutschen Versandbuchhändler in seinem Jahresbericht 2012 feststellt. Der Gesamtumsatz des Unternehmens in Deutschland wird sogar auf 6,5 Mrd. € geschätzt, wobei jüngst sprunghaft wachsende Verkaufszahlen in einem deutschlandweiten Trend v. a. im E-Book-Bereich erlangt werden konnten. In Deutschland stieg die Verkaufszahl von E-Books von ca. € 47 Mio. (2011) auf € 106 Mio. (2012) an, Tendenz steigend.[27] Mit seinem E-Book-Reader Kindle und den folgenden, technisch verbesserten Kindle Fire HD und Paperwhite führt Amazon in Zahlen, Technik und Beliebtheit den deutschen E-Book- und E-Book-Reader-Markt weiterhin an[28], laut GfK lag Amazon bei E-Books mit 41 % Marktanteil an unangefochtener Spitze (vor Thalia (14 %), Weltbild (13 %), Apple (10 %), Bücher.de (5 %), libri.de/ebook.de (4 %) und Hugendubel (2 %). Rechnet man die Anteile des Tolino-Konsortiums zusammen, ist der Tolino derzeit der größte Kindle-Konkurrent.[29]

Apple Erst mit der Einführung des iPads 2010 rüttelte Apple an der dominierenden Stellung von Amazon und Amazons Kindle auf dem E-Book- und E-Reader-Markt und betrat als Konkurrent auf Augenhöhe erfolgreich den Markt. Seit Frühjahr 2013 steht Apple allerdings mit seinem iBook-Store in den USA unter dem Vorwurf der Kartellbildung und Preisabsprache vor Gericht, mit noch ungewissem Ausgang (Stand: Juni 2013).[30] Apples Marktanteil auf dem bedeutenden US-E-Book-Markt liegt seit 2010 trotz starken Wachstums kontinuierlich bei 20 %, was auch am starken Wachstum seiner Konkurrenten (v. a. Amazon) im gleichen Segment liegt.[31] Auf dem deutschen Markt fällt die Marktdominanz für Amazon derzeit (2012) noch höher aus (41 %), sodass Apple mit lediglich 10 % (2012) sogar hinter deutschen Konkurrenten wie Thalia und Weltbild auf dem vierten Platz rangiert.[32]

Thalia Mit knapp einer Milliarde Euro Umsatz in 2012 ist der deutsche Buchhandelskonzern Thalia die erfolgreichste stationäre Buchhandlung im deutschsprachigen Raum[33] wie

[26] Vgl. http://www.buchreport.de/nachrichten/handel/handel_nachricht/datum/2013/02/22/schwaechelnde-spitze.htm?no_cache=1?no_cache=1, 10.06.13.

[27] Vgl. http://www.heise.de/newsticker/meldung/Versandbuchhandel-Amazon-dominiert-E-Book-Wachstum-haelt-an-1864489.html, 17.06.13.

[28] Vgl. http://www.netzwelt.de/news/95504-tolino-shine-test.html, 17.06.13.

[29] Vgl. http://www.boersenblatt.net/597708/, 17.06.13.

[30] Vgl. http://www.zeit.de/digital/internet/2013-06/apple-kartell-ebook-gerichtsverfahren, 10.06.13.

[31] Vgl. http://www.heise.de/mac-and-i/meldung/Schnelles-Wachstum-im-US-iBookstore-1887605.html, 17.06.13.

[32] Vgl. http://www.boersenblatt.net/597708/, 17.06.13.

[33] Vgl. http://www.buchreport.de/nachrichten/handel/handel_nachricht/datum/2013/02/22/schwaechelnde-spitze.htm?no_cache=1?no_cache=1, 10.06.13.

Tab. 2.3 24. Buchreport-Ranking: Die Top 5 der größten stationären Buchhandlungen im deutschsprachigen Raum. (DBH entspricht der Hugendubel-Weltbild-Gruppe; http://www.buchreport.de/nachrichten/handel/handel_nachricht/datum/2013/02/22/schwaechelnde-spitze.htm?no_cache=1?no_cache=1, 10.06.13)

Umsatz in Mio Euro						
Platz[a]	Buchhandlung	Firmensitz	2012	Veränd.	2011	2010
1 (1)	Thalia	Hagen	984	−3 %	1015	1002
2 (2)	DBH[b]	München	695	−3,5 %	720	731
3 (4)	Schweitzer	München	182	+9,6 %	166	165
4 (3)	Mayersche	Aachen	170	−2,9 %	175	175
5 (5)	Orell Füssli	Zürich	95	−1,6 %	97	90

Auszug aus dem Ranking „Die größten Buchhandlungen 2012" im buchreport.magazin 3/2013
Hier: gerundete Umsätze und Prozentwerte in Klammern: Vorjahresplatzierung [b] geschätzt

Tab. 2.3 veranschaulicht und verfügt über einen umfangreichen Online-Shop.[34] Zusätzlich vertreibt der Branchenprimus seit 2010 einen eigenen E-Book-Reader (OYO)[35], seit Herbst 2012 einen E-Ink-Reader (Bookeen HD Frontlight)[36] und seit März 2013 in einer Allianz mit Hugendubel, Weltbild und der Deutschen Telekom den Leucht-E-Reader Tolino Shine.[37] Mit 14 % Marktanteil auf dem deutschen E-Book-Markt rangiert Thalia dort direkt nach Amazon an zweiter Stelle (Tab. 2.3).

Zwar erhält Thalia mit der Ausweitung ihres Filialnetzes den klassischen Buchladen am Leben, macht sich aber aufgrund ihrer Monopolstellung und Knebelverträge bei großen und kleinen Verlagen unbeliebt.[38] Der Erfolg der Kette scheint dabei neben den für sie gewinnbringenden Verträgen auch an der Kundenorientierung zu liegen: Ob E-Book oder klassisches Print-Exemplar, Thalia ist online und in der Filiale fast immer und überall für Kunden jeder Lesegewohnheit erreichbar.

Google Laut eigener Aussage der größte E-Book-Store der Welt (ca. 4 Mio. Titel im Februar 2013[39]) bietet Google auf der Cloud-basierten Plattform *Google Play* neben Büchern und Apps auch Filme und Musik zum kostenpflichtigen und kostenlosen Download an.[40]

[34] Vgl. http://www.thalia.de/shop/tha_homestartseite/show/, 10.06.13.

[35] Vgl. http://www.netzwelt.de/news/83951-ifa-2010-thalia-praesentiert-ebook-reader-139-euro-update.html, 10.06.13.

[36] Vgl. http://www.heise.de/newsticker/meldung/Thalia-kuendigt-beleuchteten-E-Ink-Reader-an-1739485.html, 10.06.13.

[37] Vgl. http://www.lesen.net/ebooks/tolino-thalia-startet-browser-reader-und-uploader-6121/, 10.06.13.

[38] Vgl. http://www.faz.net/aktuell/feuilleton/buecher/buchhandel-an-der-rabattgrenze-1279586.html, 10.06.13.

[39] https://support.google.com/googleplay/answer/179839?p=books_overview&rd=1, 17.06.13.

[40] https://play.google.com/intl/ALL_de/about/index.html, 17.06.13.

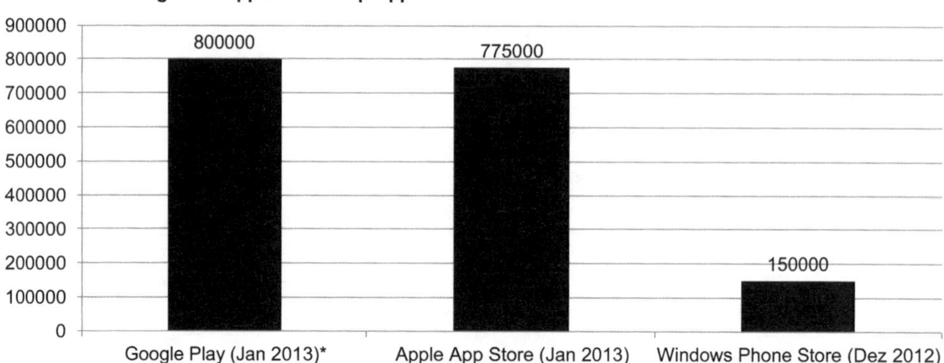

Abb. 2.2 Google überholt Apple? Verfügbare Apps in den Stores von Google, Apple und Microsoft. (http://de.statista.com/themen/882/apps-app-stores/infografik/810/anzahl-der-verfuegbaren-apps-in-den-top-app-stores/, 17.06.13)

Im Bereich Apps liefert sich Google ein regelrechtes Kopf-an-Kopf-Rennen mit Apple, in dem es zu Beginn des Jahres 2013 (vgl. Abb. 2.2) zumindest die quantitative Führung übernehmen konnte. Im Bereich Bücher bietet es durch seine Cloud geräteunabhängige Downloads und unbegrenzten Speicherplatz.[41] Im Bereich Musik ermöglicht der *Google Play Store*, neben dem Download von Songs, Musikern den kostenpflichtigen Vertrieb ihrer Lieder.[42]

Facebook Die größte Social Network Community bietet über ihren virtuellen Kiosk *Copyclick*[43] (vgl. https://de-de.facebook.com/CopyClick) Produzenten ebenfalls die Möglichkeit, ihre Angebote kostenpflichtig (über PayPal und mbe4 Mobile Payment) oder kostenfrei zu vertreiben. Die Wochenzeitung *Die Zeit* war 2011 die erste deutsche Zeitung, die ihre digitale Ausgabe zum kostenpflichtigen Download über *Facebook* anbot[44], gefolgt von der *Computerwoche*[45] und der *Hamburger Morgenpost*[46] im gleichen Jahr. Inzwischen gibt

[41] https://support.google.com/googleplay/answer/179839?p=books_overview&rd=1, 17.06.13.

[42] Vgl. https://play.google.com/artists/, 17.06.13.

[43] https://www.copyclick.de/copyclick/, 17.06.13.

[44] http://www.horizont.net/aktuell/digital/pages/protected/Die-Zeit-weitet-E-Publishing-auf-Facebook-und-Kindle-aus_99651.html, 17.06.13.

[45] http://www.futurebiz.de/artikel/zeitungen-auf-facebook-kaufen-mit-copyclick/, 17.06.13.

[46] http://www.picturesafe.de/2011/09/hamburger-morgenpost-publiziert-mit-copyclick-auf-facebook/, 17.06.13.

es zahlreiche große und kleine, regionale und überregionale Zeitungen und Magazine, die ihre digitalen Ausgaben über *Facebook* vertreiben.[47]

2.6 Fazit

Werden der klassische stationäre Buch- und Zeitungsmarkt und klassische Print-Formate aufgrund der neuen technischen Möglichkeiten aussterben? Prognosen hierzu kann man kaum treffen. Wie der sehr erfolgreiche und expandierende stationäre Buchhändler Thalia zeigt, ist der klassische stationäre Buchhandel weiterhin ein Erfolgsmodell, wenn er Kundenbedürfnisse zufrieden stellen kann. Wie Jan-Felix Schrape anmerkt, „wachsen in Umbruchphasen die Spielräume für neue Akteure, wie auch die Positionen etablierter Content-Anbieter durch Online-Technologien insgesamt flüchtiger werden, da die technischen und finanziellen Hürden für die Produktion und Verbreitung von Inhalten kontinuierlich abnehmen."[48] Online-Angebote für kostenpflichtige und kostenlose Downloads nehmen momentan zu. Wie lange und ob sich diese neuen Akteure (z. B. PaperC, Scribd etc.) mit ihren Angeboten rechtlich und wirtschaftlich halten können oder nicht, bleibt abzuwarten. Darüber hinaus leben auch Totgesagte länger. Bereits ab 1980 prognostizierte man das Ende von Druck, Papier und klassischen Massenmedien wie Zeitung und Magazin mit der Einführung des Bildschirmtexts (Btx).[49] Tatsächlich verkaufen sich hochwertige gedruckte Content-Zeitungen und -Magazine weiterhin gut und der klassische Zeitungskiosk ist auch im Jahr 2013 noch nicht verschwunden. Schlussendlich ist der Wandel auch eine kulturelle Frage: Während Amazon in den USA 2011 zum ersten Mal mehr E-Books als klassische Bücher verkaufte[50] (was durchaus am niedrigeren Preis der E-Books gelegen haben kann), und E-Books Studien nach auch nicht schwerer zu lesen sind als das klassische Buch[51], sind die E-Books in Deutschland trotz Wachstums eine Minderheit und machten 2011 beispielsweise nur 1 % (2012: 2 %[52]) der gesamten Buchverkäufe aus. Auch belegen Studien, dass das gedruckte Buch bei den Deutschen das bevorzugte Lesemedium ist und subjektiv angenehmer eingeschätzt wird, weit vor den E-Readern und Tablet-PCs, die objektiv einen niedrigeren kognitiven Aufwand beim Lesen erfordern.[53]

---

[47] https://www.copyclick.de/kioske/?L=0, 17.06.13.

[48] Schrape (2012), S. 37.

[49] Vgl. Schrape (2012), S. 10.

[50] Vgl. http://t3n.de/news/amazon-verkauft-mehr-e-books-gedruckte-bucher-310915/, 24.06.13.

[51] Vgl. http://www.uni-mainz.de/presse/55067.php, 24.06.13. Die Studie der Universitäten Mainz, Göttingen und Marburg belegt, dass das Lesen am Tablet-PC auch für ältere Menschen sowohl neuronal als auch optisch leichter ist.

[52] http://www.ethlife.ethz.ch/archive_articles/130115_kol4_neubauer_mf/index, 24.06.13.

[53] http://www.uni-mainz.de/presse/55067.php, 24.06.13.

Probleme bei Besitz- und Archivierungsfragen elektronischer Print-Erzeugnisse sowie die persönliche Vorliebe zum gedruckten Buch werden das klassische Buch und klassische Print-Produkte wohl noch einige Zeit am Leben erhalten.

2.7 Vertiefung

- Für welches Phänomen steht der Begriff „Digitale Revolution"? Erklären Sie kurz den Begriff.
- „It's the End oft he World as we know it": Wird der klassische Buchhandel und das klassische gedruckte Buch aussterben? Nehmen Sie aufgrund von Zahlen und Daten Stellung.
- Nennen Sie drei Möglichkeiten mit denen sich stationäre Buchhändler in ihrer Geschäftsentwicklung wettbewerbsfähig neben Amazon und Co. behaupten können.

Literaturempfehlung

Fantapié Altobelli, Claudia (Hrsg.): Print contra Online? Verlage im Internetzeitalter. München. 2002.

Schrape, Jan Felix: Gutenberg-Galaxis Reloaded? Der Wandel des deutschen Buchhandels durch Internet, E-Books und Mobile Devices. VWH. Boizenburg. 2011.

Quellen

BDZV: Die deutschen Zeitungen in Zahlen und Daten. Auszug aus dem Jahrbuch „Zeitungen 2011/12". Berlin. 2012. Online verfügbar unter: http://www.bdzv.de/fileadmin/bdzv_hauptseite/markttrends_daten/wirtschaftliche_lage/2011/assets/ZahlenDaten_2011.pdf, 28.08.2012.

Börsenblatt: Sieg des mobilen Wissens. Börsenblatt.net. 2013. http://www.boersenblatt.net/625262/, 17.06.2013.

Börsenblatt: Tolino bedrängt Amazons Spitzenplatz. Online verfügbar unter: http://www.boersenblatt.net/597708/, 24.06.2013.

Borns, Jan: Amazon verkauft mehr E-Books als gedruckte Bücher. t3n. 2011. Online verfügbar unter: http://t3n.de/news/amazon-verkauft-mehr-e-books-gedruckte-bucher-310915/, 24.06.2013.

Brandt, Mathias: Google überholt Apple. Statista. 2013. Online verfügbar unter: http://de.statista.com/themen/882/apps-app-stores/infografik/810/anzahl-der-verfuegbaren-apps-in-den-top-app-stores/, 24.06.2013.

Buchreport: Mut zum Wandel. Online verfügbar unter: http://www.buchreport.de/nachrichten/verlage/verlage_nachricht/datum/2013/05/31/mut-zum-wandel.htm, 20.06.2013.

Buchreport: Schwächelnde Spitze. Buchreport-Ranking „Die 50 größten Buchhandlungen". Online verfügbar unter: http://www.buchreport.de/nachrichten/handel/handel_nachricht/datum/2013/02/22/schwaechelnde-spitze.htm?no_cache=1?no_cache=1, 24.06.2013.

Biermann, Kai: War Apple Preistreiber oder Wohltäter? Zeit Online. 2013. Online verfügbar unter: http://www.zeit.de/digital/internet/2013-06/apple-kartell-ebook-gerichtsverfahren, 10.06.13.

BVDW: Die fünf Top-Trends im Online-Dialogmarketing für 2011. 2010. Online verfügbar unter: http://www.bvdw.org/medien/die-fuenf-top-trends-im-online-dialogmarketing-fuer-2011?media=2597, 24.06.2013

Copyclick: https://de-de.facebook.com/CopyClick 30.01.14.

Copyclick: Copyclick Fanreichweite: https://www.copyclick.de/kioske/?L=0, 24.06.2013.

Demgen, Annika: Leuchtender Cloud Reader. Tolino Shine im Test. Netzwelt. 2013. Online verfügbar unter: http://www.netzwelt.de/news/95504-tolino-shine-test.html, 24.06.2013.

Ebersbach, Anja/Glaser, Markus/Heigl, Richard: Social Web. UVK. Konstanz. 2011.

Ernst&Young: Spotlight on Profitable Growth. Media & Entertainment. 2011. Online verfügbar unter: http://www.ey.com/Publication/vwLUAssets/Spotlight_on_profitable_growth_2011/$FILE/Spotlight%20on%20Profitable%20Growth%202011.pdf, 28.08.2012.

Europäisches Zentrum für Medienkompetenz (Hrsg.): Im Blickpunkt Medienkonvergenz. Marl 2008. Online verfügbar unter: http://www.grimme-institut.de/imblickpunkt/pdf/imblickpunkt_medienkonvergenz2.pdf, 28.08.2012.

Firsching, Jan: Zeitungen auf Facebook kaufen mit Copyclick. Futurebiz. 2011. Online verfügbar unter: http://www.futurebiz.de/artikel/zeitungen-auf-facebook-kaufen-mit-copyclick/, 17.06.13.

Gabler Wirtschaftslexikon: Crossmedia. Online verfügbar unter: http://wirtschaftslexikon.gabler.de/Archiv/81345/crossmedia-v5.html, 28.08.2012.

Google Analytics: http://www.google.de/intl/de_ALL/analytics/index.html, 24.06.2013.

Google Play: https://play.google.com/intl/ALL_de/about/index.html, 24.06.2013.

Google Play: Artist Hub: https://play.google.com/artists/, 24.06.2013.

Google Play: Bücher bei Google Play: https://support.google.com/googleplay/answer/179839?p=books_overview&rd=1, 24.06.2013.

Haupt, Johannes: Tolino: Thalia startet Browser-Reader und –Uploader. Lesen.net. 2013. http://www.lesen.net/ebooks/tolino-thalia-startet-browser-reader-und-uploader-6121/, 24.06.2013.

Hintermeier, Hannes: An der Rabattgrenze. FAZ Online. 2005. Online verfügbar unter: https://support.google.com/googleplay/answer/179839?p=books_overview&rd=1, 24.06.2013.

Holland, Martin: Versandbuchhandel: Amazon dominiert, E-Book-Wachstum hält an. Heise. 2013. Online verfügbar unter: http://www.heise.de/newsticker/meldung/Versandbuchhandel-Amazon-dominiert-E-Book-Wachstum-haelt-an-1864489.html, 24.06.2013.

Horizont.net: „Die Zeit" weitet E-Publishing auf Facebook und Kindle aus. Horizont.net. 2011. Online verfügbar unter: http://www.horizont.net/aktuell/digital/pages/protected/Die-Zeit-weitet-E-Publishing-auf-Facebook-und-Kindle-aus_99651.html, 24.06.2013.

Johannes-Gutenberg-Universität Mainz: Lesen auf Tablet-PC für ältere Menschen aus neuronaler Sicht leichter als Lesen gedruckter Bücher. 2013. Online verfügbar unter: http://www.uni-mainz.de/presse/55067.php, 24.06.2013.

Kaumanns, Ralf/Neus, Andreas/Pörschmann, Frank: Konvergenz oder Divergenz. Erwartungen und Präferenzen der Konsumenten an die Telekommunikations- und Medienangebote von morgen. IBM Global Business Services. 2007. Online verfügbar unter:http://www-935.ibm.com/services/de/bcs/pdf/2007/konvergenz_divergenz_0307.pdf, 24.06.13.

Kluczniok, Jan: Thalia präsentiert Ebook-Reader für 139 Euro (Update). Netzwelt. 2010. Online verfügbar unter: http://www.netzwelt.de/news/83951-ifa-2010-thalia-praesentiert-ebook-reader-139-euro-update.html, 24.06.2013.

Kumwiede, H.-W./Thibaut, B.: Revolution – Revolutionstheorien. In: Nohlen, Dieter (Hrsg.): Wörterbuch Staat und Politik. Pieper. München. 1991.

Müller, Bernd/Steffan, Philip: Thalia kündigt beleuchteten E-Ink-Reade an. Heise Online. 2012. Online verfügbar unter: http://www.heise.de/newsticker/meldung/Thalia-kuendigt-beleuchteten-E-Ink-Reader-an-1739485.html, 10.06.13.

Nagel, Johannes: Werden Verlage zu Softwareunternehmen? In: Fantapié Altobelli, Claudia (Hg.): Print contra Online? Verlage im Internetzeitalter. München. 2002.

Neubauer, Wolfram: Kommt der Abschied vom gedruckten Buch? ETH Life. 2013. Online verfügbar unter: http://www.ethlife.ethz.ch/archive_articles/130115_kol4_neubauer_mf/index, 24.06.2013.

Picot, Arnold/Janello, Christoph: Wie das Internet den Buchmarkt verändert. Ergebnisse einer Delphistudie Friedrich Ebert Stiftung. Berlin. 2007.

Picturesafe.de: Hamburger Morgenpost publiziert mit Copyclick auf Facebook. Picturesafe.de. Ohne Jahr. Online verfügbar unter: http://www.picturesafe.de/2011/09/hamburger-morgenpost-publiziert-mit-copyclick-auf-facebook/, 17.06.13.

Plank, Christiane: Public Relations – crossmedial. Potentiale nutzen. Ein Praxisratgeber. Viola Falkenberg Verlag. Bremen. 2011.

Schrape, Jan-Felix: Wiederkehrende Erwartungen. Visionen, Prognosen und Mythen um neue Medien seit 1970. VWH. Boizenburg. 2012.

Schulte, Christina: Wohlgelaunt ins Frühjahr. Konjunkturumfrage des Börsenvereins. Börsenblatt. 2013. Online verfügbar unter: http://www.boersenblatt.net/599839/template/bb_tpl_branchenstudien/, 24.06.2013.

Schwan, Ben: Schnelles Wachstum im US-iBookstore. Heise Online. 2013. Online verfügbar unter: http://www.heise.de/mac-and-i/meldung/Schnelles-Wachstum-im-US-iBookstore-1887605.html, 17.06.13.

Spiegel: Crossmedia Case Study BASF. Hamburg. 2004. Online verfügbar unter: http://www.vdz.de/crossmediacases/material/19/kampagnen/unsichtbarer_beitrag._sichtbarer_erfolg/download/casestudy_basf.zip, 28.08.2012.

Spiegel: Crossmedia Case Study SAMSUNG. Hamburg. 2004. Online verfügbar unter: http://www.vdz.de/crossmediacases/material/19/kampagnen/samsung_home_entertainment/download/case_study_samsung.zip, 28.08.2012.

Thalia: http://www.thalia.de/shop/tha_homestartseite/show/, 24.06.2013.

The Economist: http://www.economist.com/events-conferences/americas/video/giant-sifting-sound-0, 17.06.13.

3 Entwicklung und Wandel des Nutzerverhaltens – Die neue Interaktivität, der User als Publisher

Gabriele Goderbauer-Marchner/Sandra Roth

3.1 Neue technische Möglichkeiten: Der Nutzer als Produzent

Die digitale Revolution bewirkte mit ihren neuen technischen Möglichkeiten und Innovationen am Buchmarkt (vgl. Kap. 2), aber auch bei ihren beteiligten Akteuren, Anbietern (vgl. Kap. 4) und Nutzern eine dramatische Veränderung. Waren in den klassischen Informationsmedien Buch, Zeitung, Hörfunk und Fernsehen die Rollen des aktiven Anbieters (Senders) und des passiven Nutzers (Empfängers) allein schon aufgrund eingeschränkter technischer Möglichkeiten klar verteilt, verwischen die ehemals klaren Grenzen zwischen Anbieter und Nutzer nun in den neuen immer häufiger genutzten[1] elektronischen, digitalen und interaktiven Medien wie Internet, World Wide Web und sonstiger Smart-Technologie. So kann der passiv konsumierende Nutzer, der sonst nur Informationen abrufen konnte, nun mit den technischen Möglichkeiten von Internet und Web-2.0-Anwendungen in wenigen Sekunden zum aktiv informationsverbreitenden Anbieter für andere Nutzer werden. Möchten Nutzer ihre Informationen allgemein teilen, stehen ihnen mehrere Möglichkeiten zur Verfügung. Sie können dies einfach über Mikroblogging-Dienste wie Twitter, durch Anlegen einer Diskussionsgruppe in einer Community oder über eine Website tun. Dabei bieten Unternehmen wie *Shareaholic*[2] (Slogan: „The best way to get your readers

[1] Die ARD/ZDF-Onlinestudie 2012 bestätigt, dass fast 76 % der Deutschen 2012 zumindest gelegentlich online waren und dies eine weitere Steigerung zu den Vorjahren darstellte. Bei den Jugendlichen zwischen 14 und 19 Jahren sind es seit 2010 sogar 100 % (vgl. http://www.ard-zdf-onlinestudie.de/index.php?id=371&L=0&type=1, 25.2.13, und http://www.ard-zdf-onlinestudie.de/index.php?id=onlinenutzungprozen0, 25.2.13).

[2] Vgl. https://shareaholic.com/ 11.12.12.

T. Büsching, G. Goderbauer-Marchner, *E-Publishing-Management*,
DOI 10.1007/978-3-658-04110-6_3, © Springer Fachmedien Wiesbaden 2014

to share and discover your content."[3]) neuerdings passende und einfache Lösungen für die Nutzer-Publisher, um deren Inhalte, Links und Linksammlungen einfach in gängigen Communitys teilen oder bookmarken zu können und selbst zu speichern. Echte Social-Sharing-Plattformen sind solche, auf denen man das Material direkt herunterladen, weiterverarbeiten und wieder verbreiten kann,[4] wie z. B. die Foto-Sharing-Community *Flickr*[5] (mit festlegbarer Zugriffsebene), die Video-Community *Miro*[6] und dazu das Videobearbeitungsprogramm *Amara*[7] oder die Präsentationsplattform *SlideShare*[8].

3.2 Die Schattenseiten des Social Sharings: Content-Mafia und Produktpiraterie 2.0

Ähnlich der Social-Sharing-Plattformen sind File Hoster, wie Kim Schmitz' 2012 vom FBI gesperrte Plattform Megaupload. File Hoster sind Unternehmen, die jedermann Speicherplatz im Internet anbieten. Diesen Speicherplatz können User problemlos mit eigenem Material füllen. Allerdings wurden auf *Megaupload* häufig auch urheberrechtlich geschützte Werke wie Filme oder Musik gespeichert und verbreitet, was folglich zu gravierenden Urheberrechtsverletzungen und so zur Sperrung des Dienstes führte. Im Januar 2013 meldete sich Kim Schmitz, nunmehr alias Kim Dotcom, mit seinem neuen File Hoster *Mega* und dem zugehörigen, beinah höhnisch klingenden Slogan „The Privacy Company" zurück. *Mega* funktioniert im Gegensatz zu *Megaupload* so, dass eine Datei bereits während des Hochladens durch den Nutzer automatisch verschlüsselt wird und der Mega-Betreiber Schmitz so nicht mehr nachvollziehen kann, ob es sich um geschützten oder freien Content handelt und folglich auch rechtlich nicht mehr für Urheberrechtsverletzungen belangt werden kann, die durch das Verbreiten von urheberrechtlich geschütztem Content auf seiner Plattform entstehen.[9]

Durch diese vor allem in den neuen Medien aktiven Nutzer-Publisher, „Weiterverbreiter", Prosumenten oder Remixer[10] entstehen folglich diverse neue rechtliche Probleme

[3] http://wordpress.org/extend/plugins/sexybookmarks/ 11.12.12.

[4] Vgl. Ebersbach/Glaser/Heigl 2011: 122.

[5] http://www.flickr.com/groups/germany/ 11.12.12.

[6] http://www.mirocommunity.org/ 11.12.12.

[7] Amara: http://www.universalsubtitles.org/de/ 11.12.12.

[8] http://de.slideshare.net/ 11.12.12.

[9] Vgl. Boie, Johannes: Mega: Kim Dotcom ist mit neuem Filehoster zurück. Auf: SZ-Online: http://www.sueddeutsche.de/digital/comeback-mit-neuem-filehoster-kim-dotcom-ist-mega-zurueck-1.1578140-2, 22.01.13.

[10] Lawrence Lessig benutzt den Begriff Remix für das Weiterbearbeiten und -verbreiten von Content und beschreibt die Problematik in dem Buch *Free Culture. How big Media uses Technology and the Law to lock down culture and control creativity.*

und Grauzonen in der Urheberrechtsgesetzgebung[11], insbesondere was die als Content-Mafia[12] und Produktpiraten in Verruf geratenen Verwerter angeht. Kim Schmitz heizte 2013 mit Aussagen wie: „Wer das Urheberrecht als Waffe gegen Innovationen benutzt, wird am Straßenrand der Geschichte zurückbleiben"[13], die schon 2012 in Deutschland gipfelnde Urheberrechtsdiskussion erneut an. Verwerter, Prosumenten oder Remixer machen zudem die Suche nach verlässlichen Informationen und Quellen schwieriger. Im Mitmachnetz geht es künftig für Nutzer also nicht mehr allein darum, Informationen zu einem Thema zu finden, sondern den jeweiligen Wert einer Information in der ständig wachsenden Informationsflut auch einschätzen zu können.

3.3 Das Mitmachnetz Web 2.0

Nach dem Dot-Com-Kollaps 2001 subsumierte Tim O'Reilly[14] unter dem Begriff Web 2.0 erfolgreiche Web-Anwendungsideen, die trotz der ersten Internetflaute weiter boomten. Hinter diesen erfolgreichen Anwendungen fand O'Reilly stets die Idee der Partizipation, des Mitmachens und Selbstgestaltens. Er entwickelte daraus die sieben Prinzipien des Web 2.0. Dazu gehören: das Web als Service-Plattform, die Nutzung kollektiver Intelligenz, Gewinnung und Verarbeitung von Daten, Software als ständig updatebarer Service, Lightweight Programming Models (simple und leicht versteh- und benutzbare Anwendungen), geräteübergreifende Software (mobile und immobile Endgeräte), Rich User Experience (Benutzerführung) (vgl. O'Reilly 2005). Online-Enzyklopädien wie Wikipedia, Videoportale wie YouTube oder Online-Communitys wie Facebook oder Xing sind solche Web-2.0-Partizipationsanwendungen und gehören laut der jüngsten ARD/ZDF-Onlinestudie[15] aus

[11] Die Urheberrechtsgesetzdiskussion in Deutschland erreichte Mitte 2012 mit der ACTA-Protestbewegung und den Urheber- (www.wir-sind-die-urheber.de) und Nutzerbewegungen (www.wir-sind-die-buerger.de) vorerst ihren Höhepunkt. Einen kurzen Überblick über die aktuelle Urheberrechtsgesetzdiskussion in Deutschland vor allem in den neuen Medien bietet Lauber-Rönsberg: *Raubkopierer und Content-Mafia: Die Debatte um das Urheberrecht.* In: APuZ 41-42/2012 (auch online abrufbar unter: http://www.bpb.de/apuz/145382/raubkopierer-und-content-mafia-die-debatte-um-das-urheberrecht). Zur Neuregelung der Urheberrechtsgesetzgebung in Deutschland vom 14.12.12 siehe http://www.gesetze-im-internet.de/urhg/BJNR012730965.html.

[12] Vgl. Lauber-Rönsberg 2012: 32 f.

[13] Kim Schmitz, zitiert nach Boie 2013.

[14] Vgl. http://www.oreilly.de/artikel/web20_trans.html. 11.12.12.

[15] Seit 1964 dokumentieren ARD und ZDF in ihrer Langzeitstudie „Massenkommunikation" in regelmäßigen Abständen das Medienverhalten der Deutschen sowie die mit Medienentwicklung und sozialen Wandel einhergehenden Veränderungen. Seit dem Jahr 1997 wird das Online-Verhalten dort jährlich dokumentiert (vgl. Projektgruppe ARD/ZDF-Multimedia, S. 1–2, http://www.ard-zdf-onlinestudie.de/fileadmin/Fachtagung/ARD_ZDF_Onlinebrosch_re_040507.pdf, 25.02.13 und Ridder, Christa-Maria, Engel, Bernhard: Massenkommunikation 2010: Mediennutzung im Intermediavergleich. Ergebnisse der 10. Welle der ARD/ZDF-Langzeitstudie zur Mediennutzung und -bewertung. In: Media Perspektiven 11/2010. S. 537–548, http://www.media-perspektiven.de/uploads/tx_mppublications/11-2010_Engel.pdf, 04.12.12).

Tab. 3.1 Nutzung von Web-1.0-Anwendungen in Prozent nach Geschlecht und Alter in den Jahren 2010 und 2012 (in Prozent). (Quelle: ARD/ZDF-Onlinestudie 2010 und 2012; Busemann/Gscheidle 2010: 359 und Busemann/Gscheidle 2012: 387)

	Gesamt	Männer	Frauen	14–19 J.	20–29 J.	30–39 J.	40–49 J.
E-Mails senden oder empfangen	84 (2010)	87 (2010)	80 (2010)	90 (2010)	92 (2010)	86 (2010)	81 (2010)
	79 (2012)	81 (2012)	78 (2012)	73 (2012)	85 (2012)	83 (2012)	83 (2012)
An Gesprächsforen bzw. Newsgroups teilnehmen oder chatten	19 (2010)	20 (2010)	17 (2010)	63 (2010)	30 (2010)	15 (2010)	9 (2010)
	26 (2012)	29 (2012)	22 (2012)	68 (2012)	50 (2012)	29 (2012)	11 (2012)
Instant Messaging, z. B. mit ICQ, MSN, Skype	29 (2010)	31 (2010)	26 (2010)	81 (2010)	51 (2010)	26 (2010)	12 (2010)
	18 (2012)	21 (2012)	16 (2012)	44 (2012)	32 (2012)	20 (2012)	10 (2012)

Basis: Deutschsprachige Online-Nutzer ab 14 Jahren (n [2010] = 1.252, n [2012] = 1.366)

Tab. 3.2 Nutzungshäufigkeit der meistgenutzten Community 2012 (in Prozent). (Quelle: ARD/ZDF-Onlinestudie 2012; Busemann/Gscheidle 2012: 382)

	Gesamt	Männer	Frauen	14–19 J.	20–29 J.	30–39 J.	40–49 J.
Täglich	59	59	60	85	67	53	40
Wöchentlich	26	26	25	12	27	29	36
Monatlich	7	7	8	2	4	9	11
Seltener	8	8	8	1	2	10	13
Gesamt	100	100	100	100	100	100	100

Basis: Online-Nutzer mit Profil in einer privaten Community (n = 1.366; Teilgruppe Nutzer mit eigenem Profil: n = 586)

dem Jahr 2012 zu den beliebtesten Online-Angeboten der deutschen Internetnutzer. Zu den am häufigsten gebrauchten Web-Anwendungen gehören trotz seit 2011 rückläufiger Zahlen allerdings nach wie vor klassische und kommunikationsorientierte Web-1.0-Anwendungen wie E-Mail-Versand, Chatten oder Forumsdiskussionen, da der Hauptnutzungsgrund für das Internet weiterhin die Kommunikation ist (vgl. Klingler/Vlašić/Widmayer 2012: 434). 79 % (2010: 84 %) der deutschen Onliner senden und empfangen mindestens wöchentlich E-Mails, 18 % (2010: 29 %) benutzen Instant-Messaging-Dienste wie ICQ, MSN Messenger oder Skype, 26 % (2010: 19 %) tauschen sich regelmäßig in Foren, Newsgroups und Chats aus. Trotz zahlreicher Web-2.0-Anwendungen verzeichneten E-Mail-Anwendungen bis einschließlich 2010 in allen Altersgruppen einen Anstieg, auch im Teenagerbereich zwischen 14 und 19 Jahren (2012 tauschten sich 73 % [2010 noch 90 %] über E-Mails aus), der sonst von Web-2.0-Anwendungen dominiert wurde und mittlerweile wird. Seit 2011 sind E-Mail- und Instant-Messaging-Anwendungen vor allem bei den 14- bis 19-Jährigen rückläufig, wie die Tab. 3.1 bis 3.5 zeigen. 2012 hat die Community-Nutzung zum ersten Mal die E-Mail-Nutzung überstiegen, allerdings nur in der Alters-

Tab. 3.3 Web-2.0-Nutzung 2012 in Deutschland nach Geschlecht und Alter in Prozent. (Quelle: ARD/ZDF-Onlinestudie 2012; Busemann/Gscheidle 2012: 381)

	Gesamt	Männer	Frauen	14–19 J.	20–29 J.	30–39 J.	40–49 J.
Wikipedia	72	75	70	96	87	78	74
Videoportale (z. B. YouTube)	59	65	52	90	85	76	54
private Netzwerke und Communitys[a]	43	43	42	88	74	56	25
berufliche Netzwerke und Communitys[a]	8	9	7	1	14	16	6
Weblogs	7	8	5	12	11	8	4
Twitter	4	4	4	5	8	4	3
Netzwerke insgesamt	45	47	44	88	75	61	29

Basis: Deutschsprachige Online-Nutzer ab 14 Jahren (n = 1.366)
[a] Nutzung unter eigenem Profil

Tab. 3.4 Web-2.0-Nutzungsfrequenz der deutschen Onliner 2007–2012 (in Prozent). (Quelle: ARD/ZDF-Onlinestudien 2007–2012; Busemann/Gscheidle 2012: 381)

	Gelegentlich (zumindest selten)						Regelmäßig (zumindest wöchentlich)					
	2007	2008	2009	2010	2011	2012	2007	2008	2009	2010	2011	2012
Wikipedia	47	60	65	73	70	72	20	25	28	31	29	30
Videoportale (z. B. YouTube)	34	51	52	58	58	59	14	21	26	30	31	32
private Netz-werke und Communitys*	15	25	34	39	42	43	6	18[a]	24[a]	34[a]	35[b]	36[b]
Foto-sammlungen, Communitys	15	23	25	19	18	–	2	4	7	2	3	–
berufliche Netzwerke und Communitys*	10	6	9	7	6	8	4	2[a]	5[a]	5[a]	3	3
Weblogs	11	6	8	7	7	7	3	2	3	2	1	2
Lesezeichen-sammlungen	3	3	4	2	–	–	0	1	2	1	–	–
virtuelle Spielewelten	3	5	–	–	–	–	2	2	–	–	–	–
Twitter	–	–	–	3	3	4	–	–	–	1	–	2

Basis: Bis 2009: Deutschsprachige Online-Nutzer ab 14 Jahren (2007: n = 1.142, 2008: n = 1.186, 2009: n = 1.366)
[a] Netzwerke aufgerufen mit eigenem Profil; [b] meistgenutztes Netzwerk

gruppe der 14- bis 19-Jährigen. Grund dafür sind vor allem die privaten Communitys, die inzwischen zu „All-in-one-Anwendungen" geworden sind und einen Ersatz für klassische E-Mail- oder Messaging-Anwendungen darstellen (vgl. Busemann/Gscheidle 2010: 359 und Busemann/Gscheidle 2012: 380–387).

Tab. 3.5 Web-2.0-Nutzungsfrequenz nach Angebotsformen 2010 und 2012 (in Prozent). (Quelle: ARD/ZDF-Onlinestudie 2010 und 2012; Busemann/Gscheidle 2010: 362, Busemann/Gscheidle 2012: 388)

	Täglich	Wöchentlich	Monatlich	Selten	Nie
Private Netzwerke und Communitys[a]	17 (2010)	16 (2010)	4 (2010)	2 (2010)	61 (2010)
	25 (2012)	11 (2012)	3 (2012)	3 (2012)	57 (2012)
Videoportale (z. B. YouTube)	9 (2010)	21 (2010)	15 (2010)	12 (2010)	42 (2010)
	9 (2012)	23 (2012)	18 (2012)	9 (2012)	41 (2012)
Wikipedia	6 (2010)	25 (2010)	27 (2010)	16 (2010)	27 (2010)
	6 (2012)	24 (2012)	26 (2012)	17 (2012)	28 (2012)
Berufliche Netzwerke und Communitys[a]	1 (2010)	3 (2010)	2 (2010)	1 (2010)	93 (2010)
	2 (2012)	2 (2012)	2 (2012)	2 (2012)	92 (2012)
Weblogs	0 (2010)	2 (2012)	2 (2010)	3 (2010)	93 (2010)
	0 (2012	1 (2012)	2 (2012)	3 (2012)	93 (2012)
Twitter	0 (2010)	1 (2010)	0 (2010)	2 (2010)	97 (2010)
	1 (2012)	1 (2012)	1 (2012)	2 (2012)	96 (2012)

Basis: Deutschsprachige Online-Nutzer ab 14 Jahren (n [2010] = 1.252, n [2012] = 1.366)
[a] Nutzung unter eigenem Profil

„Web 2.0 versteht das Netz als Plattform, die vom Teilen und Verfügbarmachen von Informationen, aber auch vom gemeinsamen Kommentieren, Bewerten, Verschlagworten und Verlinken lebt. […] das Mitmachnetz braucht aktive Nutzer, die User-generated-Content beisteuern, sonst funktioniert die Idee nicht" (Busemann/Gscheidle 2010: 360). Die Tab. 3.1 bis 3.5 zeigen, dass die Community-Nutzung stetig zugenommen hat und jüngere User aktiver sind als ältere. Wenn man in diesen Fällen von Community spricht, handelt es sich in der Regel um Facebook (vgl. Klingler/Vlašić/Widmayer 2012: 436 und Busemann/Gscheidle 2012: 380). Die Kommunikation zwischen Usern in Communitys und privaten Netzwerken gehört heute zum Hauptnutzungsaspekt von Communitys (Kommentar- und Informationsposts, Chats und das Versenden von Nachrichten stellen insgesamt die häufigste Nutzung dar, vgl. hierzu Tab. 3.6.), vor allem bei den jüngeren Gruppen. Nach dem Abrufen von Informationen zum eigenen Freundes- und Netzwerkkreis steht die One-to-many-Kommunikation (in Form von Beiträgen verfassen oder kommentieren) 2012 inzwischen an dritter Stelle der Nutzungshäufigkeit von Anwendungen innerhalb privater Communitys und Netzwerke (Busemann/Gscheidle 2012: 382).

Auch in den Jahren 2010 bis 2012 überwog die Kommunikationsfunktion vor der Partizipations- und Informationsfunktion. Die aktive Suche nach tagesaktuellen Nachrichten und Informationen zu Hobbys etc. bleiben konstant gering (vgl. Busemann/Gscheidle 2012: 382). Von einer revolutionären Informationsvermittlung und Informationsweitergabe durch Communitys außerhalb des privaten Umfelds kann man also noch nicht sprechen. Es ist aber anzunehmen, dass die Bereitstellung und der Abruf von Customized Information in den Communitys in Zukunft zunehmen werden, vor allem durch Nachrich-

Tab. 3.6 Häufigste Nutzung innerhalb privater Communitys und Netzwerke (in Prozent). (Quelle: ARD/ZDF-Onlinestudie 2012; Busemann/Gscheidle 2012: 383)

	Täglich	Wöchentlich	Monatlich	Selten	Nie
Informieren, was im eigenen Netzwerk oder Freundeskreis passiert ist	36	30	11	7	16
Chatten	34	24	10	9	23
Persönliche Nachrichten an Community-Mitglieder verschicken	32	29	14	10	17
Schreiben von Beiträgen und Kommentaren innerhalb der Community	25	27	11	12	24
Fotoalben ansehen	19	28	24	15	15
Videos ansehen	16	19	19	14	32
Suche nach Informationen	16	17	14	13	40
Audios anhören	13	14	12	10	51
Suche nach Kontakten, Bekannten	10	23	26	19	22
Posten von Links und Informationen	10	21	18	17	33
Mitteilen, was ich gerade mache	8	16	11	13	51
Suche nach Infos zu Hobbys,/speziell interessierenden Themen	8	19	14	11	48
Suche nach tagesaktuellen Nachrichten (Politik, Wirtschaft etc.)	7	8	10	13	62
Anwendungen wie z. B. Quiz, Spiele oder Horoskope nutzen	6	6	5	7	76
Über Inhalte aus Zeitung austauschen	4	11	9	14	62
Suche nach Verbraucherinformationen, z. B. zu Produkten	3	7	10	14	67
Über Inhalte aus TV austauschen	3	13	9	17	59
Hochladen von eigenen Bildern	2	10	27	29	32
Hochladen von Audios	2	3	5	10	81
Über Inhalte aus Radio austauschen	2	6	6	9	77
Hochladen von eigenen Videos	1	1	6	11	82

Basis: Online-Nutzer mit Profil in einer privaten Community (n = 1.366, Teilgruppe Nutzer mit eigenem Profil: n = 586)

ten-, Unternehmens- und Freizeit-Fanseiten und durch Freunde, die diese Informationen teilen. Dabei ist den Nutzern wichtig, dass sie diese Informationen geliefert bekommen und nicht danach suchen müssen („Push"- statt „Pull"-Informationsgewinn). Mikroblogging-Dienste wie Twitter, auf denen Personen und Firmen mit maximal 140 Zeichen Informationen verbreiten können, kommen diesem passiven Nutzerverhalten ebenfalls entgegen und werden vorrangig für Eilmeldungen und Echtzeitkommunikation verwendet.[16]

[16] Vgl. Busemann/Frisch/Frees 2012: 258–265.

Tab. 3.7 Persönliche Nutzerprofile der Deutschen nach Communitys in Prozent 2011. (Quelle: ZDF-Studie Community 2011; Busemann/Frisch/Frees 2012: 260)

Frage: „Welche der von Ihnen genutzten privaten Communitys ist für Sie zurzeit die wichtigste?“	In %
Facebook	76
StayFriends	7
Wer-kennt-wen.de	6
Google+	4
MeinVZ	3
StudiVZ	2
Twitter	2
Lokalisten	0
MySpace	0
SchülerVZ	0

Basis: Internet-Nutzer (n = 2.343), hier: n = 2.135 Befragte, die bei mindestens einer privaten Community Mitglied sind

Dieses passive Nutzerverhalten widerspricht eigentlich der Web-2.0-Idee O'Reillys. Allerdings verwenden die Nutzer Twitter auch aktiv zur Echtzeitkommunikation untereinander, z. B. um bei Krimisendungen wie Tatort gemeinsam mitzuraten und zu diskutieren.[17]

3.4 Die Vielfalt von Web-2.0-Communitys

Wie können diese Web-2.0 Communitys nun aber tatsächlich aktiv im Gebrauch aussehen? Online-Communitys und soziale Netzwerke sind in ihrer Gestaltung, Funktion und Zielsetzung so unterschiedlich wie die Internetnutzer selbst. Vom beruflichen Portal für die Karriere (z. B. Xing, LinkedIn) zum privaten Hobby (z. B. Creadoo, Men's Health) gibt es für jedes erdenkliche Vernetzungsbedürfnis eine Community, denn „sich zu vernetzen, Beziehungen zu pflegen und soziale Bindungen einzugehen, ist ein Grundbedürfnis des Menschen“[18]. Kommunikation, Interaktion, Informationsaustausch und -gewinn ohne raum-zeitliche Begrenzungen sind ihre gemeinsamen Basismerkmale.

75 % der deutschen Onliner, die ein persönliches Community-Profil besitzen, haben ein *Facebook*-Profil (vgl. Tab. 3.8).[19] *StudiVZ* und weitere VZ-Gruppen (33 %), *StayFriends* (30 %) und *Wer-kennt-wen.de* (24 %) bleiben weit dahinter. Ob sich unterschiedliche Special-Interest-Communitys angesichts der Facebook-Dominanz (vgl. hierzu auch Tab. 3.7)

[17] Vgl. Busemann/Frisch/Frees 2012: 265.

[18] Busemann/Frisch/Frees 2012: 258.

[19] Bei Facebook ist die Masse der Menschen Mitglied und daher auch die wichtigen und internationalen Freunde der Nutzer, was seit 2010 eine massive Zuwanderung zu Facebook bewirkt hat. Vgl. Busemann/Frisch/Frees 2012: 260.

Tab. 3.8 Nutzerprofilverteilung deutscher Profilinhaber in Prozent 2011 (Mehrfachnennung möglich). (Quelle: ZDF-Studie Community 2011; Busemann/Frisch/Frees 2012: 260)

Frage: „Bei welchen der folgenden Online-Communitys haben Sie ein persönliches Profil?"	Mehrfachnennungen möglich, in %
Facebook	75
StayFriends	30
Wer-kennt-wen.de	24
StudiVZ	17
MeinVZ	15
Google+	15
Twitter	14
MySpace	11
SchülerVZ	9
Lokalisten	8
Xing	12
LinkedIn	3
Kein Profil	9
Basis: Internetnutzer (n = 2.343)	

weiterhin neben und alternativ zu Facebook etablieren und ausbreiten können, bleibt abzuwarten, würde aber eine breitere und unabhängigere Streuung privater Communitys und die Herausbildung verschiedener Special-Interest-Netzwerke bedeuten. Google^{+} könnte in den nächsten Jahren vielleicht zu einer wettbewerbsfähigen ernsthaften Facebook-Alternative werden (vgl. Busemann/Frisch/Frees 2012: 260 f.).

Special-Interest-Communitys sind im Web 2.0 z. B. die Leseclubs. Jeder Mensch liest, zur Unterhaltung, berufsbedingt oder um sich zu informieren. Daher werfen wir hier einen Blick auf Online-Buchclubs, die für jedermann zugänglich sind, um ein Beispiel für Special-Interest-Communitys zu zeigen.

Durch kostenlose Social-Web-Anwendungen wie die amerikanische Plattform *Goodreads* (10 Mio. Mitglieder) oder die deutschen Plattformen *Lovely Books* (Verlagsgruppe Georg von Holtzbrink), *Literaturcafé* und *Literatur-Forum* werden Nutzer-Sehnsüchte nach Kommunikation und Interaktion („nicht allein sein") auch auf ehemals einsame Beschäftigungsbereiche (ohne wechselseitigen Austausch) – wie das Lesen von Büchern –ausgedehnt. Lesen wird so zu einem sozialen Prozess (Pleimling 2012: 21–23). Im Social Reading entstehen durch die gemeinsame Arbeit der Nutzer an einem Thema (Lyrik-, Prosa-, Epikwerk) neue Produkte (Literaturanalysen, -interpretationen, -diskussionen und sogar ganze Erzählungen oder Romane). Es können nicht nur raum-zeitlich ungebundene, klassische Gespräche über Bücher geführt werden wie einst in Lesegesellschaften, Lesekreisen und Buchclubs, sondern auch innovative Formen des Social Readings für kollaborative Arbeit am literarischen Text gebraucht werden (vgl. Pleimling 2012: 22–23). Die iPad-Lese-App *Readmill* ermöglicht es Usern, „E-Books während des Lesens in der *Readmill*-App zu kommentieren, einzelne Zitate oder Absätze hervorzuheben und im Netz zu teilen, sich mit anderen Lesern der gleichen Lektüre auszutauschen und personalisierte Empfehlungen für andere interessante Bücher zu erhalten" (Weigert 2012). 2012 wurde *Readmill* speziell um die Funktion „*Readmill* für Autoren" erweitert, um Autoren die Interaktion mit ihren Lesern zu ermöglichen. *Lovely Books* bietet mit dem Widget *Buchfrage*, das direkt in E-Books integriert wird und den Austausch zwischen Autoren und Lesern erlaubt, ein ähnliches Gadget. Das Hamburger Unternehmen Frankbooks bietet Autoren ebenfalls die Möglichkeit, E-Books für iPads interaktiv zu machen (vgl. Weigert 2012).

3.5 Der mögliche Mehrwert von Communitys am Beispiel von Social Reading

Wie könnte Social Reading in einer optimalen und gewinnbringenden Form heute aussehen? Anhand von Doris Lessings *The Golden Notebook* wurde 2009 bereits gezeigt, was heute mit Social Reading möglich ist. Sieben Journalisten, Buchkritiker und Autoren lasen Lessings Text gemeinsam online, machten online Anmerkungen im Text und diskutierten das Gelesene mit teilweise 20 Kommentaren pro Seite. So werden Texte diskursiv erfahrbar und die neu entstehenden Paratexte gehen mit dem literarischen Text eine dauerhafte Verbindung ein. Wenn solche Paratexte[20] öffentlich zugänglich bleiben, wie im Fall von *The Golden Notebook*, bietet sich für interessierte Leser weltweit ein Mehrwert in der Rezeption eines literarischen Texts. Solche Texte regen dauerhaft zum Nachdenken und zu weiteren Diskussionen an und können stets ergänzt werden. Auch die Autoren des jeweils diskutierten Werks können sich aktiv einbringen und mit den Rezipienten in Kontakt treten. Die Qualität solcher literarischer Diskussionen ist dabei stark abhängig von den beteiligten Nutzern/Produzenten im Social-Reading-Prozess.[21]

3.6 Mehr Nutzer, weniger Produzenten: Entwicklungstendenzen im Mitmachnetz

Ist O'Reillys Idee von einem einfach zu bedienenden Mitmachnetz als Erfolgsfaktor des Web 2.0 aufgegangen? Es entstehen täglich neue Communitys – die Welt trifft und vernetzt sich bei Facebook und anderen Netzwerken, die kollektive Nutzerintelligenz wird in Wikis, wie z. B. Wikipedia, Social-Sharing-Plattformen wie *SlideShare* oder Social Bookmarkings wie *del.icio.us*, *Digg* oder *Mister Wong*, täglich ergänzt und erweitert, moderne und ständig neu entwickelte Web-Applikationen stellen den Usern nützliche und meist kostenlose Ser-

[20] Paratexte sind Texte, die z. B. einen literarischen Originaltext durch Informationen und Interpretationen begleiten, ergänzen und so manchmal auch seine Rezeption durch vorgegebene Ideen lenken.

[21] Vgl. Pleimling 2012: 23–24.

vicedienste zur Verfügung (z. B. *Doodle*[22] zur Erstellung von [Termin-]Umfragen, das Videobearbeitungsprogramm *Amara* oder das Bildbearbeitungsprogramm *NexImage*[23] etc.). Die Qualität und Quantität des User-generated Content sind für die Web-Anwendungen und ihre Etablierung essentiell wichtig, denn User benutzen nur das hochwertigste Tool. Die leichte Bedienbarkeit neuer Software und ihre gleichzeitige Nutzbarkeit auf verschiedenen mobilen und immobilen Endgeräten sind in Zeiten von Smartphones und Tablets neben Desktop-PCs unumgänglich. O'Reillys sieben Prinzipien des Web 2.0 scheinen auf den ersten Blick von Erfolg gekrönt. Und dennoch sinkt das Interesse deutscher Onliner an der aktiven Partizipation im Mitmachnetz seit einigen Jahren eher wellenartig, als dass es steigt, wie die Tab. 3.9 und 3.10 aus der ARD/ZDF-Onlinestudie zeigen, obwohl die Möglichkeiten zur Content-Generierung und -Verbreitung ständig erweitert und vereinfacht werden.

Die Zahl der User-Publisher wird einerseits nicht größer, andererseits nimmt die Zahl der aktiven User-Publisher ab, sodass sie sich auch insgesamt verringert. Während 2009 noch 13 % aller deutschen Onliner sehr interessiert daran waren, sich aktiv durch Content-Generierung in das Mitmachnetz einzubringen, hat sich ihre Zahl bis 2010 auf 7 % halbiert und stagniert auch 2012 bei unwesentlich höheren 8 %. Ebenso nimmt die Zahl „etwas interessierter" Nutzer ab. Auch bei den Jugendlichen, die zwar immer noch die interessierteste Gruppe darstellen (sehr interessierte und etwas interessierte Jugendliche: 2009: 49 %, 2010: 35 %, 2012: 41 %), sinkt deren Zahl eher. Bei der Generation 30 + sinkt das Interesse sogar noch stärker. Zwischen 60 % und 78 % waren in diesen Altersklassen desinteressiert an aktiver.

Steht O'Reillys Mitmachnetz nach gut 10 Jahren vor dem Aus? „[...] die Phase des Ausprobierens scheint beendet, und für das Gros der Onliner ist Mitmachen im Mitmachnetz schlicht uninteressant"[24], schlussfolgern Busemann/Gscheidle. Auch in den Nutzerverhalten wird deutlich, dass das Mitmachnetz eher zu einem Abrufnetz geworden ist, wie Tab. 3.10 tendenziell zeigt:

Wenn aber irgendwann keiner mehr „mitmacht" und alle nur noch „abrufen", stirbt das Mitmachnetz an den fehlenden Daten-Updates.

Die Angst vor Missbrauch eigener ins Netz gestellter Daten ist möglicherweise ein Grund für den Rückgang aktiver Nutzerbeteiligung. Dieses Spannungsverhältnis von Persönlichkeitsschutz einerseits (die große Mehrheit in allen Altersgruppen fürchtet den Missbrauch persönlicher Daten) und aktiver Beteiligung andererseits beschäftigt die deutschen Onliner seit einigen Jahren (vgl. Busemann/Gscheidle 2012: 385 und 390). Beziehungen können auch außerhalb von Online-Communitys gepflegt werden. Zusammen mit dem steigenden Bewusstsein um Sicherheit und Privatheit eigener Daten in Communitys wie Facebook, dessen Nutzerdatengebrauch vielen Nutzern zuwider ist, melden sich Nutzer aus Online-Communitys aus Protest auch wieder ab (vgl. Tab 3.11). Das Fazit lautet daher

[22] http://www.doodle.com/ 11.12.12.

[23] http://www.neximage.com/en/home/ 11.12.12.

[24] Busemann/Gscheidle 2010: 360.

Tab. 3.9 Interesse deutscher Onliner, aktiv Beiträge zu verfassen und online zu stellen. (Vgl. Busemann/Gscheidle 2010: 360–361 und Busemann/Gscheidle 2012: 387)

	2006 Ges.	2007 Ges.	2008 Ges.	2009 Ges.	2010 Ges.	2011 Ges.	2012 Ges.	Männer	Frauen	14–19J.	20–29J.	30–39J.	40–49J.
Sehr interessant	10	13	13	13	7	12	8	10	6	12	12	10	5
Etwas interessant	15	18	22	18	15	17	14	15	12	29	15	14	11
Weniger interessant	26	25	25	22	19	24	21	22	21	29	29	22	18
Gar nicht interessant	49	44	40	48	59	47	57	53	61	30	44	54	65

Beteiligung. 2012 lag der Gesamtdurchschnitt aller desinteressierten deutschen Onliner bei 57 %. 2008 waren es lediglich 40 % gewesen, vgl. Tab. 3.9

Tab. 3.10 Abruf und Generierung von Daten im Web-2.0– Anwendungen deutscher Onliner 2010 und 2012 (in Prozent). (Quelle: ARD/ZDF-Onlinestudie 2010 und 2012; Busemann/Gscheidle 2010: 363 und Busemann/Gscheidle 2012: 387)

	Informationen abgerufen	Etwas eingestellt/ verfasst	Beides
Wikipedia	97 (2010)	0 (2010)	3 (2010)
	96 (2012)	1 (2012)	3 (2012)
Weblogs	60 (2010)	8 (2010)	32 (2010)
	53 (2012)	15 (2012)	32 (2012)
Videoportale	92 (2010)	7 (2010)	1 (2010)
	93 (2012)	0 (2012)	7 (2012)

Basis: Deutschsprachige Onlinenutzer ab 14 Jahren (n [2010] = 1.252, n [2012] = 1.366); Teilgruppen: Online-Nutzer, die Wikipedia (n [2010] = 913, n [2012] = 990), Weblogs (n [2010] = 94, n [2012] = 92), Videoportale (n [2010] = 731, n [2012] = 805) schon mal besucht haben

Tab. 3.11 Gründe gegen Mitgliedschaft in privaten Online-Communitys (stimme voll und ganz/ weitgehend zu in Prozent). (Quelle: ARD/ZDF-Onlinestudie 2010; Busemann/Gscheidle 2010: 366)

	Gesamt	Männer	Frauen	14–19 J.	20–29 J.	30–39 J.	40–49 J.
Kommuniziere mit meinen Freunden auf anderen Wegen	94	93	94	83	86	94	94
Communitys sind für mich uninteressant/ haben keine Vorteile	75	76	73	52	62	83	74
Angst vor Datenmissbrauch	71	67	75	33	58	68	74
Möchte nicht im Internet auffindbar sein	68	68	68	54	68	61	74
Aufwand ist mir zu groß	48	44	53	23	49	42	46
Kenne die Möglichkeiten von Communitys nicht	32	30	36	30	15	23	32
Kenne niemanden, der in einer Community ist	30	28	32	32	16	11	29

Basis: Befragte, die kein Profil in einem privaten Netzwerk haben (n = 766)

vorerst: Die passive Nutzerschaft von Web-2.0-Anwendungen steigt stetig, aber das aktive Content-Generieren der Nutzer sinkt.[25]

Ein kleiner Teil aktiver Nutzer-Publisher wird wohl künftig Content für alle generieren, während der Großteil der Nutzer passiv rezipiert.

[25] Vgl. Busemann/Gscheidle 2010: 363–368.

3.7 Vertiefung

- Erklären Sie die Grundidee hinter Web 2.0!
- Was versteht man unter dem Begriff Prosument?
- Nennen und beschreiben Sie drei bekannte Online-Communitys!
- Erklären Sie kurz, welche Gründe es dafür geben kann, dass Nutzer Online-Communitys wieder verlassen!
- Nehmen Sie zur Situation des Mitmachnetzes Stellung: Wie verlief die Entwicklung, wie ist die aktuelle Situation und wie könnte sie künftig aussehen?

Literaturempfehlung

Ebersbach, Anja/Glaser, Markus/Heigl, Richard: Social Web. UVK. Konstanz. 2011.

Lauber-Rönsberg, Anne: Raubkopierer und Content-Mafia: die Debatte um das Urheberrecht. In: APuZ. 41–42/2012. 2012. S. 32–38. (Online zugänglich unter: http://www.bpb.de/apuz/145382/raubkopierer-und-content-mafia-die-debatte-um-das-urheberrecht. 28.11.12.)

Quellen

Amara: http://www.universalsubtitles.org/de/, 19.12.12.

ARD/ZDF-Onlinestudie 2012: http://www.ard-zdf-onlinestudie.de/index.php?id=371&L=0&type=1, 25.02.13.

ARD/ZDF-Onlinestudie 2012: Web 2.0-Nutzung. http://www.ard-zdf-onlinestudie.de/index.php?id=357&L=0&type=1, 25.02.13.

Boie, Johannes: Mega: Kim Dotcom ist mit neuem Filehoster zurück. Auf SZ-Online: http://www.sueddeutsche.de/digital/comeback-mit-neuem-filehoster-kim-dotcom-ist-mega-zurueck-1.1578140-2, 22.01.13.

Busemann, Katrin, Gscheidle, Christoph: Web 2.0: Nutzung steigt – Interesse an aktiver Teilnahme sinkt. In: Media Perspektiven 7-8/2010. 2010. S. 359–368. (Online zugänglich unter: http://www.media-perspektiven.de/uploads/tx_mppublications/07-08-2010_Busemann.pdf. 28.11.12.)

Busemann, Katrin, Gscheidle, Christoph: Web 2.0: Habitualisierung der Social Communitys. In: Media Perspektiven 7–8/2012. 2012. S. 380–390. (Online zugänglich unter: http://www.ard-zdf-onlinestudie.de/fileadmin/Online12/0708-2012_Busemann_Gscheidle.pdf, 25.02.13.)

Busemann, Katrin/Fisch, Martin/Frees, Beate: Dabei sein ist alles – Zur Nutzung privater Communitys. Ergebnisse der ZDF-Studie Community 2011. In: Media Perspektiven 5/2012. 2012. S. 258–267. (Online zugänglich unter: http://www.media-perspektiven.de/uploads/tx_mppublications/05-2012_Busemann_Fisch_Frees.pdf 04.12.12)

Creadoo-Kreativität 2.0: www.creadoo.com. 04.12.12.

Doodle: http://www.doodle.com/ 11.12.12.

Goodreads: www.goodreads.com. 04.12.12.

http://www.neximage.com/en/home/, 11.12.12.

Klingler, Walter/Vlašić, Andreas/Widmayer, Frank: Communitys bei Zwölf- bis 29-Jährigen: Private Kommunikation und öffentliche Interaktion. In: Media Perspektiven 9/2012. 2012. S. 433–444. http://www.media-perspektiven.de/uploads/tx_mppublications/09-2012_Klingler.pdf, 26.02.13.

Lauber-Rönsberg, Anne: Raubkopierer und Content-Mafia: die Debatte um das Urheberrecht. In: APuZ. 41–42/2012. 2012. S. 32–38. (Online zugänglich unter: http://www.bpb.de/apuz/145382/raubkopierer-und-content-mafia-die-debatte-um-das-urheberrecht, 28.11.12.)

Lessig, Lawrence: Free Culture. How Big Media Uses Technology and the Law to Lock Down Culture and Control Creativity. Penguin. New York. 2004.

Literaturcafé: www.literaturcafe.de, 04.12.12.

Literatur-Forum: www.literaturforum.de, 04.12.12.

Lovely Books: www.lovelybooks.de, 04.12.12.

Mirocommunity: http://www.mirocommunity.org/, 11.12.12.

Oehmichen, Ekkehardt/Schröter, Christian: Zur typologischen Struktur der Onlinenutzung. In: Oehmichen, Ekkehardt, Ridder, Christa-Maria: Die MedienNutzerTypologie 2.0. Aktualisierung und Weiterentwicklung des Analyseinstruments. Nomos Verlagsgesellschaft. Baden-Baden. 2010. S. 189–205.

O'Reilly, Tim: Was ist Web 2.0? Entwurfsmuster und Geschäftsmodelle für die nächste Software Generation. 2005. http://www.oreilly.de/artikel/web20_trans.html., 28.11.12.

Pleimling, Dominique: Social Reading – Lesen im digitalen Zeitalter. In: APuZ. 41–42/2012. 2012. S. 21–27.

Ridder, Christa-Maria/Engel, Bernhard: Massenkommunikation 2010: Mediennutzung im Intermediavergleich. Ergebnisse der 10. Welle der ARD/ZDF-Langzeitstudie zur Mediennutzung und –bewertung. In: Media Perspektiven 11/2010. S. 537–548. http://www.media-perspektiven.de/uploads/tx_mppublications/11-2010_Engel.pdf, 04.12.12.

Shareaholic: https://shareaholic.com/, 11.12.12.

Slideshare: http://de.slideshare.net/, 11.12.12.

Urheberrechtsgesetz vom 9. September 1965 (BGBl. I S. 1273), das zuletzt durch Artikel 1 des Gesetzes vom 14. Dezember 2012 (BGBl. I S. 2579) geändert worden ist: http://www.gesetze-im-internet.de/urhg/BJNR012730965.html, 05.03.13.

Weigert, Martin: Social Reading: Readmill verbindet Autoren und Leser. Netzwertig.Com. 14.09.12. http://netzwertig.com/2012/09/14/social-reading-readmill-verbindet-autoren-und-leser/, 04.12.12.

Wir sind die Bürger: www.wir-sind-die-buerger.de, 19.12.12.

Wir sind die Urheber: www.wir-sind-die-urheber.de, 19.12.12.

Wordpress: http://wordpress.org/extend/plugins/sexybookmarks/, 19.12.12.

Die Entwicklung der Anbieter im Zeitungs- und Buchmarkt

4

Gabriele Goderbauer-Marchner/Bernhard Glasauer

4.1 Entwicklung der Verlage

> Der Buchdruck neigte dazu, die Sprache von einem Mittel der Wahrnehmung zu einer tragbaren Ware zu verändern.[...] Der Buchdruck ist nicht nur eine Technologie, sondern selbst ein natürliches Vorkommen oder Rohmaterial wie Baumwolle oder Holz oder das Radio; und wie jedes Rohmaterial formt es nicht nur die persönlichen Sinnesverhältnisse, sondern auch die Muster gemeinschaftlicher Wechselwirkung.[1]

So formulierte es Marshall McLuhan in seinem 1962 erschienen Buch *The Gutenberg Galaxy*. Mit dem Begriff „Gutenberg-Galaxis" bezeichnete er eine Welt, die grundlegend durch das Buch als Leitmedium geprägt ist. Eine ähnlich revolutionäre Wirkung wird heute den digitalen Medien zugeschrieben. Nicht von ungefähr lautet der Titel einer aktuellen Studie zum Wandel des deutschen Buchhandels durch Internet, E-Books und Mobile Devices *Gutenberg-Galaxis Reloaded?*[2]

Die Frage ist in der Tat berechtigt. Schon die Verbreitung des Buchdrucks führte zum Verschwinden der Skriptorien. Wandelt sich der Buchmarkt nun auch so dramatisch? Verschwinden gar die Verlage und werden durch eine Form der Selbst-Publikation – es kann ja schließlich heute jeder problemlos online publizieren – ersetzt?

---

[1] Marshall McLuhan zitiert nach: Simone Ganß, Wir googeln uns zu Tode, 2006, S. 18 (28.8.2012, 13.30 Uhr), online verfügbar unter: http://www.simoneganss.de/googlesicher/pdf/theorie_de.pdf.

[2] Jan-Felix Schrape, Gutenberg-Galaxis Reloaded? Der Wandel des deutschen Buchhandels durch Internet, E-Books und Mobile Devices, Boizenburg 2011.

T. Büsching, G. Goderbauer-Marchner, *E-Publishing-Management*,

DOI 10.1007/978-3-658-04110-6_4,

Ein Blick auf die zahlreichen Kommentare zum Verlags- und Zeitungssterben genügt, um diesen Eindruck entstehen zu lassen. Allerdings wird in diesem Zusammenhang der Wandel der Buchbranche meist übersehen. So wie schon zu Gutenbergs Zeiten viele Skriptoren auf den Buchdruck umstiegen, wandeln sich heute traditionelle Verlage zu Multimediaunternehmen. Dass dabei einige auf der Strecke bleiben, ist Teil einer jeden großen Umwälzung. Tatsächlich stehen die Verlage heute unter massivem wirtschaftlichem Druck, egal ob Zeitungs- oder Buchverlag.

Die Auflagen von Tageszeitungen sind seit Jahren rückläufig. So verlor die *Bild*-Zeitung im Zeitraum von 1998 bis 2012 auf das Quartal gerechnet rund zwei Mio. Leser.[3] Prominente Insolvenzen wie die der *Frankfurter Rundschau* und der *Financial Times Deutschland* verstärken dieses Bild noch. Als Folge werden die Redaktionen abgebaut, Qualität und Recherche leiden darunter, was wiederum zu weiterem Leserschwund führt. Allenthalben wird über die Abwanderung der Leser ins Internet geklagt. Nicht ganz so dramatisch verläuft die Entwicklung des deutschen Buchmarktes. Mit einem Gesamtumsatz von 9,4 Mrd. € erwies er sich als relativ stabil. Der Umsatzrückgang zum Vorjahr betrug 2011 lediglich 1,4 %.[4] Um diesem Trend entgegenzuwirken, verbreitern viele Verlage inzwischen ihr Geschäftsmodell, indem sie sich verstärkt multimedial engagieren.

4.2 Crossmedia

Dieser massive Wandel in Richtung Multimedia, der sich nun seit einigen Jahren vollzieht, wird heute oft mit dem Schlagwort Crossmedia verknüpft. Lange galt, dass Buch, Zeitung und Fernsehen sowohl getrennt hergestellt als auch ebenso getrennt konsumiert werden. Heute vermischen sich diese Bereiche zunehmend. Vereinfacht gesagt, liest der Leser sein Kochbuch, schlägt die Rezepte online nach und sieht sich das Video dazu an – alles vom selben Verlag produziert. Die Technik macht dies möglich. Es gibt heute Geräte, mit denen man gleichzeitig telefonieren, zuhören, zuschauen, lesen, rechnen, schreiben, spielen, speichern etc. kann. Das Internet ermöglicht zudem den Zugriff auf beliebige Inhalte.

Früher wurde sowohl die Hard- als auch die Software (also der Inhalt/Content) nur für einen Zweck genutzt und nur über ein Ausgabegerät „transportiert". Heutzutage sind die bisher getrennten Kommunikationsbereiche zusammengewachsen und verschmolzen. Diese Entwicklung wird oft mit dem Begriff Medienkonvergenz umschrieben. Dabei unterscheidet man meist zwischen Technik und Inhalt. Eine genaue Abgrenzung von Crossmedia lässt sich allenfalls dahingehend ziehen, dass Medienkonvergenz das Zusam-

[3] Bildblog, 2012 (28.8.2012, 13.30 Uhr), online verfügbar unter: http://www.bildblog.de/auflage.php.

[4] Börsenverein des Deutschen Buchhandels, Wirtschaftszahlen 2011, 2012. (28.8.2012, 13.30 Uhr), online verfügbar unter: http://www.boersenverein.de/de/158286.

menwachsen von Medien bezeichnet,[5] Crossmedia dagegen den parallelen Einsatz von Medien.[6]

Anders gesagt, die traditionellen Verlage entwickeln sich zwangsläufig zu Multimediaunternehmen, da der Konsument eine crossmediale Aufbereitung des Contents wünscht. Verstärkt wird diese Entwicklung durch die Abwanderung der Werbung in Richtung Internet, da die Werbung, vereinfacht gesagt, immer dem Konsumenten folgt. Die Verlage werden somit sowohl durch die Konsumenten als auch durch die Werbeeinnahmen gezwungen, dieser Richtung zu folgen.[7]

Momentan befindet sich diese Entwicklung noch in einem Anfangsstadium, was auch erklärt, warum man im Internet mit Werbung noch relativ wenig Geld verdient und die Inhalte überwiegend gratis nachgefragt werden. Allerdings werden bereits jetzt in den USA 12 % der Werbeeinnahmen der Verlags- und Zeitungsbranche online generiert.[8] Es ist jedoch davon auszugehen, dass sich nicht nur die Monetarisierung verbessern wird, sondern auch die Bereitschaft der Kunden zunehmen wird, für Qualitätsinhalte zu bezahlen.[9]

4.3 Crossmedia im Zeitungsbereich

Eine Vorreiterrolle in diesem Zusammenhang spielt der Zeitungs- und Printbereich. Vergleicht man etwa die crossmedialen Möglichkeiten und ihre Nutzung im Zeitungsbereich, so lässt sich feststellen, dass sie von den verschiedenen Akteuren unterschiedlich und oft noch kaum nachhaltig genutzt werden. Selbst bei großen Magazinen finden sich oft nur halbherzige Veröffentlichungen von bereits im Magazin erschienen Inhalten, oder es werden online publizierte Artikel ohne Änderung ins Heft übernommen. Artikel werden dazu in nicht unerheblicher Zahl von freien Redakteuren hinzugekauft. Eine selbstständige Online-Redaktion, wie in den USA bisweilen schon üblich, findet sich in Deutschland kaum bzw. ist eine solche dann nur schlecht mit der Print-Redaktion vernetzt. Die Angst, durch ein Medium das andere zu schädigen, sich gegenseitig die Leser wegzunehmen und die

[5] Europäisches Zentrum für Medienkompetenz (Hg.), Im Blickpunkt Medienkonvergenz, Marl 2008, S. 1 (28.8.2012, 13.30 Uhr), online verfügbar unter: http://www.grimme-institut.de/imblickpunkt/pdf/imblickpunkt_medienkonvergenz2.pdf.

[6] Gabler Wirtschaftslexikon, Stichwort: Crossmedia (28.8.2012, 13.30 Uhr), online verfügbar unter: http://wirtschaftslexikon.gabler.de/Archiv/81345/crossmedia-v5.html. Für eine ausführliche Definition vgl. auch Kap. 2.

[7] Johannes Nagel, Werden Verlage zu Softwareunternehmen?, in: Claudia Fantapié Altobelli (Hg.), Print contra Online? Verlage im Internetzeitalter, München 2002, S. 49–51.

[8] Ernst & Young, Spotlight on Profitable Growth. Media & Entertainment, 2011, S. 19 (28.8.2012, 13.30 Uhr), online verfügbar unter: http://www.ey.com/Publication/vwLUAssets/Spotlight_on_profitable_growth_2011/$FILE/Spotlight%20on%20Profitable%20Growth%202011.pdf.

[9] Ernst & Young, Der Online-Faktor: Studie zum M&A-Markt der europäischen Medien- und Unterhaltungsbranche, 2009, S. 12 (28.8.2012, 13.30 Uhr), online verfügbar unter: http://www.bitkom.org/files/documents/Der_Online_Faktor_Studie_2009.pdf.

Kosten ohne andere Finanzierungsmodelle, wie etwa Werbung oder Subskription, wieder hereinzuholen, überwiegt.[10]

Die Crossmedia-Strategie im deutschen Zeitungsbereich hängt also wesentlich von dieser meist negativen Kosten-Nutzen-Bewertung ab und führt dazu, dass eine mehrmediale Aufbereitung kaum stattfindet. Damit wird jedoch der Online-Auftritt zu einem reinen Werbemedium für die Zeitung.[11] Doch gerade dieser Werbeeffekt stellt sich oft nicht ein, ja er wird durch die kostenbedingte schlechte Internetpräsenz sogar ins Gegenteil verkehrt und erklärt andererseits den Erfolg rein internetbasierter Zeitungen wie beispielsweise der *Huffington Post*, die von 25 Mio. Menschen gelesen wird. Obwohl sie rein online in Form eines Polit-Weblogs erscheint, ist sie bekannt für ihre verhältnismäßig hochwertigen Artikel und politischen Enthüllungen.

Im Zeitschriftenbereich dagegen sieht es hinsichtlich einer crossmedialen Produktion schon etwas anders aus. Viele Fachzeitschriften werden bereits als App angeboten – meist aber nur im Jahres-Abo. Einzelhefte gibt es oft nur in Ausnahmefällen, wobei der Preis lediglich um 1 € niedriger ist. Der Erfolg hängt dabei wesentlich von den Paid-Content-Modellen sowie dem Werbeanteil ab.

Große deutsche Medienunternehmen, wie z. B. Springer, Holtzbrinck, Burda etc., haben die Notwendigkeit einer Crossmedia-Strategie längst erkannt. Anders sieht es bei vielen Verlagen und Zeitungen und Lokalredaktionen aus.[12] Die crossmediale Produktion erfolgt oft ebenso wenig zielgerichtet wie die Leseraktivierung und Einbindung in Diskussionen über lokalpolitische Themen.[13] Noch schlechter sieht es beim Einsatz neuer Erzählformen wie Crossmedia-Storytelling oder Multimedia-Storytelling aus. Sie werden nicht nur kaum angewandt, sondern sind oft weitgehend unbekannt.[14] Insgesamt lässt sich die Crossmedia-Strategie der deutschen Lokalzeitungen höchstens als halbherzig beschreiben. Die Erkenntnis, dass der Online Auftritt ein wesentliches komplementäres Element des eigenen Zeitungsproduktes ist, hat sich bei den Redaktionen noch nicht durchgesetzt. Online-Ausgabe, iPad-Ausgabe oder Handy-Ausgabe werden oft noch als Nebenprodukt wahrgenommen.

Letztlich führt diese zögerliche Haltung auch zu einer Verschärfung der wirtschaftlichen Lage vieler Zeitungen. Die Erkenntnis, dass man auf eine koordinierte Medienstrate-

[10] Vgl. Christoph Neuberger, Das Engagement deutscher Tageszeitungen im Internet: Zwischen „Cross media"-Strategien und Zweitverwertung. Ergebnisse einer Befragung von Online-Redakteuren, in: Claudia Fantapié Altobelli (Hg.), Print contra Online? Verlage im Internetzeitalter, München 2002, S. 113–118.

[11] Vgl. Jan Schmidt, Internet-Strategien von Tageszeitungsverlagen. Informations- und Kooperationsbedarf im dynamischen Onlinegeschäft, in: Claudia Fantapié Altobelli (Hg.), Print contra Online? Verlage im Internetzeitalter, München 2002, S. 41–48.

[12] Susanne Kinnebrock, Sonja Kretzschmar: Forschungsbericht Crossmedia 2012, S. 10 (28.8.2012, 13.30 Uhr), online verfügbar unter: http://www.drehscheibe.org/tl_files/drehscheibe/Themen/Forschung/Crossmedia_Abschlussbericht_04_06_2012.pdf.

[13] Kinnebrock, Kretzschmar, Forschungsbericht Crossmedia 2012, S. 11 (28.8.2012, 13.30 Uhr).

[14] Kinnebrock, Kretzschmar, Forschungsbericht Crossmedia 2012, S. 12 (28.8.2012, 13.30 Uhr).

gie für die eigene Zeitung, in der sich Print- und Online-Ausgabe sinnvoll ergänzen, heute nicht mehr verzichten kann, setzt sich nur langsam durch.[15] Trotz der weitverbreiteten Zurückhaltung geht aber auch in Deutschland der Trend zur Online-Redaktion.

Dies ergibt sich aus dem hohen Stellenwert, den das Internet bei der Informationsbeschaffung heute spielt.[16] Bezeichnenderweise greifen Online-Nutzer vor allem auf die Webseiten von Zeitungen, Zeitschriften und Magazinen zu.[17] Darüber hinaus ändert sich auch das Nutzungsverhalten der Generationen. Jugendliche können sich kaum vorstellen, ohne Internet auszukommen, ältere Menschen dagegen schon. Bei Büchern und anderen Medien ist es dagegen genau umgekehrt.[18]

4.4 E-Publishing auf dem Buchmarkt

Gerade von den Verlagen werden deshalb in E-Books große Hoffnungen gesetzt, den stagnierenden Buchmarkt neu zu beleben.[19] Neben Filmen, Musik und Computerspielen bildet vor allem der E-Book-Markt einen wesentlichen Bereich des E-Commerce, in dem für Content bezahlt wird. Die traditionellen Buchhandlungen befürchten dagegen eher Einbußen für ihr Geschäftsmodell.

Auf den ersten Blick scheinen sich die Hoffnungen der Verlage zu erfüllen, hat sich doch einer Studie zufolge der Anteil von E-Books am Buchmarkt von 2010 auf 2011 praktisch verdoppelt. Tatsächlich ist der Gesamtumfang der E-Books am Buchmarkt mit 1 % noch verschwindend gering.[20]

Entscheidend ist aber, dass der Anteil derjenigen, die E-Books ablehnen, sinkt. E-Books werden vor allem als umweltfreundlich und preisgünstig wahrgenommen.[21] Es ist eine Differenzierung des Buchmarktes erkennbar, die sich dahingehend äußert, dass nicht mehr ausschließlich gedruckte Bücher gekauft werden.[22]

---

[15] Zur Wechselwirkung von Print und Online vgl. Patricia Böning-Spohr, Thomas Hess, Analyse der Wechselwirkungen zwischen Print- und Online-Angeboten mittels Wirkungsketten, in: Claudia Fantapié Altobelli (Hg.), Print contra Online? Verlage im Internetzeitalter, München 2002, S. 103–112.

[16] BITKOM, Netzgesellschaft. Eine repräsentative Untersuchung zur Mediennutzung und dem Informationsverhalten der Gesellschaft in Deutschland, Berlin 2011, S. 32 (28.8.2012, 13.30 Uhr), online verfügbar unter: http://www.bitkom.org/files/documents/BITKOM_Publikation_Netzgesellschaft.pdf.

[17] BITKOM, Netzgesellschaft, S. 34 (28.8.2012, 13.30 Uhr).

[18] BITKOM, Netzgesellschaft, S. 36 (28.8.2012, 13.30 Uhr).

[19] Christian Hoffmann, Wertketten für digitale Publikationen: Neue Chancen für Verlage und Autoren, in: Claudia Fantapié Altobelli (Hg.), Print contra Online? Verlage im Internetzeitalter, München 2002, S. 55 f.

[20] Börsenverein des Deutschen Buchhandels, Markt mit Perspektiven – das E-Book in Deutschland 2011, Frankfurt/M. 2012, S. 2 (28.8.2012, 13.30 Uhr), online verfügbar unter: http://www.boersenverein.de/sixcms/media.php/976/E-Book-Studie%202012%20PRESSEMAPPE_print.pdf.

[21] Börsenverein des Deutschen Buchhandels, Markt mit Perspektiven, S. 3 f. (28.8.2012, 13.30 Uhr).

[22] Börsenverein des Deutschen Buchhandels, Markt mit Perspektiven, S. 5 (28.8.2012, 13.30 Uhr).

Gleichzeitig kommt jedoch eine Studie des Börsenvereins des Deutschen Buchhandels vom Mai 2011 zu dem Schluss, dass sich die „Akzeptanz von E-Books gegenüber gedruckten Büchern im Vergleich zum Vorjahr nicht verbessert [hat]" und sich sogar einige „Extensivkäufer wieder verstärkt zum gedruckten Buch bekennen"[23]. Der Trend zum E-Book scheint also nicht unumkehrbar.[24]

Die Umsatzzahlen sprechen allerdings für sich. Der gesteigerte E-Book-Absatz liegt vor allem an den vielen Vorteilen der E-Books, die das klassische Buch nicht hat. Sie benötigen keinen Platz in der Wohnung, sind handlicher und können z. B. morgens in der U-Bahn auf dem Weg zur Arbeit gelesen werden. Außerdem sind sie kostengünstig und sinken weiter im Preis. So fiel der Preis von E-Books von durchschnittlich 10 € in 2010 auf 8 € in 2011.[25] Allerdings hat das gedruckte Buch beim Wohlfühlverhalten nach wie vor die Nase vorne. Dies zumindest ergab eine Studie einer Forschungsgruppe der Johannes Gutenberg-Universität, Mainz hinsichtlich des Leseverhaltens, bezogen auf verschiedene Medien.[26]

Eine langfristige Prognose über den E-Book-Markt ist auch deshalb so schwierig, weil bis jetzt nur ein Teil der Verlage hier präsent ist, auch wenn die Zahl rapide steigt. War es 2010 nur ein Drittel der Verlage, so war es 2011 schon die Hälfte.[27] Dies macht die Aussagen über Trends und Contents schwieriger. Festzuhalten ist aber, dass wissenschaftliche Bücher, Fach- und Sachbücher den größten Teil bilden, während Belletristik nur einen Anteil von unter 15 % ausmacht.[28] Immerhin geht die Verlagsbranche von einem Umsatzanteil der E-Books im Jahr 2015 von 17 %, die Sortimentsbuchhändler gehen von nur 3,5 % aus.[29] Allerdings werden die Prognosen zu Akzeptanz und Entwicklung des E-Book-Marktes durch illegale und kostenlose E-Book-Downloads, die mehr als die Hälfte aller Downloads ausmachen, erschwert.

[23] Stephan Füssel, Unterschiedliche Lesegeräte, unterschiedliches Lesen? Mainz 2012, S. 1 (28.8.2012, 13.30 Uhr), online verfügbar unter: http://www.medienkonvergenz.uni-mainz.de/wp-content/uploads/Studienpapier_ms_19451.docx.

[24] Einen umfassenden, wenn auch schon etwas veralteten Überblick über den E-Book-Markt bietet Andreas Schröder, eBooks und Bücher. Empirische Untersuchung zum Leseverhalten, Saarbrücken 2006.

Ein aktuellerer Überblick findet sich bei: Sara Schneider, E-Book-Markt 2009. Analyse und Entwicklung des E-Book-Marktes im deutschsprachigen Raum, Hamburg 2010.

[25] Ohne Schul- und Fachbücher: Börsenverein des Deutschen Buchhandels, Markt mit Perspektiven, S. 2 (28.8.2012, 13.30 Uhr).

[26] Stephan Füssel, Unterschiedliche Lesegeräte, S. 6 (28.8.2012, 13.30 Uhr). Einschränkend muss allerdings gesagt werden, dass die Studie mit 30 Probanden (20 Jüngeren und 10 Senioren) in ihrer Repräsentativität stark eingeschränkt ist.

[27] Börsenverein des Deutschen Buchhandels, Markt mit Perspektiven, S. 12 (28.8.2012, 13.30 Uhr).

[28] Börsenverein des Deutschen Buchhandels, Markt mit Perspektiven, S. 12 (28.8.2012, 13.30 Uhr).

[29] Börsenverein des Deutschen Buchhandels, Markt mit Perspektiven, S. 26 f. (28.8.2012, 13.30 Uhr).

Tab. 4.1 Anteil Hörbücher am Gesamtumsatz des Buchhandels, in % (BRD). (Zit. nach Jan-Felix Schrape, Gutenberg-Galaxis Reloaded? Der Wandel des deutschen Buchhandels durch Internet, E-Books und Mobile Devices, Boizenburg 2011, S. 32)

Jahr	2005	2007	2008	2009
Hörbücher gesamt (%)	3,6	4,8	4,8	4,3
Davon Hörbuch-Downloads (%)	1	2–3	3–4	4–5

4.5 Nutzung von E-Books und Hörbüchern in Deutschland

Die Nutzung in Deutschland unterscheidet sich nicht wesentlich von anderen Ländern. E-Books in Deutschland werden nach wie vor überwiegend kostenlos heruntergeladen. Entweder sind es illegale Downloads oder aber Promotion-Angebote von Verlagen etc. Weniger als ein Viertel wird tatsächlich gekauft. Bei Hörbüchern/Hörspielen sieht das Verhältnis besser aus. Fest steht, dass sich der Download-Anteil der Hörbücher am Büchermarkt konstant erhöht, siehe Tab. 4.1.

In Deutschland ist der Anteil von E-Books zwar schnell wachsend, aber mit 1 % in 2011[30] noch sehr gering. Aus diesem Grund haben sich auch E-Book-Reader und Tablet-PCs bis jetzt noch nicht durchgesetzt. Des Weiteren ist festzustellen, dass E-Books vor allem Online erworben werden, die Sortimentsbuchhändler also das Nachsehen haben. Dies liegt aber auch an der geringen Verfügbarkeit an E-Books in den Sortimentsbuchhandlungen. Möglicherweise deutet sich hier eine Entwicklung von der Buchhandlung hin zum Medienshop an. In Bezug auf die Formate lässt sich noch keine substantielle Entwicklung erkennen. Es ist davon auszugehen, dass hier auch die weitere technische Entwicklung die Situation maßgeblich beeinflusst.

Insgesamt hat sich also die Situation der Verlage durch die Vielzahl an Medien und Möglichkeiten des E-Publishings (Stichwort Crossmedia) verkompliziert. Sie müssen nun auf andere Wettbewerber und sich verändernde Bedürfnisse sowie eine veränderte Mediennutzung bei ihren Zielgruppen reagieren.

Diese Bedürfnisse können grob nach Content, Rezeption und Verwendungssituation unterschieden werden. Geändert hat sich hier vor allem der Anspruch an die schnelle technische Vermittlung. So greift der politisch interessierte Leser etwa bei aktuellen Ereignissen beispielsweise auf *Spiegel Online* zurück. Die Tageszeitung, die frühestens am nächsten Morgen erhältlich ist, oder das wöchentlich erscheinende Magazin können da unmöglich mithalten. Allerdings ist festzuhalten, dass die Verwendungssituation nicht vernachlässigt werden darf. Viele, die zur Entspannung lesen wollen, bevorzugen nach wie vor das klassische Buch aus Papier.

Digitale Produkte dagegen bieten den Verlagen viele Vorteile. Der offensichtlichste ist zunächst einmal der Kostenvorteil. Druck- und Distributionskosten entfallen. Darüber hinaus kann problemlos ein Teil des Buches als Leseprobe kostenlos zur Verfügung gestellt

[30] Börsenverein des Deutschen Buchhandels, Markt mit Perspektiven, S. 2 (28.8.2012, 13.30 Uhr).

werden, notfalls über Werbung finanziert. Damit kann das Kundeninteresse geweckt werden. Außerdem bieten digitale Produkte die Möglichkeit, diese besser auf Kundenwünsche auszurichten, als dies etwa klassische Printprodukte ermöglichen. Auch spezielle digitale Angebote für bestimmte Berufsgruppen, die dann sofort von diesen online abgerufen werden können – man denke nur an den *Schönfelder* für Juristen auf dem iPhone – bieten großes Potential für Fachverlage.[31]

4.6 Vergleich zur Nutzung von Medienangeboten

Zur Beurteilung der Verbreitung und Nutzung von E-Publishing und E-Books im Speziellen lohnt ein Blick über den Tellerrand des Buchmarktes hinaus. In der Musikbranche ist E-Publishing schon seit Jahren gang und gäbe. Allerdings wird auch hier die Diskussion ganz wesentlich vom Problem der illegalen Downloads bestimmt. Dabei haben allein die bezahlten digitalen Downloads im Bereich Musik von 2009 auf 2010 um über 30 % zugenommen.[32]

Zurückzuführen ist dieser Anstieg auf eine Änderung der Verkaufsstrategie. Ursprünglich wurde zur Verhinderung illegaler Downloads mit dem AAC-Format ein Kopierschutz eingeführt, der das Hören von Musik auf allen anderen Geräten außer dem iPhone unmöglich machte. Dies führte allerdings dazu, dass die Nutzer eines MP3-Players sich die Musik lieber illegal herunterluden. Mit Ende dieser Praxis stiegen auch hier die Verkaufszahlen sprunghaft an. Dies legt zumindest nahe, dass Nutzer durchaus bereit sind zu bezahlen, wenn man ihnen funktionierende Lösungen und eine breite Palette anbietet, die fast jeden Geschmack befriedigt.[33]

Grundsätzlich spricht nichts dagegen, die Erfahrungen aus der Musikbranche auch auf den Buchmarkt zu übertragen. Wenn die Verlage von Anfang an sinnvolle Lösungen anbieten, die preislich stimmig und in einem Format sind, das von allen gängigen Geräten abgespielt werden kann, hat der E-Book-Markt großes Potential. Damit ließe sich eine ähnliche Entwicklung wie in der Musikindustrie abwenden, was den Verlagen und indirekt auch der Qualität der Publikationen zugutekäme, denn auf einen Verlag kann man auch bei Online-Publikationen nicht so ohne Weiteres verzichten.

---

[31] BITKOM, KPMG, Mit den Nutzern Schritt halten – Monetarisierung von digitalen Inhalten im mobilen Internet. Convergence Initiative – Experten-Roundtable, Berlin 2012, S. 19 (28.8.2012, 13.30 Uhr), online verfügbar unter: http://www.bitkom.org/files/documents/Convergence_Initiative.pdf.

[32] BITKOM, Presseinformation. Umsatz mit Musik-Downloads, Berlin 2011, S. 1 (28.8.2012, 13.30 Uhr), online verfügbar unter: http://www.bitkom.org/files/documents/BITKOM_Presseinfo_Musik-Downloads_20_02_2011.pdf.

[33] Markus Beckedahl, Falk Lüke, Die digitale Gesellschaft, 2012.

Tab. 4.2 Mittlere Modellrechnung zur Verbreitung von E-Readern/E-Books (BRD). (Zit. nach Jan-Felix Schrape, Gutenberg-Galaxis Reloaded? Der Wandel des deutschen Buchhandels durch Internet, E-Books und Mobile Devices, Boizenburg 2011, S. 53.)

Jahr	E-Reader-Besitzer (Mio.)	Marktanteil E-Books (%)
2011	0,17	0,5
2013	0,64	1,8
2014	1,43	4,1
2015	3,01	8,6

4.7 Formate

Welche gewichtige Rolle die Formate für den Erfolg eines Mediums spielen, zeigt das Beispiel der Musikindustrie. Im E-Book-Markt dagegen ist die Frage nach dem Speichermedium weiterhin eine der großen Unbekannten.[34] Die Entwicklung von eigenen E-Book-Readern durch Amazon/Kindle hat hier erstmals die Perspektiven für praktikable portable Lösungen jenseits des heimischen PCs oder Laptops aufgezeigt. Der Kindle-Reader bot bei seinem Start 2007 Zugang zu 90.000 Büchern und so eine echte elektronische Alternative zum Buch.[35] 2010 machten E-Book-Reader bereits einen nicht unerheblichen Teil der verwendeten Speichermedien aus (siehe Tab. 4.2).

Im Vergleich zu anderen Medien verhält sich die Nutzung ähnlich der von Musik oder Hörbüchern; lediglich Mp3-Player mit 12 % und E-Book-Reader mit 8 % nehmen hier eine Sonderstellung ein.[36] Speziell für E-Book-Reader werden Tablet-PCs noch die größten Chancen zur Durchsetzung eingeräumt.[37] Die Mehrzahl der Verlage geht jedoch auch weiterhin davon aus, dass sich eine Vielzahl von Modellen halten wird. Dem EPUB-Format werden noch die größten Chancen zugesprochen,[38] da es bis auf Amazon-Geräten auf fast allen Geräten läuft.[39] Tab. 4.3 gibt eine Übersicht über E-Book-Reader und die von ihnen unterstützten Formate.

[34] Vgl. Sara Schneider, E-Bookmarkt, S. 9–12.

[35] David Brown, Richard Boulderstone, The Impact of Electronic Publishing. The Future for Publishers and Librarians, München 2008, S. 276.

[36] GFK, Studie zur digitalen Content-Nutzung, S. 26 (28.8.2012, 13.30 Uhr).

[37] Börsenverein des Deutschen Buchhandels, Markt mit Perspektiven, S. 25 (28.8.2012, 13.30 Uhr).

[38] Börsenverein des Deutschen Buchhandels, Markt mit Perspektiven, S. 23 (28.8.2012, 13.30 Uhr).

[39] Jan-Felix Schrape, Gutenberg-Galaxis Reloaded? Der Wandel des deutschen Buchhandels durch Internet, E-Books und Mobile Devices, Boizenburg 2011, S. 55.

Tab. 4.3 In Deutschland verbreitete E-Book-Reader

Geräteserie	Unterstützte Formate	Display	Preis (€)
Amazon Kindle 4, Touch, Paperwhite Fire, Fire HD, Fire HD 8,9	Kindle (AZW), TXT, PDF, ungeschützte MOBI, KF8, PRC nativ; HTML, DOC, DOCX, JPEG, GIF, PNG, BMP Zusätzlich: Audible (Audible Enhanced [AA, AAX]), non-DRM AAC, MP3, MIDI, OGG, WAV, MP4, VP8	E-INK (s/w) LCD (Farbe)	80–130 200–300
Sony PRS T2	**ePUB**, PDF, TXT, JPEG, PNG, GIF, BMP	E-INK (s/w)	120
Barnes & Noble Nook (Touch) Nook (HD, HD+)	**ePUB**, PDF Zusätzlich: DRP, ePIB, FOLIO, OFIP, CBZ, TXT, RTF, XLS, DOC, PPT, PPS, PPSX, DOCX, XLSX, PPTX, LOG, CSV, EML, ZIP, JPEG, GIF, PNG, BMP, WEBM, MP3, MP4, M4A, 3GP, AAC, FLAC, WAV, OGG, AMR	E-INK (s/w) LCD (Farbe)	140 200–270
Thalia Oyo 2, Tolino	**ePUB**, TXT, PDF, HTML, JPEG, PNG, BMP, MP3	E-INK (s/w)	80–100
Kobo Glo, Aura HD, Mini, Touch Arc	**ePUB**, PDF, JPEG, GIF, PNG, TIFF, TXT, MOBI, XHTML HTML, RTF, CBZ, CBR Zusätzlich: AAC, 3GP, MP3, MP4, M4A, FLAC, OGG, WAV, MID, WEBM	E-INK (s/w) LCD (Farbe)	80–200
Bookeen Cyybook Odyssey	**ePUB**, PDF, HTML, TXT, FB2; Adobe DRM, PEG, BMP, JPEG, GIF, PNG, ICO, TIF, PSD	E-INK (s/w)	100–130
Acer Lumiread	**ePUB**, PDF, CHM, MOBI, HTML, TXT, DOC, RTF, MP3	E-INK (s/w)	180
Apple iPad 4+ iPad Mini	**ePUB**, PDF, PPT(x), TXT, RTF, DOC(x), HTML, KEY, NUMBERS, PAGES, VCF, XLS (x), JPG, GIF, TIFF, M4V, MP4, MOV, AVI, HE-AAC (V1&V2), AAC, Protected AAC, MP3, MP3 VBR, Audible, Apple Lossless, AIFF, WAV	LCD (Farbe)	330–500

Bibliotheken stützen sich dagegen eher auf PDF und XML-Formate, da sie sich besser in die wissenschaftliche Arbeitsumgebung integrieren lassen.[40] Allerdings sind diese Formate auch der ständigen technischen Weiterentwicklung unterworfen. Daher sind langfristige Prognosen über die Entwicklung des E-Book-Marktes, die sich noch am Anfang befindet, sehr schwierig. Es ist aber davon auszugehen, dass noch weitere Formate entstehen.

[40] Hildegard Schäffler, Qualitätsanforderungen für E-Books-Standards aus bibliothekarischer Sicht: eine Checkliste, in: Sabine Giebenhain, Sebastian Mundt (Hg.), Vier Jahre E-Books ... und kein bisschen weise? Beiträge zur Fortbildungsveranstaltung am 23. April 2007 an der Hochschule der Medien Stuttgart, Stuttgart 2007, S. 50.

4.8 Vertiefung

- Nennen Sie drei gängige E-Book Reader!
- Beschreiben Sie kurz die Entwicklung des Buchmarktes!
- Erklären Sie den Begriff Crossmedia!
- Erläutern und beurteilen Sie die Crossmedia-Strategien deutscher Verlage und Zeitungen!
- Schildern Sie die Entwicklung des E-Book-Marktes und nennen Sie Gründe für die Entwicklung!

Literaturempfehlung

Altobelli Fantapié, Claudia (Hrsg.): Print contra Online? Verlage im Internetzeitalter, München 2002.

McLuhan, Marshall: Die Gutenberg-Galaxis. Das Ende des Buchzeitalters, 18. Auflage, Bonn 1995.

Quellen

Beckedahl, Markus/Lüke, Falk: Die digitale Gesellschaft, 2012.

Bildblog 2012 (28.8.2012, 13.30 Uhr), online verfügbar unter: http://www.bildblog.de/auflage.php.

BITKOM, Netzgesellschaft. Eine repräsentative Untersuchung zur Mediennutzung und dem Informationsverhalten der Gesellschaft in Deutschland, Berlin 2011 (28.8.2012, 13.30 Uhr), online verfügbar unter: http://www.bitkom.org/files/documents/BITKOM_Publikation_Netzgesellschaft.pdf.

BITKOM, Presseinformation. Umsatz mit Musik-Downloads, Berlin 2011 (28.8.2012, 13.30 Uhr), online verfügbar unter: http://www.bitkom.org/files/documents/BITKOM_Presseinfo_Musik-Downloads_20_02_2011.pdf.

BITKOM, KPMG, Mit den Nutzern Schritt halten – Monetarisierung von digitalen Inhalten im mobilen Internet. Convergence Initiative – Experten-Roundtable, Berlin 2012 (28.8.2012, 13.30 Uhr), online verfügbar unter: http://www.bitkom.org/files/documents/Convergence_Initiative.pdf.

Böning-Spohr, Patricia/Hess, Thomas: Analyse der Wechselwirkungen zwischen Print- und Online- Angebote mittels Wirkungsketten, in: Claudia Fantapié Altobelli (Hg.), Print contra Online? Verlage im Internetzeitalter, München 2002.

Börsenverein des Deutschen Buchhandels, Markt mit Perspektiven – das E-Book in Deutschland 2011, Frankfurt 2012 (28.8.2012, 13.30 Uhr), online verfügbar unter: http://www.boersenverein.de/sixcms/media.php/976/E-Book-Studie%202012%20PRESSEMAPPE_print.pdf.

Börsenverein des Deutschen Buchhandels, Wirtschaftszahlen 2011, 2012 (28.8.2012, 13.30 Uhr), online verfügbar unter: http://www.boersenverein.de/de/158286.

Brown, David/Boulderstone, Richard: The Impact of Electronic Publishing. The Future for Publishers and Librarians, München 2008.

Ernst & Young, Der Online Faktor Studie. Studie zum M&A Markt der europäischen Medien- und Unterhaltungs-branche, 2009 (28.8.2012, 13.30 Uhr), online verfügbar unter: http://www.bitkom.org/files/documents/Der_Online_Faktor_Studie_2009.pdf.

Ernst & Young, Spotlight on Profitable Growth. Media & Entertainment, 2011 (28.8.2012, 13.30 Uhr), online verfügbar unter: http://www.ey.com/Publication/vwLUAssets/Spotlight_on_profitable_growth_2011/$FILE/Spotlight%20on%20Profitable%20Growth%202011.pdf.

Europäisches Zentrum für Medienkompetenz (Hrsg.), Im Blickpunkt Medienkonvergenz, Marl 2008 (28.8.2012, 13.30 Uhr), online verfügbar unter: http://www.grimme-institut.de/imblickpunkt/pdf/imblickpunkt_medienkonvergenz2.pdf.

Füssel, Stephan, Unterschiedliche Lesegeräte, unterschiedliches Lesen?, Mainz 2012 (28.8.2012, 13.30 Uhr), online verfügbar unter: http://www.medienkonvergenz.uni-mainz.de/wp-content/uploads/Studienpapier_ms_19451.docx.

Gabler Wirtschaftslexikon, Stichwort: Crossmedia (28.8.2012, 13.30 Uhr), online verfügbar unter: http://wirtschaftslexikon.gabler.de/Archiv/81345/crossmedia-v5.html.

Hoffmann, Christian: Wertketten für digitale Publikationen: Neue Chancen für Verlage und Autoren, in: Claudia

Kinnebrock, Susanne/Kretzschmar, Sonja: Forschungsbericht Crossmedia 2012 (28.8.2012, 13.30 Uhr), online verfügbar unter: http://www.drehscheibe.org/tl_files/drehscheibe/Themen/Forschung/Crossmedia_Abschlussbericht_04_06_2012.pdf.

Marshall McLuhan zitiert nach: Simone Ganß, Wir googeln uns zu Tode, 2006 (28.8.2012, 13.30 Uhr), online verfügbar unter: http://www.simoneganss.de/googlesicher/pdf/theorie_de.pdf.

Nagel, Johannes: Werden Verlage zu Softwareunternehmen?, in: Claudia Fantapié Altobelli (Hg.), Print contra Online? Verlage im Internetzeitalter, München 2002.

Neuberger, Christoph: Das Engagement deutscher Tageszeitungen im Internet: Zwischen „Cross media" –Strategien und Zweitverwertung. Ergebnisse einer Befragung von Online Redakteuren, in: Claudia Fantapié Altobelli (Hrsg.), Print contra Online? Verlage im Internetzeitalter, München 2002.

Schäffler, Hildegard: Qualitätsanforderungen für E-Books-Standards aus bibliothekarischer Sicht: eine Checkliste, in: Sabine Giebenhain, Sebastian Mundt (Hg.), Vier Jahre E-Books … und kein bisschen weise? Beiträge zur Fortbildungsveranstaltung am 23. April 2007 an der Hochschule der Medien Stuttgart, Stuttgart 2007.

Schmidt, Jan: Internet Strategien von Tageszeitungsverlagen. Informations- und Kooperationsbedarf im dynamischen Onlinegeschäft, in: Claudia Fantapié Altobelli (Hg.), Print contra Online? Verlage im Internetzeitalter, München 2002.

Schneider, Sara: E-Bookmarkt 2009. Analyse und Entwicklung des E-Book-Marktes im deutschsprachigen Raum, Hamburg 2010.

Schrape, Jan Felix: Gutenberg-Galaxis Reloaded? Der Wandel des deutschen Buchhandels durch Internet, E-Books und Mobile Devices, Boizenburg 2011.

Schröder, Andreas: eBooks und Bücher. Empirische Untersuchung zum Leseverhalten, Saarbrücken 2006.

Teil II
Ökonomische Grundlagen

Geschäftsmodelle

5

Thilo Büsching

5.1 Einleitung und Definition

Die Bedeutung von Geschäftsmodellen im 21. Jahrhundert kann nicht hoch genug eingeschätzt werden: Von jungen Startups über etablierte Verlage bis hin zu multinationalen Konzernen wird das Konzept des Geschäftsmodells angewandt, um neue Produkte und Geschäftsfelder zu planen, zu entwickeln und umzusetzen. Zudem lassen sich mit einem solchen Totalmodell Mitarbeiter, Gesellschafter und weitere Stakeholder über den Fortgang der Geschäftsentwicklung ganzheitlich informieren. Nach Wirtz (2013: 94–95) kann ein Geschäftsmodell speziell für E-Publishing-Produkte wie folgt definiert werden.

▶ **Geschäftsmodell und Wertschöpfungskette** Das Geschäftsmodell E-Publishing bildet den ganzheitlichen Wertschöpfungsprozess und damit alle relevanten Faktoren, von der Beschaffung über die Leistungserstellung bis hin zum Absatz, systematisch ab. Es veranschaulicht in abstrakter Form, wie aus Ideen Informationen, Wissen, Produkte und Dienstleistungen entstehen, und berücksichtigt dabei Kunden-, Wettbewerbs- und Finanzaspekte. In seiner ausgebauten und differenzierten Form kann ein Geschäftsmodell ein Analyse-, Entscheidungs- und Handlungsmodell sein.

Zielsetzung dieses Beitrags ist es, ein eigenes Content-Wertschöpfungsmodell abzuleiten, mit Hilfe dessen bestehende E-Publishing-Produkte analysiert und neue E-Publishing-Produkte entwickelt werden können.

5.2 Problemstellung, Literaturanalyse und Zielsetzung

Das Geschäftsmodell des Print-Journalismus ist im 21. Jahrhundert in seinem Kern gefährdet: Junge Leute bevorzugen digitale Medien, die Auflagen für Printprodukte sinken seit dem Start des Publikumsinternets 1995. Anzeigen- und TV-Werbespotbudgets ver-

T. Büsching, G. Goderbauer-Marchner, *E-Publishing-Management*,
DOI 10.1007/978-3-658-04110-6_5,

ringern sich seit Anfang des 3. Jahrtausends und wandern in das Internet ab, da Werbung dort zielgenauer, personalisierter, messbarer und effizienter ist. Zudem schwindet die Glaubwürdigkeit der ehemaligen Leitmedien Tageszeitung und Fernsehen. Insbesondere vermischen sich zunehmend redaktionelle, werbliche und PR-Beiträge: „Wozu Zeitung? Die klassischen Medien müssen sich der größten Sinnkrise ihrer Geschichte stellen" (SZ Magazin, 8. Mai 2009: 1), titelt die renommierte *Süddeutsche Zeitung* und widmet diesem Thema in ihrem Hochglanzmagazin 38 Seiten. Aber ist es nur eine Sinnkrise? Befindet sich das Content-Geschäftsmodell nicht in einer ökonomischen, publizistischen und systemischen Krise? Kann der Leser, Hörer, Zuschauer und Nutzer dem Journalismus noch vertrauen? Oder wird zwar mehr Information, aber weniger Wissen produziert? Wie wird sich der Journalismus in Deutschland entwickeln: Evolution oder Revolution, Bildung oder Desinformation, Dauerkrise oder unvermeidlicher Niedergang? Die Befragung von 2.450 Journalisten im März 2010 bringt ein verblüffend klares Ergebnis. Über 67 % gehen davon aus, dass „zahlreiche heutige Tageszeitungen im Jahr 2032 nicht mehr erscheinen", siehe Abb. 5.1.

Das Content-Geschäftsmodell, der Kern des E-Publishing aus der publizistischen und medienwirtschaftlichen Perspektive, und auch sein Vorläufer, das Journalismus-Geschäftsmodell, wurden bisher im deutschsprachigen Raum nicht genau definiert und beschrieben. Die renommierte Medienprofessorin Marie Luise Kiefer konstatiert zwar in ihrem Grundlagenwerk „Medienökonomik", dass die ökonomische Realität publizistische Ziele zunehmend überlagert (vgl. Kiefer 2001: 33), analysiert aber die Medien nicht aus betriebswirtschaftlicher Perspektive. Sie betrachtet die Medienökonomie als Teilbereich der Publizistik und Kommunikationswissenschaft, die besonderen ökonomischen Gesetzen unterliegt. Meckel und Altmeppen sehen im Redaktionsmanagement eine Kerndisziplin, die den wirtschaftlichen Erfolg von Medienunternehmen strategisch und operativ sichert (vgl. Meckel 1999: 22; vgl. Altmeppen 2002: 50), beide stellen aber kein ganzheitliches Analysemodell vor. Im Lexikon Medienwirtschaft (Sjurts 2011, 2. Aufl.) und dem Standardwerk Medien- und Internetmanagement von Wirtz (2012, 8. Aufl.) findet sich unter dem Stichwort Journalismus kein Eintrag. Wirtz definiert als erster konsequent das Medien- und Internetmanagement als betriebswirtschaftliche Disziplin und führt das amerikanische Denken in Wertschöpfungsketten und Geschäftsmodellen ein (vgl. Wirtz 2013: 6 ff., 77 ff., 94 ff.), das auf Porter zurückgeht (Porter 1985). Er fundiert dadurch die Betriebswirtschaftslehre der Medien als Medien- und Internetmanagement. Gläser und Wirtz stellen alle journalistisch relevanten Medienteilmärkte (Zeitung, Zeitschrift, Radio, TV, Internet) mit Hilfe eigener Analysesysteme vor, verstehen aber den Journalismus selbst nicht als Geschäftsmodell, sondern konzentrieren sich auf den Produktkern Content. Gläser hebt im Unterschied zu Wirtz in einem eigenen Kapitel hervor, dass Medienmanagement sich in besonderem Maße einer moralischen Verantwortung stellen muss (Gläser 2010: 949). Winter vereint mit seinem medienwissenschaftlichen „Medien-Kommunikations-Kontexte/Momente-Modell" (Winter 2008: 432 f.) produktions-, distributions-, rezeptions- und nutzungsspezifische Dimensionen und ordnet so Medienhandlungen bestimmten Momenten medialer Kommunikation zu. Er konstatiert, dass die Produktion

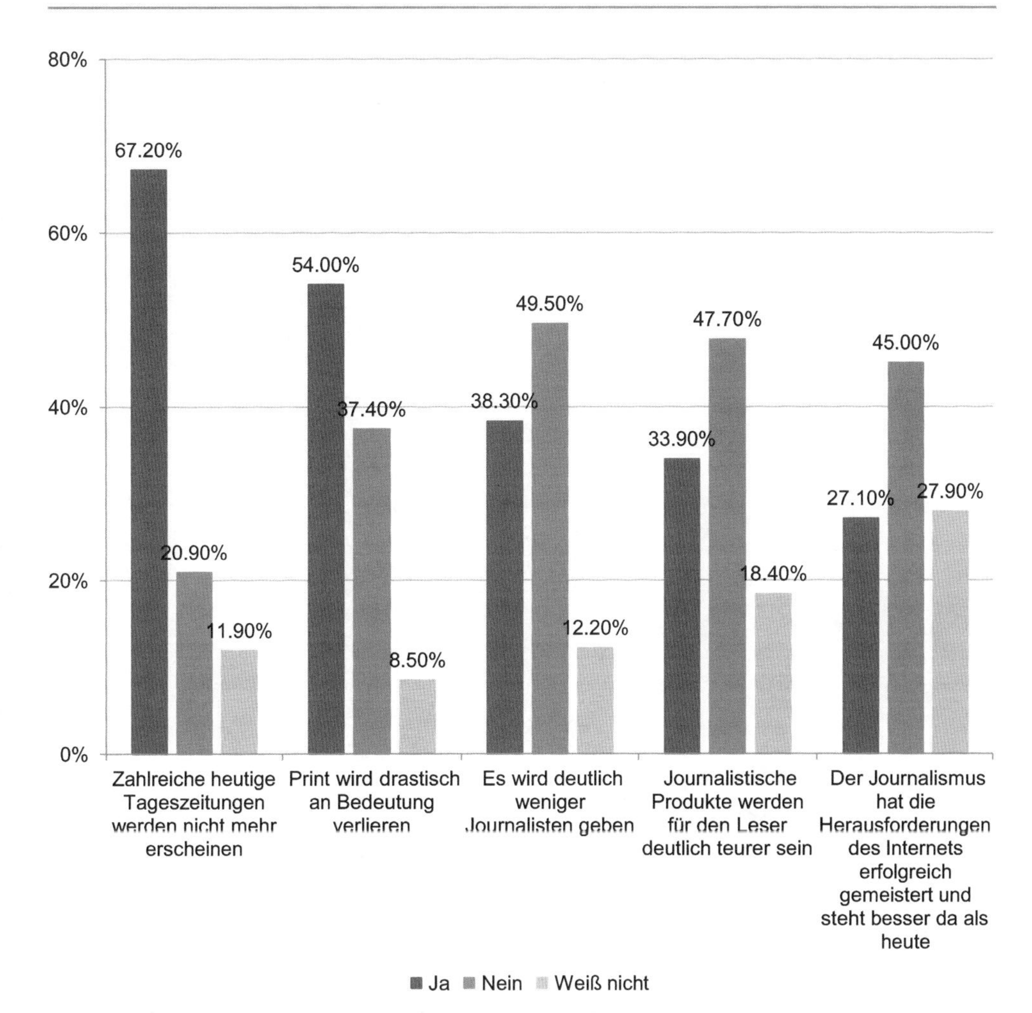

Abb. 5.1 Die Zukunft des Journalismus im Jahr 2032. (Quelle: Statista 2013a)

und Allokation von Medienprodukten zu einer strukturellen, globalen Kommerzialisierung der Medien führt. Sein „Medien-Kommunikations-Kontexte/Momente-Modell" soll dazu beitragen, die historischen und aktuellen Entwicklungen zu beschreiben und zu verstehen. Allerdings ist dieses Modell unvollständig und wenig geeignet, praxisnahe Prozesse zu analysieren und ergebnisorientiert zu beurteilen. Im Wesentlichen fehlt Folgendes: Die Content-Beschaffung, die Differenzierung der Produktion in Content-Akteure und Leistungsspektrum sowie die Unterscheidung der Rezipienten in Zielgruppen. Kurzum: Es gibt kein Totalmodell, das den Content-Wertschöpfungsprozess im ökonomischen, medienwissenschaftlichen und technischen Kontext abbildet und mit Hilfe dessen sich die Krise des Content-Geschäftsmodells präzise, nachvollziehbar und anschaulich darstellen lässt.

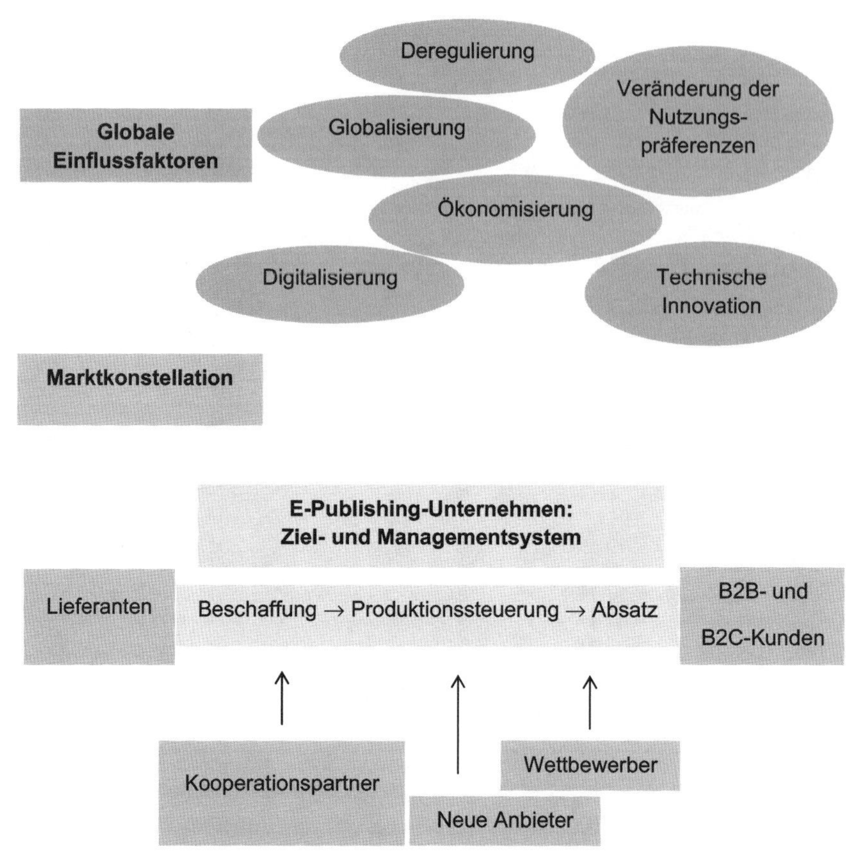

Abb. 5.2 Referenz-Modell für das Medienmanagement. (Quelle: Eigene Grafik auf Basis von Gläser 2010: 46 und Integration der Determinanten der Konvergenzentwicklung (vgl. Wirtz 2013: 63))

Ziel dieses Kapitels ist es, erstens das E-Publishing-Geschäftsmodell zu entwickeln und zweitens die Einflussfaktoren vorzustellen, die zur fundamentalen Krise des Journalismus und der Verlage führten. Vor dem Hintergrund der kursorischen Literaturanalyse wird deutlich, dass es bisher kein Content-Wertschöpfungsmodell gibt.

5.3 Das Basismodell für E-Publishing

Im Rahmen seines 974 Seiten umfassenden Werks „Medienmanagement" stellt Gläser ein generelles Medienmanagement-Referenzmodell vor (Gläser 2011: 46 ff.), das in Abb. 5.2 mit Modifikationen und Ergänzungen dargestellt wird.

Im Medienmanagement-Referenzmodell, das auch für die E-Publishing-Analyse nutzbar ist, lassen sich drei verschiedene Ebenen unterscheiden,

i) die globalen Einflussfaktoren,
ii) die Marktkonstellation und
iii) das E-Publishing-Unternehmen.

Die Betriebswirtschaftslehre hat sich in den vergangenen 50 Jahren von einer primär funktionalorientierten Liquiditäts-, Effizienz- und Rentabilitätslehre in eine ganzheitliche integrative kunden- und personalorientierte Führungs- und Wertelehre verwandelt. In dieser Perspektive vereinigen sich kurzfristige wirtschaftliche Ziele und der Anspruch einer langfristigen gesamtgesellschaftlichen Verantwortung. Vor diesem Hintergrund wird deutlich, dass die drei Modellebenen hier grob vereinfacht einzeln dargestellt sind und in der Praxis durch das Management zusammengedacht werden müssen.

i) Die globalen Einflussfaktoren wurden aus
   - politisch-rechtlichen,
   - gesellschaftlichen,
   - ökonomischen,
   - ökologischen und
   - technologischen Rahmenbedingungen abgeleitet.

Auf Basis von theoretischen und empirischen Überlegungen werden aus diesen Rahmenbedingungen zentrale globale Einflussfaktoren herausgefiltert (vgl. Wirtz 2013: 62 f., PWC 2012), die für die Entwicklung, Umsetzung und Vermarktung von E-Publishing als besonders erfolgskritisch gelten können. Insbesondere spielt für die Durchsetzung neuer Produkte die Wechselwirkung von technologischer Innovation und Veränderung des Nutzerverhaltens sowie die konsequente Ökonomisierung von Wahrnehmung, Verhalten und Einstellung eine zentrale Rolle.

ii) Die zweite Analyseebene, die Marktkonstellation oder auch das operative Geschäft, lässt sich mit Hilfe eines erweiterten 7-Faktoren-Marktpositions-Modells darstellen. Das Modell basiert auf den fünf bekannten Einflussfaktoren für die Marktposition eines Unternehmens (siehe Porter 1999: 34). Auf Grund des stärker werdenden Einflusses der Öffentlichkeit und des Internets wurde das Modell um die Punkte PR und Vernetzung erweitert (vgl. Abb. 5.3).
   - Rivalität unter den bestehenden Unternehmen,
   - Bedrohung durch neue Konkurrenten,
   - verhandlungsstarke Lieferanten,
   - Bedrohung durch Ersatzprodukte und Dienste,
   - Verhandlungsmacht der Abnehmer,
   - positive und/oder negative Image und Verkaufs-PR sowie
   - Unterstützung durch Partner und Netzwerk.

Das strategische Umfeld, bestehend aus den politisch-rechtlichen, technologischen, gesellschaftlichen, ökonomischen und ökologischen Rahmenbedingungen, sowie das auf-

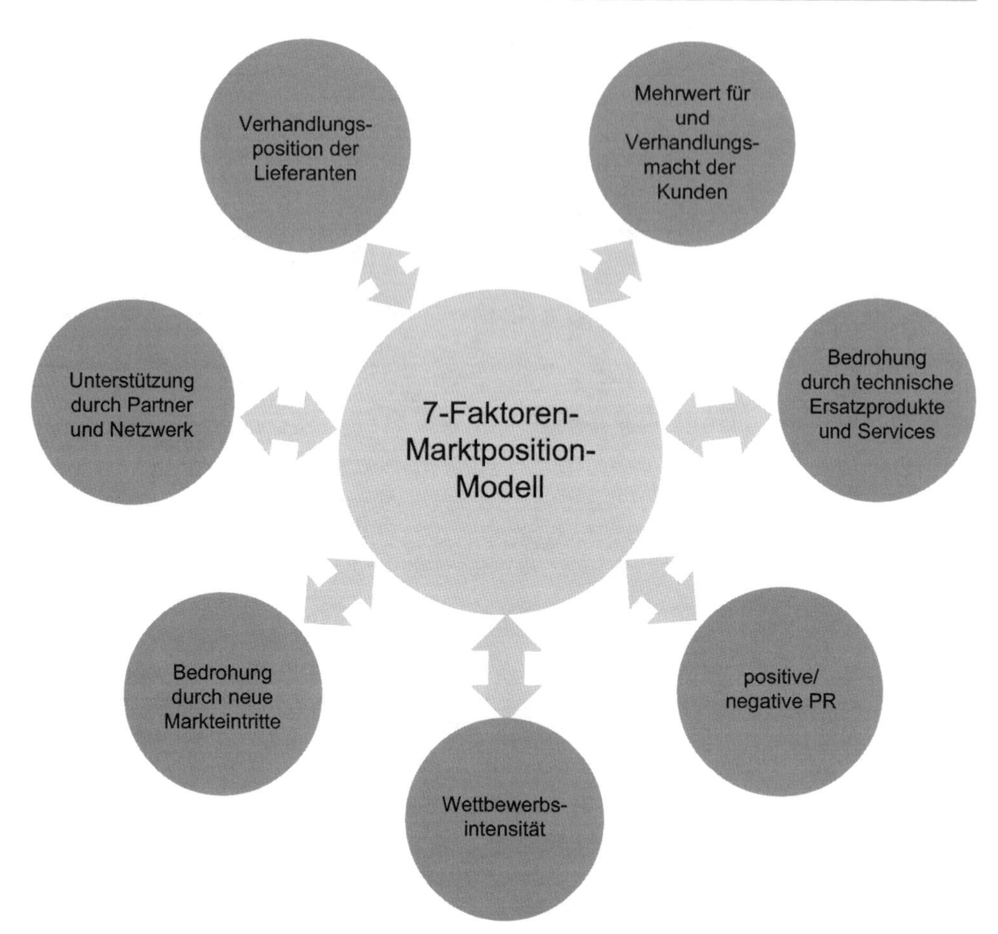

Abb. 5.3 7-Faktoren-Marktpositions-Modell. (Quelle: Eigene Abbildung in Anlehnung an Porter (1999: 34))

gabenspezifische Umfeld, wie Beschaffungs- und Absatzmärkte, Kooperationspartner und Konkurrenten, definieren den Markt.

Wie in der Einleitung dargelegt, umfasst das E-Publishing geschlossene, halboffene und offene Publikationsformen und damit nicht nur archetypisch geschlossene und halboffene Formen wie E-Books, E-Magazines, Web-TV und Apps. Die Content-Wertschöpfungskette unterscheidet sich von der E-Publishing-Wertschöpfungskette dadurch, dass zentrale technische Bestimmungsgründe in der Betrachtung vernachlässigt werden. Im Folgenden wird das Basismodell des E-Publishing-Managements mit elf Bausteinen präzisiert und daraus die Content-Wertschöpfungskette abgeleitet.

▶ **Content-Wertschöpfungskette** In Anlehnung an Porter (Porter 1999, 66) und Wirtz, der konsequent die Medienunternehmen in jedem Medienmarkt (Zeitung, Zeitschriften, Buch, Film, Radio, TV, Internet, Musik, Games mit der Geschäftsmodellsystematik) (Wirtz

2008, 74 ff.) analysiert, wird der grundlegende journalistische Leistungserstellungsprozess in drei Phasen dargestellt. Die Kernphasen bestehen in Beschaffung, Produktion und Distribution. Die Leistungsbeziehung zwischen Produktion und Beschaffung wird durch das Kosten- und Beschaffungsmodell, die Leistungsbeziehung zwischen Produktion und Distribution durch das Erlös- und Distributionsmodell abgebildet.

Zunächst wird das Modell in Abb. 5.4 dargestellt; die hochgestellten Zahlen geben die Gliederung für die Erläuterungen im anschließenden Abschnitt vor.

1) Beschaffung: Content wird einmal wie in der Wissenschaft durch Befragung, Beobachtung und Experimente geschaffen. Besonders wertvoll an diesen *primären Quellen* in der journalistischen und wissenschaftlichen Arbeit sind die Befragung von Experten, Autoren und Informanten, insbesondere wenn es darum geht, exklusive Inhalte zu recherchieren und zu produzieren. Unter einer *sekundären Quelle* wird die wissenschaftliche Auswertung von Primärquellen verstanden. Von einer *tertiären Quelle* wird gesprochen, wenn diese aus einer Summe von sekundären Quellen zusammengestellt wurde, wie z. B. bei einem Lexikon. Allerdings werden Lexika kaum noch gedruckt, da Internetwissenssammlungen wie Wikipedia den Markt dominieren. Je exklusiver der Content und je größer die Zielgruppe, desto höher der Preis für die Beschaffung von Content. So können z. B. mit Livesendungen von Champions-League-Spielen oder amerikanischen Blockbustern, wie *Titanic* Größenordnungen von 5 Mio. € erzielt werden. Dies ist kein E-Publishing im eigentlichen Sinne, da diese Formate primär noch auf einem klassischen Fernseher ausgestrahlt werden. In der Zukunft ist es denkbar, dass auch solch hochwertiger, exklusiver Content primar auf stationären oder mobilen Internet-Plattformen vermarktet wird, da nur so eine differenzierte Kommunikation mit dem Anbieter und unter den Zuschauern möglich ist.

2) Lieferung von Inhalten: Je nach Art der Vereinbarung können alle Inhalte, wie z. B. Rohdokumente, Vorrecherchen, komplette E-Books, Filmkonzepte oder Filme, App-Konzeptionen oder ganze Produkte eingekauft werden. Diese werden entweder umfangreich mit eigenem Personal weiterentwickelt, programmiert und vermarktet oder komplett in Lizenz durch den Lieferanten beworben und vertrieben. Die Inhalte können journalistischer, werblicher, unterhaltender, bildender Form oder Mischformen davon sein.

3) Web 2.0: Der durchgezogene Balken unter den Prozessstufen Beschaffung, Produkt- und Projektmanagement sowie Distribution symbolisiert, dass im Web 2.0, dem Consumer-to-Consumer-Mitmach-Web, die Beschaffung, die Content-Erstellung und die Vermarktung durch eine einzige Person ausgeführt werden können. Die amerikanische politische Internetzeitschrift *Huffington-Post* ist ein Beispiel dafür, wie aus einem Blog ein vollwertiges Nachrichtenmagazin werden kann. Je nach strategischer Weiterentwicklung von Facebook, kann aus jeder individualisierten, personifizierten Fanpage von einzelnen Nutzern ein Tagebuch oder ein persönliches Szenemagazin werden. Gleichzeitig ist das Web 2.0 eine unerschöpfliche Quelle für Marktforschung, Produktideen, Themen, Interaktionsformen, innovative Funktionen und Kampagnen.

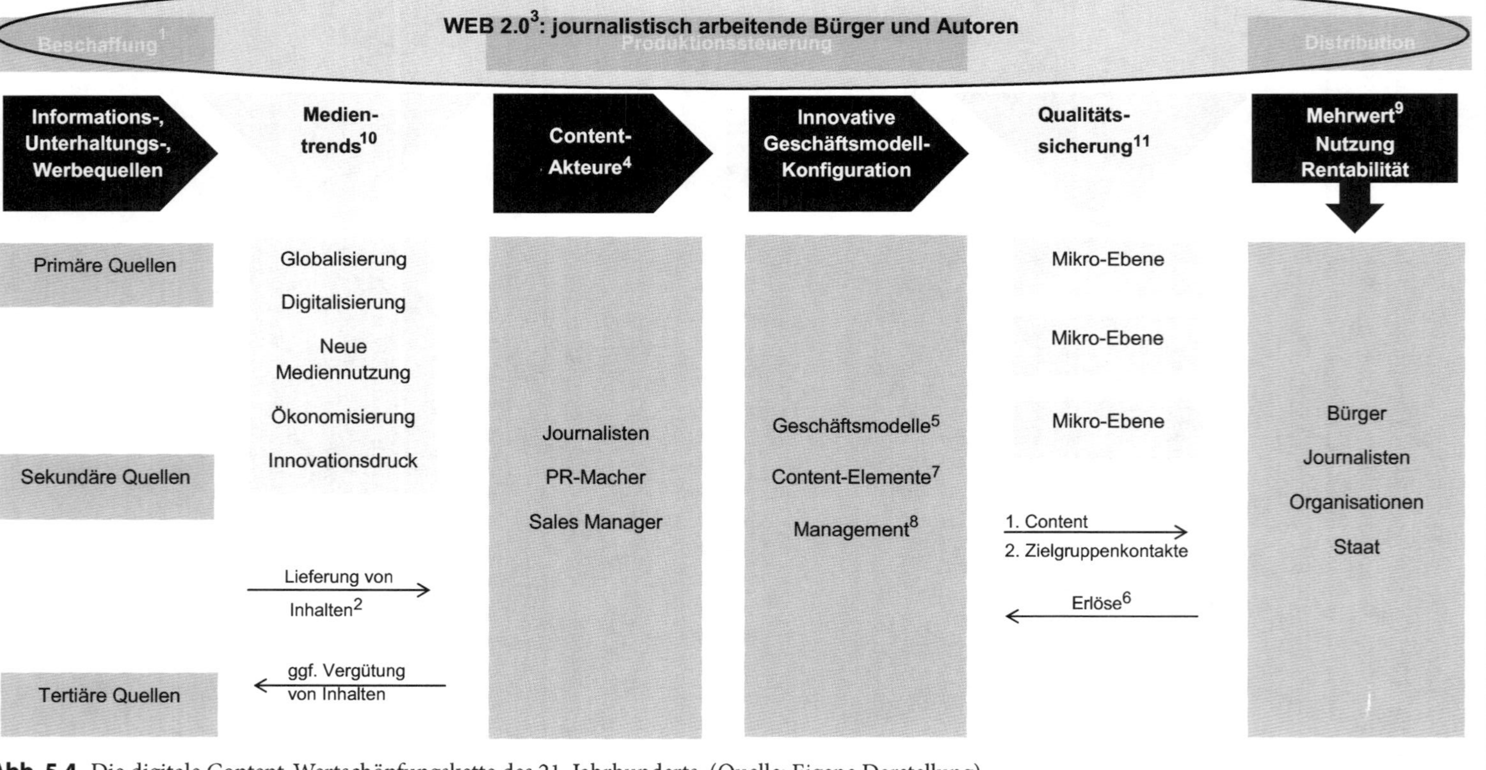

Abb. 5.4 Die digitale Content-Wertschöpfungskette des 21. Jahrhunderts. (Quelle: Eigene Darstellung)

4) Content-Akteure: Diese neue Terminologie signalisiert, dass sich die verschiedenen Autorengruppen – Journalisten, PR-Schaffende, Lobbyisten, Sales Manager sowie journalistisch und PR-spezifisch arbeitende Bürger und Autoren – zum Verwechseln ähneln. Allen Content-Akteuren ist es gemein, dass sie für sich beanspruchen, wahre Berichte, Geschichten und Botschaften zu verbreiten, aber ihre tatsächlichen Ziele, wie z. B. Verkauf von Werbung, Anbahnung von Kaufkontakten, Verkauf, systematische Erhebung von Daten oder Beeinflussung von Gesetzen nicht offenlegen. Ursachen dafür sind u. a. die sich verschlechternden Refinanzierungsbedingungen für die klassischen Print-Produkte, die Aufhebung von Redaktion und Werbung in den digitalen Medien und zahlreiche innovative Sonderwerbeformen, die journalistische Inhalte, werbliche Inszenierungen und interaktive Funktionen vermengen. Diese relativ neue Disziplin wird Content-Marketing genannt, ist aber lediglich eine PR-Form, die als solche nicht mehr entdeckt werden will. Durch diese Mischung von journalistischem Stil, PR-Methoden und Marketing-Zielen erhoffen sich die Content-Akteure, das positive journalistische Image am besten nutzen zu können. In der Folge ist ein Journalismus gefährdet, der nur der Wahrheit, Unabhängigkeit und Demokratie verpflichtet ist und sich nicht Marketingzielen unterwirft. Damit wird der aufklärende Journalismus, der verlässlich informiert und nicht manipuliert, für die Bürger und die Demokratie wichtiger.

5) Geschäftsmodelle: In Anlehnung an und Erweiterung von Wirtz (2013: 720) lassen sich fünf Basisgeschäftsmodelle, wie in Abb. 5.5 dargestellt, unterscheiden.

Nach unserer E-Publishing-Definition stehen die Angebote und Dienstleistungen der Content-Akteure im Mittelpunkt des E-Publishing-Geschäftsmodells. Allerdings führt die zunehmende Multimedia-Dynamik dazu, dass die klassischen Verlage wie die Springer AG und der Spiegel-Verlag möglichst alle Geschäftsmodelle kombinieren, um ihre Wettbewerbssituation zu sichern. Der Weltmarktführer im Suchmaschinenbereich Google (Geschäftsmodell Context) bietet mit Google Mail einen Zugang zum Internet an (Geschäftsmodell Connection), stellt multimediale Inhalte im Content-Bereich zur Verfügung (z. B. Google Books und YouTube), sucht gezielt Produkte für den User mit Google Shopping (Commerce) und diffundiert in den Bereich Social Media mit Google + (Geschäftsmodell Communication). Diese multiple Qualitäts- und Kostenführerschafts-Strategie der internationalen Medienkonzerne, wie sie die US-amerikanischen Konzerne Apple, Amazon, Facebook und Google anstreben (vgl. die strategische Ausrichtung von Google nach Wirtz 2012: 774) lässt nur noch wenige Nischen für die deutschen Verlage, die ihr E-Publishing-Geschäft aufbauen.

6) Erlöse: Eine zentrale unternehmerische Entscheidung für E-Publishing-Unternehmen ist, in welcher Form der Kunde seine Leistungen bezahlen soll. Im klassischen Zeitungs- und Zeitschriften-Geschäft galt bis zum strukturellen Einbruch des Anzeigengeschäftes als Richtwert eine 50-zu-50-Refinanzierung, d. h., 50 % der Umsätze wurden durch Abonnements und Einzelverkäufe und 50 % durch Anzeigen finanziert. Dieses Erlösmodell hat sich im E-Publishing erheblich differenziert, wie die Abb. 5.6 zeigt.

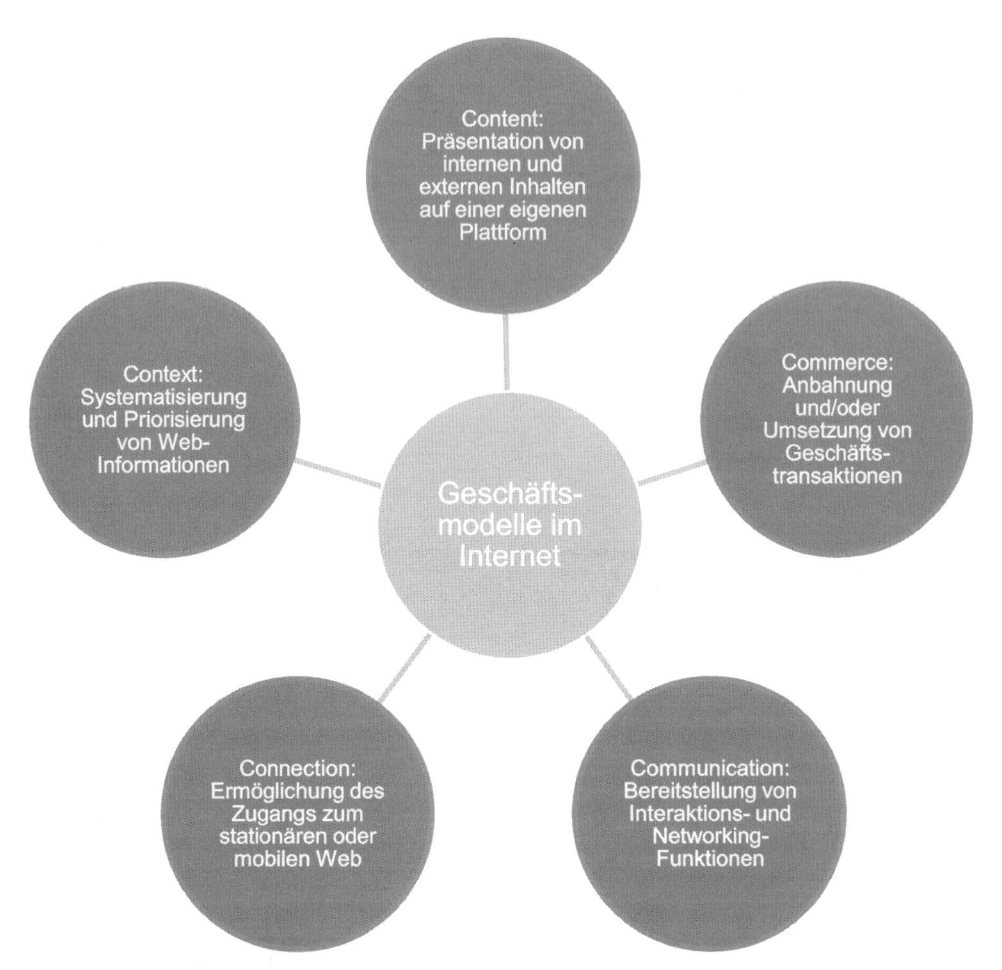

Abb. 5.5 Die fünf Basisgeschäftsmodelle im Internet. (Quelle: Eigene Darstellung in Anlehnung an und Erweiterung von Wirtz (2013: 720))

Im Folgenden werden die einzelnen Erlösarten stichwortartig erläutert:

Verkauf: Unter dem Einzelverkauf versteht sich z. B. der kostenpflichtige Download auf Amazon, Apple iTunes oder dem E-Book-Portal Libreka. Diese Verkaufserlöse sind dann Nutzungsgebühren, wenn z. B. die Nutzungszeit bei einem E-Book begrenzt ist, da es sich z. B. nach vier Wochen automatisch löscht.

Grundgebühren und Einrichtungsgebühren: Dies sind transaktionsunabhängige Erlöse, die für die mögliche Nutzung eines Internetangebots bezahlt werden. Dazu zählen beispielsweise auch die Jahresabonnements von Zeitungs- und Zeitschriften-Apps.

Provisionen: Sie gehören zu der indirekten transaktionsabhängigen Erlösgenerierung. Provisionen können z. B. dann anfallen, wenn das redaktionelle Umfeld eine Anzeige der-

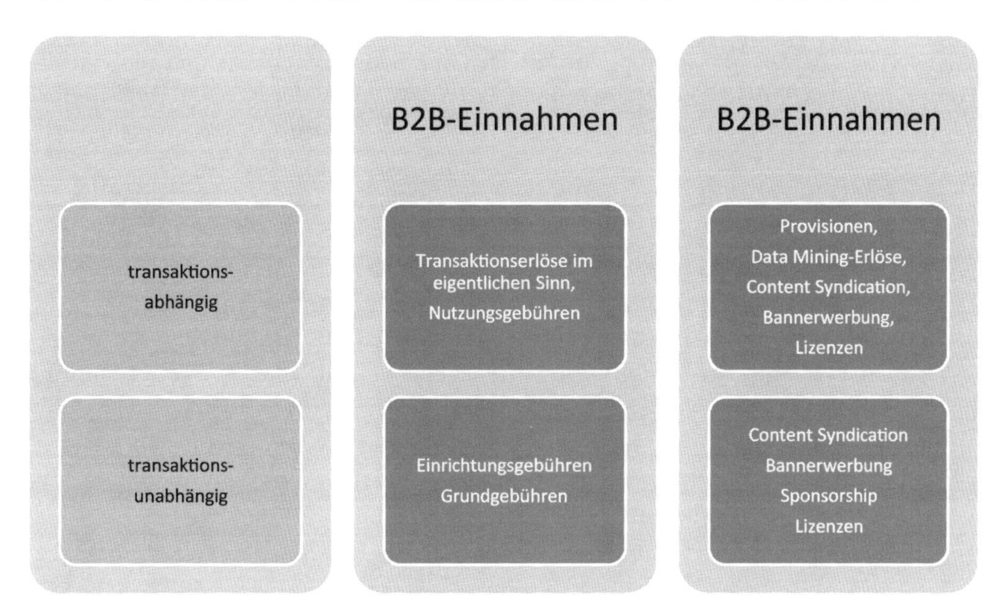

Abb. 5.6 Erlösmodell im E-Publishing. (Quelle: vgl. Wirtz 2012: 721 f.)

artig fördert, dass diese vermehrt geklickt wird. Diese Leadgenerierung wird ähnlich wie bei Google Adwords mit einem prozentualen Anteil vom Umsatz honoriert.

Datamining-Erlöse: Die Datamining-Erlöse und deren Bedeutung für die Refinanzierung von E-Publishing- und Internet-Unternehmen ist schwer abzuschätzen, da die Unternehmen teilweise in einer Grauzone agieren, denn das Sammeln, Speichern, Aufbereiten und Verkaufen unterliegt in Deutschland sehr strengen Datenschutzrichtlinien.

Content Syndication: Content Syndication bezeichnet den Weiterverkauf von einmal erstellten Inhalten. So verkauft z. B. der Verlag Gruner & Jahr Inhalte der Zeitschrift *GEO* als auch die Markenrechte an der Marke GEO.

Ads: Ads steht für die englische Abkürzung des Wortes Advertisement und bezeichnet eine Vielzahl von digitalen Anzeigen, von einfachen Bannern über „Rectangles", „Pop ups" und „Dynamic Sitebars" bis hin zum „Extangible Wallpaper". Im Kern sind dies Modifikationen eines Banners, die durch Größen- und Animationsvariationen erreicht werden. All diese Werbeformen können sowohl transaktionsunabhängig, also nur nach Sichtkontakt, als auch transaktionsabhängig, d. h. nur bei Klick, abgerechnet werden. Für diese leistungsabhängige Form der Werbung hat Google mit seinen Adwords weltweit einen Standard gesetzt. Adwords ist diese Form von Anzeige, die nach Eingabe eines Suchwortes in der Trefferliste rechts und oben bei Google erscheint. Jedes Unternehmen, jede Einzelperson kann diese Art von Anzeige aufgeben. Nach Prüfung und Vorkasse wird sie innerhalb von drei Tagen geschaltet. Google erlöste mit dieser Werbeform allein in Deutschland 2012 über zwei Mrd. Euro.

Sponsorship: Unter Sponsorship wird die im Grunde uneigennützige und individuelle Förderung eines Portals verstanden. Prominentestes Beispiel dafür ist die Refinanzierung der weltweiten Online-Bibliothek Wikipedia. Ähnlich wie bei den Geschäftsmodellen geht die Erlösmodell- und Werbeinnovation insbesondere von Google und Facebook aus. Vor allem Facebook steht vor der Herausforderung, die große Aufmerksamkeit, Emotionalisierung und intensive Nutzung mit zielgruppenspezifischen Werbeformen zu monetarisieren. In Abschn. 4 wird systematisch und anschaulich dargestellt, wie Google und Facebook ihre Geschäftsmodelle mit verschiedenen Erlöskonzepten verknüpfen.

7) Content-Elemente: Der Begriff Content-Elemente bezieht sich auf zwei Ebenen, einmal die Bedeutungsebene und einmal die Ebene der technischen Darstellung. Alle E-Publishing-Produkte werden mit verschiedenen inhaltlichen Content-Elementen gestaltet, wie z. B. Textsorten, Bildertypen, statischen und interaktiven Grafiken, Audioformaten, Bewegtbildformaten, Animationen, Interaktionen und Links. Vielfach entscheidend für die nutzerfreundliche Gestaltung und Aufbereitung von Content ist die Technik, insbesondere das Content-Managementsystem. Dieses hilft, die verschiedenen Content-Elemente zu strukturieren, zu konfigurieren, für verschiedene Plattformen zu distribuieren und mit Hilfe des organisierten Vier-Augen-Prinzips die Qualität zu sichern. So kann z. B. bestimmt werden, dass alle Texte für die Startseite vom Chefredakteur freigezeichnet werden müssen. Besondere Bedeutung kommt der technischen Formatierung von E-Books zu. Der offene Standard ePUB 3, der auf HTML 5 und CSS (2 und 3) basiert, ermöglicht es, interaktive Grafiken und Multimedia-Angebote flexibel auf einer oder mehreren Seiten darzustellen. Das ePUB-3-Format soll dazu beitragen, dass alle E-Books auf allen Endgeräten, sei es E-Reader, Tablet-PC oder Smartphone einheitlich wiedergegeben werden. Dass dies in einem innovativen und wettbewerbsintensiven Umfeld ein ehrgeiziges Ziel ist, wird im Kap. 11 E-Books genauer dargestellt.

8) Management: Projektmanagement wird immer mehr zum kritischen Erfolgsfaktor in E-Publishing-Unternehmen, gilt es doch – wie in Abschn. 2 dargestellt – mindestens fünf verschiedene Ziele gleichzeitig zu verfolgen. Überträgt man die Erkenntnisse des komplexen Online-Projektmanagements auf das E-Publishing-Projektmanagement, kommt es wesentlich darauf an (vgl. Büsching/Hellbrück/Teluk 2011: 16), dass

- die Auswahl des Projektleiters nach Fach- und Führungskompetenzen erfolgt,
- zeitfressende unspezifische Informationsformen wie Teammeetings und Rundmails möglichst reduziert werden,
- der Projektleiter die Selbstorganisation und Selbstverantwortung des Teams stärkt, insbesondere um das dezentrale Wissen optimal zu nutzen, sowie dass
- der Projektleiter das Team vollständig über die verfügbaren Ressourcen informiert und
- das Team respektvoll und partnerschaftlich führt.

Über die Auswahl des Projektverantwortlichen hinaus ist die Arbeitsmethodik in Projekten besonders erfolgskritisch (Stöger 2011: 176 f.). Stöger schlägt in seinem sehr systematischen, praxisnah und handlungsorientierten Buch die bewusste Verwendung von Werk-

Tab. 5.1 E-Publishing-Projektmanagementplan. (Quelle: Eigene Darstellung)

Projekt-Phasen	1. Analyse	2. Strategie	3. Planung	4. Umsetzung	5. Kontrolle
Interne & externe Ereignisse					
Handlungen					
Werkzeuge: Modelle, Methoden, Instrumente, Medien					
SMARTIS-Ziele/ Ergebnisse					
Key Performing Indicators					

zeugen vor (Stöger ebd.) und betont, dass diese an die eigene Arbeitsmethodik anzupassen sind und nicht umgekehrt. Im Folgenden wird ein Baukasten vorgestellt, der eine klare Struktur vorgibt und genügend Freiraum für die unternehmensspezifische Anpassung lässt. Dieser soll helfen, komplexe E-Publishing-Projekte zu strukturieren.

In der Kopfzeile befindet sich das klassische Projektphasenschema, von der Analyse bis hin zur Kontrolle. In der ersten Spalte der Tab. 5.1 befinden sich Dimensionen, die sich auf jede einzelne Phase beziehen lassen, nämlich

- interne und externe Ereignisse, sozusagen die Ereignisse im dynamischen und komplexen Umfeld für E-Publishing-Unternehmen,
- die Handlungen oder Aktivitäten, strategisch oder operativ, mit denen die Unternehmung auf diese exogenen Faktoren reagiert,
- und die Werkzeuge. Dies können theoretische Modelle, empirische Methoden oder konkrete Instrumente wie Ablagesysteme, Pultorder oder Projektmanagement-Software sein,
- sowie die verschiedenen Formen der Ziele. Unter SMARTIS-Zielen sind hier spezifische, messbare, aktionsorientierte, regelmäßige, terminierte, integrative und schriftliche Ziele zu verstehen, die von der Unternehmensleitung bzw. vom Projektleiter gesetzt werden und zu entsprechenden Ergebnissen führen sollen. SMARTIS steht für die jeweilige Abkürzung der sieben Adjektive.

Key Performing Indicators: In einem Projekt ist es notwendig, alle relevanten Leistungen und Teilleistungen systematisch zu erfassen und sie mit sogenannten Key Performing Indicators zu belegen. Das sind Indikatoren, die den Erfolg messbar machen, z. B. die Einhaltung von Kostenansätzen für einzelne Teilleistungen. Diese Art von systematischer E-Publishing-Projektmanagementplanung kann sehr gut mit den Mitteln, wie z. B. Analysen, strategischen Zielen oder etablierten Werkzeugen ausgefüllt werden und gibt somit eine spezifische Arbeitsmethodik für das jeweilige E-Publishing-Projekt (vgl. Tab. 5.1).

9) Mehrwert, Zielgruppe: Die Produkte und Dienstleistungen der E-Publishing-Unternehmen werden an ganz unterschiedliche Zielgruppen ausgeliefert. In der normalen Content-Produktion kommen in erster Linie die Bürger, in zweiter Linie die Unternehmen als Adressaten in Frage. Weitere Zielgruppen sind Journalisten, PR-Referenten, Manager, fachspezifische Berufsgruppen, Verbände, Vereine und der Staat, der auch durch die Parteien repräsentiert wird. Für den Erfolg eines E-Publishing-Angebots in einer Zielgruppe sind verschiedene Faktoren relevant, insbesondere die aufmerksamkeitsstarke Erscheinung, der Nutzen, die Einfachheit der Bedienung, das Involvement der Zielgruppe und die relative Zahlungsbereitschaft. Eines der bekanntesten Studien ist die Gemeinschaftsanalyse von ARD und ZDF zur Internetnutzung in Deutschland. Dort wird eine spezielle Onlinenutzertypologie vorgestellt, in der „Junge Hyperaktive", „Junge Flaneure", „E-Consumer", „Routinierte Nutzer" und „Selektivnutzer" sowie „Randnutzer" vorgestellt werden. Je nach Studienart werden soziodemografische Daten, Bildungsniveau, Medienkompetenzen, Präferenzen, Aktivität und/oder Involvement der Zielgruppe, sprich die emotionale Identifikation mit einem Angebot, näher untersucht.

10) Medientrends: Theorie und Praxis bescheinigen dem E-Publishing-Markt eine besondere Dynamik, da die Megatrends Globalisierung, Digitalisierung, Innovation, Änderung des Nutzungsverhaltens und Ökonomisierung des Verhaltens gleichzeitig auftreten und sich, wie Innovation und Digitalisierung, gegenseitig verstärken. Der intensive Wettbewerb der finanzstärksten und innovativsten Multimediakonzerne, wie z. B. Amazon, Apple, Samsung und Sony, führt auf der einen Seite zu immer mehr Kundennutzen und Lesegenuss, auf der anderen Seite zum Preisverfall von E-Readern, Tablet-PCs und E-Books.

11) Qualitätssicherung: Der klassische Journalismus und das E-Publishing in seinen vielfältigen Formen wirkt intensiv auf das Gemeinwesen ein. Artikel 5 des Grundgesetzes sichert der Presse in jeglicher Form die Freiheit der Berichterstattung zu. In der Konsequenz heißt das, dass alles ohne Einfluss von Dritten veröffentlicht werden darf und erst nach Veröffentlichung eine Kontrolle erfolgt. Gläser widmet dem „Medienmanagement gesellschaftlicher Verantwortung" ein eigenes Kapitel (Gläser 2010: 949–962). Er postuliert ein ganzheitliches Konzept, das auf Vertrauen, Glaubwürdigkeit und Integrität der Medienunternehmen beruht, und verlangt eine Qualitätssicherung auf *Mikro-, Meso- und Makro-Ebene.* Auf der *Mikro-Ebene* appelliert er an die Journalisten, den Pressekodex, das sog. „Journalistische Grundgesetz" in der Fassung vom 13. September 2006, einzuhalten. Dies verlangt vom Journalisten u. a. die Wahrhaftigkeit, Sorgfalt und die Trennung von Werbung und Redaktion. Auf der *Meso-Ebene* empfiehlt er eine umfassende Glaubwürdigkeitsstrategie, z. B. in Form eines Corporate-Responsibility-Konzeptes. Schließlich gibt es auf der *Makro-Ebene* auch eine Verantwortung des Publikums. Diese „Rezeptionsethik" ist im Zeitalter von Web 2.0 besonders gefragt.

Erlöskonzepte	Content: Angebot, Verkauf von Inhalten	Commerce: Verkauf von Produkten, Dienstleistungen, die im Zusammenhang mit dem Content stehen			Context: Klassifikation, Systematisierung von Inhalten	Connection: bietet die Möglichkeit zum Informationsaustausch in Netzwerken
Präzisierung		Klass. Werbung	Leistungs-abhängige Werbung	Neben-geschäfte		
Zielt auf						
BtoC-User	Wikipedia				Wikipedia	Wikipedia
BtoB-User	Wikipedia				Wikipedia	Wikipedia
Werbe- und Sponsorenmarkt	Wikipedia					
Contentmarkt						
Datenmarkt						

Abb. 5.7 Geschäfts- und Erlösmodelle für Wikipedia. (Quelle: Eigene Darstellung)

Die Erläuterungen zur digitalen Content-Wertschöpfungskette haben gezeigt, unter welchen komplexen und vielschichtigen Bedingungen die Entwicklung von innovativen E-Publishing-Produkten und -Dienstleistungen erfolgt und wie schwierig es ist, wissenschaftlich präzise und nachvollziehbar die einzelnen Einflussfaktoren zu definieren und ihre Wirkung zusammenzudenken.

5.4 Analyse von E-Publishing-Erlösmodellen

Die Kombination von Geschäfts- und Erlösmodellen in einer Analyse-Matrix ermöglicht ein differenziertes Bild von den aktuellen und zukünftigen Refinanzierungsmöglichkeiten eines Geschäftsmodells. In den folgenden zwei Abbildungen werden die differenzierten Geschäftsmodelle mit den verschiedenen Erlösarten kombiniert. Aufgrund der klaren ideologischen Positionierung von Wikipedia ist es nur schwer vorstellbar, dass Wikipedia jemals andere Erlöse als reine Werbe- und Sponsorenerlöse haben wird. Wikipedia ging erstmals am 15. Januar 2001 online und wurde von Jimmy Wels gegründet (vgl. Wikipedia 2013). Das Beispiel von Wikipedia zeigt, wie wirkungsmächtig die Web-2.0-Bewegung ist: Bei der qualitativ hochstehenden Enzyklopädie Wikipedia schreiben mehr als 6.700 Autoren in Deutschland kostenlos, Bürger und Unternehmen finanzieren das Portal ausschließlich über Spenden. Ein Blick auf Abb. 5.7 zeigt, wie stark der Idealismus ist, denn mit der Menge der Zugriffe wären sicherlich Werbeerlöse im 9-stelligen Millionenbereich pro Jahr möglich. Dennoch verzichtet Wikipedia auf eine marktorientierte Finanzierung seiner sich selbst aktualisierenden Wissensdatenbank.

Völlig anders sieht das E-Publishing-Geschäftsmodell und Erlöskonzept bei Facebook aus. Facebook versechsfachte seinen Umsatz zwar von 2009 (0,7 Mrd. $) auf rund 5 Mrd. $, liegt aber damit noch weit hinter Google. Im Vergleich lag der Umsatz bei Google im Jahr 2012 bei über 50 Mrd. $. Gemessen an seiner Bekanntheit und der User-Nutzungs-

Erlöskonzepte	Content: Angebot, Verkauf von Inhalten	Commerce: Verkauf von Produkten, Dienstleistungen, die im Zusammenhang mit dem Content stehen			Context: Klassifikation, Systematisierung von Inhalten	Connection: bietet die Möglichkeit zum Informationsaustausch in Netzwerken
Präzisierung		Klass. Werbung	Leistungs-abhängige Werbung	Neben-geschäfte		
Zielt auf						
BtoC-User	Facebook				Facebook	Facebook
BtoB-User						
Werbe- und Sponsorenmarkt			Facebook			
Contentmarkt						
Datenmarkt	Facebook					

Abb. 5.8 Geschäfts- und Erlösmodelle für Facebook. (Quelle: Eigene Darstellung)

zeit verfügt Facebook noch über erhebliches Erlöspotential. Die Abb. 5.8: „Geschäfts- und Erlösmodelle für Facebook" erlaubt eine Reihe von Fragen bzw. Vermutungen darüber, welche Produkte Facebook entwickeln wird. Dies könnte z. B. eine eigene Suchmaschine sein (Geschäftsmodell Context). Oder Facebook könnte eigenen Content, z. B. TV-Serien, produzieren und mit diesem Content handeln (Geschäftsmodell Content).

Angesichts der vielfachen weiteren Refinanzierungsmöglichkeiten ist zu vermuten, dass Facebook der werbetreibenden Industrie zielgruppenspezifischere, emotionalere, effizientere Werbeformen als Google anbietet. Ob und inwieweit Facebook auch den Datenhandel intensivieren muss, wird u. a. durch den Erfolg der anderen Produktinnovationen bestimmt. Sicher scheint, dass Facebook die freie, ungefilterte Meinungsäußerung als so wichtig für sein Geschäftsmodell erachtet, dass eine journalistische Qualitätssicherung nicht stattfinden wird. Deshalb ist Facebook keine Konkurrenz für etablierte E-Publishing-Geschäftsmodelle.

5.5 Ableitung von Wettbewerbsvorteilen

Wirtz stellt ausführlich dar, wie Core Assets und Kernkompetenzen von Medienunternehmen dazu beitragen, Wettbewerbsvorteile zu generieren (Wirtz 2013: 92). Auf Basis von Wirtz' Überlegungen soll hier eine eigene Grafik vorgestellt werden, siehe Abb. 5.9.

Das Modell zeigt, wie interne und externe Ressourcen und eigene Kernkompetenzen kombiniert werden (müssen), um einen nachhaltigen Wettbewerbsvorteil zu erzielen. Deutlich wird, dass das ehemalige Herzstück eines Medienunternehmens, die Content-Creation, nur einer von vielen Erfolgsfaktoren ist.

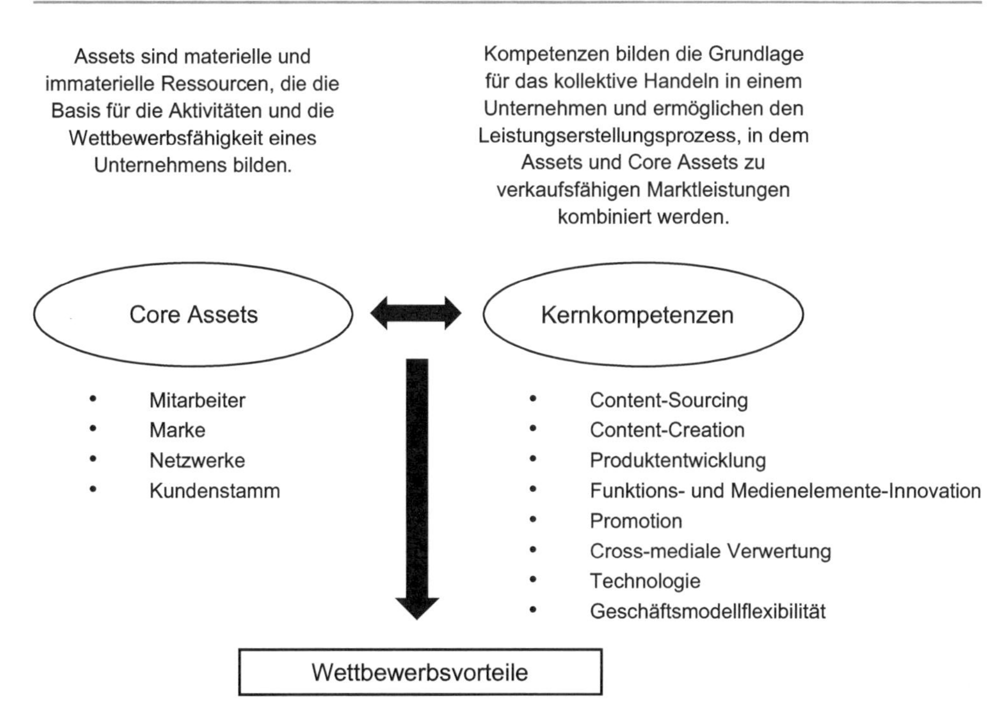

Abb. 5.9 Core Assets und Kernkompetenzen für E-Publishing-Produkte. (Quelle: Eigene Darstellung in Anlehnung an Wirtz 2013: 92)

5.6 Fazit: Zur Bedeutung der Content-Wertschöpfungskette

Das Denken und Handeln in Geschäftsmodellen und Businessplänen ist eine zentrale Kernkompetenz der Wirtschaftswissenschaftler und Medienmanager. Die klassischen Mediengeschäftsmodelle wie Buch, Zeitung, Zeitschrift, Radio und TV werden durch die zentralen Megatrends der Internet-Ökonomie wie Digitalisierung, Konvergenz und vor allem permanente dynamische Innovation revolutioniert. Die extrem hohen Netz- und Skaleneffekte – wie in Kap. 6 Produktspezifika dargelegt – belohnen die schnellen Unternehmer und Risikokapitalgeber mit Quasi-Monopolen, die schnell einen Wettbewerbsvorsprung in einem relevanten Markt aufbauen können. Diejenigen Unternehmen, die den Markteintritt zu spät vornehmen, werden bestraft (vgl. Zerdick 2001: 17). Der Grund für den radikalen Wandel ist höchst banal: E-Publishing-Produkte sind schneller verfügbar, weisen eine höhere Qualität aus, sind deutlich billiger, einfacher zu kaufen und verfügen über zahlreiche, häufig kostenlose Zusatzeigenschaften und Zusatzdienstleistungen. Die Internet-Ökonomie verhält sich zur klassischen Medienwelt wie ein Auto zur Kutsche. Vor diesem Hintergrund besteht die Notwendigkeit für die klassischen Medienunternehmen, die jahrzehntelang auf eine leistungsstarke Redaktion, effizienten Druck von Zeitungen und Zeitschriften, schnellen physikalischen Vertrieb und klassische Werbung vertraut haben, ihr Geschäftsmodell schnellstmöglich an die Herausforderungen der Internet-Ökonomie anzupassen. Unter denjenigen Medienunternehmen, die jahrzehntelang auf Printunternehmen gesetzt haben, werden in dem orkanartigen Wettbewerb nur die überleben, die schnell und umfassend Zugang zu den wachsenden Zahlungsströmen der Multimedia-Wertschöpfungsketten des Internets erhalten (vgl. Zerdick ebd.).

Das Modell der **digitalen Content-Wertschöpfungskette kann dabei helfen, diese Prozesse zu verstehen und zu steuern**; es

- umfasst alle wesentlichen Elemente der digitalen Wertschöpfungskette,
- **verändert die Perspektive von einem Analyse- zu einem Handlungsmodell,**
- stellt die Beschaffungskanäle systematisch-wissenschaftlich dar,
- betont den **Innovationsdruck**, der
  - den wirtschaftlichen Erfolg und
  - die publizistische Qualität

  nachhaltig beeinflusst,
- präzisiert die Anforderung der **Geschäftsmodellflexibilität,**
- integriert das Projektmanagement als zentrale Produktionsmethode für Innovationen,
- dokumentiert, wie die Qualität gesichert werden soll,
- integriert den Einfluss von „Web 2.0“ und
- **differenziert die Content-Akteure und die Zielgruppen** in einem offenen, handlungsorientierten Struktur- und Prozess-Modell.

Ein Garant für den Erfolg sind sie nicht: In der grundlegenden Studie „Was macht Medienunternehmen erfolgreich?“ (Sommer/v. Rimscha 2013: 16–17) werden über 50 angebots- und über 30 prozessbezogene Erfolgsfaktoren genannt. Bei der Identifikation der wichtigsten Erfolgsfaktoren kann die digitale Content-Wertschöpfungskette helfen.

5.7 Vertiefung

- Was sind Geschäftsmodelle?
- Inwieweit kann das in diesem Abschnitt vorgestellte „Content-Geschäftsmodell“ ein produkt-, projekt- und lernorientierter Managementnavigator sein?
- Inwieweit können Geschäftsmodelle das Management unterstützen, neue Geschäftsfelder, Produkte, Dienstleistungen und marktfähige Innovationen zu entwickeln?
- Welche E-Publishing-Erlösmodelle kennen Sie? Wie refinanzieren sich erfolgreiche E-Publishing-Unternehmen?
- Welche Wettbewerbsvorteile können daraus abgeleitet werden?

Literaturempfehlung

Gläser, M. (2010): Medienmanagement, 2. Auflage, München 2010

PriceWaterhouseCoopers (2012): German Entertainment and Media Outlook 2012–2016, Frankfurt 2012

Sommer, C./von Rimscha, B. (2013): Was macht Medien erfolgreich? Eine Übersicht und Systematisierung der prozess- und angebotsbezogenen Erfolgsfaktoren, in: Medien-Wirtschaft – Zeitschrift für Medienmanagement und Kommunikationsökonomie, 10 Jg. (2013), H. 2, S. 12–30

Quellen

Altmeppen, K.-D. (2002): Redaktions- und Produktionsmanagement, in: Karmasin, M., Winter, C. (Hrsg.) (2002): Grundlagen des Medienmanagements, 2. korr. und erw. Aufl., München 2002

Büsching, T./Hellbrück, R./Teluk, P. (2011): Erfolgsfaktoren des Managements von Onlineprojekten: empirische Belege und Empfehlungen, in: Medienwirtschaft 03/2011, 2011

Gläser, M. (2008): Medienmanagement, 1. Auflage, München 2008

Kiefer, M-L. (2001): Medienökonomik, München, 2001

Meckel, M. (1999): Redaktionsmanagement: Ansätze aus Theorie und Praxis, Wiesbaden 1999

Porter, M. E. (1985): Competitive Advantage, New York 1985

Porter, M. E. (1999): Wettbewerbsvorteile, 10. Auflage, Frankfurt 1999

Sjurts, I. (2011): Lexikon Medienwirtschaft (Hrsg.), 2. erw. Aufl., Wiesbaden 2011

Statista 2013a: http://de.statista.com/statistik/daten/studie/163090/umfrage/einschaetzung-der-entwicklung-des-journalismus-bis-2020/, Aufruf 11.07.2013

Stöger, R. (2011): Wirksames Projektmanagement, 3., überarbeitete Auflage, Stuttgart 2011

SZ Magazin: „Wozu Zeitung? Die klassischen Medien müssen sich der größten Sinnkrise ihrer Ge schichte stellen", 8. Mai 2009: Seite 1

Wikipedia 2013a: „Wissen". In: Wikipedia, Die freie Enzyklopädie. http://de.wikipedia.org/w/index.php?title=Wissen&oldid=62551805, Aufruf 01.08.2009

Wikipedia 2013b: „Journalismus". In: Wikipedia, Die freie Enzyklopädie. http://de.wikipedia.org/w/index.php?title=Journalismus&oldid=61687722, Aufruf 03.08.2009

Winter, C. (2008): Medienentwicklung als Bezugspunkt für die Erforschung von öffentlicher Kommunikation und Gesellschaft im Wandel, in: Winter, C./Hepp, A./Krotz F. (Hrsg.): Theorien der Kommunikations- und Medienwissenschaft, Wiesbaden 2008, S. 417–445

Wirtz, B. W. (2008): Medien- und Internetmanagement, 6. Auflage, Wiesbaden 2008

Wirtz, B. W. (2010): Businessmodel-Management. Design-Instrumente-Erfolgsfaktoren von Geschäftsmodellen, Wiesbaden, 2010

Wirtz, B. W. (2011): Medien- und Internetmanagement, 7. Auflage, Wiesbaden 2011

Wirtz, B. W. (2013): Medien- und Internetmanagement, 8. Auflage, Wiesbaden 2013

Zerdick, A. (Hrsg.) (2001): Die Internet-Ökonomie – Strategien für die digitale Wirtschaft, 3. erweiterte und überarbeitete Auflage, Berlin, Heidelberg, New York, 2001

6 Produktspezifika

Thilo Büsching

6.1 Einleitung und Definition

Der Weg von der Papyrusrolle über den Buch- und Zeitungsdruck, über Film und die Radiosendung, vom TV-Format bis hin zur multimedialen Internetsite und App-Inszenierung ist eine Geschichte der Innovation und der Ökonomie: Der Produktnutzen und die User Experience müssen die relative Zahlungsbereitschaft der Kernzielgruppe optimieren. Das ist das Ziel der E-Publishing-Ökonomie. Die in der Einleitung präsentierte Definition wird hier über die Differenzierung des Dokumentenbegriffs weiter in Bezug auf die Interaktionsmöglichkeiten und die Formen vertieft. E-Publishing ist das digitale Veröffentlichen von Wörtern, Satzteilen, Sätzen, Beiträgen, Bildern, Grafiken, Filmen, Zeitungen, Zeitschriften, Büchern und anderen Darstellungsformen **mit dem Ziel, in einer breiteren Zielgruppe** Bekanntheit und/oder Image aufzubauen, sie zu informieren, zu unterhalten, zu bilden, Verkaufskontakte anzubahnen und/oder einen Dialog zu entwickeln. Je nach Art der Interaktionsmöglichkeiten mit anderen Usern und/oder einer Redaktion werden verschiedene E-Publishing-Formen unterschieden:

- geschlossene (keine Dialog- und Interaktionsmöglichkeiten, z. B. E-Book)
- halboffene (mehr, aber begrenzte Interaktionsmöglichkeiten, z. B. E-Magazine
- offene (umfassende Interaktion und Vernetzung mit anderen Usern, Redaktionen, Datenbanken, z. B. Wikipedia)

E-Publishing-Medien können auf verschiedenen **Trägern** genutzt werden, wie zum Beispiel Desktop, Laptop, CD, DVD oder Smartphone. Wesentliche Erscheinungsformen sind:

T. Büsching, G. Goderbauer-Marchner, *E-Publishing-Management*,
DOI 10.1007/978-3-658-04110-6_6, © Springer Fachmedien Wiesbaden 2014

- im Bereich Business-to-Consumer: E-Books, E-Magazines, Web-TV und Apps
- im Bereich Business-to-Business: Corporate E-Publishing-Produkte (E-Magazines)
- im Bereich Consumer-to-Consumer: Wortbeiträge, kommentierte eigen- und fremderstellte Bilder und Filme sowie viral verbreitete Textbeiträge in Social-Media-Netzwerken und im Selfpublishing produzierte E-Books und Weiterbildungsangebote

E-Publishing-Dokumente können also auch Social-Media-Content sein.

Die **Qualitätsprüfung**, das sogenannte „Gatekeeping", findet wie bei klassischen Verlagen durch eine Redaktion (Beispiel: klassische Buch-Verlage), durch ein Managementboard (Beispiel: Prüfung von Apps für App-Portale) oder nicht (Beispiel: ungefilterte Nachrichten auf C-to-C-Portalen) statt. **E-Publishing-Formate** finanzieren sich durch Paid Content, Abonnementsysteme, Werbung, Datenverkauf (User erteilen einem Anbieter von Plattformen, wie zum Beispiel Facebook, das Recht, persönliche Daten und User-Tracking-Daten für Werbezwecke oder zum Weiterverkauf zu nutzen) und Vertriebsunterstützung (Portale werden durch Provision an Verkaufserlösen beteiligt, die durch Kontaktanbahnung auf ihrem Portal geschehen sind). **Auf Grund des technischen Fortschritts** ist zu erwarten, dass die interaktiven Funktionen und die professionell und privat erstellten Filme in E-Publishing-Produkten weiter zunehmen werden.

6.2 Die Komponenten eines E-Publishing-Produktes

Nach Homburg/Krohmer (2006: 463) ist ein Produkt ein Bündel von Eigenschaften, das Kundennutzen gleich welcher Art schafft. Homburg/Krohmer unterscheiden sechs verschiedene Ebenen eines Produktes vom Kernnutzen bis zur Marke. Dies wird in Abb. 6.1 wiedergegeben und auf E-Publishing-Produkte bezogen.

Im Folgenden werden die Komponenten eines E-Publishing-Produktes (vgl. Homburg/Krohmer für die begrifflichen Definitionen 2006: Seite 564) erläutert:

Der **Produktkern** repräsentiert die zentralen Eigenschaften, die für den Kundennutzen wesentlich sind. Im Falle der *Der Spiegel*-iPad-App stehen für den Leser die Inhalte im Vordergrund, ganz gleich, ob er diese „analog" aus einem gedruckten Heft bezieht oder digital als App. Die journalistische Qualität der Inhalte macht den Kern des Produktes aus; gleichwohl muss diskutiert werden, ob sich durch die mobile Nutzung die Qualitäts-Anforderungen verändern. Zum Beispiel könnte mehr lokale Unterhaltung und lokaler Service gewünscht werden.

Zusatzeigenschaften Diese erbringen einen Nutzen, der nicht direkt in der Kernfunktion des Produktes begründet liegt. Im Falle der *Spiegel*-App sind dies zum Beispiel Überblicksseiten, die die Navigation erleichtern, oder spezielle Vergrößerungsfunktionen für Bilder und Grafiken.

Verpackung Die *Der Spiegel*-iPad-App bietet eine klare Wiedererkennung dank eines konsequenten Corporate Designs sowie einer sehr benutzerfreundlichen Usability. So

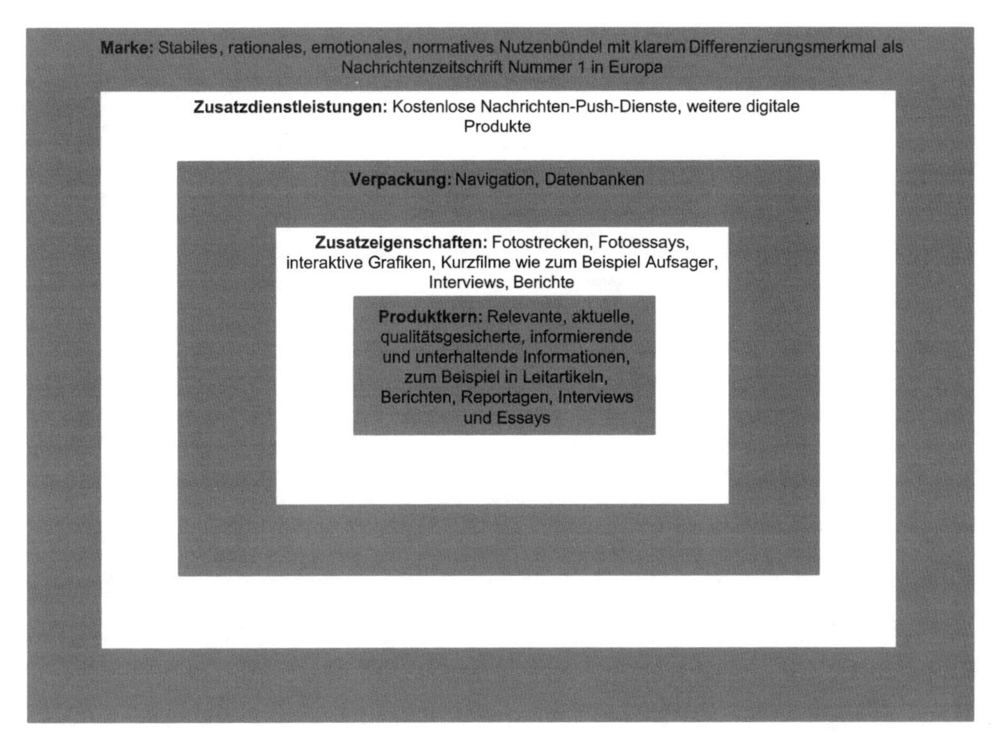

Abb. 6.1 Die Komponenten eines E-Publishing-Produktes am Beispiel der *Der Spiegel*-iPad-App. (Quelle: Eigene Darstellung)

kann die Verpackung bei digitalen Dienstleistungen als eine besondere Form der Benutzerführung bzw. als User-Interface interpretiert werden.

Basisdienstleistungen Diese erwirbt der Kunde ohne Zusatzkosten beim Kauf mit. Bei der *Spiegel*-App sind dies zum Beispiel die benutzerfreundliche Push-Funktion jeden Sonntagmorgen um acht und der schnelle automatische Download des E-Publishing-Produktes sowie seiner Zusatzdienstleistungen.

Zusatzdienstleistungen („Value Added Services") Bieten den Usern einen in Qualität oder Menge nicht erwarteten Zusatznutzen, der zum Teil kostenpflichtig ist, wie die Bestellung weiterer Produkte des *Spiegel*-Verlags.

Marke In Anlehnung an Meffert/Burmann/Kirchgeorg 2008 soll die Marke als ein rationales, emotionales und normatives Nutzenbündel verstanden werden. Aus der Markendefinition leiten die Autoren des deutschsprachigen Standardwerkes ein Grundkonzept der identitätsbasierten Markenführung ab.

Die Abb. 6.2 veranschaulicht, wie die Führung einer Markenidentität in eine Marke-Nachfrager-Beziehung resultieren kann und wie idealerweise das Selbstbild des Unternehmens mit dem Fremdbild der Zielgruppen zusammenfällt. Die konsequente Ausrichtung

Abb. 6.2 Das Grundkonzept der identitätsbasierten Markenführung. (Quelle: Meffert/Burmann/Kirchgeorg 2008: 359)

einer Markenstrategie weist viele Vorteile für die Anbieter auf, die in der Web-2.0-Welt Unternehmen und Konsumenten sein können, wie die Abb. 6.3 zeigt.

Fazit: Ein E-Publishing-Produkt muss auf Basis einer interaktiven Marke und mit Hilfe eines dialogischen Kundenbeziehungskonzeptes konzipiert, umgesetzt und gemanagt werden. Das sind deutlich höhere Anforderungen im Vergleich zu einem einfachen Süßigkeitenriegel oder einem Roboter.

6.3 Die wirtschaftlichen Eigenschaften von E-Publishing-Produkten

Aus der E-Publishing-Definition ergibt sich, dass selbsterstellter, redaktioneller, werblicher oder künstlerischer Content oder Mischformen davon den Kern des digitalen E-Publishing-Produktes darstellen, auch wenn der Dialog über das Produkt als Teil des Produktes immer wichtiger wird. Abbildung 6.4 basiert auf der einschlägigen Klassifikation von Wirtschaftsgütern in der ökonomischen Theorie, neuen Entwicklungen im Online-Marketing sowie eigenen Überlegungen (vgl. Gläser 2010:133–151).

Diese 16 Eigenschaften werden im Folgenden näher erläutert.

6.3.1 Originäres Kunstprodukt

E-Publishing-Inhalte weisen per se eine hohe Unverwechselbarkeit auf, da sie einmalige, nicht-fiktive und fiktive Ereignisse beschreiben oder möglichst unverwechselbare Geschichten erfinden. So ist zum Beispiel die Torfolge in einem Fußball-Champions-League-Finale für die Zielgruppe eine hochgradig wichtige und emotionale Nachricht. Die damit verbundenen Personen, Handlungen und Ereignisse weisen eine andere Einzigartigkeit auf als der in diesem Moment produzierte Toaster oder Computer. Live-E-Publishing-Beiträge erlangen zum Teil eine besondere Originalität wie z. B. bei „Tweets als Gedichte". Zum Teil repräsentieren sie eine Ansammlung von stereotypen Einschätzungen, wie z. B. „Frauen

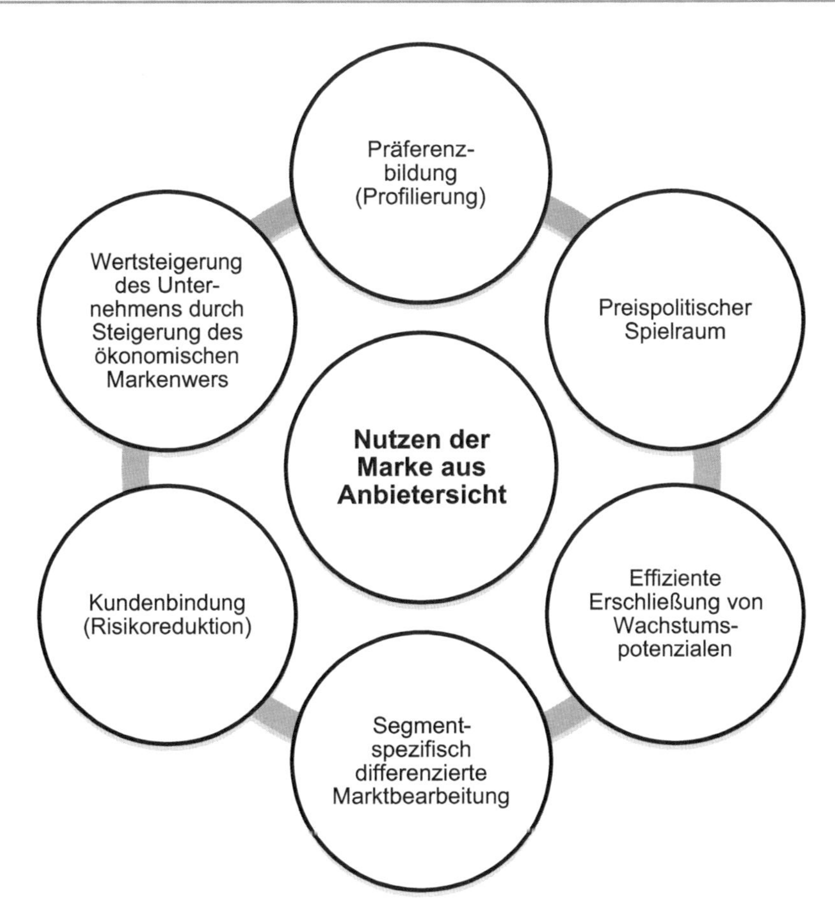

Abb. 6.3 Nutzen der Marke aus Anbieterperspektive. (Quelle: Meffert/Burmann/Kirchgeorg 2008: 352)

können keine Technik". So haben beispielsweise 11.000 Personen die Sendung „Schlag den Raab" auf ProSieben mit sogenannten Tweets kommentiert (vgl. Der Spiegel 49-2012: 54). Dieses Beispiel belegt, wie schnell, Live-E-Publishing-Beiträge in Form von Kurznachrichten ein eigenes Social-TV-Genre – Livekommentierung von TV-Sendungen – erschaffen können. Dies liegt insbesondere an der originären Einmaligkeit und Schnelligkeit von E-Publishing-Produkten.

6.3.2 Hohe First Copy Costs durch Einzelfertigung

E-Publishing-Produkte weisen wie Medienprodukte im Allgemeinen den Charakter von Einzelfertigungen (Unikate) auf. Die Herstellkosten für das erste Original bzw. vom englischen Wortlaut her die „erste Kopie", von der alle weiteren Kopien zur Vervielfältigung gezogen werden, heißen First Copy Costs. Im Vergleich zu gedruckten Zeitungen

Abb. 6.4 Medienwirtschaftliche Analyseebenen für E-Publishing-Produkte. (Quelle: Eigene Darstellung)

und Zeitschriften, bei denen die First Copy Costs bei circa 42 % liegen, können sie bei E-Publishing-Produkten wie zum Beispiel bei einer Zeitungs-App 90 % erreichen, da die körperlichen Vertriebs- und Druckkosten in der Grenzkostenbetrachtung völlig entfallen (Wirtz 2011: 200). Allerdings sind die technische Einrichtung der Vertriebsstrukturen, insbesondere die Server, die Software und die Datenleitungen, investitionsintensiv. Die hohen First Copy Costs haben nicht zu unterschätzende Auswirkungen auf den Produktions-, Vermarktungs- und Finanzierungsprozess. Im Gegensatz zu den klassischen Medien, wie zum Beispiel Zeitungs- und Kinoproduktion, die aufgrund hoher First Copy Costs ein großes Risiko bei der Entwicklung von Medienprodukten eingehen müssen, gestalten sich die Anfangsinvestitionen für E-Publishing-Produkte deutlich positiver. Gerade bei der Entwicklung und Umsetzung von Apps kann mit Hilfe einer kreativen Zielgruppenansprache, attraktivem Design und wenigen sogenannten Killerapplikationen ein klarer Mehrwert geschaffen und dennoch das finanzielle Risiko überschaubar gehalten werden. Dies erklärt die hohe Anzahl von entwickelten Apps – Ende 2012 konnte der User zwischen mehr als 650.000 Apps im iTunes Store wählen. Diese hohe Zahl sagt nichts über den wirtschaftlichen Erfolg aus. Für viele Unternehmen, Verlage und Anbieter sind Apps Image- und Kommunikationsinstrumente, nur die wenigsten erwirtschaften hohe Gewinne, ausgenommen die Spieleindustrie.

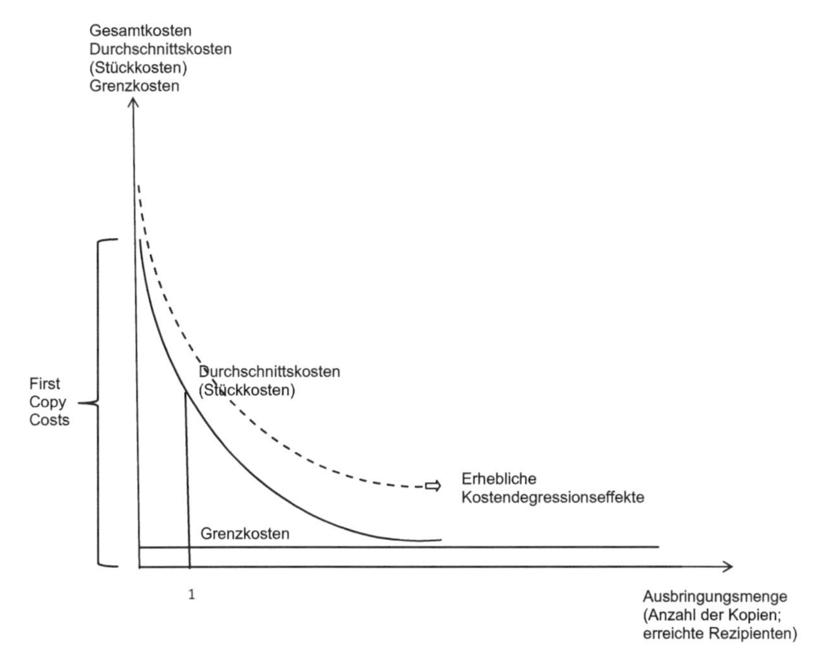

Abb. 6.5 Skaleneffekte bei Medienprodukten. (Quelle: vgl. Gläser 2010: 136)

6.3.3 Größenvorteile durch starke Kostendegressionen

Wie Abb. 6.5: „Skaleneffekte bei Medienprodukten" (vgl. Gläser 2010: 136) zeigt, sinken die Grenzkosten schon bei der zweiten Kopie nahe 0. Diese Economies of Scale stellen strukturelle Markteintrittsbarrieren dar und können zusammen mit den strategischen und institutionellen Markteintrittsbarrieren neue Anbieter am Eintritt in einen Markt hindern (vgl. Wirtz 2010: 36). Etablierte Medienanbieter profitieren nicht nur von den Economies of Scale, sondern auch von den Economies of Scope. Economies of Scope lassen sich dann realisieren, wenn bei steigender Produktvielfalt Personal, Produktionsanlagen, Technologien, Vertriebskanäle als Ressourcenpool gemeinsam genutzt werden können (Gläser 2010: 137). Die Economies of Scale lassen für gut positionierte E-Publishing-Produkte mit einem klar erkennbaren Zielgruppen-Mehrwert weit überdurchschnittliche Gewinnmargen erwarten. So wirken Economies of Scale und Economies of Scope beim Vertrieb des Weltbestsellers *Inferno* von Dan Brown (erschienen am 13. Mai 2013) gewinntreibend zusammen. Insbesondere liegen beim E-Book die Druck- und Logistikeinsparungen höher als die E-Book-Vertriebskosten. Dieses ökonomische Gesetz ist Ursache dafür, dass bei einigen digitalen Produkten eine „Lizenz zum Gelddrucken" vermutet wird. Aber auch der Autor, der sein Produkt selbst verlegt und über eine digitale Plattform vertreibt, kann von den sinkenden Durchschnittskosten pro Buch profitieren, wie Abb. 6.5 zeigt.

6.3.4 Medienproduktion in Projekten

Da, wie unter Punkt 1 ausgeführt, Medienprodukte eine originäre Einmaligkeit aufweisen, führen auch nur einmalige Vorhaben, der Definition nach Projekte genannt, zu einem solchen Medienprodukt. Das gilt sogar für die völlig standardisiert produzierte Tageszeitung. Am deutlichsten wird das bei der Produktion von Kinofilmen, bei denen ein einziger Film wie *Titanic* allein 300 Mio. $ kosten kann. Aber analytisch sind ein E-Book, ein Web-TV-Film und eine App nichts anderes. Wie immer im Projektmanagement müssen parallel folgende vier Ziele optimiert werden:

1.) Quantitative Leistungen, 2.) qualitative Leistungen, 3.) Termine und 4.) Ressourcen = Kosten = Budget aus der Sicht des Controllings. Auch standardisierte Dauerbetriebe, wie die Zeitungs-, Hörfunk- und TV-Produktion, lassen sich als eine Summe von nicht oder nur schwer standardisierbaren Teilprojekten interpretieren. So sind zum Beispiel die Teilaufgaben und Teilprozesse in einer großen Zeitschriftenreportage, wie für das Nachrichtenmagazin *Der Spiegel* oder die Illustrierte *Stern* immer einmalig, da sie insbesondere von den zu interviewenden Personen und einmalig zu recherchierenden Sachverhalten abhängt. Je größer der Anspruch an die Einmaligkeit und die Markenbildung des Medienproduktes, wie zum Beispiel ein Enhanced E-Book oder eine App ist, desto notwendiger ist es, dieses Produkt in Form eines Projektes zu produzieren.

6.3.5 All-in-One-Potential: Multimedialität

Eine weitere zentrale Eigenschaft nach der originären Einzigartigkeit ist die Multimedialität von E-Publishing-Produkten. Grundsätzlich umfasst das Internet von den technischen Möglichkeiten alle anderen Medien von der Zeitung über TV, Musik, Distribution bis hin zu Online-Games und Mobile-Services. Zudem vereint das Internet bisher zwei deutlich getrennte Möglichkeiten der Kommunikation: Die Publikationsfunktion (wie Zeitungen und Rundfunk) und die Individualkommunikation (wie Brief, Telefon, persönliches Treffen) (vgl. Feldmann/Zerdick 2004: 21). Drittens bietet das Internet interessierten und motivierten Privatpersonen zahlreiche kostenlose Informationen, Fort- und Ausbildungsmöglichkeiten sowie eine Vielfalt an nützlichen Funktionen, die teilweise besser als Bezahlangebote sind, wie z. B. Wikipedia oder Erklärfilme auf YouTube. Die Grenze zwischen privater und professioneller Medienproduktion verwischt durch die Web-2.0-Möglichkeiten des Internets. Professionelle und private Akteure versuchen durch multimediale E-Publishing-Beiträge Bekanntheit und Image oder mit einem Blog einen First-Mover Advantage aufzubauen, wie z. B. der E-Publishing-Experte Dr. Harald Henzler mit seinem Blog „www.smart-digits.com". In der Folge entwickelt sich eine Vielzahl von neuen Angeboten, Produkten, Dienstleistungen und Kommunikationsformen.

6.3.6 Immaterialität: Content als Produktkern

Der Produktkern von Medienprodukten lässt sich leicht aus der vollständigen Definition von Medien ableiten, die hier kurz dargestellt werden soll:

Medien sind technische, organisatorische und wirtschaftliche Einheiten, die im Rahmen der Massenkommunikation und standardisierten Individualkommunikation Inhalte produzieren und/oder vermarkten; diese lassen sich wie folgt differenziert betrachten:

- inhaltliche Unterscheidung: redaktionell, werblich, künstlerisch oder Mischformen davon,
- technische Unterscheidung: Trägermedien oder Übertragungsmedien
- organisatorische Unterscheidung: projektbestimmt, Dauerbetrieb oder Dauer betrieb mit projektgetriebener Veränderung,
- wirtschaftliche Unterscheidung: nach Teilmärkten (Zeitung, Zeitschrift, Buch, Games, Musik, Radio, TV, Kino, Web, Sportrechte, Mobil).[1]

Dass der Kern von Medienprodukten immaterielle, geistige Inhalte sind, ist unbestritten. Der Kern ist aber ohne Hülle, ohne äußere Form nicht verbreitbar, weil es dann nur ein geistiges Konzept oder eine Idee wäre. Texte, Romane, Hörfunk- und TV-Beiträge, Filme und Online-Games fangen mit Ideen an, die lediglich im Kopf des Autors verortet sind. Diese Basiseigenschaft erleichtert die Generierung, Bearbeitung und Verwertung von Inhalten. Die ökonomische Medien-Attraktion liegt mit darin, dass die Entstehungskosten der Idee und die Grenzkosten der Verbreitung gleich null sein und deshalb besonders hohe Deckungsbeiträge pro Stück erzielt werden können.

6.3.7 Qualitätsbewertung: Erfahrungs- und Vertrauensgüter

(vgl. Gläser 2010: 139 f., Wirtz 2011: 32 ff.)

Sofern Sachgüter und Dienstleistungen vor dem Verbrauch bewertet werden können, heißen sie Inspektionsgüter. Kann die Qualität erst dann geprüft werden, wenn das Produkt genutzt wird, ist es ein Erfahrungsgut. Je vielfältiger die Zusammenhänge sowie die Breite und Tiefe des Wissens für eine E-Publishing-Dienstleistung sind, zum Beispiel die einer New-York-Stadtführungs-App, desto stärker dominieren Vertrauensqualitäten. E-Publishing-Produkte, wie ein E-Book, ein E-Magazin oder eine Zeitungs-App, sind in der Regel Erfahrungsgüter – die Qualität lässt sich erst während oder nach der Nutzung beurteilen. Der Umstand, dass der neugierige Nutzer erst ein E-Publishing-Produkt testen bzw.

[1] Vgl. die verschiedenen Definitionen des Begriffs „Medien", in: Gaider, P.; Gläser, M.; Kegel, T.; Schellmann, B. (2002): Medien verstehen – gestalten – produzieren, 2. Aufl., 10 f., sowie die Definitionen von traditionellen und neuen Medien, in: Sjurts, I. (2011): Gabler Lexikon der Medienwirtschaft, 365 f. und 368.

lesen möchte, es aber nach der Nutzung nicht mehr braucht, wird Informationsparadoxon genannt. Basis für den Erfahrungs- bzw. Vertrauenscharakter von E-Publishing-Produkten sind die Informationsasymmetrien zwischen den Anbietern und den Konsumenten. So ist der App-Nutzer schlechter über die Qualität der Inhalte, der Usability, der Funktionen und der Updates informiert als der Produzent. Um die Informationsasymmetrie zu verringern, haben Nutzer, Konsumenten und Produzenten bestimmte Verfahren entwickelt, die unter den Begriffen Screening und Signaling Eingang in die Literatur gefunden haben (vgl. Sjurts 2010: 555, 562). **Screening** bezeichnet alle Aktivitäten, die Erfahrungsgüter in Inspektionsgüter verwandeln können, wie Vorabbewertungen durch Redaktionen, Trailer oder Ratings von Apps. Beim **Signaling** versucht die besser informierte Seite durch Markenbildung, prominente Anker-Präsentatoren, Moderatoren und Autoren sowie die Kommunikation von Qualitätsstandards, wie ausführliche Tests und Dokumentationen, die Informationsasymmetrie zu reduzieren. Beide Verfahren, Screening und Signaling, können helfen, Inspektionsgüter in Erfahrungsgüter zu verwandeln.

6.3.8 Zweckbestimmung: Hedonische Produkte

Der Geist des Entertainments bzw. seine zentralen Gefahren wurden schon von Neil Postman 1985 mit seinem weltweit aufsehenerregenden Buch *Amusing Ourselves to Death* in den Vordergrund seiner Betrachtung gestellt. In dem 974 Seiten umfassenden Standardwerk *Medienmanagement* von Martin Gläser spielt der Aspekt des Hedonismus in den Medien eine untergeordnete Rolle, denn er wird nur auf einer halben Seite thematisiert (vgl. Gläser 2010: 140). Gleichwohl erscheint es offensichtlich, dass der E-Publishing-Produktkonsum von emotionalen Impulsen und Einflüssen gesteuert wird. Lust oder Unlust (oder ist es manchmal schon Sucht?) entscheiden darüber, ob ein E-Publishing-Produkt getestet, gekauft, oder überhaupt genutzt wird. Da viele Anbieter wissen, dass einerseits der Verbraucher durch ein teilweises Lesen und Prüfen des Produktes zum Konsum verführt und andererseits die Seriosität des Anbieters gesteigert werden kann, wenn der Verbraucher nicht zu kaufen braucht, hat das sogenannte Freemium-Erlösmodell weite Verbreitung gefunden. Hierbei kann der Nutzer Teile eines E-Publishing-Produktes, eines Web-TV-Films oder einer App kostenlos nutzen, bevor er sich zum Kauf entscheiden muss. Neben Screening und Signaling kann auch das Freemium-Erlösmodell helfen, den Kaufinteressenten zum lustvollen Nutzen und schließlich zum Kaufen zu verführen.

6.3.9 Externe Effekte: Hohe politische und gesellschaftliche Bedeutung

In der ökonomischen Theorie bezeichnen externe Effekte materielle und immaterielle Kosten oder Erlöse, die in den Preisen von privaten Haushalten oder Unternehmen nicht integriert, aber in einer gesamtwirtschaftlichen und gesamtgesellschaftlichen Betrachtung relevant sind (vgl. Wirtz 2010: 141). Aus dieser Perspektive kann die rege öffentliche Diskussion auf stationären und mobilen Endgeräten als externer Effekt der Medienproduktion gesehen werden (vgl. Kiefer 2001:136). Oder deutlicher: Der Ruf nach mehr Demokratie in arabischen Ländern, wie z. B. Ägypten, Syrien oder der Türkei, wächst, obwohl dies dort mit dem Aufbau des Internets so nicht vorgesehen war. Die Demokratisierung ist dort ein externer Effekt der Digitalisierung. Massenmedien produzieren externe Effekte in unüberschaubarer Fülle und Komplexität (vgl. Heinrich 2001: 95). E-Publishing-Produkte verursachen zum Beispiel folgende externe Effekte:

- die Beeinflussung des Lern- und Freitzeitverhaltens durch die intensive Social-Media-Nutzung der Jugend,
- die Auswirkungen des massenhaften Konsums von Video- und Onlinespielen auf die Fähigkeit, Konflikte gewaltlos zu lösen und sozial differenziert zu agieren,
- die Auswirkungen der E-Publishing-Produktnutzung von Smartphones auf die Konzentrationsfähigkeit und Gedächtnisleistung.

Es ist hier nicht der Raum, die Auswirkungen solchen extensiven Mediennutzungsverhaltens zu untersuchen, dies obliegt einer eigenen Disziplin: der Psychologie. Zudem ist das ökonomische Theorem der externen Effekte nicht geeignet, praktische Handlungsanweisungen für die Konzeption und Umsetzung von E-Publishing-Produkten zu geben, und kann daher hier vernachlässigt werden.

6.3.10 Öffentliche Güter: Eingeschränkte Marktfähigkeit

Für Anbieter von E-Publishing-Produkten ist es relativ schwer, einen Marktpreis zu erzielen, da E-Publishing-Produkte aus zwei Gründen nur eingeschränkt zu vermarkten sind:

1. Digitale Texte, Grafiken, Filme verbrauchen sich weder bei Nutzung noch bei Download im Internet. Das erste Kriterium für ein öffentliches Gut, die Nicht-Rivalität im Konsum, ist also gegeben.
2. Auch bei ausgeklügelten Bezahlplattformen wie iTunes von Apple fällt es schwer, findige User davon auszuschließen, E-Publishing-Produkte kostenlos zu konsumieren. So können privat organisierte Tauschbörsen, die nicht immer legal sein müssen, für neueintretende User die Kosten für E-Publishing-Produkte und Film- sowie Musiktitel auf null reduzieren. Anbieter müssen einen besonderen kommunikativen, technischen und rechtlichen Aufwand betreiben, um Nutzer konsequent von E-Publishing-Produkten auszuschließen. In der Praxis wird vom Gesetzgeber, den öffentlich-rechtlichen Institutionen und privaten Unternehmen eine Reihe von Lösungen eingesetzt, um die Vermarktungsfähigkeit herzustellen. Im Wesentlichen sind dies (vgl. Gläser 2010: 143):

- ein breit kommuniziertes, strenges Urheberrecht mit Androhung hoher Strafen,
- technologische Schranken wie Registrierung, Codierung und Selbstzerstörung von Medienprodukten nach Ablauf der Nutzungszeit. Kollektive Zwangsfinanzierung, wie zum Beispiel die GEZ-Gebühren für die Internetauftritte der öffentlich-rechtlichen TV-Veranstalter, aber auch für die *Tagesschau*-App und
- Querfinanzierung von kostenlosen Angeboten durch Werbung.

Durch eine Kommunikationsoffensive der Medienindustrie in den Jahren 2009–2012 scheint es, dass die gezielte kostenlose Nutzung von E-Publishing-Produkten, insbesondere Musik- und Web-TV-Downloads, zurückgegangen ist. Insgesamt sind aber die ökonomischen Anreize für Trittbrettfahrer so hoch, dass diese Mentalität, dieses Verhalten nur schwer nachhaltig zu begrenzen ist.

6.3.11 Meritorische Güter: Korrekturbedürftigkeit der Marktergebnisse

Meritorische und demeritorische Produkte sind Güter und Dienstleistungen, die aus Sicht der politischen Entscheidungsträger zu schwach oder zu stark nachgefragt werden (vgl. Heinrich 2001: 101). Theorie und Politik versuchen gleichermaßen Eingriffe in die Konsumentensouveränität zu rechtfertigen, da erstens unvollständige oder asymmetrische Informationen vorlägen, zweitens die Konsumenten Auswirkungen ihres Handeln auf die Zukunft nicht richtig einschätzen könnten, drittens, wie häufig im Fall von hedonischen Gütern, zu emotional entschieden würde und viertens gar eine Willensschwäche des Konsumenten vorliegen könnte. Unbestritten scheint, dass im Fall der Demeritorik Dienstleistungen, die wenig kosten, deren Nutzen bekannt und bei denen die Leistung sofort verfügbar ist, zu viel konsumiert werden, wie zum Beispiel TV-Sendungen oder auch E-Publishing-Kommunikation auf öffentlichen Plattformen. Auf der anderen Seite kann als gesichert gelten, dass das Produkt Bildung aufgrund der erheblichen Anfangskosten und der ungewissen langfristigen Rendite für jeden Einzelnen zu wenig konsumiert wird. Zusammengefasst lässt sich feststellen, dass die Klassifikation von E-Publishing-Produkten in meritorische und demeritorische Güter eine Plattform für Werturteile schafft und sie begründet. Zugleich bietet die Theorie keine Lösung, ob, wann und in welchem Ausmaß Konsumentenpräferenzen korrigiert werden sollen.

6.3.12 Dienstleistungen

E-Publishing-Produkte sind in Kombination mit einem Träger, z. B. Zeitung, Buch oder auch iPad, ein Sachgut und in dem Moment, in dem es live produziert wird, also Produktion und Nutzung zusammenfallen, eine Dienstleistung. Von veredelten Dienstleistungen wird dann gesprochen, wenn dieses Live-Ereignis langfristig auf einem Trägermedium gespeichert wird (vgl. Wirtz 2011: 34). Für eine Festlegung auf die Definition von E-Publishing-Produkten als veredelte Dienstleistung spricht, dass für den Nutzer die Qualität des Erlebnisses, die Qualität des hedonischen Gutes, der informative und unterhaltungsspezifische Mehrwert im Moment des Gebrauchs zählt. Dazu gehören E-Books, Enhanced E-Books, Web-TV-Clips und Apps, die nur im Streamingverfahren oder per Download über einen Server zu beziehen sind. E-Publishing-Produkte sind also veredelte Dienstleistungen, die teilweise Sachgut- und teilweise Dienstleistungscharakter aufweisen (vgl. Wirtz 2011: 31).

6.3.13 Duale Güter: Verbund von Rezipienten- und Werbemarkt

Klassische Anbieter von E-Publishing-Produkten agieren üblicherweise auf Rezipienten- und Werbemärkten, das heißt, sie versuchen, ihr E-Publishing-Produkt sowohl durch Einzelverkäufe als auch durch Abonnementverkäufe und Werbeerlöse zu refinanzieren. Je besser die publizistische Qualität, je profilierter die Medienmarke, desto größer die verkaufte und verbreitete Auflage und die damit verbundenen Werbeerlöse. Zunehmend wichtiger werden im E-Publishing das Generieren von personenbezogenen Daten und die sogenannte Leadgenerierung, die Verkaufsanbahnung mit Hilfe von Content. Aus dieser Perspektive kann der amerikanische Konzern Facebook als Plattform zur Generierung von personenbezogenen Daten interpretiert werden. Ob und in welcher Form diese Daten personifiziert, anonymisiert oder nur aggregiert an die werbetreibende Industrie, an einzelne Staaten weiterverkauft oder die Daten in Tauschgeschäften gehandelt werden, erscheint unklar.

6.3.14 Differenzierte Marktbearbeitung: Personalisierung

Die Digitalisierung der Medien bringt eine Fülle von technischen Möglichkeiten mit sich, von denen die konsequente Personalisierung von Inhalten die attraktivste und revolutionärste ist (vgl. Gläser 2010: 150). Im Kampf um die Vorherrschaft im Internet überbieten sich die amerikanischen Medienkonzerne Apple, Google, Amazon und Facebook, um den Nutzern eine individuelle Ansprache, innovative Inhalte, Produkte, Services und Lösungen zu bieten.[2] Im Bereich E-Commerce ist Amazon der Protagonist für Mass Customization, das heißt die massenhafte Individualisierung, die die zielgerichtete Kundenansprache, die Effektivität der Werbung maximiert, die Streuverluste minimiert und so zu effizienter Kontaktqualität führt (vgl. Schoder 2009: 7). Die ursprünglich für die Industrie entwickelte Strategie der Mass Customization (Homburg/Krohmer 2006: 518) wird immer konsequenter auf die Medienproduktion angewendet, so dass personifizierte Zeitungen,

[2] Vgl. die Titelgeschichte im Magazin *Der Spiegel*: „Web-Kampf um die Zukunft – Wer beherrscht das Internet" 2011.

Zeitschriften und Fernsehkanäle immer wahrscheinlicher werden bzw. schon Realität sind. Diese Individualisierungsstrategie lässt sich auf folgende Teilmärkte anwenden:

- C2C-Kommunikation, soziale Plattformen
- Schul- und Hochschulausbildung
- Fachinformationen
- Personifizierte Location-based Service- und Transportdienste
- Individualisierte Online-Games
- Individualisierte zeit-, orts- und nutzungsabhängige Werbung

Fazit: Je individueller sich Inhalte und Dienstleistungen an den Informations-, Unterhaltungs-, Bildungs- und Erlebniserwartungen orientieren, desto schneller und erfolgreicher werden individuelle Content-Produkte regieren.

6.3.15 Nutzerinteraktion: Attraktivität der Netzwerke

Netzwerkeffekte bezeichnen die positiven Beziehungen zwischen dem Produktnutzen für einen User und der Anzahl der Nutzer auf einer Internetplattform (vgl. für die folgenden Ausführungen Wirtz 2011: 665 und Gläser 2010: 150 f.). Es werden **direkte** und **indirekte Netzwerkeffekte** unterschieden. So steigt der Wert eines sozialen Netzwerkes in dem Maße an, wie die Beteiligung von eigenen Bekannten und Freunden und potentiellen Bekannten, Freunden und Geschäftspartnern an diesem Netzwerk zunimmt. So gelang es dem amerikanischen Konzern Facebook in den Jahren 2009–2011, eine so große kritische Masse in der Zielgruppe Studierende aufzubauen, dass die ehemals marktführende studentische Kommunikationsplattform studiVZ des Holtzbrinck Verlages bereits im Jahr 2012 in Deutschland völlig bedeutungslos war. Die Netzwerkeffekte auf Facebook werden von den Studierenden als so attraktiv eingeschätzt, dass sie ihre gesamte Interaktion auf dieses Portal verlagern. **Indirekte Netzwerkeffekte** entstehen durch die kombinierte Nutzung von Medienprodukten mit einem technischen System. So ist die Anwendung von sogenannten Apps im Jahr 2007 nur dann möglich gewesen, wenn der Nutzer über ein iPhone des gleichen Herstellers verfügte. Die hohe App-Nachfrage führte zu einer weiteren Nachfrage nach Endgeräten und auf der analytischen Ebene zu verstärkten indirekten Netzwerkeffekten. Je mehr der Nutzer in diese Miniprogramme mit unterschiedlichen Inhalten, Dienstleistungen und Erlebniswelten investiert, desto schwerer ist es für ihn, ein Smartphone eines alternativen Anbieters zu kaufen, da die Investitionen in die Apple-Apps verloren wären. In diesem Falle spricht man von einem sogenannten Lock-in-Effekt, da der Wechsel dieses Systemproduktes auf ein anderes alternatives System mit sehr hohen Kosten verbunden wäre. Netzwerkeffekte können als eine besondere Form von externen Effekten angesehen werden und nach Erreichen einer kritische Masse die Bildung von Quasi-Monopolen, wie sie zum Beispiel Google oder Facebook in Deutschland einnehmen, fördern. Die damit einhergehenden Vorteile für das Unternehmen führen zu strukturellen Markteintrittsschranken für andere Anbieter, da die Anfangsinvestition für vergleichbare Hardware- und Software-Plattformen wie Facebook und Google für deutsche Verlage nicht finanzierbar sind und damit der Wettbewerbsvorsprung der amerikanischen Konzerne uneinholbar ist.

6.3.16 Intuitive, effiziente Benutzerführung

Spätestens seit dem über 800 Seiten starken Buch von Mario Fischer *Website-Boosting 2.0* ist das Thema Usability zu einer eigenen angewandten Wissenschaft avanciert. Über 200 Seiten schreibt Fischer zum Thema „Usability – Besucherströme steuern“ und fasst das Kapitel in der „Checkliste zur Usability“ (Fischer 2009: 758 ff.) zusammen. Unter Usability wird in der einfachen Übersetzung Benutzbarkeit, Benutzerfreundlichkeit verstanden. Usability kann wissenschaftlich wie folgt definiert werden: Usability ist ein internetspezifisches Marketingkonzept, das Technik, Design und Text einsetzt, um Besucherströme effizient zu steuern. Ziel des Usability-Konzeptes ist es, digitale Angebote so aufzubereiten, dass Nutzer schnell das erhalten, was sie erwarten, wünschen und wollen. Dieses Konzept und damit einhergehende Gestaltungsrichtlinien lassen sich 1:1 auf E-Publishing-Produkte übertragen, die in ihrer reifesten Form einer Internetseite gleichkommen. Entscheidend für den Erfolg des Usability-Konzepts ist, dass man durch E-Publishing-Produkte intuitiv navigieren kann.

6.4 Strategische Schlussfolgerungen

Insa Sjurts leitet in ihrem 521 Seiten starken Buch *Strategien in der Medienbranche* (Sjurts 2005: 13) drei zentrale Strategien direkt aus den Produktmerkmalen von Medienunternehmen ab:

1. Vorrang des Werbemarktes
2. Massenmarkt statt Nische: Der Trend zur Mitte
3. Die Tendenz zu Qualitätsreduktion und Kostenwettbewerb im Rezipientenmarkt
   Diese drei Strategien werden um folgende drei erweitert:
4. Innovation
5. Personalisierung
6. Money-for-Value-Exklusivität
   und im Folgenden erläutert.

6.4.1 Vorrang des Werbemarktes

Sjurts fasst die ökonomischen Merkmale von Medienprodukten im Rezipientenmarkt und im Werbemarkt zusammen (Sjurts 2011: 388).

Tab. 6.1 Ökonomische Merkmale von Medienprodukten im Rezipienten- und Werbemarkt. (Quelle: Eigene Darstellung)

	Rezipientenmarkt	Werbemarkt
Marktfähigkeit	Stark eingeschränkt	Vollkommen
Qualitätsbewertung	Erfahrungs- oder Vertrauensgüter	Inspektionsgüter
Zeitelastizität	Verbrauchs- oder Gebrauchsgut	Verbrauchsgut
Materialität	Materieller Verbrauch	Materieller Verbrauch
Kostenstruktur	Hoher Fixkostenanteil	Geringer Fixkostenanteil

Aus Tab. 6.1 geht hervor, dass Medienprodukte am Rezipientenmarkt nur teilweise vermarktet werden können, insbesondere aufgrund des Charakters der Medienprodukte als öffentlichem Gut. Werbeleistungen hingegen im Werbemarkt sind vollkommen marktfähig, auch weil sich die Werbeleistung im Vorhinein bewerten lässt und der Verbrauch, z. B. in Form einer 1/1 Seite in einer Zeitschrift, eines definierten TV-Timeslots, eines Werbespots oder als Werbeeinblendung in einem Enhanced E-Book, genau bewerten lässt. Es sind diese spezifischen Merkmale von Medienprodukten, die die Strategien von Google und Facebook maßgeblich mit beeinflusst haben. Diese bauen mit attraktiven Such- und Kommunikationsangeboten weltweit eine quasi monopolistische Reichweite in ihrem Marktsegment auf und vermarkten die Zielgruppen an die werbetreibende Industrie. Der Erfolg dieser reichweitenstärksten E-Publishing-Unternehmen der Welt beweist, wie erfolgreich eine primär reine Werbestrategie für diese Art von Unternehmen sein kann.

6.4.2 Massenmarkt statt Nische: Der Trend zur Mitte

Die ökonomischen Merkmale von E-Publishing-Produkten, hohe First Copy Costs und starke Kostendegression aufgrund der Skaleneffekte, belohnen eine auflagenstarke Produktion, die eine möglichst große Zielgruppe anspricht, wie z. B. das der *Bild*-App. Das gilt insbesondere für E-Publishing-Produkte, bei denen die Kosten für Druck entfallen und die Grenzkosten im Vertrieb nahe null sind. Die Strategie Massenmarkt statt Nische macht Sinn bei einer breiten oder klar definierten engen soziodemografischen Zielgruppen-Adressierung, z. B. alle deutschsprachigen Weltbürger ab 6 Jahre für jugendfreie Apps. Immer gilt es, die Zielgruppe möglichst breit und homogen zu definieren, um sie alle mit einem Produkt zu bedienen. Das Ziel der Reichweitenmaximierung dominiert so die Angebotsqualität in dieser Strategie.

6.4.3 Die Tendenz zur Qualitätsreduktion und Kostenwettbewerb im Rezipientenmarkt

Zwei ökonomische Rahmenparameter führen dazu, dass Medienunternehmen tendenziell auf eine Strategie der Qualitätsverschlechterung setzen könnten. Erstens sind, wie ausgeführt, E-Publishing-Produkte Erfahrungs- und Vertrauensgüter und zweitens führt die daraus resultierende Informationsasymmetrie dazu, die Zahlungsbereitschaft beim Rezipienten zu begrenzen und gleichzeitig den Anbieter zu Qualitätsreduktionen zu motivieren. Zusätzlich wurden Medienprodukte jahrzehntelang, da werbefinanziert, als Niedrigpreisprodukte wahrgenommen, insbesondere im Bereich privates TV. In der Folge entwickelte sich ein kontinuierlicher Qualitätsreduktionsprozess, ein sogenannter Ackerlof-Prozess (vgl. Sjurts 2005: 15). Langfristig positive Einstellungen gegenüber etablierten Marken, Convenience und Gewohnheit führen dazu, dass auch dann Medienprodukte nicht gekündigt werden, wenn ein vorher untragbares Qualitätsniveau unterschritten wird. Eine Strategie der Qualitätsverschlechterung ist also keine Böswilligkeit, sondern ein ökonomisch angemessenes Verhalten unter diesen Rahmenparametern. Diese Strategie beruht letztlich auf einer Annahme des „dummen Konsumenten" und ist bei kompetenten Usern, insbesondere von Fachinformationen und Büchern nicht zu empfehlen.

6.4.4 Innovation

Nach Hauschildt (2010: 4) können E-Publishing-Innovationen als neuartige Inhalte, Dienstleistungen, Benutzerführungen, mediale Formen und Funktionen definiert werden, die den Nutzern einen spürbaren Mehrwert im Vergleich zur Ursprungssituation bieten. Auch kleinere Innovationen wie neue Navigationen oder Foto-Essays können z. B. in E-Publishing-Produkten einen spürbaren Mehrwert generieren und den Charakter der originären Einmaligkeit, die Unique Selling Proposition, verbessern. Dies kann in jungen Märkten dazu beitragen, dass der innovativste Anbieter von den Economies of Scale, den direkten Netzwerkeffekten und dem First Mover Advantage derartig profitiert, dass er am schnellsten die kritische Masse erreicht. „Am Anfang des Innovationsmanagements steht das Innovationsbewusstsein" (Hauschildt/Salomo 2010: 23). Entscheidend für die Bildung eines Innovationsbewusstseins ist es, eine Idee daraufhin zu prüfen, ob sie tatsächlich neuartig und ohne Vorläufer ist. Eine thesenartige Innovationsidee kann helfen, das Innovationsmanagement zu initiieren bzw. ein gutes Projektmanagement aufzusetzen, die Kundenbedürfnisse fortlaufend zu analysieren und die Innovation daran anzupassen.

6.4.5 Personalisierung

Ideell ist es einfach, die Vorteile einer persönlichen, positiven Kundenbeziehung auf die E-Publishing-Produkt-Beziehung zu übertragen. Das kann theoretisch bei Geschäftsmodellen, Produkten, Dienstleistungen oder Funktionen eine gewinnbringende, strategische Option sein. Technisch ist es vielfach sehr anspruchsvoll und ressourcenintensiv, alle vorhandenen Kundeninformationen, die jemals an einem Touch Point hinterlassen wurden, im Rahmen einer 360-Grad-Strategie zu ordnen, zu klassifizieren und sie in eine systematische individuelle Ansprache und ein langfristiges Kundenbeziehungsmanagement zu transformieren. Andererseits kann es der rentabelste Weg sein, denn: Jeder kauft gerne dort, wo seine Wünsche, Erwartungen und Bedürfnisse gekannt und erfüllt werden. Herausforderung für den Anbieter ist es, diese Datenmengen („Big Data") so auszuwerten, dass für den Kunden ein Mehrwert entsteht.

6.4.6 Money-for-Value-Exklusivität

Kurzum dieses Produkt ist sehr gut, knapp und hat den Charme des Exklusiven. Vielleicht ist es Luxus pur, z. B. eine „Butler-App" zum Managen des Hauspersonals oder nur eine „Raum-Sound"-App, die beim Raumwechsel neue Musik auflegt. Teilweise liegt eine künstliche Verknappung vor, um dieses Gut im Auge des Betrachters attraktiver erscheinen zu lassen. Das nennt Rolf Dobelli in Die *Kunst des klaren Denkens* den „Knappheitsirrtum" (Dobelli 2010: 113 f). Diese vermeintlich oder tatsächlich knappen Güter können mit einer systematischen Markenstrategie veredelt werden, so dass die rationale Produkteinschätzung von Emotionen und normativen Überlegungen überlagert wird. Diese Strategie ist in der extrem wettbewerbsintensiven und innovativen E-Publishing-Welt schwierig durchzusetzen, denn es wird in der digitalen Welt fast immer Anbieter geben, die ihre Leistungen mit mehr Innovation und konsequenterer Personalisierung ausstatten als eine Premiummarke. Eine „Butler-App" kann auch dann publiziert werden, wenn der Programmierer weder eine Butler-Agentur hat noch selber reich oder gar ein Butler ist. Der Urheber könnte lediglich darauf setzen, dass sich viele einen Butler wünschen. Das fiktive Beispiel „Butler-App" zeigt, dass in der E-Publishing-Welt für den großen Erfolg beides stimmen muss: Das Preis-Leistungs-Verhältnis und das Markenversprechen.

6.5 Fazit

Die Medienökonomie ist weniger eine Wissenschaft als eine darstellende Kunst (vgl. Postman 1984: 13). Dies galt vielleicht noch für die TV-geprägten USA in den achtziger Jahren. Der Erfolg von E-Publishing-Produkten wird ganz entscheidend von Management, Wissenschaft, ökonomischen Gesetzen, Kreativität und Kommunikationsqualität bestimmt. Die Analyse der Produktspezifika bringt alle Aspekte zusammen.

Für den großen Erfolg eines E-Publishing-Produktes ist die Ideenfindung, die vorausschauende, integrierte Planung, die Umsetzung mit permanenten Verbesserungsschleifen und der effiziente Betrieb als Grundlage entscheidend (Projektmanagement). Kundenbedürfnisse und Innovationsmöglichkeiten müssen laufend systematisch erforscht werden (Wissenschaft). Das E-Publishing-Produkt sollte die All-in-One-Potentiale ausloten, Kostenersparnisse durch Massenproduktion realisieren, Netzwerkeffekte anstreben sowie die Produkte konsequent personalisieren (Ökonomie). Das Projektteam achtet sorgfältig darauf, wie die Einzigartigkeit der Idee und des Konzepts in eine aufmerksamkeitsstarke

Marke verwandelt werden kann (Kreativität, Markenmechanik). Sprache, Ton und Bilder führen den Nutzer charmant und effektiv durch sein Produkt (Kommunikationsqualität).

6.6 Vertiefung

- Was sind Produkte, Medienprodukte, E-Publishing-Produkte?
- Was sind zentrale Funktionen von E-Publishing-Produkten?
- Was sind wirtschaftliche Eigenschaften von E-Publishing-Produkten?
- Welche strategischen Wirkungen können aus den Produktspezifika abgeleitet werden?
- Warum ist der Zwang zur Einmaligkeit bei nationalen und internationalen E-Publishing-Produkten besonders groß?

Literaturempfehlung

Feldman, V./Zerdick, A. (Hrsg.) (2004): E-Media – Kommunikation und Medienwirtschaft der Zukunft, Berlin, Heidelberg, 2004

Gläser, M. (2010): Medienmanagement, 2. Auflage, München, 2010

Wirtz, B. W. (2013): Medien- und Internetmanagement, 8. Auflage, Wiesbaden, 2013

Quellen

Dobelli, R. (2010): Die Kunst des klaren Denkens, München 2010

Feldmann, V./Zerdick, A. (2004): E-Merging Media: Die Zukunft der Kommunikation, in: **Zerdick, A.** (Hrsg.) (2004): E-Media – Kommunikation und Medienwirtschaft der Zukunft, Berlin, Heidelberg, 2004

Fischer, M. (2009): Website-Boosting 2.0, 2., aktual. und erw. Auflage, Heidelberg, 2009

Gaider, P./Gläser, M./Kegel, T./Schellmann, B. (2002): Medien verstehen – gestalten – produzieren, 2. Auflage, Verlag, Ort, 2002

Hauschildt, J./Salomo, S. (2010): Innovationsmanagement, 5. Auflage, Vahlen, München, 2010

Heinrich, J. (2001): Medienökonomie, Band 1: Mediensystem, Zeitung, Zeitschrift, Anzeigenblatt, 2. überarbeitete und aktualisierte Auflage, Wiesbaden, 2001

Homburg C./Krohmer, H. (2006): Marketingmanagement, 2. Auflage, Wiesbaden, 2006

Kiefer, M. L. (2001): Einführung in eine ökonomische Theorie der Medien, München/Wien, 2001

Meffert, H./Burmann, C./Kirchgeorg, M. (2008): Marketing, 10., vollständig überarbeitete und erweiterte Auflage, Wiesbaden, 2008

o.V. (2011): Web-Kampf um die Zukunft – Wer beherrscht das Internet, in: Der Spiegel Nr. 49/2011 -05.12.11, Hamburg, 2011

o.V. (2012): Können wir nicht mehr in Ruhe Fernsehen, Frau Schneider, Interview mit der Medienwissenschaftlerin Beate Schneider in: Der Spiegel 49/2012, Hamburg, 2012

Postman, N. (1985): Wir amüsieren uns zu Tode. Urteilsbildung im Zeitalter der Unterhaltungsindustrie, New York, Frankfurt am Main, 1985

Schoder, D. (2009): Die Individualisierung der Medien Herausforderung und Chancen, Vortrag am 15. Januar 2009, anlässlich des zwanzigjährigen Bestehend des Instituts zur Rundfunkökonomie, 2009

Sjurts, I. (2005): Strategien in der Medienbranche - Grundlagen und Fallbeispiele, 3. überarbeitete und erweiterte Auflage, Gabler, Wiesbaden, 2005

Sjurts, I. (Hrsg) (2011): Lexikon der Medienwirtschaft, 2. aktualisierte und erweiterte Auflage, Wiesbaden 2011

Wikipedia: http://de.wikipedia.org/wiki/Elektronisches_Publizieren, Abruf 02.12.2012

User-Experience-Management 7

Thilo Büsching

7.1 Einleitung und Definition

Alle internetnahen Dienstleistungen, also auch das E-Publishing, lassen sich auf Basis eines Phänomens beurteilen: User Experience, im Folgenden UX abgekürzt. Die deutschen Übersetzungen mit Nutzererlebnis oder Nutzererfahrung treffen den Kern nicht ganz. UX im Sinne von „Was erfährt der Nutzer?" kann im Englischen je nach Situation „wahrnehmen", „mitmachen", „experimentieren", „erleben", „durchmachen" oder „erfahren" bedeuten. E-Books, Web-TV und Apps lösen so vielschichtige Gefühle aus, dass sie mit diesen Übersetzungen nicht treffend genug beschrieben werden können. UX hat seine Wurzeln im Konzept UX-Design. Vinay Mohanty beschreibt in seiner 101-seitigen Präsentation, die er kostenlos auf www.slideshare.com eingestellt hat, wie sich die Designperspektive in den letzten 15 Jahren von Produktdesign über Prozessdesign zu UX-Design gewandelt hat (Mohanty 2007: 1–59). Durch die innovative Softwareentwicklung wurde aus dem ursprünglich hypertextbasierten Web eine ferngesteuerte Software-Schnittstelle mit vielfachen Funktionen und Möglichkeiten, die schließlich alle Medien auf einer Plattform vereint. „Visual Design" transformiert die „Userneeds" mit Hilfe von „Interaction Design" und „Information Architecture" in UX. UX bezeichnet das ganzheitliche Erleben der Mensch-Maschine-Interaktion.

Für die Mensch-Maschine-Interaktion gibt es eine Norm der internationalen Normungsorganisation ISO, die DIN EN ISO 9241. Dies ist ein internationaler Standard, der die Richtlinien für die Mensch-Computer-Interaktion seit 2006 neu beschreibt (Wikipedia 2013a). Die „EN 9241-110" definiert die Grundsätze der Dialoggestaltung aus technischer Sicht. Sie nennt sieben relevante Dialogkriterien, die für den Benutzer notwendig sind, um eine bestimmte Arbeitsaufgabe in einem interaktiven System zu erledigen. Diese sind „Aufgabenangemessenheit", „Selbstbeschreibungsfähigkeit", „Steuerbarkeit", „Erwartungskonformität", „Fehlertoleranz", „Individualisierbarkeit" und „Lernförderlichkeit". Zentrale Elemente einer innovativen UX-Definition, die hier vorgestellt und erklärt werden sollen, wie Visualisierung, Kundenbeziehung, Marke und persönliches Erlebnis, feh-

T. Büsching, G. Goderbauer-Marchner, *E-Publishing-Management*,
DOI 10.1007/978-3-658-04110-6_7,

len. Im Folgenden wird auf der Basis der Markendefinition von Burmann/Meffert/Koers (2005: 3) und in Abgrenzung zu Brand-Sassen (2010) User Experience wie folgt definiert:

► **User Experience (UX)** User Experience ist ein ganzheitlicher Prozess innerhalb digitaler Medienprodukte, der dem User emotionale, rationale und normative Nutzenbündel bietet. Diese bestimmten Eigenschaften erfüllen Bedürfnisse der User. Der ganzheitlich gestaltete UX-Prozess über jeden einzelnen analogen und digitalen Touchpoint kann das entscheidende Differenzierungsmerkmal einer Marke im Wettbewerb sein.

Allein diese UX-Definition kann ein wirkungsmächtiges Analyse- und Gestaltungswerkzeug sein, wenn das emotionale, rationale und das normative Nutzenbündel bei der Konzeption, der Umsetzung und im Betrieb von E-Publishing-Dienstleistungen bedacht wird. Im Folgenden werden die einzelnen Aspekte der Definition weiter erläutert.

Emotionale Nutzenbündel Positive Emotionen werden schon durch freudvolle Erwartungen – heute Abend kommt mein neues E-Magazin – ausgelöst. Schon dadurch entsteht eine Begehrlichkeit, die im ersten Schritt durch eine attraktive visuelle Gestaltung und durch einen fortdauernden „Joy-of-Use" eingelöst werden könnte. Oberste UX-Zielsetzung ist die emotionale Kundenzufriedenheit, der Erlebnisspaß, die Begeisterung in jeder einzelnen Nutzungsphase, in jeder Nutzungssekunde. Apps und Online-Games sind deshalb so beliebt, weil sie genau das bieten! Unter diesem Erwartungsdruck erhält die Forderung „Der Kunde ist König" eine neue Bedeutung: „Der Nutzer ist König".

Rationale Nutzenbündel Die rationale UX ist dann optimal, wenn folgende quantifizierbare Phänomene bestmöglich gelöst sind.

1. Wie schnell wird ein Angebot gefunden? Großartige E-Books, die kostenlos sind, aber erst nach einer Suchzeit von Minuten gefunden werden, können den UX-Prozess derart trüben, dass das negative Grundgefühl auf die Bewertung des Produktes durchschlägt.
2. Wie viel Zeit brauche ich in einem E-Publishing-Produkt, um alle kaufrelevanten Informationen zu sammeln? Wie viel Sucharbeit müssen die Augen leisten, wie viel muss ich suchen, scrollen und klicken? Diese Usability wird Millisekunde für Millisekunde gemessen, ausgewertet und die marktführenden Internetsites werden zunehmend danach gestaltet. Diesen Service müssen auch E-Publishing-Produkte bieten.
3. Wenn der Nutzer das richtige Angebot identifiziert hat, wie lange ist dann die Ladezeit? Auch im 3. Jahrtausend gibt es immer noch minutenlange Ladezeiten, da das Produkt nicht komprimiert ist und/oder die Bandbreite nicht gebucht oder trotz Bezahlung nicht zur Verfügung gestellt wird.
4. Wie nützlich ist tatsächlich das Angebot auf meine Suchanfrage? Wenn man ein E-Book oder ein E-Magazine zu dem Thema „Besser Leben mit einheimischen Kräutern" sucht, möchte man nichts über Kakteen auf Mallorca oder Blaubeeren in der Rhön lesen – außer man ist gerade dort und hat das angegeben.
5. Schließlich ist das Preis-Leistungs-Verhältnis für ein Produkt oder eine Dienstleistung ein wichtiges Entscheidungs- und Qualitätskriterium.

Normative Nutzenbündel Je nach Anspruch des Nutzers, Lesers und Käufers können die implizit und explizit vermittelten Werte, Normen und die Philosophie des Anbieters entscheidend sein, wie der Nutzer über das Angebot fühlt und denkt. Je konservativer und journalistischer ein E-Publishing-Produkt ist, desto mehr erwartet man Glaubwürdigkeit, Datenschutz und Vertrauen, und je jünger und spielfreudiger man ist, desto mehr erwartet man innovative Funktionen, Phantasie und Spielspaß. Dieser Wertekanon kann durch eine besondere visuelle Gestaltung positive Emotionen auslösen. Die Gestaltungsrichtlinien beeinflussen wiederum die Informationsarchitektur, die über die Benutzerführung, die Blick-, Scroll- und Klickarbeit messbar wird. So gesehen beeinflusst das normative Nutzenbündel in der Kundenbeziehung die UX.

In der Praxis werden auf der Basis dieser Art von Definitionen Messinstrumente entwickelt, die z. B. einen Internetshop analysieren, Maßnahmen entwickeln und prüfen, ob diese Maßnahmen die UX positiv oder negativ beeinflussen (vgl. Brand-Sassen 2010).

Die Ergebnisse dieser Messungen können den Kern von E-Publishing-Produkten bzw. ihr Ökosystem auf vier Ebenen verändern.

1. Durch die systematische Erfassung aller Nutzungs-, Lese- und Spielbewegungen können die Produkte und Dienstleistungen noch zielgruppenspezifischer und personifizierter an die Bedürfnisse und Wünsche der Kunden angepasst werden.
2. Dies steigert den Nutzen, eröffnet mehr Möglichkeiten und erhöht gegebenenfalls die Nutzungsdauer und somit auch die Zahlungsbereitschaft. Was länger gebraucht wird und was eine bessere User Experience bietet, muss auch mehr wert sein.
3. Mit einem kundengenauen und sekundengenauen User Tracking können die Unternehmen – legitimiert oder nicht autorisiert – immer mehr Daten über die Einstellung, das Verhalten und die Wünsche der User erheben und somit in Kooperation mit anderen Werbepartnern offensichtliche oder versteckte Werbeangebote platzieren. Noch sind E-Books, Web-TV und Apps geschlossene, gekapselte technische Lösungen, die auch ohne Internetverbindung funktionieren und somit ein Realtime-Monitoring unmöglich machen.
4. Am innovativsten kann durch das User Tracking eine systematische Entwicklung von E-Magazines, E-Books, Web-TV und Apps erfolgen, die z. B. tief in die geplante Handlung eines neuen Romans oder in die thematische Aufbereitung einer neuen Nachrichtengeschichte eingreifen kann. Der Autor wird somit mehr denn je zum Moderator und Transformator von Nutzerimpulsen, Nutzermeinungen und Nutzerpositionen. Die differenzierten Ausführungen zu UX-Funktionen verdeutlichen, dass mindestens sieben wissenschaftliche Disziplinen, nämlich Philosophie, Gestaltung, Psychologie, Journalistik, Informatik, Betriebswirtschaft und Projektmanagement daran beteiligt sind, ein wissenschaftliches UX-Messsystem zu erstellen. Zudem erscheint es schwierig, jedoch nicht unmöglich, ein UX-Messsystem für unterschiedliche Produktkonzepte entwickeln zu können. So setzen z. B. Produzenten von Top-Model-Magazinen für die Zielgruppe der 8-bis 14-jährigen Mädchen auf einen Assoziationsteppich, der zum schnellen Klicken anregt, im redaktionellen wie im werblichen Teil. Der emotionale Teil des UX-Prozesses dominiert. Aber auch für einen Maschinenbauproduzenten könnte es sinnvoll sein, interessierte Ingenieure in einer App zum Lesen von Produktblättern und Whitepapern zu animieren. Vor diesem Hintergrund

werden im nachfolgenden Abschn. 7.2 „Die User-Experience-Erfolgsfaktoren" mit Hilfe von fünf Beispielen erläutert.

7.2 Die User-Experience-Erfolgsfaktoren

Auf Basis der markenorientierten UX-Definition und der Erkenntnis, dass ein UX-Analysesystem praxisnah sein muss, um im operativen Management ernst genommen zu werden, wird im Folgenden ein UX-Erfolgsfaktoren-System vorgestellt, das die einzelnen Erfolgsfaktoren auf die spezifischen E-Publishing-Mediengattungen, nämlich E-Book, Web-TV, Info-App, Content-App und Social Media bezieht.

Das folgende Modell „UX-Erfolgsfaktoren" soll E-Publishing-Produzenten und E-Publishing-Nutzer gleichermaßen ansprechen. Die einzelnen E-Publishing-Gattungen werden so vorgestellt, dass die digitale Offenheit sukzessive zunimmt. Die Analysekategorien folgen dem (Projekt-)Management-Prozess: Strategie, Planung, Umsetzung, Betrieb, Lösung und Marketing. Die ökonomische Relevanz nimmt mit absteigender Folge zu. Fallen für die reine Strategieentwicklung noch geringfügige Kosten an, werden die Investitionen mit der Grob-, Fein- und Feinst-Planung immer umfangreicher, bis das entwickelte Konzept in Punkt 8, in der Technik, umgesetzt wird. Im Betrieb sollen sich die Investitionen amortisieren bzw. ein angemessener Gewinn erwirtschaftet werden. Die möglichst repräsentativen Beispiele wurden nach den Kriterien Bekanntheit, Aktualität, Relevanz und Wirkung ausgesucht.

Das UX-Erfolgsfaktoren-Modell soll einfach verstanden werden und einfach zu benutzen sein. Deshalb wurde jeweils nur ein Erfolgsfaktor einem E-Publishing-Format und einer E-Publishing-Dimension zugeordnet. Die gestrichelten Linien innerhalb des Modells deuten an, dass sich der einzelne Erfolgsfaktor auch auf andere Dimensionen und Produkte beziehen kann. So ist es trotz aller sorgfältigen Zuordnung schwierig, die Faktoren „Überblick", „Gestaltung", „Interaktion", „Benutzerführung" und „Personalisierung" trennscharf zuzuordnen. Das Modell ist anspruchsvoll und soll drei verschiedene Sichtweisen – die systemische, die spezifische und die fokussierte – auf das UX-Phänomen schulen und dies gleichzeitig mit der interaktiven Dimension verknüpfen.

Die *systemische* Perspektive soll Produzenten und Konsumenten gleichermaßen verdeutlichen, wie vielschichtig UX analysiert und gestaltet werden kann. Deshalb wurde besonders viel Wert darauf gelegt, bei den 6 × 6-Erfolgsfaktoren keine Redundanzen zu benutzen und das Begriffssystem möglichst trennscharf zu bestimmen.

Die *spezifische* Perspektive erlaubt es, eine Handlungsdimension zu betrachten und je nach Stärken-Schwächen-Analyse eine Dimension, wie z. B. Strategie und Ziele, Design oder Content, gezielt zu verbessern.

Schließlich ermöglicht es die *fokussierte* Perspektive zu belegen, inwieweit ein einzelner Erfolgsfaktor, wie z. B. Intuition bzw. intuitive Bedienbarkeit, den E-Publishing-Produkt-Erfolg beeinflussen kann bzw. wie diese Faktoren miteinander zusammenhängen.

Kurzum soll das Modell

a. die Komplexität, die Vielfalt und die Differenzierung von UX-Erfolgsfaktoren veranschaulichen und
b. es erlauben, konkrete Handlungsempfehlungen für spezifische E-Publishing-Produkte abzuleiten.

Bevor zu diskutieren sein wird, ob und wie das für jedes einzelne E-Publishing-Produkt möglich ist, sollen die Beispiele kurz „In Order of Experience" vorgestellt werden.

Inferno von Dan Brown Dan Brown ist der erfolgreichste Romanautor des 3. Jahrtausends mit über 200 Mio. verkauften Büchern. Am 14. Mai 2013 kam sein neues Werk *Inferno* zeitgleich als klassisches Buch und als E-Book auf den Markt. Brown ist einer der Autoren, die im E-Book-Bereich mit am erfolgreichsten sind: So lässt er seinen Star-Detektiv und Harvard-Professor Robert Langdon in seinem Buch zu der Einsicht kommen: „E-Books haben definitiv Vorteile" (Plathaus 2013). Erfolgte diese E-Book-Promotion in weiser strategischer Voraussicht oder weil er beim Verkauf von E-Books mehr Tantiemen erhält? Wahrscheinlich ist beides der Fall.

Red Bull Red Bull ist eine weltbekannte Marke, die Erfrischungsgetränke in 0,25-Liter-Dosen herstellt. Von 2002 bis 2012 konnte der Umsatz um das 6-Fache auf knapp 5 Mrd. € gesteigert werden (Statista 2013a). Red Bull sponsert nicht nur den mehrfachen Formel-1-Weltmeister Sebastian Vettel (geschätzter Sponsoring-Etat für den Rennstall 500 Mio. € pro Jahr), sondern ist auch der Initiator und Umsetzer von zahlreichen jugendaffinen, innovativen Großevents. So unterstützte Red Bull den Sprung von Felix Baumgartner aus dem All am 14. Oktober 2012 mit geschätzten 50 Mio. € und erzielte dafür einen Werbewert von mehreren hundert Mio. Euro, da fast alle Leitmedien der Welt darüber berichteten. Der Sprung wurde zudem in verschiedenen Formaten von Red Bull auf YouTube dokumentiert (Red Bull 2012). Das Marketingbudget liegt etwa bei einem Drittel des Umsatzes und ermöglicht zahlreiche Kommunikationsexperimente.

Google App Google gehört zu den innovativsten Internetunternehmen der Welt und bietet die App, die mit 12 Mio. Mal in Deutschland am häufigsten aufgerufen wird. Zudem ist Google für 90 % aller Deutschen die wichtigste Suchmaschine im Internet.

E-Magazin-App Der Spiegel Die Angebote des *Spiegel*-Verlags Hamburg (Spiegel.de) erfahren zusammen mit den Angeboten des Springer-Verlags Hamburg (Bild.de) die größte Aufmerksamkeit. Im Jahr 2011 nutzten die meisten Bundesbürger Internetportale und Apps des Magazins *Der Spiegel* und der *Bild*-Zeitung, jeweils zu 19,3 %, gefolgt von der *Tagesschau* (ARD) mit 18,3 % (Statista 2013b).

Die folgende Analyse bezieht sich auf das Magazin *Der Spiegel* als App, die vom *Spiegel*-Verlag 50 % günstiger im Jahres-Abo angeboten wird als der gedruckte *Spiegel*.

Facebook Facebook ist das Portal mit der größten täglichen Reichweite von 665 Mio. Nutzern weltweit (Statista 2013c). 50 % der Internetnutzer gaben 2011 an, dass sie 50 % ihrer Internetzeit für Facebook verwandten. Das heißt, von den ca. 50 bis 150 min Internetnutzungszeit entfallen 25 bis 75 min des Internetkonsums auf Facebook. Schüler und Studierende gehören sicherlich zu den Heavy Usern – aber eine Tendenz wird klar, dass Vernetzung auf Facebook eine zentrale Rolle spielt. Die permanente Funktions-Innovation und die Integration weiterer Dienste, wie z. B. das kostenlose Speichern von Daten auf externen Servern oder das Durchführen von kostenlosen Videokonferenzen, akzentuieren den Mehrwert von Facebook gerade für die jüngere, innovationsfreudige Zielgruppe. Facebook ist die technisch offenste Plattform, die es erlaubt, sich sehr schnell mit allen anderen Plattformen und Diensten, wie z. B. YouTube, zu verlinken. Alle hier aufgeführten Unternehmen verfügen über eine besonders starke Marke mit einem hohen Qualitätsanspruch in den Kernkompetenzen, der Marktführerschaft im relevanten Markt und einer besonders intensiven Unternehmens-Nutzer-Beziehung. Diese Eigenschaften sind besonders wichtig, wenn es im Folgenden darum geht, die UX-Qualität dieser Marken zu analysieren.

Die Abb. 7.1 „User-Experience-Erfolgsfaktoren nach E-Publishing-Formaten" macht deutlich, dass eine Vielfalt von Faktoren erfolgskritisch ist.

Die Bandbreite geht von Emotion, intuitiver Benutzerführung bis hin zur technischen Innovation. Zusammen bieten sie dem User einen großen Mehrwert in der digitalen Welt.

7.2.1 Strategie

Die richtige Strategie ist die entscheidende Voraussetzung für beruflichen und privaten Erfolg. Für die berufliche Karriere gilt: Es ist nicht wichtig, etwas richtig zu tun, sondern das Richtige zu tun. Ihre berufliche Strategie ist ganz einfach. Sie finden heraus, was Sie können, verbessern diese Kompetenzen durch permanente Ausbildung oder Learning by Doing. Sie bieten Ihre Leistungen in einer Nische an, definieren einen Wettbewerbsvorteil, bauen Ihr Netzwerk aus und kommunizieren respektvoll, effizient, kreativ und nachhaltig. Schließlich sind Sie gleichsam eine stilvolle, diplomatische, sympathische und durchsetzungsstarke Persönlichkeit. Wenn Sie reich werden wollen, handeln Sie entweder mit großen Summen, wie eine Bank, mit vielen Gütern, wie im Lebensmitteleinzelhandel, oder mit multiplizierbaren Gütern, wie bei digitalen Medien. E-Publishing kann unter Umständen eine gute Wahl sein, wenn aktuelle und relevante Themen für breite oder zahlungswillige Zielgruppen angeboten werden. Natürlich senken Sie fortlaufend Kosten, verbessern die Qualität, entwickeln innovative Produkte und Dienstleistungen und richten das Ganze auf die UX der Hauptzielgruppen aus. Soweit die kurze Zusammenfassung von Tausenden von Karriereberatern aus der strategischen Perspektive.

Das Übertragen auf die Unternehmensstrategie ist einfach. Der wahrgenommene Kundennutzen, das Preis-Leistungs-Verhältnis muss besser sein als bei den Konkurrenten. Der Wettbewerbsvorteil kann durch Kostenreduktion, Qualitätsverbesserung oder UX-Optimierung erarbeitet werden. Das entscheidende Instrument, um einen Wettbewerbsvorteil zu begründen, zu festigen und auszubauen, ist die Innovation, die stetige Erneuerung und Weiterentwicklung von Geschäftsmodellen, Prozessen, Produkten und Dienstleistungen

		E-Book	Web-TV	Service-App	E-Magazine-App	Social Media
		Dan Brown Inferno	Red Bull	Google	Der Spiegel	Facebook
Strategie	Zieldefinition	Überblick	Emotion	Intuition	Glaubwürdigkeit	Vernetzung
PLANUNG	Design	Benutzerführung	Form-Inhalts-Relation	Interaktion	Aufmerksamkeits-steuerung	Personalisierung
	Navigation	Orientierung	Zusatzleistungen	Differenzierung	Benutzerführung	Priorisierung
	Content	Unterhaltung	Inspiration	Nutzen	Relevanz	Aktualität
	Funktionen	One-Touch-Bedienung	Feedback	Vielfalt	Hintergrund	Tempo
Umsetzung	Technik	Sicherheit	Integration	Innovation	Vertrauen	Flexibilität
Betrieb	Marketing	Kunden-zufriedenheit	Kunden-begeisterung	Kundenservice	Kundenbindung	Kunden-community
	Kennzahlen	Lesezeit	Nutzungszeit	Interaktionszeit	Lesezeit	Werbeklick-Häufigkeit

Zunehmende Ökonomisierung

Zunehmende Offenheit

Abb. 7.1 User-Experience-Erfolgsfaktoren nach E-Publishing-Formaten. (Quelle: Eigene Darstellung)

sowie Vertriebswegen. In der transparenten Web-Welt, in der Suchmaschinen, Preisbewertungsportale und persönliche Empfehlungsgeber den Idealzustand der vollständigen Information herstellen, wird es in Unternehmen immer schwieriger, sich über ein besseres Preis-Leistungs-Verhältnis vom Wettbewerb abzuheben. Eine neue Form des digitalen Kundenbeziehungsmanagements, neudeutsch UX-Management, wird im Internet erfolgsentscheidend. Es ist die strategische Management-Aufgabe, das klassische Kosten-, Prozess- und Qualitätsmanagement sowie ein innovatives UX der digitalen Welt zusammenzuführen.

Google recherchiert und systematisiert das Wissen der Welt und präsentiert es zielgruppenspezifisch und situationsgerecht. Google ist spezialisiert auf Innovationen und innovative Geschäftsmodelle im Internet. Der Multi-Commerce-Konzern bietet alle digitalen E-Publishing-Formate an – E-Books, Web-TV, Apps, E-Magazine und Social Media – und schafft dafür die Hardware- und Software-Grundlagen mit eigenen Tablets, dem Betriebssystem Android und dem Internetbrowser Chrome. Google hat über eine Million Bücher digitalisiert, betreibt mit YouTube das weltgrößte Video-Upload-Portal, ist seit 2013 auch Marktführer bei den App-Downloads mit dem Betriebssystem Android, bietet ein Internet-News-Magazin und versucht, mit Google+ Facebook Konkurrenz zu machen. Die Google-App „Suche" wird mit zwölf Millionen Abrufen täglich am meisten genutzt in Deutschland.

Auch ein literarischer Weltmarktführer wie Dan Brown muss alle Erfolgsfaktoren des „User-Experience-Erfolgsfaktoren-Modells" berücksichtigen. Auf der anderen Seite ist die besondere Priorisierung von einzelnen Erfolgsfaktoren für die bestimmten Gattungen nachvollziehbar. So ist es für ältere Zielgruppen, die sich für E-Books interessieren und diese im Internet finden, bezahlen und herunterladen müssen, wichtig, dass dieser Prozess einfach und sicher geschieht. Die **Einfachheit** der Services ist der zentrale Erfolgsfaktor von E-Books. Immer wieder neue aufmerksamkeitsstarke, einzigartige **Emotionen** zu erzeugen, ist die Aufgabe des Red-Bull-Marketings. Dies ist in einzigartiger Weise gelungen mit den Bildern von Felix Baumgartner, der 38 km über der Erde aus einer Raumkapsel springt. Google ist deshalb in vielen digitalen Märkten so marktbeherrschend, weil sie für die E-Publishing-Produkte der anderen Anbieter das Tor ins Internet sind. Produkte, Dienstleistungen und Events von Dan Brown, Red Bull, dem Verlag *Der Spiegel* und Facebook werden häufig erst gefunden, wenn sie in Google gesucht werden. Google ist deshalb so erfolgreich, weil der amerikanische Konzern alle strategischen Erfolgsfaktoren „Einfachheit", „Emotion", „Intuition", „Glaubwürdigkeit" und „Vernetzung" berücksichtigt. Aus User-Sicht ist es **Intuition**. Bevor er im Internet etwas sucht, geht er auf Google (96 % in Deutschland handeln so) und findet dort eine intuitive Benutzerführung und intuitiv seine Ergebnisse – ohne nachdenken zu müssen.

Kein anderes komplexes Medium setzt die Forderung *Don't make me think* (Titel des Buches von Steve Krug 2006) konsequenter um als eine App. In der digitalen Welt ist die strategische Gestaltung nach den Bedürfnissen, Erwartungen und hypothetischen Suchzielen des Nutzers eine entscheidende Management-Herausforderung. Dabei gilt es trotz allen Verführungskünsten, die „Lies-mich-", „Probiere-mich-aus-", „Spiel-mich-", „Kauf-mich"-Verlockungen, Identität, Authentizität und vor allem **Glaubwürdigkeit** zu bewahren. Gerade beim *Spiegel* in App-Form ist Woche für Woche zu beobachten, wie immer mehr Web-TV angeboten wird, wie intuitive Benutzerführung, interaktive Grafiken und Bildstrecken zunehmen und dennoch die Einfachheit, Glaubwürdigkeit gewahrt bleibt. Bisher widersteht der Spiegel-Verlag der Versuchung, die Netzwerk-User in seine App zu integrieren. So könnte er z. B. in jedem Beitrag dazu aufrufen, Beiträge zu kommentieren, zu teilen, zu empfehlen. Die Menge an möglichen Zuschriften zu wichtigen politischen und emotional besetzten Themen, wie z. B. einer Bundestagswahl, könnte *Der Spiegel* mit den bisherigen personellen und technischen Ressourcen kaum mehr kostendeckend managen. Das User-Experience-Erfolgsfaktoren-Modell zeigt, dass strategisch geplante Selbstbeschränkung für den Erfolg wichtig ist. Natürlich können die *Spiegel*-Leser auch Nachrichten, Beiträge und Reportagen kommentieren, aber nicht direkt in der App der Zeitschrift *Spiegel*, dem kostenpflichtigen Premium-Produkt, sondern nur auf der Website *Spiegel Online*.

Der Erfolg von E-Books und E-Magazinen wird durch Facebook gefährdet, weil perspektivisch das Netz-im-Netz-Facebook diese digitalen Inhalte selbst schaffen, bewerben, verkaufen und mit den weltweit vernetzten Kunden weiterentwickeln könnte. Aus der Vielfalt der persönlichen und vernetzten Informationen kann schnell Wissen und Produktivität werden. Die Marktmacht von Facebook besteht nicht in der Nutzer-Menge, sondern in der „Schwarmintelligenz". Und die ist im digitalen Zeitalter nur auf Grund der *Vernetzung* möglich. Zudem bietet Facebook eine durchgängige Web-UX – von der Gestaltung über die Funktionen bis hin zur Konfiguration. In der immer interdependenteren Welt ist dies ein großer Wettbewerbs-Vorteil.

7.2.2 Design

„Design ist Problemlösung" (Hoffmann 2012: 22). In der analogen Welt war und ist es die Aufgabe von Designern, Gegenstände für das Essen, Trinken, Schlafen und Wohnen in Form zu bringen. In der neuen Sichtweise ist das Design das Bindeglied zwischen der strategischen Zielsetzung und den Inhalten und Funktionen, die die Kundenzufriedenheit auslösen sollen. In der analogen Welt ließe sich die Aufgabe eines Grafik- oder Fotodesigners mit dem Leitsatz: „Form folgt Funktion" umschreiben. Dieser Leitsatz muss im Zeitalter der User Journey durch den Leitsatz „Prozess folgt Funktion" ersetzt werden, denn es geht nicht mehr um die Gestaltung eines Bildes oder Plakates, sondern um die Gestaltung und Inszenierung einer ganzheitlichen UX. Die Gesetze visueller Gestaltung, wie z. B. „visuelle Hierarchien", „der goldene Schnitt", „Einfachheit und Harmonie", „Symmetrie und Asymmetrie" gelten noch, müssen aber viel stärker als bisher Augen- und Scroll-Bewegungen sowie Klickwege berücksichtigen. Ziel des Designs ist es, den User durch einen einfachen, attraktiven, effizienten und individuell spezifischen Prozess zu navigieren. Kurzum, die Anforderungen an Design sind in der digitalen interaktiven Welt viel komplexer und anspruchsvoller geworden und können mit der klassischen Terminologie nicht mehr erfasst werden. Im Web-Usability-Klassiker finden sich für die Gestaltung von zentralen E-Publishing-Seiten fünf sehr nützliche Tipps (vgl. Krug 2006: 31 f.).

1. Definieren Sie für jede Seite, für jedes Template eine klare visuelle Hierarchie, die deutlich macht, was sehr, was weniger und was nur ein bisschen wichtig ist.
2. Nutzen Sie die über Jahrhunderte gelernten Konventionen, z. B. dass Texte Überschriften oder Bilder Bildunterschriften haben.
3. Teilen Sie die Seite in klar definierte Bereiche, die einen schnellen Abgleich der Erwartung mit den Inhalten in diesem Bereich erlauben.
4. Klicken Sie *hier*, wenn Sie verstehen wollen, dass eine Textseite nicht klickbar ist, also: Machen sie zu 100 % klar, was ein Link ist und was nicht.
5. Fokussieren Sie Ihre Top-Themen, Hauptprodukte, Premium-Services, von denen Sie erwarten, dass der Kunde sie sucht, braucht und sie oder ihn begeistern.

Im Folgenden diskutieren wir, inwiefern die designspezifischen Erfolgsfaktoren für die einzelnen E-Publishing-Formate relevant sind. Das Lesen von Romanen, wie den neuen Weltbestseller *Inferno* von Dan Brown, ist für viele Leser ein gleichermaßen entspannender und aufregender Ausflug in eine eigene Welt, in der sie ungestört sind. Ihre Design-Anforderung ist es, ihnen einen **Überblick** über die Kapitel des Werkes und evtl. noch über die restliche Lesedauer zu geben. Interaktive Grafiken von den Schauplätzen oder multimediale Elemente wie Trailer und Ausschnitte von den zukünftigen Filmen könnten ihre Lesekultur stören.

Anders sind die Nutzungsgewohnheiten der YouTube-User und der Red-Bull-Fans zu beurteilen. Sie lieben Spiel, Abenteuer und kontrollierbares Risiko. Hier muss die **Form-Inhalts-Relation** Sekunde für Sekunde ausgewogen sein. So ist z. B. der Sprung von Felix Baumgartner aus dem All im Jahr 2012 ganz linear, einfach und klassisch inszeniert: Die Kapsel fliegt ins All, erreicht ihre höchste Position, Felix Baumgartner schaut einmal 38 km auf die Erde hinunter, springt, rotiert kurz um die eigene Achse, stabilisiert sich und landet glücklich mit dem Fallschirm. Die Story selbst ist so spektakulär, dass sie keine Schnitttricks, Animationen oder Effekte benötigt.

Gibt man hingegen in den Google-Suchschlitz einen oder mehrere Begriffe ein, erwartet man keine großen Emotionen oder Überraschungen, sondern binnen Sekunden eine spezifische Lösung, idealerweise eine aus den ersten drei Angeboten. Eine einfache Sucheingabe wünscht eine möglichst genaue Antwort – durch eine Mensch-Maschine-**Interaktion.**

Anders sind die Erwartungen des *Spiegel*-App-Users. Er erwartet eine umfassende, glaubwürdige Information und eine sensible Aufmerksamkeitssteuerung durch die gut strukturierte und immer ansprechend gestaltete App. Aus Sicht des *Spiegel*-Verlags ist die Verführung zum Lesen und die damit einhergehende **Aufmerksamkeitssteuerung** Erfolgsfaktor Nr. 1. Nur wenn der Leser in der Angebotsfülle optimal orientiert ist und seine Lieblingsthemen schnell findet, wird er die Investition von zurzeit 3,80 € im Abonnement als preiswert ansehen.

Ein Geheimnis des Erfolgs von Facebook ist es, dass die Unternehmensstrategie und die Erwartungen der User nahezu kongruent sind. Der Nutzer möchte sich individuell präsentieren, individuell persönlich informiert werden und je nach Intensität der Beziehung seine Freunde von bestimmten Aktionen ein- oder ausschließen. Je nach Menge der „Freunde“ sieht das Facebook-Mitglied ca. 5–7 persönliche Posts und ca. 20 miniaturisierte Passbilder sowie die aktuellen Aktivitäten seiner „Freunde“ auf Facebook. Die ganz normale menschliche Neugierde „Wer macht gerade was?“, „Wer interessiert sich für wen?“, „Wer ist mit wem zusammen?“, „Wer hat welche Pläne?“ wird so bedient. Diese Fragen tauchen bei jedem auf, der ohne Informationsfilter oder Zeitziel Facebook aufruft. Die strategische Zielsetzung der Vernetzung wird durch ein konsequentes personalisiertes Design umgesetzt. Das Design muss dem Anspruch der Personalisierung gerecht werden.

7.2.3 Navigation

Wie im UX-Erfolgsfaktoren-Modell abgebildet, wird die Entwicklung der Navigation zunächst durch die Strategie und das visuelle Design bestimmt. Die analytische Informationsarchitektur transformiert die Vorgaben der Strategie und des visuellen Designs in eine visuelle Navigation. Mario Fischer, Prof. für Wirtschaftsinformatik, Autor des Standardwerkes *Website Boosting 2.0* über Usability und Chefredakteur der Monatszeitschrift *Website Boosting* hält die Navigation für das Herzstück einer Website (Fischer 2009: 545). Diese Erkenntnis kann auf alle E-Publishing-Produkte und Dienstleistungen angewendet werden. Die analytische Informationsarchitektur entspricht einer Gliederung in einer Abschlussarbeit. Informationsarchitektur formt aus geistigen Inhalten sicht- und nutzbare Realität. Führende Autoren im deutschsprachigen Raum weisen der Informationsarchitektur diese zentrale Rolle zu (Fischer 2009: 545 ff.; Hoffmann 2012: 57 f.; Jacobson 2011: 98 ff.; Krug 2006: 31 f.).

Die Schritte in der folgenden Aufstellung „Schritte zur Ableitung und Umsetzung einer Navigation“ veranschaulichen, wie in zehn Schritten aus Strategie und Designvorgaben eine Navigation abgeleitet wird, UX entsteht und diese messbar wird.

Schritte zur Ableitung und Umsetzung einer Navigation
1. Strategie: Ziele, Zielgruppe, Alleinstellungsmerkmal
2. Visuelles Design
3. Informations-Architektur
4. Navigation: Gliederung, Seitenaufteilung, Schnittstellen
5. Content-Definition
6. Funktionsspezifikation
7. Analytische Sitemap: Layout, Inhalte, Funktionen, Standards pro Seite
8. UX auf der fiktiven User Journey
9. Projektstrukturplan
10. Kennzahlen

Die Informations-Architektur ist das Mengengerüst für die Navigation, die Sitemap und das Projektmanagement. Die analytische Sitemap ordnet visuelles Design, Content, Funktionen und Standards wie Suche, Kontakt und Impressum eindeutig einer Seite zu.

Viele Websites sind deshalb chaotisch oder ein Meer von unübersichtlichem Blinken, weil das Unternehmen nicht weiß, was der Kunde genau will, und vor allem, wofür er bezahlt bzw. was er wirklich nutzt. Für die Entwicklung einer Navigation, die positive Gefühle hinterlässt, gibt es einfache Grundsätze:

1. Versetzen Sie sich konsequent in die Lage ihres Wunschkunden und bilden Sie eine fiktive Person, eine Persona, z. B. Erna B. aus HH. Vielleicht will sie den neuen Thriller *Inferno* von Dan Brown kaufen. Über eine Google-Suche, eine Anzeige, einen Tipp oder einen Link ist sie auf Ihre Seite gekommen. Sie verkaufen E-Books. Wie viel Zeit haben Sie jetzt, um Erna B. aus HH, 45, eine echte Leseratte und großer Dan-Brown-Fan, glücklich zu machen? 3 Sekunden, 7 Sekunden, 17 Sekunden? Die Suche und das Bestellen des Romans von Dan Brown gehört schon zur Roman-UX. „Erst auf Seite 53 konnte ich wirklich vergessen, wie mühsam es war, das Buch zu finden und herunterzuladen." So könnte ein Kommentar auf einem E-Book-Kaufportal lauten. Die 360-Grad-UX beeinflusst die wahrgenommene Qualität des E-Publishing-Produktes.
2. Bieten Sie eindeutige Lösungen an und lassen Sie den User nicht nachdenken: *Don't let me think* (Krug 2006) heißt der Titel des Buches. Man kann es nicht oft genug betonen. Jede Auswahl, jedes Angebot, jeder Link muss auf das Nutzungsverhalten der Zielkunden strategisch designt sein. Unklare Gestaltung, unscharfe Angebote lassen die User auf unklare Kompetenzen schließen. Dies ist ein sofortiger Imageverlust für die Marke.
3. Klicks können beliebig häufig angeboten werden, sofern sie eine wirklich gedankenlose, unzweideutige Auswahl darstellen und zu dem gewünschten Ergebnis führen.

Das UX- oder auch Usability-Testing hat sich im Internet-Management zu einer eigenen Disziplin entwickelt und eine Vielzahl von Konventionen und Regeln aufgestellt, die teilweise auch auf das E-Publishing übertragbar sind. Noch sind die technischen Möglichkeiten zum UX-Testing für E-Books und E-Magazines nicht ausgereift. Es ist aber nur eine Frage der Zeit, wann die neue UX-Wissenschaft vollumfänglich auf alle E-Publishing-Produkte angewendet wird.

Auf Basis der bisherigen Ausführungen lässt sich überprüfen, ob das UX-Erfolgsfaktorenmodell für die Dimension Navigation konsistent ist. Navigation muss **Orientierung** bieten, das gilt zuallererst für klassische Publikationen und natürlich für E-Books. Aus dem Verhältnis von Überschrift, Menge und Art der Gliederungspunkte gewinnt der Leser einen zentralen Überblick über den Aufbau und die mögliche Lesedauer.

Gleiches gilt für das Web-TV von Red Bull. Aus dem Startbild des Films *Felix Baumgartner's supersonic freefall from 128k' – Mission Highlights* – ein fast schon vollständig aufgeblasener etwa 50 m hoher und 15 m breiter Heliumballon – in Verbindung mit den Informationen über die Länge (1:31 min) und Abrufhäufigkeit (34 Mio. Mal bis 31. Mai 2013) unter dem Film, werden meine Erwartungen sehr präzis orientiert. Da dieser Film aber in die Website von YouTube eingebettet ist, erwarte ich *Zusatzleistungen*, wie

z. B. eine Kurzbeschreibung oder die Möglichkeit, den Film zu bewerten, zu teilen oder mit Kommentaren zu versehen. Zudem kennt der YouTube-User den Service auf der rechten Spalte „verwandte Videos". Diese weisen auf den gleichen Hauptakteur, den gleichen Urheber oder verwandte Themen hin. Im Vergleich zu einem E-Book und zum Web-TV kann man die App nach seinen persönlichen Bedürfnissen bedienen oder konfigurieren. Bei der Google App kann man entweder nur ein Wort oder Wortketten eingeben oder Operatoren verwenden, aber sich auch sog. Alerts, d. h. aktuelle Ergebnisse zu seinen häufigsten Suchanfragen automatisch per E-Mail senden lassen. Plastischer wird es noch bei Wetter-Apps, denn hier interessiert man sich vor allem für das Wetter an dem Ort, an dem man ist und für die prognostizierbare Zukunft im Zeitraum von 3 h bis 3 Tagen. Je differenzierter man eine App nutzen kann, desto höher die Wahrscheinlichkeit, dass sie für die eigenen Anwendungsfälle optimal ist: Die **Differenzierung** entscheidet also über das eigene Nutzererlebnis.

Vielleicht ist die Art, wie die Urheber mit Design, Inhalten, Funktionen und bestimmten visuellen Signalen durch ein E-Publishing-Angebot führen, ergo die **Benutzerführung** der wichtigste UX-Erfolgsfaktor. Andererseits ist Benutzerführung in unserem Modell nur einer von 40 verschiedenen Erfolgsfaktoren. Diese anderen 39 Erfolgsfaktoren definieren die UX-Qualität und sind nur in Grenzen steuerbar, da jedes Erleben individuell verschieden ist. Es ist die Aufgabe der Benutzerführung über systematische Gliederungen, Seitengestaltung, Zusatzangebote und visuelle Akzente den Nutzer so durch das Medium zu führen, dass unterschiedlichste Interessen individuell bedient werden. Das gilt gleichermaßen für ein E-Book wie auch für eine Social-Media-Plattform. Für die Umsetzung müssen insbesondere die in diesem Kapitel definierten Leitsätze angewendet werden. D. h., zeigen Sie dem Nutzer genau die Klicks, die er wünscht, will, braucht? Und keine anderen. Befreien Sie ihn von überflüssiger Gedankenarbeit? Ob das im Einzelfall auf einem Portal gelingt, lässt sich nur durch umfangreiche Tests herausfinden.

Im Vergleich zu den nichtvernetzten E-Publishing-Produkten hat das Portal Facebook den unschätzbaren Vorteil, dass Sie in Echtzeit wissen, was Ihre Nutzer interessiert, worüber sie reden und was ihre Aufmerksamkeit erregt. Und die Nutzer wissen, dass ihre Interaktionen in Echtzeit erfasst und analysiert werden. Deshalb können sie zu Recht erwarten, dass sie nur die Informationen, Angebote erhalten, die Sie selbst auch priorisieren würden. Das heißt, die Maschine muss wie ein positiver „Big Brother" die relevanten, aktuellen und unterhaltsamen Informationen für jeden einzelnen Nutzer herausfiltern. Dies wäre vor 20 Jahren noch in das Reich der Visionen verwiesen worden und ist jetzt schon fast Realität. Die Facebook-Technik ist in der Lage, die digitale Welt für die Nutzer zu priorisieren, ohne dass er diese Prioritäten selbst offenlegt. **Priorisierung** ist ein wichtiger und mächtiger Service, weil er die Welt für uns strukturiert.

7.2.4 Content

Mathematisch ausgedrückt ist die User Experience Performance eine Funktion der erwarteten Inhalte, der erlebten Inhalte und des erlebten Umfelds oder

UXP = F (tC/eC, U) (tatsächlicher Content = tC, erwarteter Content = eC, U = Umfeld-Bedingungen).

Diese mathematische Gleichung lässt sich so deuten, dass der User nur eines will: Inhalte, die seinen Erwartungen entsprechen, und ein E-Publishing-Umfeld, das ihn dabei unterstützt. Ist der tatsächliche Content besser als der erwartete Content, steigt die UX bei sonst gleichen Umfeld-Bedingungen. Bei normalen Umfeld-Bedingungen ist die UX durchschnittlich. Ist der Content sehr viel besser, übertrifft er die Anforderungen bei weitem, so ist der Kunde begeistert. Das ist das Ziel.

Inhalte können wie eingangs dargestellt informieren, unterhalten, bilden oder Service bieten und können sowohl in journalistischer, werblicher, künstlerischer Form dargestellt werden wie auch Mischformen davon sein. **Unterhaltung** ist der zentrale Auftrag für reichweitenstarke E-Book-Romane, die mit Abstand auflagenstärkste E-Book-Gattung. Natürlich können Bücher nach wie vor Bildung, Sinn und Hintergrund vermitteln, aber je höher die angestrebte Auflage ist, desto wichtiger wird das Primat der Unterhaltung. Red-Bull-Web-TV-Clips müssen natürlich auch unterhalten, aber sie sollten wie ein Werbespot anregen und inspirieren, selbst etwas zu unternehmen, eine Handlung zu imitieren, einen Film zu drehen, seine Frau oder Freundin zu küssen oder etwas zu kaufen. Ein Kern-Erfolgsfaktor ist **Inspiration.** Von allen E-Publishing-Produkten bietet am ehesten eine Informations- und Service-App geldwerten Nutzen. Man bekommt sofort den Preis, den Ort, das Wort, das Restaurant, die Wettervorhersage, den Staumelder, den Abschleppdienst, den man genau jetzt braucht. **Nutzen** ist der UX-Erfolgsfaktor Nr. 1 in einer Informations- und Service-App. Was kann eines der besten Nachrichten-Magazine der Welt, wie die App des Verlags *Der Spiegel* da noch bieten? Google News sind schneller und vielfältiger, Facebook ist persönlicher, informiert mich sekundengenau über das Dasein, die Befindlichkeiten meiner Freunde, meine Erlebnis- und Marken-Community. In dieser schwierigen Situation hilft nur eins: **Relevanz**. Nur gut recherchierte, glaubwürdige, relevante, orientierende Hintergrundinformationen verhelfen den klassischen Verlagen zu ihrer Existenzberechtigung. Wenn E-Books mehr Unterhaltung, Web-TV mehr Inspiration, Apps mehr Information und E-Magazines mehr Relevanz bieten, was ist dann der USP von Social Media im Bereich Content? **Aktualität.**

7.2.5 Funktionen

E-Publishing-Funktionen sind analog zu Internetfunktionen ein Eingabe-Ausgabe-Prozess.

Das Klicken der Funktionen kann insbesondere das persönliche Content-Angebot, das Erscheinungsbild und die Orientierung sofort positiv oder negativ beeinflussen. Die vielfachen Möglichkeiten und Auswirkungen lassen sich gut an unseren fünf Beispielen veranschaulichen. Der E-Book-Nutzer des Werkes von Dan Brown *Inferno* ist ein jahrelang gelernter Lean-Back-Leser. Nichts soll ihn vom Lesegenuss ablenken. So ist es wahrscheinlich, dass er seine Aktivitäten in der Regel auf Endgeräte-Funktionen, wie heller und dunkler, stellen bzw. die Schrift vergrößern oder verkleinern, reduziert. Je nach Alter,

Internetaktivität und Vorliebe, sich in der digitalen Welt mitzuteilen, könnte er den Autor Dan Brown auf Facebook noch liken (2.685.543 Personen hatten dies bis zum 05. Juni 2013 getan). Der User möchte eine unkomplizierte **One-Touch-Bedienung**. Das heißt, er will zum einen eine einfache technische Bedienung, zum anderen möchte er nur einen Klick weit weg von seinem Erlebnis sein. Seine Aufmerksamkeit gilt dem Roman und keinen technischen Spielereien oder einer Leser-Interaktion. Das kann sich in Zukunft ändern.

Auf YouTube werden Filme eingestellt, weil die Autoren Aufmerksamkeit und vor allem ein **Feedback** wünschen. Denn je mehr User positiv über den Film sprechen, je mehr den Film mit „mag ich" bewerten (liken), desto geldwerter die Kommunikationsleistung bzw. die Fähigkeit, Aufmerksamkeit zu generieren. Diese kann an die werberelevante Zielgruppe verkauft werden. So kann ich z. B. den TV-Kanal von Red Bull abonnieren, was Stand Juni 2013 schon über 2,3 Mio. Personen taten. Ich kann einzelne Filme positiv oder negativ einschätzen oder Kommentare schreiben und diese im YouTube-Portal teilen. Der Erfolg von YouTube liegt zum einen an der einfachen technischen Bedienbarkeit, aber auch an der Vernetzung seiner User, die mit verschiedenen Feedback-Funktionen erfolgt.

Wann ist eine Informations- und Service-App wirklich nützlich? Wenn sie vielfältigen, differenzierten Nutzen bietet, der schnell, einfach und doch individuell ist. Mit der **Vielfalt** von Erscheinungsbildern, Funktionen und Informationen werden E-Publishing-Produkte lebendig, bauen Bekanntheit, Sympathie und Image auf. Vielfalt ist auch ein Top-Erfolgsfaktor für die *Spiegel*-App. *Spiegel*-Leser sind primär inhaltsgetrieben und erwarten keine technischen Spielereien, keine Online-Games und keine großen Debatten in ihrem Medium, da sie eher fokussierte Intellektuelle und Unternehmer sind – oder sich dafür halten. Sie wertschätzen die Marke, da sie gerne aktuelle, relevante Informationen mit Hintergrund in allen Rubriken lesen. *Spiegel*-Leser wollen mehr wissen, deshalb wurde hier der Erfolgsfaktor **Hintergrund** als besonders wichtig erachtet. Selbst auf Facebook, dem schnellen Medium, setzt *Der Spiegel* auf Hintergrundinformationen, und zwar ganz zielgruppenspezifisch: Der Hamburger Ethnopharmakologe Christian Rätsch gilt als Drogen-Guru. Seine *Enzyklopädie der psychoaktiven Pflanzen* fehlt in keiner Kiffer-WG. Ein Gespräch über Alkohol, LSD, Richard Wagner und andere Rauschmittel. Die Fokussierung auf den Erfolgsfaktor **Tempo** bei Facebook zeigt deutlich die Limitationen des UX-Modells, denn auch alle anderen Erfolgsfaktoren, die in der Dimension „Funktionen" angeführt werden, wie die „One-Touch-Bedienung", das „Feedback", die „Vielfalt" und der „Hintergrund" sind relevant, um den einzigartigen Aufstieg dieses Internetportals zu erklären.

7.2.6 Technik

Es gibt doch nichts, was die Deutschen nicht definiert haben. In diesem Fall der Verein für deutsche Ingenieure mit der Richtlinie 3.780. Danach umfasst die Technik „Die Menge der nutzenorientierten, künstlichen, gegenständlichen Gebilde, Artefakte oder Sachsysteme" (Wikipedia 2013b). Die UX-Erfolgsfaktoren basieren auf einer Vielzahl von technischen Lösungen, insbesondere weil es ein Systemprodukt ist. D. h., der Kern des Produktes sind digitale geistige Inhalte, für die man mindestens immer ein Endgerät wie einen Desktop-

PC, einen Tablet-PC oder ein Smartphone braucht; für die Web-Anwendungen auch eine Internetanbindung. Vereinfacht ausgedrückt besteht die E-Publishing-Technik aus Hardware, Software, vordefinierten Formaten und Vorlagen sowie einer Internetverbindung. Die Technik ist so komplex, innovativ und schnelllebig, dass auch renommierten Internetmarken UX-Fehler passieren, wie z. B. ein „toter“ Link.

Die Erwartung des *Inferno*-Käufers ist, dass es, wie beim Buch, keine technischen Hürden gibt, sondern nur Lesegenuss. Ein Buch lässt sich einfach, sicher und fehlerfrei ohne Nutzungsfrust bedienen. Für den sicheren Download bedarf es einer klaren Formatierung und einer schnellen Internetverbindung. Insbesondere kann eine zu geringe Bandbreite beim Herunterladen eines elektronischen Buches auf einen E-Reader zu Datenverlust und damit zu Kunden-Frust und User-Verzweiflung führen. Idealerweise werden bei diesem Prozess verschiedene UX-Erfolgsfaktoren kombiniert, nämlich Orientierung, Einfachheit, One-Touch-Bedienung und **Sicherheit**.

Integration ist für das Web-TV-Genre der Erfolgsfaktor Nr. 1, weil zu erwarten ist, dass

a. YouTube jedes audiovisuelle Format akzeptiert, integriert und abspielt,
b. von jeder Stelle im Internet auf ein YouTube-Video verlinkt werden kann und
c. dass es mit Hilfe einer Spezialfunktion möglich sein sollte, dieses Video auf andere Endgeräte herunterzuladen. Dies ist noch keine Standardfunktion, aber technisch möglich und wird in einem YouTube-Film beschrieben.

Im Meer der 800.000 Apps kann ein App-Produzent nur dann auf Aufmerksamkeit hoffen, wenn er tatsächlich neuen Content, idealerweise in Kombination mit neuen Funktionen und einem neuartigen Design, bietet. **Innovation** ist der Erfolgsfaktor Nr. 1 bei vielen E-Publishing-Produkten, insbesondere bei Apps. Das Zeitfenster für erfolgreiche Veröffentlichungen ist denkbar kurz, deshalb muss unter Druck Geniales produziert werden. Dieser Innovationszwang führt zu vielen Flops, aber auch zu einigen innovativen Lösungen, wie z. B. zu ortsspezifischen Wetter-Apps, Radio-Apps mit mehr als 3.000 Sendern oder Apps, mit denen kostenlos SMS versendet werden können. Unsicherheit im technischen Handling, fehlende Integration oder konservative Geschäftspolitik sind Gift für den Erfolg im App-Markt. Vertrauen kann hier nur über die Zeit aufgebaut werden, wenn z. B. belegt wird, dass die App mit regelmäßigen Updates optimiert und der innovative Zusatznutzen ausgebaut wird.

Das **Vertrauen** der Leser in die Marke *Der Spiegel* ist das wichtigste Kapital des *Spiegel*-Verlags Hamburg. Dies darf weder bei den journalistischen Angeboten noch in der Technik gefährdet werden. Wie ausgeführt gehört auch die technische Performance zu einer 360-Grad-UX. Die Inhalte-Rezeption kann durch fehlende technische Souveränität, z. B. Abstürze, fehlerhafte Darstellungen, tote Links oder gar Viren massiv beeinträchtigt werden. Die technische Qualitätssicherung ist genauso wichtig wie die redaktionelle Qualitätssicherung. Glaubwürdigkeit, das zentrale strategische redaktionelle Ziel und der technische Erfolgsfaktor Vertrauen sind zwei Seiten der erfolgreichen *Spiegel*-Geschäftspolitik.

Flexibilität ist für Facebook der Erfolgsfaktor Nr. 1, weil Facebook seinen Nutzern sehr individuell unterschiedlichste technische Angebote unterbreiten muss. Es ist der Preis für die massenhafte Personalisierung und die Ausrichtung an den weltweiten User-Bedürfnissen. Je nach Einstellung, Interesse oder Vorliebe möchten die einen lieber Fotos und Filme platzieren, die anderen sich in Echtzeit per Web-Kamera unterhalten, während dritte in Facebook das Internet der Internets erkennen und sich einen kompletten innovativen Arbeitsplatz wünschen, mit Datenbanken, Dokumentenbearbeitung, Projektmanagement- und Schnittsoftware sowie kostenlosen Webcast-Funktionen. Vor dem Hintergrund dieser zugleich persönlichen und vielfältigen Anforderungen braucht Facebook eine hochflexible Technik, nicht zuletzt um die Spitzenlast auf ihren Servern zu bewältigen. Flexibilität bezieht sich sowohl auf die Funktionen als auch auf die technische Hardware.

7.2.7 Erfolgskennzahlen

Wie kann der Controller, Produktmanager, Geschäftsführer den Erfolg von User- Experience erfassen, quantitativ messen? Antwort darauf geben die sog. Key Performing Indicators, kurz KPI, die in Zeiten des Realtime User Tracking immer präziser und vielfältiger geworden sind. Der Einfachheit, der Prägnanz und der Didaktik wegen wurde jeweils eine besondere Kennzahl hervorgehoben reduziert. Für die E-Books und E-Magazine ist es die **Lesezeit**, für ein Videoportal und eine Content-App die **Nutzungszeit** sowie bei einem Social-Media-Portal die **Zugehörigkeitsdauer**. Mit Hilfe von kostenlosen Monitoring- und Tracking-Werkzeugen, wie z. B. Google Analytics, können bei allen onlinefähigen E-Publishing-Produkten die Erfolgsindikatoren in Echtzeit übermittelt werden. Aber es gibt auch bei den Offline-E-Publishing-Produkten, bei den E-Books und Apps zunehmend technische Möglichkeiten, die Daten offline zu erheben und dann bei der nächsten Internetverbindung an den Anbieter zu übermitteln.

7.2.8 Marketing

Unter Marketing verstehen wir ein doppeltes Instrumenten-System: einmal ein Instrument zur marktorientierten Führung und Positionierung von Unternehmen und zweitens ein System zur Umsetzung von werblichen Maßnahmen in Bezug auf Personen, Produkte, Distribution, Preise und Promotion. Das ist das operative Marketing. Ziel ist es hier, Kunden zu gewinnen, zu binden und die Umsätze mit jedem Kunden zu erhöhen. Dieses grobe Marketing-Ziel wird mit Hilfe der Beispiele differenzierter für UX formuliert. Ein Vielleser wird nur dann ein E-Book digital ordern, wenn er mit dem ganzheitlichen UX und dem E-Book zufrieden ist. Je standardisierter und sicherer der Informations-, Auswahl- und Kaufprozess ist, desto mehr kommt es auf die Qualität und Quantität des reinen Leseerlebnisses an. Mit der **Lesezeit** und teilweise auch mit der Lesegeschwindigkeit steigt die Kundenzufriedenheit. Filme sollen, wie im Kino, die Herzen rühren und letztlich große Gefühle wecken. Dies ist auch die Anforderung an das Minutenkino. Die Plattform YouTube und die Marke Red Bull vereint, dass sie ein begeisterndes Kundenerlebnis herstellen wollen. **Kundenbegeisterung** sorgt in beiden Fällen für eine große Stammkundschaft. Für eine App ist Kundenzufriedenheit zu wenig. Und der Anspruch von Kundenbegeisterung zu hoch. Derjenige App-Nutzen steht im Mittelpunkt, der am besten mit dem Begriff **Kundenservice** belegt wird. Das Ziel der klassischen Zeitung und Zeitschriften ist eine intensive Leser-Blatt-Bindung und dies hat im digitalen Zeitalter genauso seine Gültigkeit. Ziel einer *Spiegel*-App muss es sein, trotz aller Höhen und Tiefen, Enttäuschung und Begeisterung den Kunden langfristig zu binden. Kundenbindung ist auch hier ein zentrales Erfolgskriterium. Facebook erklärt den Nutzen für seine User auf seiner Startseite so: „Facebook ermöglicht es dir, mit den Menschen in deinem Leben in Verbindung zu treten und Inhalte mit diesen zu teilen" (Facebook 2013). Je länger eine Person bei Facebook registriert ist, desto höher der Kundenwert. Die Zugehörigkeitsdauer ist eine wesentliche Kennzahl, um den Marken-Erfolg zu messen. Wichtiger für die Refinanzierung ist die Werbeklickrate. Denn Facebook muß sich wie Google über Werbung finanzieren. Je wahrscheinlicher es ist, dass gleiche Werbeformen eher bei Facebook geklickt werden, desto höher der Werbepreis und der Marktwert von Facebook. Im Kern geht es für Facebook darum, das Umfeld so attraktiv zu gestalten, dass immer mehr Personen attraktiven Content einstellen. Dadurch steigen die Aufmerksamkeit, die positive Emotion und die Wahrscheinlichkeit, impulsiv zu klicken. Durch die intensive Konkurrenz zwischen den jugendaffinen Marken Facebook und Google ist hier noch viel Innovation zu erwarten.

7.3 Fazit

Das User-Experience-Erfolgsfaktoren-Modell zeigt eindrucksvoll, dass eine Vielzahl von Erfolgsfaktoren verantwortlich ist für eine optimale UX. Trotz der thesenartigen Reduktion eines Erfolgskriteriums pro Fallbeispiel (E-Book, Web-TV, Informations- und Kommunikations-App, Content-App, Social-Media-Plattform) konnte gezeigt werden, dass einige Erfolgsfaktoren, wie z. B. die Kriterien Einfachheit und Unterhaltung, wichtiger für E-Books sind als für eine Informations- und Kommunikations-App, die durch direkten Kundennutzen überzeugen muss. Im Zuge der weiteren technischen Innovation und Format-Verschmelzung muss jeder Produktmanager prüfen, welche dieser 40 Faktoren in 8 Dimensionen wirklich erfolgskritisch sind. In diesem Sinne kann das Modell User-Experience-Erfolgsfaktoren helfen, Erfolgsfaktoren zu identifizieren, zu priorisieren und gezielt umzusetzen sowie auf Zielführung zu testen. Zudem ist es ein guter Ausgangspunkt für weitere Forschungen, Fragebogendesigns, Messungen und Experteninterviews. Nur wenige Forschungsgebiete im Medienmanagement werden sich so dynamisch entwickeln wie UX. Die wichtigsten Punkte zur Überprüfung des UX-Managements von E-Publishing-Produkten wurden in einer eigenen Checkliste (vgl. Abb. 7.2) zusammengefasst.

1. Strategie für die persönliche und unternehmensspezifische Positionierung

✓ Sind meine, unsere Kernkompetenzen klar definiert?
✓ Verbessere ich diese durch permanente Ausbildung oder Learning by Doing?
✓ Kenne ich meine Zielgruppe?
✓ Werden laufend systematische Markt- und Konkurrenzanalysen durchgeführt?
✓ Sind meine, unsere Angebote relevant für eine breite und zahlungswillige Zielgruppe?
✓ Besitzt mein Profil, meine Web-Seite einen klaren Kern-Nutzen für den Besucher?
✓ Sind der wahrgenommene Kundennutzen und/oder das Preis-Leistungs-Verhältnis besser als das der Wettbewerber?

2. Design

✓ Ist für jede Seite, jedes Template eine klare visuelle Hierarchie definiert?
✓ Nutze ich die klassischen visuellen Konventionen systematisch? (Überschriften, Bildunterschriften, Wichtiges steht am Anfang ...)
✓ Sind die Seiten in klar definierte Bereiche geteilt?
✓ Ist es für den User klar, was/wo ein Link auf der Seite ist?
✓ Fokussiere ich auf Top-Themen, Hauptprodukte, Premium-Services aus Kundensicht?
✓ Ist das Design einfach, attraktiv, effizient und idealerweise persönlich?
✓ Habe ich eine einzigartige Schriftart und passende Schriftgröße gewählt?
✓ Löst das Layout (Farb- und Bildgestaltung) positive Emotionen aus?
✓ Ist meine Seite aus Kundensicht attraktiv, bietet sie bei jedem Besuch Überraschendes?

3. Navigation

✓ Ist die Navigation an die Strategie und an das visuelle Design angepasst?
✓ Gibt es eine klare Informationsarchitektur? Erste, zweite, dritte Ebene?
✓ Ist die Navigation auf der Seite selbsterklärend?
✓ Habe ich bei der Seiten-Erstellung darauf geachtet, die Seite aus Sicht des Wunschkunden zu programmieren? Kenne ich seine Bedürfnisse, Erwartungen genau?
✓ Präsentiere ich auf der Seite eindeutige Produkte, Angebote, Lösungen?
✓ Sind alle Kern-Elemente (Suchleiste, Home-Button, Impressum, Kontakt, ...) vorhanden?

4. Content

✓ Habe ich meine Inhalte definiert? Sollen sie informieren, unterhalten, werben, bilden oder einen Service anbieten?
✓ Sind meine Inhalte aktuell und relevant– besonders wichtig bei informierenden und bildenden Inhalten?
✓ Bietet mein Thema dem User einen einzigartigen und kreativen Nutzen?
✓ Achte ich bei der Inhalterstellung auf die Urheber- und Leistungsschutzrechte?
✓ Welche Sprachen sind am erfolgversprechendsten (Englisch, Deutsch, ...)?
✓ Welche personalisierten Inhalte werden angeboten?

5. Technik

✓ Ist meine Seite für alle Endgeräte (Windows PC, MAC, Smartphones mit iOS, Android und Windows Betriebssystem) optimiert?
✓ Falls ja, habe ich mich dann auf eine Auflösung festgelegt? Bzw. habe ich entsprechend die Auflösung für einzelne Endgeräte angepasst?
✓ Werden meine Besucher von unnötigen Pflichten befreit?
✓ Ist die Seitenladezeit minimiert?
✓ Habe ich vor dem Launch-Termin genug Tests durchgeführt, um einen reibungslosen Betrieb zu gewährleisten?
✓ Wie werden Klickwege und Aktionen der User rechtssicher gemessen?

6. Erfolgskennzahlen / Controlling - Was sind die Kennzahlen?

- ✓ Welche Ziele (viele Seitenbesucher / Abonnenten, Umsätze, ...) will/muss ich erreichen?
- ✓ Ist klar definiert, mit welchen Kennzahlen (KPI, Klicks, ...) der Erfolg gemessen wird?
- ✓ Welches Tracking-Tool (z. B. Google Analytics) soll eingesetzt werden?
- ✓ Wie gut kenne ich die Zahlen/Daten von meinen Wettbewerbern?
- ✓ Mit welchen Methoden kann ich die User Experience vergleichen?
- ✓ Sind meine Ziele realistisch zu erreichen?

7. Marketing

- ✓ Ist das ganze Marketing auf die UX-Erfahrung der User zugeschnitten?
- ✓ Ist das Werbebudget für die Ziele und Medienkanäle richtig dimensioniert?
- ✓ Ist meine Wunschzielgruppe klar definiert?
- ✓ Sind die Werbebotschaften auf den USP fokussiert?
- ✓ Benutze ich das richtige Medium, um für meine Produkte richtig zu werben?
- ✓ Gibt es eine Einbindung von Social-Media-Seiten? Ist dies notwendig?

Abb. 7.2 Checkliste für das UX-Management von E-Publishing-Produkten

7.4 Vertiefung

- User Experience ist ein ganzheitlicher Prozess innerhalb digitaler Medienprodukte. Welche Arten von Nutzenbündel bietet es dem User?
- Auf welchen vier Ebenen kann der Kern von E-Publishing-Produkten verändert werden?
- Das UX-Erfolgsfaktoren-Modell ist anspruchsvoll. Welche drei verschiedenen Sichtweisen auf das UX-Phänomen sollen hierbei geschult werden?
- In welche Bereiche werden die UX-Erfolgsfaktoren nach E-Publishing-Formaten gegliedert und welche Funktionen werden den einzelnen Elementen zugeordnet?
- Die Checkliste zeigt, auf welche Schritte für das UX-Management von E-Publishing-Produkten notwendig sind. Nennen Sie zu jedem der Bereiche mindestens eine relevante Fragestellung.

Literaturempfehlung

Mohanty, V. (2007): Are You An User Experience Designer, S.37, in: http://de.slideshare.net/write2vin/are-you-an-user-experience-designer, Abruf 14.06.2013

Quellen

Brand-Sassen, K. (2010): User Experience ganzheitlich messen, in: Forschungsbeiträge der eResult GmbH, http://www.eresult.de/studien_artikel/forschungsbeitraege/ux_messen.html, Abruf 30.05.2013

Burmann, C./Meffert, H./Koers, M. (2005): Markenmanagement. Identitätsorientierte Markenführung und praktische Umsetzung, 2. Auflage, Wiesbaden, 2005

Facebook (2013): Startseite, in: www.facebook.com, Abruf 05.06.2013

Fischer, N. (2009): Website-Boosting 2.0, 2., aktualisierte und erweiterte Auflage, Heidelberg, 2009

Garrett, J.J. (2000): The Elements of User Experience, in: Mohanty, V. (2007): Are You An User Experience Designer, S.37, in: http://de.slideshare.net/write2vin/are-you-an-user-experience-designer, Abruf 14.06.2013

Hoffmann, M. (2012): Modernes Web-Design, Gestaltungsprinzipien, Web-Standards, Praxis, Bonn, 2012

Jacobson, J. (2011): Website-Konzeption, 6., aktualisierte Auflage, München et al., 2011

Krug, S. (2006): Don't let me think, 2. Aufl., New York, 2006

Plathaus (2013): Lasst allen Dante fahren, in: http://www.faz.net/aktuell/feuilleton/buecher/inferno-von-dan-brown-lasst-allen-dante-fahren-12182630.html, Abruf 02.06.2013

Red Bull (2012): Felix Baumgartner's supersonic freefall from 128k' – Mission Highlights, in: http://www.youtube.com/watch?v=FHtvDA0W34I, Abruf 02.06.2013

Statista (2013a): Umsatz von Red Bull weltweit in den Jahren 2000 bis 2012 (in Millionen Euro), in: http://de.statista.com/statistik/daten/studie/257243/umfrage/umsatz-von-red-bull/, Abruf 14.06.2013

Statista (2013b): Genutzte mobile Internetportale und Apps aus den Bereichen Zeitungen, Zeitschriften und Fernsehsender im Jahr 2011, http://de.statista.com/statistik/daten/studie/170711/umfrage/mobile-internetportale--angebote-von-zeitungen-zeitschriften-fernsehsendern/, Abruf 14.06.2013

Statista (2013c): Täglich aktive Facebook Nutzer weltweit, in: http://de.statista.com/statistik/daten/studie/222135/umfrage/taeglich-aktive-facebook-nutzer-weltweit/, Abruf 02.06.2013

o. V. (2013): „Ein Teaser über den Hamburger Ethnopharmakologen Christian Rätsch", in: https://www.facebook.com/DerSpiegel?fref=ts, Abruf 10.06.2013

Wikipedia (2013a): EN ISO 9241, in: http://de.wikipedia.org/wiki/EN_ISO_9241, Abruf 18.07.2013

Wikipedia (2013b): Technik, in: http://de.wikipedia.org/wiki/Technik, Abruf 05.06.2013

Teil III
Content- und Format-Management

8 Content-Beschaffung im Zeitalter von Web 2.0: Intern, extern oder Web 2.0

Gabriele Goderbauer-Marchner/Bernhard Glasauer

Angesichts zahlreicher Plagiatsaffären und Anschuldigungen hat die Frage nach der Herkunft des Content einer Publikation in jüngerer Zeit wieder verstärkt an Brisanz gewonnen. Auch wenn hier vor allem der Diebstahl geistigen Eigentums und die Frage nach dem Urheber im Zentrum stehen, zeigt die Debatte doch die Aktualität des Themas. Was in der Wissenschaft anrüchig ist, nämlich Teile einer Arbeit oder sogar die ganze Arbeit von externer Seite erstellen zu lassen, ist in anderen Bereichen gang und gäbe. Ganze Scharen von Content-Agenturen haben dies zu ihrem primären Geschäftsmodell erhoben, ganz zu schweigen von der Content-Aggregation, also der Sammlung, Kategorisierung und Aufbereitung von Inhalten via RSS-Feeds, Atom-Feeds, Webcrawlern, Google News oder Bloglines.[1]

Früher galt: Der Autor recherchiert zuerst, sichtet die Quellen und schreibt dann seinen Text – natürlich unter entsprechender Angabe der benutzten Quellen und Literatur. Dieses Modell gilt auch heute noch für die Wissenschaft, ja erfährt im Zuge der Plagiatsaffären sogar noch eine Stärkung, ist aber sonst in Zeiten des Web 2.0 nur noch ein Modell von vielen.

Freilich gab es auch schon früher Ghostwriter oder sog. Schreibfabriken. Geändert haben sich also vielmehr die Anwendungsbereiche und die Möglichkeiten der Content-Beschaffung sowie auch die Zielsetzung des Contents. So ist im Zeitalter des Web 2.0 nicht nur die Qualität und die Informationsdichte entscheidend, sondern vor allem auch die Optimierung für große Suchmaschinen wie Google. Tatsächlich ist dies oft der zentrale Erfolgsfaktor im Bereich des E-Publishing, denn was bei der Suche nicht gefunden wird – oder auf Seite drei oder vier in der Suchmaschine erscheint –, wird auch nicht gelesen, was wiederum weniger Klicks und Traffic bedeutet und somit zu schlechterer Monetarisierung führt.

[1] Michael Upshall, Content licensing. Buying and selling digital resources, Oxford 2009, S. 105 ff., 184, 185.

T. Büsching, G. Goderbauer-Marchner, *E-Publishing-Management*,
DOI 10.1007/978-3-658-04110-6_8, © Springer Fachmedien Wiesbaden 2014

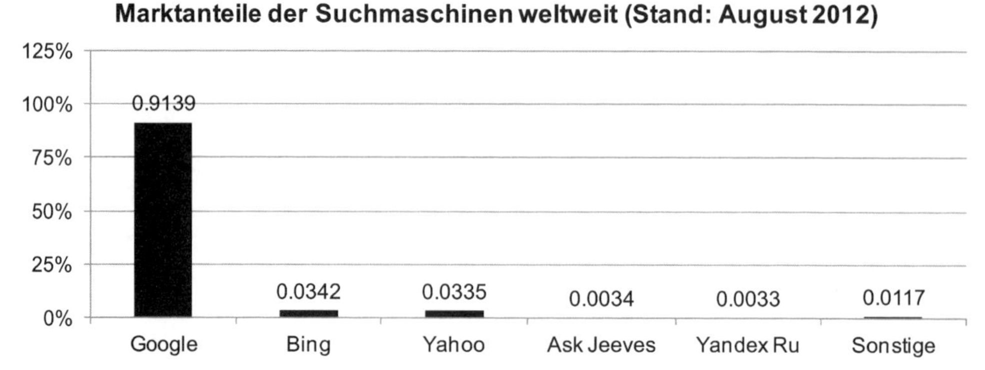

Abb. 8.1 Die Marktanteile weltweiter Suchmaschinen im Vergleich (Stand: August 2012). (Quelle: statista)

8.1 Kriterien der Content-Beschaffung

Klicks und Traffic sind heute tatsächlich die ausschlaggebenden Kriterien bei der Generierung von Texten für das Internet und damit auch der Beschaffung von Content. Allerdings bedeutet dies nicht automatisch, dass die Textqualität dadurch leidet. „In Zeiten von semantischen Suchalgorithmen und immer akribischeren Google-Crawlern kommt es mehr denn je auf einzigartigen, aussagekräftigen und gut recherchierten Content an", so formuliert es zumindest ein Internetmarketing-Blog.[2] SEO (Search Engine Optimization, dt. Suchmaschinenoptimierung) und SEM (Search Engine Marketing, dt. Suchmaschinenmarketing) gelten nicht erst seit dem Aufkommen von Google, Yahoo und bing und ihrer massenhaften Nutzung als vermeintliche Zauberformel. Schon Mitte der 90er Jahre waren Suchmaschinen ein wichtiger Faktor bei der Erstellung von Websites.[3] Im Gegensatz zu den 90er Jahren verfügen Suchmaschinen heute über bessere Suchalgorithmen und Google nimmt eine marktbeherrschende Stellung ein (vgl. Abb. 8.1).[4]

Bei den Suchergebnissen muss zwischen organischen Suchresultaten, die durch SEO beeinflusst werden können, und den gekauften Werbeeinblendungen, die durch SEM gesteuert werden, unterschieden werden. Letzteres führt dazu, dass eine Werbeanzeige bei den Suchergebnissen weit vorne steht. Die organischen Ergebnisse konkurrieren dabei nicht mit den Werbeeinblendungen. Eigene Ranking-Faktoren bestimmen jeweils die Gewichtung innerhalb der Suchmaschinenalgorithmen.[5] Werbung funktioniert im Allgemeinen

[2] Internetmarketing Tipps (19.2.2013, 13.30 Uhr), online verfügbar unter: http://www.internetmarketing-tipps.de/allgemein/worauf-es-bei-der-contentbeschaffung-ankommt/.

[3] Mary Fecko, Electronic Resources: Access and Issues, London 1997, S. 39/40.

[4] Statista GmbH (19.2.2013, 13.30 Uhr), online verfügbar unter: http://de.statista.com/statistik/daten/studie/222849/umfrage/marktanteile-der-suchmaschinen-weltweit/.

[5] Einen Überblick über die Funktionsmechanismen von Google bietet: Michael Upshall, Content licensing. Buying and selling digital resources, Oxford 2009, S. 134-142.

nach dem Keyword-Advertising-Prinzip, was bedeutet, dass für bestimmte Suchbegriffe einfach eine Position auf der ersten Seite der Ergebnisse gekauft wird.

Hieraus wird auch deutlich, warum reines Keyword-Stuffing, wie es in der Anfangszeit der Suchmaschinen gang und gäbe war, heute nicht mehr ausreicht.[6] Da also die Auswahl der richtigen Keywords entscheidend ist, müssen diese optimal auf das Suchverhalten der Zielgruppe abgestimmt sein. Um zu gewährleisten, dass das eigene Produkt, ein Bürostuhl etwa, beim Rating weit oben auftaucht, sollte die Keyword-Liste unbedingt Firmenname, Markennamen, Produkt- und Sortimentsbezeichnung sowie den Unternehmensgegenstand in Stichworten beinhalten.[7]

Für professionelles Marketing ist eine Kombination aus Gattungsbegriffen und zielgruppenspezifischen Zwei- bis Dreiwort-Gruppen sowie unterschiedlichen Schreibweisen und Synonymen von großem Vorteil. Zudem sollte auf eine passende Verwendung von Meta-Keywords und Meta-Deskription geachtet werden.[8]

Suchmaschinen beziehen also in ihr Rating von Webseiten heute viele Kriterien mit ein. So führen eine höhere Anzahl an Besuchern einer Website sowie Einzigartigkeit zu einem besseren Ranking. Duplicate Content, also gleicher Inhalt auf verschiedenen Webseiten, wird dagegen abgestraft. Im Idealfall hat Unique Content einen doppelt positiven Effekt: Die Zahl der Besucher einer bestimmten Seite erhöht sich, da der Nutzer hier einen echten Mehrwert hat, und Google ratet diese Seite besser, da sie „einzigartig" ist und mehr Besucher hat, was wiederum zu einem Anstieg der Besucherzahlen aufgrund des besseren Ratings führt.

Für die Content-Beschaffung bedeutet dies im Endeffekt, dass die Texte aufgrund von SEO-Kriterien entstehen beziehungsweise darauf abgestimmt sein müssen. Die Qualität eines Textes bemisst sich heute also nicht unbedingt an der fachlichen Qualität, da Suchmaschinen diese ja nicht beurteilen können. Dafür wird das Prinzip der Einzigartigkeit zum Königsprinzip erhoben, da ein solcher Mehrwert für den Kunden am wahrscheinlichsten ist. Allerdings lässt sich auch dieser Mehrwert für den Kunden nur durch fachlich hochwertige Texte erzeugen. Vor diesem Hintergrund spielt sich die Content-Beschaffung weitestgehend ab.

---

[6] Google AG (19.2.2013, 13.30 Uhr), online verfügbar unter: http://support.google.com/adwords/bin/answer.py?hl=de&answer=6100.

[7] Google AG (19.2.2013, 13.30 Uhr), online verfügbar unter: https://adwords.google.com/o/Targeting/Explorer?__c=1000000000&__u=1000000000&ideaRequestType=KEYWORD_IDEAS.

Google AG (19.2.2013, 13.30 Uhr), online verfügbar unter: Adwords.google.com/select/KeywordToolExternal

[8] Vgl. ABAKUS Internet Marketing GmbH (19.2.2013, 13.30 Uhr), online verfügbar unter: http://www.abakus-internet-marketing.de/.

Vgl. Milena Dobreva, Jan Engelen (Hg.), From author to reader. Challenges for the digital content chain: proceedings of the 9th ICCC International Conference on Electronic Publishing, Arenberg Castle, June 8–10, 2005, Leuven 2005, S. 204.

8.2 Arten der Content-Beschaffung

Content-Beschaffung bezeichnet zunächst einmal generell die Schaffung und Anordnung von Inhalten, wird aber im engeren Sinne für Herkunft und Urheberschaft von Texten verwendet. Tatsächlich spielt hier vor allem die Art der Publikation eine wichtige Rolle. Nach wie vor gilt, dass – trotz Plagiatsaffären und Ghostwritern – der Content eines Buches, auch eines E-Books, mit hoher Wahrscheinlichkeit auch vom genannten Autor selbst stammt. Vollkommen anders sieht es im Bereich der Websites, Blogs etc. aus. Hier bestimmt Art und Zweck der Website die Content-Beschaffung. Grundsätzlich lassen sich grob drei Arten unterscheiden: intern, extern und Web 2.0. Letzteres lässt sich noch in die Bereiche Content-Marktplatz und Text-Spinning unterteilen, so dass man dann schließlich vier Arten der Content-Beschaffung unterscheiden kann.

8.2.1 Intern: Eigene Content-Beschaffung

Die einfachste Variante der Content-Beschaffung ist die interne oder eigene Erstellung. Gerade im privaten und nichtkommerziellen Bereich ist dies die am meisten verbreitete Variante. Für den kommerziellen Bereich gilt aber auch hier, dass die Content-Frequenz, also die ständige Erschaffung und Aktualisierung themenrelevanter Texte, oberste Priorität hat, um die Website langfristig konkurrenzfähig zu machen. Der Vorteil hierbei ist, dass der Content definitiv „unique", also einzigartig – ein wichtiges Kriterium für Suchmaschinen – ist und der Betreiber/Erschaffer die absolute Kontrolle über den Inhalt hat. Zudem führt die eigene Content-Erschaffung zu einem einheitlichen Stil, der im Idealfall Kompetenz ausstrahlt und den Wiedererkennungswert fördert, was sich dann meist in gesteigerten Seitenzugriffen und bei kommerziellen Webseiten in besserer Monetarisierung äußert.

Um Erfolg zu gewährleisten, setzt die eigene Content-Erstellung allerdings ein hohes Maß an fachlicher Kompetenz sowie an Schreib- und Sprachkompetenz voraus. Fachlich gute Texte werden trotzdem nicht gelesen, wenn sie in fehlerhafter und holpriger Sprache verfasst sind. Zudem muss viel Zeit in die Content-Erstellung investiert werden, was zu Problemen führen kann. Der Content-Ersteller kann also in vielen Fällen auf externe Unterstützung nicht ganz verzichten. Es existieren bereits Konzepte, wie dies noch besser, etwa durch Bibliotheken, gewährleistet werden kann, allerdings ist eine tatsächliche Umsetzung doch sehr fraglich.[9]

8.2.2 Extern: Professionelle Texter

Zeitprobleme und mangelnde Sprachkompetenz sind die wichtigsten Gründe, warum sich die Betreiber kommerziell orientierter Websites dazu entschließen, Content extern zu be-

[9] Sue Polanka, No shelf required 2. Use and Management of Electronic Books, Chicago 2012, S. 167.

schaffen. Eine Vielzahl an professionellen Textbüros und selbstständigen Textern hat sich auf diesen Bereich der Content-Erstellung spezialisiert. Die Preisgestaltung und Qualität variiert dabei sehr stark und hängt maßgeblich von der Beziehung zwischen Texter und Auftraggeber ab. Meist gilt: Je besser und kooperativer der Dialog, desto besser das Ergebnis. Der Texter weiß dann auch besser über die Zielvorstellung des Auftraggebers Bescheid, was wiederum zu professionelleren und qualitativ hochwertigeren Texten führt.

Allerdings gilt auch: Je besser der Dialog, desto höher der Zeitaufwand, desto höher die Kosten. Eine wichtige Rolle spielt auch der Kenntnisstand des Texters über das jeweilige Thema. Da etwa der germanistisch geschulte Schreiber oft wenig Ahnung vom Maschinenbau hat, muss der Auftraggeber viel Zeit aufwenden, um seine Vorstellungen zu vermitteln. Somit entspricht das Kosten-Nutzen-Verhältnis oft nicht den Erwartungen. Zudem unterliegt die Beurteilung des Endergebnisses stark den persönlichen Vorlieben. Testläufe etwa, die den Erfolg verifizieren könnten, kosten wiederum Geld. Insgesamt gilt für die externe Content-Beschaffung: Schlechte Qualität kann viel kosten, gute Qualität kostet auf jeden Fall viel.

8.2.3 Content-Marktplätze im Web 2.0

Die Idee der Content-Syndication, also des Handels mit Content, gibt es schon seit 1835, als die Agence Havas, der Vorgänger von Agence France Press, gegründet wurde. Populär wurde die Idee Ende des 19. Jahrhunderts, als der Verleger William Randolph Hearst in den USA 1895 mit der Vermarktung von Comic Strips für Tageszeitungen (*The Yellow Kid*) begann.[10] Folglich schloss dieser Begriff bald auch den Handel mit Zeitungsartikeln ein. Im Internet wurde diese Geschäftspraxis vor gut einem Jahrzehnt zum ersten Mal in größerem Umfang genutzt. Allerdings besaßen die Pioniere der Branche, in Deutschland Firmen wie 4Content, Contara und Tanto, damals sehr schlechte Überlebenschancen.[11] Heute sieht die Situation ungleich besser aus. Der finanzielle Druck, der von der Zeitungsbranche bis hin zur Wirtschaft herrscht, befördert ein System der Arbeitsteilung und des Content-Kaufs, was dazu beiträgt, dass die Anzahl der Content-Marktplätze und Online-Agenturen heute in Deutschland kaum mehr überschaubar ist. Die bekanntesten deutschsprachigen Content-Anbieter finden sich in Tab. 8.1.

Grundsätzlich lässt sich zwischen zwei Varianten der Content-Beschaffung differenzieren: dem Einkauf von fertigen, bereits bestehenden Artikeln, wie er meist im Zeitungsbereich stattfindet, und der Anfertigung von Content durch professionelle Online-Agenturen und deren Autoren. Letztere verfügen über einen Pool selbstständiger Autoren zu einem breiten Themenbereich. Der Kunde wendet sich an die Agentur, die ihm dann ausgewählte Autoren zur Verfügung stellt. Gerade für Webauftritte von größeren Firmen ist

[10] Michael Upshall, Content licensing. Buying and selling digital resources, Oxford 2009, S. 10.

[11] 4Content AG beantragt Insolvenz, Computerwoche vom 2.7.2001 (19.2.2013, 13.30 Uhr), online verfügbar unter: http://www.computerwoche.de/a/4content-ag-beantragt-insolvenz,521820.

Tab. 8.1 Die bekanntesten deutschsprachigen Content-Anbieter

1. http://www.content.de/
2. http://www.pagecontent.de/
3. http://www.contentworld.com
4. http://www.supertext.ch/
5. http://www.textprovider.de/
6. http://www.texttreff.de/
7. http://www.texterlounge.de/

dies eine Möglichkeit, um sich Content zu beschaffen. Vertreter von Content-Agenturen loben gerne die Zeitersparnis und die unkomplizierte und kostengünstige Abwicklung der Projekte.[12]

Im Idealfall ist dies auch tatsächlich der Fall. Trotzdem gilt auch hier, dass Content-Agenturen nur in bestimmten Fällen Sinn machen. Sie funktionieren im Endeffekt wie Werbe-/Marketingagenturen, die sich auf den Webauftritt von Firmen spezialisiert haben. Der Ablauf von Content-Projekten (vgl. Abb. 8.2) verläuft daher analog zu Marketingprojekten, hier am Beispiel der Content-Agentur Contilla, einem Content-Marktplatz für eher hochwertigen Content im B2B-Bereich unter Beteiligung der DuMont Venture und der Verlagsgruppe Ebner aus Ulm:[13]

Der Vorteil, den Content-Agenturen gegenüber anderen Arten der Content-Beschaffung bieten, ist die spezifische Auswahl der Content-Autoren, die sich aus einem Pool von (bis zu mehreren tausend) Autoren speisen. Dadurch ist es möglich, Autoren und Texte für nahezu jedes Fachthema und jeden Bereich von Artikelbeschreibungen über Kategorienseiten bis hin zu Pressemitteilungen und Reviews zur Verfügung zu stellen. Außerdem sind die Agenturen durch ihre Spezialisierung näher am Marktgeschehen und den aktuellen Trends.[14]

Meist wird, bei Content-Agenturen wie im klassischen Marketing, nach einer Analyse der Ausgangssituation ein entsprechendes Konzept entwickelt und umgesetzt. Der konkrete Arbeitsablauf ähnelt sich dabei. Nach Einrichtung eines Accounts gegen Vorkasse wird der Auftrag in eine Online-Maske mit Thema, Umfang, Detailtreue und Abgabetermin eingetragen. Zusätzlich wird noch die Qualitätsstufe angegeben, da die Autoren nach Zeichen sowie Schwierigkeit des Themas beziehungsweise persönlicher Anforderung durch

[12] Jens Thomas, Die Qual der Wahl bei der Contentbeschaffung, SEO Handbuch (19.2.2013, 13.30 Uhr), online verfügbar unter: http://www.seo-handbuch.de/suchmaschinen-suchmaschinenoptimierung/die-qual-der-wahl-bei-der-contentbeschaffung.

[13] Contilla GmbH (19.2.2013, 13.30 Uhr), online verfügbar unter: http://www.contilla.de/content-agentur.php.

[14] Jens Thomas, Die Qual der Wahl bei der Contentbeschaffung, SEO Handbuch (19.2.2013, 13.30 Uhr), online verfügbar unter: http://www.seo-handbuch.de/suchmaschinen-suchmaschinenoptimierung/die-qual-der-wahl-bei-der-contentbeschaffung.

Ablauf Content-Projekte

Phase 1 →	Phase 2 →	Phase 3 →
Analyse Ausgangssituation	**Erarbeitung Content-Konzept**	**Umsetzung Content-Konzept**
• Wer sind Ihre Kunden?	• Festlegung Content-Themen und Zielgruppenansprache	• Erstellung Redaktionsleitfaden und Redaktionsplan
• Was ist das Ziel Ihrer Webseite?	• Auswahl der richtigen Content-Formate unter Berücksichtigung der definierten Ziele der Webseite	• Beauftragung Content-Anbieter
• Welcher Content wird bisher verwendet?	• Definition benötigter Content-Umfang	• Qualitätskontrolle Content-Erstellung (z. B. Lektorat)
• Inwieweit trägt der jetzige Content zur Zielerreichung bei?	• Auswahl geeigneter Content-Anbieter: Verlage oder Redakteure	• Beschaffung Bildmaterial
• Welche Rolle spielen Google-Rankings und wie gut sind diese?	• Festlegung Bildsprache	• Einpflegen der Inhalte in Kundensystem
• Durch wen wird der jetzige Content erstellt?	• Aufstellung Projektzeitplan	• Permanente Aktualisierung der Inhalte
• Weitere kundenindividuelle Fragestellungen		• Projektmanagement durch Contilla

Abb. 8.2 Ablauf Content-Projekte

den Kunden bezahlt werden. Generell gilt: Je anspruchsvoller die Anforderungen, desto höher die Entlohnung. Im Anschluss wird das Thema freigegeben, und jeder Autor kann dieses dann bearbeiten. Ebenso kann der Kunde einen bestimmten Autor oder eine Autorengruppe explizit anfordern. Der Auftraggeber kann den fertigen Text dann entweder annehmen, ablehnen oder aber ohne Aufpreis in Revision geben. Falls der Text angenommen wird, erhält der Autor das Honorar und die Nutzungsrechte werden an den Auftraggeber übertragen.[15]

[15] Jens Thomas, Abläufe bei der Contentbeschaffung, in: Ralf Peter Korte (Hg.), OCEPARX, 3.5.2012 (19.2.2013, 13.30 Uhr), online verfügbar unter: http://www.oceparx.de/2012/05/03/ablaeufe-bei-der-contentbeschaffung/.

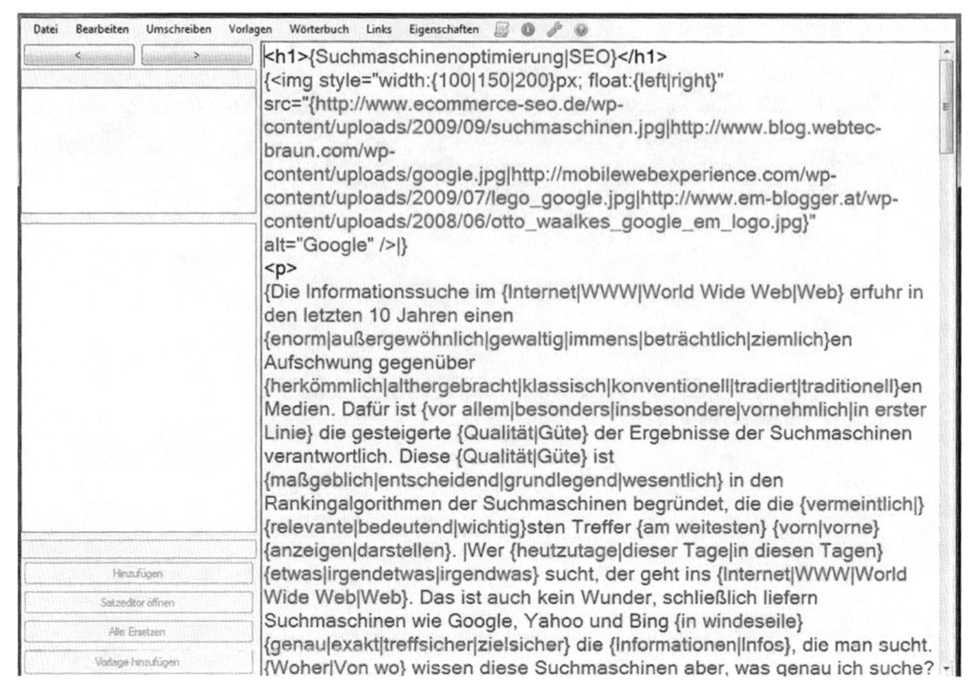

Abb. 8.3 Article Wizard: Ein Beispiel für eine Content-Spinning-Maschine

Der Nutzen von Content-Agenturen beschränkt sich daher vor allem auf größere Projekte, da für kleinere Content-Mengen der Kosten-Nutzen-Faktor nicht mehr funktioniert. Darüber hinaus ist die Funktionsweise der Content-Agenturen keine Garantie für Zeiteffizienz oder hohe Textqualität. Dieselben Probleme ergeben sich oft auch für den Fall, dass die Agentur als reiner Autorenvermittler genutzt wird.

8.2.4 Content-Spinning im Web 2.0

Hierbei handelt es sich um eine kostengünstige Alternative zur Content-Beschaffung. Mittels eines Computerprogramms werden bestehende Texte durch das Programm umformuliert, und es entstehen so neue Texte, hier am Beispiel des Article-Wizard in Abb. 8.3.[16]

Genauer gesagt, ersetzt der Nutzer dabei im Programm bestimmte Begriffe durch andere Begriffe. Dies hat zwei Vorteile. So kann der gleiche Text mit anderen Begriffen wiederverwendet werden, was im Hinblick auf SEO gut ist, da der Text von Suchmaschinen als „unique" aufgefasst wird, was wiederum das Ranking beeinflusst. Der zweite Vorteil besteht darin, dass ein im besten Fall allgemein gehaltener Text so auf viele Themenfel-

[16] Pascal Landau, Article Wizard, MySEOSolution (19.02.2013, 13.30 Uhr), online verfügbar unter: http://www.myseosolution.de/seo-tools/article-wizard/#demo.

der angewendet werden kann, vorausgesetzt, man nimmt am Endtext einige kleinere Anpassungen vor. Das Ergebnis sind dann mehrere Texte mit untereinander verschiedenem Inhalt. Die unbestreitbare Zeit- und Kostenersparnis wird allerdings durch teils fragwürdige und holprige Texte wieder eingeschränkt. Darüber hinaus kann Text-Spinning nur funktionieren, wenn bereits ein Text/Content vorhanden ist, der alterniert werden kann. Holprige Texte können nur vermieden werden, wenn die Software extensiv genutzt wird, was wiederum entsprechend Zeit in Anspruch nimmt. Zählt man die Zeit, die man zum finalen Überarbeiten benötigt, dazu, ist der Zeitaufwand für einen selbstverfassten Content bisweilen sogar geringer. Im Endeffekt macht Text-Spinning nur im Hinblick auf SEO Sinn. Allerdings versuchen die Betreiber von Suchmaschinen, etwa Google mit dem „Panda Update", genau solche Texte herauszufiltern.

Content-Spinning ist also nicht in jedem Fall eine kostengünstige und zeitschonende Alternative der Content-Beschaffung. Nur bei bereits vorhandenem, sehr allgemein gehaltenem Content, kann Spinning im Hinblick auf SEO eine reale Alternative darstellen.

8.3 Vertiefung

- Erklären Sie die Begriffe SEO und SEM!
- Erläutern und beurteilen Sie die Wechselwirkung zwischen Suchmaschinenalgorithmen und Content!
- Nennen Sie vier Arten der Content-Beschaffung. Erklären und beurteilen Sie die einzelnen Arten!

Literaturempfehlung

Polanka, Sue: No shelf required 2. Use and Management of Electronic Books, Chicago 2012.

Upshall, Michael: Content licensing. Buying and selling digital resources, Oxford 2009.

Quellen

4Content AG beantragt Insolvenz, Computerwoche vom 2.7.2001 (19.2.2013, 13.30 Uhr), online verfügbar unter: http://www.computerwoche.de/a/4content-ag-beantragt-insolvenz,521820.

ABAKUS Internet Marketing GmbH (19.2.2013, 13.30 Uhr), online verfügbar unter: http://www.abakus-internet-marketing.de/.

Contilla GmbH (19.2.2013, 13.30 Uhr), online verfügbar unter: http://www.contilla.de/content-agentur.php.

Dobreva, Milena/Engelen Jan, (Hrsg.): From author to reader. Challenges for the digital content chain: proceedings of the 9th ICCC International Conference on Electronic Publishing, Arenberg Castle, June 8–10, 2005, Leuven 2005.

Fecko, Mary: Electronic resources. Access and issues, London 1997.

Google AG (19.2.2013, 13.30 Uhr), online verfügbar unter: Adwords.google.com/select/KeywordToolExternal.

Google AG (19.2.2013, 13.30 Uhr), online verfügbar unter: https://adwords.google.com/o/Targeting/Explorer?__c=1000000000&__u=1000000000&ideaRequestType=KEYWORD_IDEAS.

Google AG (19.2.2013, 13.30 Uhr), online verfügbar unter: http://support.google.com/adwords/bin/answer.py?hl=de&answer=6100.

Internet Marketing Tipps (19.2.2013, 13.30 Uhr), online verfügbar unter: http://www.internetmarketing-tipps.de/allgemein/worauf-es-bei-der-contentbeschaffung-ankommt/.

Landau, Pascal: Article Wizard, MySEOSolution (07.02.2013, 11.30 Uhr), online verfügbar unter: http://www.myseosolution.de/seo-tools/article-wizard/#demo.

Statista GmbH (19.2.2013, 13.30 Uhr), online verfügbar unter: http://de.statista.com/statistik/daten/studie/222849/umfrage/marktanteile-der-suchmaschinen-weltweit/.

Thomas, Jens: Abläufe bei der Contentbeschaffung, in: Ralf Peter Korte (Hg.), OCEPARX, 3.5.2012 (19.2.2013, 13.30 Uhr), online verfügbar unter: http://www.oceparx.de/2012/05/03/ablaeufe-bei-der-contentbeschaffung/.

Thomas, Jens: Die Qual der Wahl bei der Contentbeschaffung, SEO Handbuch (19.2.2013, 13.30 Uhr), online verfügbar unter: http://www.seo-handbuch.de/suchmaschinen-suchmaschinenoptimierung/die-qual-der-wahl-bei-der-contentbeschaffung.

Journalistische Darstellungsformen 9

Gabriele Goderbauer-Marchner/Sandra Roth

Gleich zu Beginn: Wer nicht schreiben kann, kann dies nirgends, egal, für welche Plattform. Wer schreiben kann, kann dies für alle Plattformen – wenn er einige Regeln beherrscht. Wer nicht ordentlich recherchiert, wird keinen Qualitätsjournalismus liefern, – egal, auf welchen medialen Wegen er seinen Text distribuiert.

Welche Darstellungsformen eignen sich für welche journalistischen Ziele? In welche Form sollte journalistischer Content gebracht werden, damit er zum Erfolg kommt und gibt es durch die Veränderungen im Web-2.0-Zeitalter auch neue journalistische Darstellungsformen und Elemente im Online-Bereich?

Im Mittelpunkt aller journalistischen Darstellungsformen – das gilt auch für E-Publishing – stehen die solide Kenntnis der Textformen und ihre Verwendungsbereiche. Daran ist nichts zu rütteln. Wer nicht auseinanderzuhalten weiß, wie man eine Reportage von einem Bericht unterscheidet, wer Wertendes von Neutralem nicht zu trennen vermag, wird auch bei elektronischem Publizieren Probleme haben (Goderbauer-Marchner 2009).

9.1 Herausforderungen des Online-Journalismus

E-Publishing ist multimediales Arbeiten. Texten bedeutet dabei mehr als nur das Schreiben. Und doch – das Schriftliche wird immer mehr an Bedeutung gewinnen, die Masse an Visualisierung, die vom Nutzer eingeforderte Mehrdimensionalität und das Bedürfnis nach Interaktivität stellen in der Informationsflut eine große Herausforderung an die Autoren dar.

Dabei ändert sich in jüngster Zeit die Perspektive auf den Online-Journalismus, wo sich der Blick nun oft auf die Besonderheiten der Internetkommunikation und die neuen partizipativen Vermittlungsformen richtet. Der Online-Journalismus vereint Vorteile klassischer Medien, Texte können mehrfach gelesen werden (statische Eigenschaft wie Zeitung und Zeitschrift), gleichzeitig können sich Informationen oft und schnell ändern (dynamische Eigenschaft wie Hörfunk oder Fernsehen). Multimedialität kann den Text

T. Büsching, G. Goderbauer-Marchner, *E-Publishing-Management*,
DOI 10.1007/978-3-658-04110-6_9, © Springer Fachmedien Wiesbaden 2014

anschaulich ergänzen, Hypertext-Strukturen können individuelles Lesen ermöglichen (vgl. Mast [2008]: 263–264, 613).Wer im Web liest, der liest – auch wenn er oberflächlicher unterwegs ist. Das, was Qualität bietet, wird längere Verweildauer erzeugen. Aber das war und ist im Print auch nicht anders. Schlechte Texte liest kaum jemand bis zur letzten Zeile, egal, auf welcher Plattform. Es muss also um Qualitätsjournalismus gehen. Qualitätsjournalismus ist dabei ein subjektiver Begriff, er zeichnet sich im Allgemeinen aber durch Genauigkeit und Erkenntnisgewinn aus (Robertson 2013. S. 4). Dies bedeutet konkret, journalistische Sorgfalt walten zu lassen (präzise Recherche durchzuführen, medienspezifische Repräsentationsformen umzusetzen, journalistische Darstellungsformen zu kennen und gezielt einzusetzen). Die Herausforderung an die Journalisten ist die Prämisse einer fairen und neutralen Berichterstattung, der die Leser vertrauen können, sowie das interessante und bereichernde Bündeln der Informationsflut (Robertson 2013. S. 4). Es ist ein Trugschluss, dass Netz-Leser die „Schlampigen", die „Gehetzten", die „Zeitlosen" seien, nein: Auch die Online-Leser sind ein guter Querschnitt der Bevölkerung. Es gibt solche – und solche. E-Publishing bedient alle Kreise, umso wichtiger ist eine präzise Zielgruppenanalyse, die auch viele Internet-Agenturen inzwischen gerade für Unternehmen anbieten.[1] Was für Corporate Publisher und Auftragskommunikatoren gilt, gilt für Journalisten umso mehr. Ihre Texte müssen in ihrer Relevanz- und Zielgruppenüberprüfung eine Dramatik aufzeigen, Emotionen wecken, ein Wir-Gefühl erzeugen – dann geht der User mit und liest weiter (vgl. Abb. 9.1).

9.2 Veränderungen von Print- zu Online-Journalismus

Die journalistischen Darstellungsformen verwenden beim E-Publishing alte, aber auch neue Akteure und erreichen eine breitere, doch sehr nutzerorientierte Leserschaft. Nicht allein für den klassisch ausgebildeten Journalisten – über Volontariat, Hospitanz, einschlägiges Studium oder als Quereinsteiger – sind die Darstellungsformen wichtige Handlungsleitlinien zur Erstellung von Texten. Nein, mittlerweile sind die Autoren vielschichtig, journalistisch oft ungelernte, hoch interessierte, in Spezialthemen erfahrene und im Netz schreibaktive Menschen, die sich – ebenfalls – der journalistischen Darstellungsformen bedienen, um digital zu texten. Die Darstellungsformen sind gleichwohl Handwerkszeug für Laien, professionelle Journalisten und, was früher völlig außerhalb des Fokus lag, auch für Unternehmen, für PR-Autoren, für Auftragskommunikation. Dennoch ist deutlich zu machen, dass dies auch für das Web gilt: PR und Journalismus sind zu trennen, Werbung ist dem User deutlich zu machen.

In aller Kürze: Elektronisches Publizieren bearbeitet und behandelt Themen wie im Print. Entscheidend ist das „Wie". Vieles ist identisch, einige Kniffe erleichtern ungemein, den User zu erreichen. Und das ist das Ziel, denn was nicht gelesen oder gar gefunden wird, ist nichts wert. Der Wert hängt mit der Wirksamkeit zusammen. Wenn ein Text

[1] http://www.twt.de/news/blog/zielgruppenanalyse-in-funf-schritten-zur-eigenen-kundschaft.html.

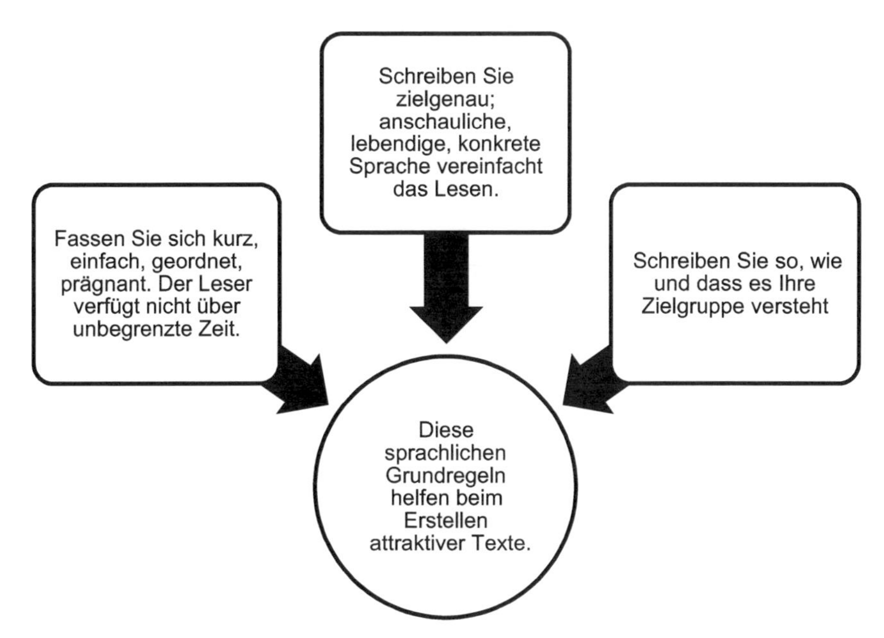

Abb. 9.1 Grundregeln zum journalistischen Sprachgebrauch (Eigene Darstellung, nach Mast 2008: 261)

„nicht ankommt", weder real noch virtuell, ist er ohne (Mehr-)Wert. Der ZDF-Online-Nachrichtenredakteur Martin Giesler bietet in seinem Blog *120Sekunden*[2] Einblicke in die Digitalisierung des Journalismus und zahlreiche Ressourcen und Tools für Journalisten[3], darunter die Mailinglist *links of the week* (die jeden Sonntag die besten Artikel zu Social Media, Journalismus und Tech kostenlos präsentiert), einen How-to-Guide zur professionellen Content-Gewinnung aus Twitter für Journalisten[4] und einen Überblick über deutschsprachige News-Aggregatoren[5].

Das Leseverhalten der Nutzer im Internet ist anders. So ist die Verweildauer auf einer Seite oft sehr kurz, sodass Text und Gestaltung umso attraktiver sein müssen. Die Gestaltung ist Hilfe, aber online ist sie wichtiger denn je; der Text ist zentral, aber er wirkt nur in idealer Kombination mit dem Design und der Ergänzung mit anderen Elementen (Grafiken, Fotos, Videos …). Das bedeutet für den Autor, dass er umso mehr in die Rolle des Users schlüpfen muss. Zielgruppenanalyse war noch nie so wichtig.

Die Darstellungsform ist gut auszuwählen – themenabhängig, aber auch abhängig von den Elementen der Multimedialität. Was kann ich wie bebildern, mit welchen Videoclips

[2] http://120sekunden.com.

[3] http://120sekunden.com/ressourcen-tools-fur-journalisten/.

[4] http://120sekunden.com/2012/10/twitter-listen-fur-journalisten-ein-how-to-und-viele-listen/.

[5] http://120sekunden.com/2013/01/von-rivva-bis-10000flies-deutsche-news-aggregatoren-im-uberblick/.

bereichern, mit welchen Infografiken und datenjournalistisch aufbereitet geschickt kombinieren?

Ob referierend, interpretierend, kommentierend – jede Textgattung lebt von einem guten Start, sprich von dem trefflich formulierten Teaser. Dem klassischen sogenannten Vorspann muss also bei allen Darstellungsformen größte Aufmerksamkeit geschenkt werden. Wie texte ich hier kurz, aber nicht banal, knapp, aber präzise, um den User nicht zu verlieren? Das ist der entscheidende Start eines jeden Textes. Das war aber, wenn die „Online-Gurus" ehrlich wären, noch nie anders. Auch im Print war ein schlechter Start die Anregung zum Umblättern! (Jakubetz, Christian (2008), Crossmedia, 43).

Während im Print der Vorspann in der Regel die W-Fragen fast schon umfänglich und in aller Kürze allumfassend beantwortet (Wer?, Wann?, Wo?, Was?, Warum?, Wie?, Woher?), ist es ratsam, im Web die ersten vier Fakten-Fragen im Teaser zu beantworten. Wie der Leser zum Weiterlesen animiert wird, das ist journalistisches Können – ob dies über einen „Cliffhanger" erreicht wird, wie manche empfehlen, ist sekundär. Was versteht man unter Cliffhangern? Eigentlich kommt der Begriff aus der Bergsteigerwelt, wo man mit Klippen und Steilhängen zu tun hat. Im Medienbereich ist dieser Begriff zunächst bei Fortsetzungsromanen verwendet worden, um die Leser von einem Romanteil zum nächsten mit Spannung bei der Stange zu halten, bei Serienfilmen wird diese Neugier auf die nächste Folge ebenfalls gerne weitergetragen. Cliffhanger sind also Kniffe. Wichtiger aber sind meines Erachtens journalistische Qualität und Relevanz des Themas. Dann bleibt der Leser. Der Leser muss neugierig gemacht werden, er muss motiviert werden zum Weiterlesen (Heijnk, Stefan (2011), Texten fürs Web, 2. Aufl., S. 108–129)[6]. Der Lead sollte daher nicht alles sagen, sondern einige Fragen offenlassen, keine Begründungen oder Erklärungen liefern und nur andeuten, dass das Thema im nachfolgenden Text vollständig bearbeitet und erklärt wird (vgl. Häusermann 2011: 204–205).

Wer im Lead allerdings alles erfährt, wird vielleicht nicht weiterlesen – der ausführliche Artikel ist möglicherweise „für die Katz". Die Online-User sind ohnehin oft „Gehetzte", sie huschen von Seite zu Seite. Was sie ausführlich lesen, das hängt von den Themen und dem journalistischen Können der Sprache wie der Aufbereitung im Umfeld von Gestaltungsmerkmalen im Netz ab.

Daher ist in Nachricht und Bericht in jedem Fall wegen der schnellstmöglichen Aktualität alles Wichtige im Vorspann zu berichten, nicht aber zu erklären: Es geht um attraktive nachrichtliche Informationen, die quasi in Echtzeit verbreitet werden wollen. Dass ein kurzer neugierig machender Teaser durch die Web-Gestaltung das Weiterklicken fördert, ist ein Nebeneffekt. aber nicht mehr. Denn die Wertigkeit einer Website misst sich schon längst nicht mehr an Klick-Zahlen, die durch Sudoku oder Bildergalerien erzeugt wurden (und werden) – die werbetreibende Wirtschaft fällt auf diese so billig generierten Klick-Zahlen nicht (mehr) herein.

[6] Hier meines Erachtens eine Überbewertung des Cliffhangers.

9.3 Formulierung gelungener Leads

Vergleichen Sie folgende beiden Lead-Beispiele (Häusermann 2011: 204–205). Das erste erweckt durch seine Erklärungen und aufzählenden Beispiele den Eindruck der Vollständigkeit, als wäre alles zum Thema gesagt. Dem Leser wird somit kein Grund geboten weiterzulesen. Das zweite Lead-Beispiel ist eine Überarbeitung des ersten Beispiels, wesentlich knapper, attraktiver und motiviert zum Weiterlesen, weil u. a. Erklärungen fehlen.

> Bis zu 40 % des Strombedarfs können die Tübinger Stadtwerke künftig mit eigenen Anlagen produzieren. Allein 18 % schafft das Blockheizkraftwerk Obere Viehweide, das nach einjähriger Bauzeit seit wenigen Wochen am Netz hängt. Zusätzlich erzeugen zwei auf neuesten Stand gebrachte Wasserkraftwerke umweltverträglich Strom. Denn Stadtwerke-Chef Friedrich Wenig ist davon überzeugt, dass seine Tübinger Kunden nicht nur auf den Preis, sondern auch auf ökologische Kriterien achten.

> Bis zu 40 % des Strombedarfs können die Tübinger Stadtwerke künftig mit eigenen Anlagen produzieren – und zu einem großen Teil mit umweltverträglichen Wasserkraftwerken. Stadtwerke-Chef Friedrich Wagner ist sich sicher, dass er seine Kunden halten kann.

Der Fließtext des Leads benötigt eine treffende Überschrift, einen anregenden Eye-Catcher. Wenn der Titel dazu führt, dass der Leser neugierig wird, dann hat der Autor „gewonnen". User „greifen" in rasanter Geschwindigkeit wie beim Scannen die Seite „ab" und checken blitzartig, ob „es sich lohnt", dabeizubleiben. Keywords helfen, einen Titel attraktiv zu formulieren. Dass jede Zielgruppe andere Relevanzkriterien hat, stellt für den Autor *die* Herausforderung dar. Was will *mein* User erfahren? Beim E-Publishing hilft freilich feuilletonistische Sprache nicht immer. Die Titel müssen zielführend sein – selbst bei Reportagen, wo lockende Titel in Printausgaben zum Weiterlesen animieren, muss online deutlich werden, worum es im Text geht – sonst steigt der Nutzer aus. Er schenkt dem Autor und seinem Text nicht die Zeit, derer ein längeres An-Lesen bedürfte, um nach der Lektüre eines allgemein gehaltenen Titels noch weiterzuschmökern. Das Tempo der User schlägt zurück auf die Prägnanz des Titels.

Vergleichen Sie hierzu folgende Beispiele:

> E-Plus-Übernahme durch O2: Die Folgen des Mega-Deals
>
> In der Telekommunikationsbranche bahnt sich ein Milliarden-Deal an: O2 übernimmt E-Plus. In Deutschland soll ein neuer Mobilfunkriese mit rund 43 Millionen Kunden entstehen. Was ändert sich durch die Fusion?[7]

Die Überschrift greift eine tagesaktuelle Nachricht als Hauptaussage des Gesamttextes auf und verweist auf den Textinhalt. Der folgende Vorspann liefert ein paar zusätzliche Infor-

[7] http://www.spiegel.de/wirtschaft/service/fusion-von-e-plus-und-o2-was-sich-aendert-a-912587.html, 23.07.13.

mationen und deutet auf den Textinhalt durch eine klare Frage hin. Im Text werden dann die Fragen beantwortet, die sich für Kunden der Unternehmen im Rahmen der Fusion stellen. Die jeweilige Frage ist als Zwischenüberschrift formuliert, bietet dem Leser so optische Orientierung und Anreiz weiterzulesen, so bleibt der Leser dran (vgl. Häusermann 2011: 202).

Dieses Zusammenspiel von Überschrift, Lead und Text lässt sich auch auf alle anderen journalistischen Textsorten erfolgreich anwenden und ist nicht auf den Leseanreiz tagesaktueller Nachrichten beschränkt, wie folgender Reportage-Text von *Spiegel Online* zeigt:

> Vergessene Film-Metropole
> Hollywood der Lüneburger Heide
> Traumfabrik mit Dorfkrug-Flair: Nach dem Zweiten Weltkrieg wurde das niedersächsische Bendestorf unverhofft zur Filmmetropole. Zara Leander liebte die Erbsensuppe im Gasthof, Marika Rökk tanzte auf dem Feuerwehrball – und die splitternackte Hildegard Knef sorgte für einen handfesten Skandal.[8]

Die Hauptaussage des Textes ist das vergessene Hollywood in der Lüneburger Heide. Der Vorspann benennt das Dorf, bringt ein paar Beispiele, liefert aber keinerlei Erklärungen. Der Leser erwartet und findet diese im durch Zwischenüberschriften geteilten Fließtext.

9.4 Suchmaschinenoptimiertes Schreiben

Suchmaschinenoptimiertes Schreiben ist bei Online-Texten zentral, aber: Dies impliziert nicht simplifiziertes Schreiben. Wurde in den Anfängen des WWW laufend das SE-Schreiben proklamiert, ist heute diese Erkenntnis – Gott sei Dank – angekommen: Auch im Netz schreiben wir für Menschen. Dass die Suchmaschinen dienlich sind, ist eine ebenso einleuchtende Erkenntnis, daher lasst uns die Suchmaschinen „befüttern", aber ihnen den dienenden Charakter zusprechen. Denn: Die Suchmaschinen finden auch gute sprachlich ausgefeilte Texte. Zu beachten ist jedoch, dass – siehe oben – der Titel *das* zentrale Schlüsselwort enthält.

9.5 Eigenschaften neuer digitaler Texte

Journalistische Darstellungsformen sind textliche Beiträge, die beim digitalen Publizieren meist nicht singulär stehen (die früher so genannte „Bleiwüste" einer Tageszeitung war schon in der Vergangenheit kein Leseanreiz!). Texte kombinieren E-Publisher mit Bildern, Videos, Grafiken, natürlich mit Links. Die journalistischen Texte selbst müssen journalistischen Kriterien genügen, die Plattform ist völlig nebensächlich – zunächst.[9]

[8] http://einestages.spiegel.de/s/tb/28984/filmstudios-bendestorf-das-hollywood-der-lueneburger-heide.html, 23.07.13.

[9] Vgl. Goderbauer-Marchner/Blümlein (2004): Karriereziel Journalismus; Jakubetz (2008): Crossmedia; generell die Publikationen von Haller, Michael.

Zu den referierenden Textgattungen gehören die Klassiker: der Bericht und die Nachricht. Diese journalistische Darstellungsform bietet sich an für kompakte Information. Hochaktuell kann hier der Autor seine Leser informieren, knapp auf den neuesten Stand bringen. Der Autor bleibt sachlich, ohne Emotionen, nüchtern, distanziert. Berichte im elektronischen Publizieren sind i. d. R. sehr kurz. Sie werden laufend aktualisiert. Es geht um die Erstinformation.

Zu den interpretierenden Textgattungen gehören Reportage, Interview, das Feature. Hier kann der Autor neben den Fakten, die er publiziert, seine Emotion integrieren. Der Autor ist der Vermittler von Botschaften, er ist für den User in der Welt unterwegs. Er muss sich nicht zurücknehmen, im Gegenteil. Er riecht, schmeckt, fühlt, hört, sieht für uns die Welt, den Schauplatz, an dem der User gerade nicht weilt.

Zu den kommentierenden Textgattungen zählen selbstredend der Kommentar, aber auch die Glosse. Diese Darstellungsformen müssen auch im Netz eindeutig als solche gekennzeichnet werden, denn hier wertet der Autor. Es ist seine ureigene Meinung, die er formuliert. Das muss der Leser wissen. Kommentare sind von größter Bedeutung. Der User will einen Lotsen haben in der völlig überladenen, informationsüberquellenden Welt der Medien und des Internets. Er will einen verlässlichen Partner mit einer „Lieblings-Website" und einem „Lieblingsautoren" haben, einen, zu dem er und zu dessen Meinung er Vertrauen hat. Einen, dem er glauben kann in der Einschätzung der Dinge und der Ereignisse (Fasel (2008), Textsorten).

So haben die verschiedenen Textgattungen unterschiedliche Stellenwerte. Das Nachrichtliche ist exzellent für die rasche, die rascheste Informationsverbreitung. Es rutscht in der Wertigkeit im Internet nach vorne, während es in den Printausgaben immer weniger zentral ist. Das Netz ist einfach schneller.

Das Interpretierende stellt für die User einen hohen Wert wegen der Hilfen zur Einschätzbarkeit von Themen dar. Und das Kommentierende schenkt dem User Orientierung auf vorab entwickelter Vertrauensbasis.

Weitere Textgattungen – nicht journalistischer, sondern kommunikativer Art – sind Pressetexte von Agenturen, Pressestellen und -sprechern, Blogs von Privaten wie von Unternehmen, wo alles und nichts publiziert wird. Kleine wie große Zielgruppen werden anzusprechen versucht, Werbliches und Subjektives – der User hat seine Vorlieben für Produkte, für Marken, für Themen. (Firnkes (2012), S. 45–65). Aber der User weiß sehr genau zu unterscheiden, ob er sich auf einer kommerziellen nichtjournalistischen oder auf einer journalistischen Seite befindet. Er ist sich selbst im Klaren, ob er als Konsument Informationen bei Unternehmen, Firmen, Parteien sucht oder als auf Unabhängigkeit achtender Mediennutzer journalistischer Produkte, die ihm helfen, die Ereignisse lokal wie überregional richtig einzuordnen.

Generell fällt auf, dass manche Publikationen sich fast nur noch mit dem Gestalten von Texten im Web befassen. Das ist die eine Facette. Aber die andere ist, dass, wer keine ordentlich geschriebenen, grammatikalisch richtigen, zuverlässig recherchierten Texte formulieren kann, mit Gestaltung auch nicht weit kommt. Das Plädoyer lautet demnach: Alle Bereiche qualitätvoller Synergien – Text von der Entwicklung bis zur Schreibphase, Einbettung in geeignete Gestaltung, Schaffung von Interaktivität – sind zu beachten. Aber ohne Text ist nichts los.

Dass E-Publishing neben den klassischen journalistischen Darstellungsformen, die „schon immer“ gelten, die wir von Print kennen, die wir auch schätzen, wenn wir uns informieren und unterhalten wollen, auch neue Formen – peu à peu – entwickelt, erleben wir aktuell. E-Publishing bedeutet auch ein Veröffentlichen auf einer breiten Experimentierwiese. Neue Erzählformen finden sich, die nicht selten eine alte Tradition haben. Die mobile Kommunikation fördert die Suche nach neuen Formen, neuen Strukturen, neuer Darstellung. Was bleibt, sind die seriösen Unterscheidungen in berichtender und wertender Präsentation von Texten. Qualitätsjournalismus hängt eben nicht von Plattformen ab. Der Nutzer will Orientierung erhalten. Er will durch Lesen Themen einordnen können. Er will die komplexe Welt durch Autoren seines Vertrauens verstehen. Er erkennt sehr wohl, ob ein Text gründlich recherchiert ist oder nicht.

Die Grenzen zwischen den einzelnen Textsorten sind dabei oft fließend, genauso wie die Journalisten passagenweise ihre Absicht, zu informieren, zu überzeugen oder zu unterhalten. wechseln können. Nach dem Leitsatz „Facts are sacred, comment is free“ gilt die redliche Trennung von Nachricht und Kommentar als Grundsatz und Qualitätsmerkmal im Journalismus, in Print und online (vgl. Mast 2008: 259).

9.6 Erfolgsfaktoren im Bereich Online

Tabelle 9.1 hat bereits auf technische Mehrwerte in Online-Texten und auf crossmediale Strategien im Online-Journalismus hingewiesen. Haben sich aber noch andere Elemente journalistischer Darstellungsformen online verändert? Partizipative Darstellungsformen mit Qualitätssicherung nach Netzwerkprinzip haben sich etabliert und wachsen in Zahl und Qualität (*wikinews.de*, *myheimat.de*), neben neuer Textformen wie Dossier (z. B.: spiegel.de/dossier) ständig aktualisierte Newsticker, moderierte Chats, Newsfeeds und Blogs etablierten sich auch Watchblogs (wie z. B. der *Bild*blog), die die Berichterstattung etablierter Medien überprüfen. Neben *Augenzeuge.de* (*Stern*) und *Opinio* entstehen Bürgerjournalismus-Plattformen. Kommentar- und Bewertungsmöglichkeiten sind fast bei allen Online-Nachrichten-Seiten vorhanden und demokratisieren die Kommunikation in der Medienwelt. Matthias Müller von Blumencron sieht neben Menge und Qualität journalistischen Contents den Erfolg von Online-Nachrichten-Seiten in hilfreichen Erklärungen für Rezipienten: „Schneller wissen, was wichtig ist. Rasche Analysen, kundige Hintergrundstücke, die dem Leser […] eine Einordnung erleichtern, Ordnung in das Chaos der Meldungen bringen, die Ereignisse richtig und zuverlässig gewichten“ (Müller von Blumencron nach Mast 2008: 633). Er macht sechs Erfolgsfaktoren anhand der erfolgreichsten Online-Nachrichten-Seite *Spiegel Online* aus, die durchaus auch an Erfolgsfaktoren des klassischen Print-Journalismus erinnern (Müller von Blumencron nach Mast 2008: 633):

- Aktivität
- Richtige Mischung aus News, Hintergrund und Unterhaltung
- Übersichtliche Homepage

Tab. 9.1 Klassische journalistische Darstellungsformen in Auswahl (basierend auf Goderbauer-Marchner 2004: 37–39) plus Online-Mehrwerte

Referierend	Interpretierend	Kommentierend	+Besonderheiten online
Nachricht	Reportage	Kommentar	Bildergalerien
Bericht		Glosse	Audio- und Video-Slideshows (Web-TV); 2D- und 3D-Animationen
Feature	Feature	Leitartikel	Datenjournalistisch aufbereitete Umfrage-, Statistik-Ergebnisse
	Interview	Rezension	Interaktive Grafiken
	Porträt		Multimediale Storyboards/ Hypertext-Storytelling
		Kolumne	Kommunikation mit den Usern, u. a. durch Chats, Kommentarleisten
		Kritik	Vernetzung mit Blogs, Twitter, Facebook, Google+ etc. (Social-Media-Angebote)
			Schlagwörterorientiertes (SEO-)Schreiben/ Social Tagging Folksonomy

- Selbstbewusste und unabhängige Redaktion
- Enge Zusammenarbeit mit den Print-Kollegen
- Eine starke Marke

Analog zu ihren Print-Kollegen recherchieren Online-Redakteure in Archiven und vor Ort und texten stilvoll in den bevorzugten Textsorten Nachricht und Reportage (vgl. Mast 2008: 613–642).

Wie eingangs angesprochen überschneiden sich Print- und Online-Journalismus in Arbeitsweisen, Aufgaben und Darstellungsformen immer noch häufig. Wer also nicht schreiben kann, kann dies nirgends, wer schreiben kann, kann dies für alle Plattformen.

9.7 Vertiefung

- Durch welche Web-2.0-Möglichkeiten lassen sich Online-Kolumnen und -Kritiken für den Leser/Nutzer interessanter machen?
- Wozu dienen interpretierende Texte?
- Wozu dienen kommentierende Texte?
- Durch welche Eigenschaften zeichnet sich Qualitätsjournalismus aus?
- Wo lässt sich im Internet ein erster zuverlässiger Überblick über Tools und Ressourcen für Journalisten finden?

Literaturempfehlung

Häusermann, Jürg: Journalistisches Texten. UVK. Konstanz. 2011.

Mast, Claudia (Hrsg.): Journalistische Darstellungsformen. In: Mast, Claudia (Hrsg.): ABC des Journalismus. UVK. Konstanz. 2008. S. 259–349.

Mast, Claudia (Hrsg.): Online-Journalismus In: Mast, Claudia (Hrsg.): ABC des Journalismus. UVK. Konstanz. 2008. S. 613–656.

Quellen

Fasel, Christoph: Textsorten. UVK. Konstanz. 2008.

Firnkes, Michael: Professionelle Werbetexte. Handbuch für Selbständige und Unternehmer. Hanser Verlag. München. 2012.

Giesler, Martin: Ressourcen und Tools für Journalisten. Online verfügbar unter: http://120sekunden.com/ressourcen-tools-fur-journalisten/, 19.07.2013.

Giesler, Martin: Twitter-Listen für Journalisten – Ein How-To und viele Listen. Online verfügbar unter: http://120sekunden.com/2012/10/twitter-listen-fur-journalisten-ein-how-to-und-viele-listen/, 19.07.2013.

Giesler, Martin: Von Rivva bis 10000flies – Deutsche News Aggregatoren im Überblick. Online verfügbar unter: http://120sekunden.com/2013/01/von-rivva-bis-10000flies-deutsche-news-aggregatoren-im-uberblick/), 19.07.2013.

Goderbauer-Marchner, Gabriele: Die passende Darstellungsform wählen. In: Goderbauer-Marchner, Gabriele; Blümlein, Christian: Karriereziel Journalismus: Redaktionelles und rechtliches Basiswissen – Ausbildungschancen – Einblicke in den Alltag. Bw Verlag. Nürnberg. 2004. S. 37–39.

Goderbauer-Marchner, Gabriele: Journalist werden. UVK. Konstanz. 2009.

Goderbauer-Marchner, Gabriele: Blümlein, Christian: Karriereziel Journalismus: Redaktionelles und rechtliches Basiswissen – Ausbildungschancen – Einblicke in den Alltag. Bw Verlag. Nürnberg. 2004.

Heijnk, Stefan: Texten fürs Web. dpunkt Verlag. Heidelberg. 2011.

Jakubetz, Christian: Crossmedia. UVK. Konstanz. 2008.

Maeck, Stefanie: Vergessene Film-Metropole Hollywood der Lüneburger Heide. Spiegel-Online. http://einestages.spiegel.de/s/tb/28984/filmstudios-bendestorf-das-hollywood-der-lueneburger-heide.html, 23.07.13.

Robertson, Nic: Nic Robertson über Qualitätsjournalismus. In: CNN Journalist Award 2013. München. 2013. S. 4. http://www.cnnjournalistaward.com/fileadmin/user_upload/content-images/Programmheft_CNNJA_2013.pdf.

Schultz, Stefan: E-Plus-Übernahme durch O2: Die Folgen des Mega-Deals. Spiegel-Online. http://www.spiegel.de/wirtschaft/service/fusion-von-e-plus-und-o2-was-sich-aendert-a-912587.html, 23.07.13.

TWT: Zielgruppenanalyse: In fünf Schritten zur eigenen Kundschaft. 17.02.2012. Online verfügbar unter: http://www.twt.de/news/blog/zielgruppenanalyse-in-funf-schritten-zur-eigenen-kundschaft.html, 19.07.2013.

Für Crossmedia-Produkte kreativ texten 10

Gabriele Goderbauer-Marchner/Sandra Roth

Kreatives Texten ist Schreiben plus vorheriges Planen plus Recherchieren plus Überlegen, was audiovisuell und interaktiv integriert werden kann – und muss. Lineares Schreiben ist und war Print. Crossmediales Schreiben bedeutet beides – und noch mehr.

Crossmediale Produkte sind gelebte Medienrealität, denn: Heute schreiben Autoren für viele, auf jeden Fall für mehr als eine Medienplattform, für Print, Radio, TV, Online und Mobile. Der journalistische Alltag gestaltet sich so, dass die Journalisten, Autoren oder Texter die Aufbereitung der Inhalte je nach Mediengattung im Fokus haben, was nichts anderes bedeutet, als dass durch die Medienkonvergenz unter Beachtung der technischen Möglichkeiten ein und derselbe Inhalt für unterschiedliche Plattformen und damit i. d. R. für unterschiedliche Zielgruppen idealiter formuliert und distribuiert wird.

10.1 Wie texte ich kreativ für Crossmedia-Produkte?

Der Autor muss das journalistische Handwerkszeug (Recherche, Sprachstile, Darstellungsformen, Strukturen etc.) beherrschen. Daran ändert sich nichts. Die Konkurrenz im Netz ist so groß, dass die mittelmäßigen „Handwerker" immer mehr Leser verlieren werden. Qualität ist daher in der Ausbildung wie in der Weiterbildung angesagt. Lebenslanges Lernen ist keine Floskel, es muss gelebt werden.

Kreatives Texten ist die Kunst um die Gunst, es ist ein Kampf gegen Langeweile, denn: Die Nutzer sind streng, ungeduldig und kennen keine Aktion so gut wie das „Wegklicken". Die Qualitätskriterien für guten Journalismus, die bereits vor über zehn Jahren Altmeppen und Bucher aufgestellt haben, gelten weiter – die Relevanz ist das Top-Argument für die Frage, ob dem Leser etwas interessant erscheint (Bucher/Altmeppen (Hg.) (2003), Qualität im Journalismus).

Dem Kampf gegen Langeweile kann durch spannende Struktur (die meist nicht chronologisch ist) begegnet und die Relevanz durch das Pyramiden-Prinzip verdeutlicht werden, indem man das Wichtigste zuerst sagt, was gerade für Web-Texte schlechthin gilt.

T. Büsching, G. Goderbauer-Marchner, *E-Publishing-Management*,
DOI 10.1007/978-3-658-04110-6_10,

Online-Texte – wie Print-Texte – sollten die sieben Ws (Wer?, Was?, Wo?, Wann?, Wie?, Warum?, Woher [stammt die Info]?) abdecken und als achtes W (Wen?) die Zielgruppe beim Texten miteinbeziehen (vgl. Alkan 2009: 24–28)[1].

Relevant ist nicht, auf welcher Plattform etwas erscheint. Relevant ist, was wichtig ist oder erscheint, was den Leser mitnimmt in seine Welt, was er in seiner Welt auch wissen möchte, was originell ist, vom Thema wie von der Schreibe her. Die Nachfrage nach guten Texten ist enorm. Durch das Internet ist der Bedarf außerordentlich gestiegen – gute Storys werden gesucht. Schlechte Geschichten gibt es zu viele. Daher wird immer mehr derjenige seine Texte gut platzieren und vermarkten können, der Qualität und Relevanz für die jeweilige Zielgruppe bietet. Viele, die im Netz als Autoren unterwegs sind, nehmen sich nicht die Zeit für tiefgründige seriöse Recherche. Das aber wird immer mehr in den Mittelpunkt rücken. Das ist die Marktlücke. Und hierfür wird auch bezahlt werden. Nicht für Trash, nicht für Oberflächliches, nicht für gar Falsches.

Eine Marktlücke wird das gute Schreiben sein. Wo sich so viele im Internet „austoben", können diejenigen punkten, die kreativ experimentieren und gleichzeitig die Seriosität und Glaubwürdigkeit im Rucksack der Kompetenz haben. Wer denkt, dass das gute Schreiben sowieso jeder beherrscht, der irrt. Guter Stil ist eine Frage von Können, von Üben, von An-sich-Arbeiten.

Kreatives Texten bei crossmedialen Produkten stellt daher eine der großen Herausforderungen dar. Schafft es der Autor, mit seinen Worten den User zu erreichen? Findet er die geeigneten Worte? Formuliert er das, was er transportieren will, in wenigen, einfachen, direkten, treffenden, attraktiven und überzeugenden Worten? Ist er sich des Sprachgebrauchs bewusst und kann er einen journalistisch attraktiven Sprachstil entwickeln? Weiß er, wie er seine Recherchen passend integriert? Schwafelt er wortgewaltig – oder bringt er die Sache auf den Punkt? Denkt er an die Zielgruppe?

10.2 Was ist kreatives Storytelling?

Auch das kreative Storytelling ist gefordert. Dabei geht es nicht allein um das „Heruntererzählen" einer Geschichte. Es geht um das Funktionieren einer Geschichte. Wie baue ich mit welchen interaktiven und kreativen Elementen die Figuren und Ereignisse ein, wie verwebe ich diese, wie verschachtele ich dies unter dramaturgischen Gesichtspunkten, wie steigere ich durch diverse Wechsel der Visualität und des Textes einen Spannungsbogen im Erzähltempo und im Erzählrhythmus? Schafft es der Autor, die Geschichte journalistisch fundiert recherchiert, gut präsentiert und bestens formuliert zu vermitteln?

Der Leser der reinen Print-Welt war weder interaktiv noch kreativ, sieht man von der Möglichkeit, einen Leserbrief zu verfassen, einmal ab. Er war Leser. Bemüht man den Terminus des Users, dann war er reiner Nutzer. Linear aktiv. Mit den crossmedialen Produk-

[1] Weiterführende und kurzweilige Anleitung für den Online-Journalisten bietet u. a. Saim Rolf Alkan mit seinem *1 × 1 für Online-Redakteure und Online-Texter*.

ten ist der User interaktiv und non-linear, er ist Souverän seiner Zeit, er nutzt den Tag oder die Nacht, alles ist möglich. Er ist User auf sehr vielfältigen Plattformen, und er ist User verschiedener Endgeräte in seiner mobilen Welt, er nutzt die klassischen wie die neuen medialen Geräte teils parallel – siehe TV plus Tablet, den sog. Second Screen. Er twittert während einer Fernsehsendung und teilt seinen Freunden auf Facebook seine Meinung mit. Den User-generated Content darf der Autor in der Online-Welt der crossmedialen Produkte nicht aus den Augen verlieren. Die Macht des Users ist unbestritten. Sie schmälert nicht den Journalismus, sondern sie befördert das Streben auf Autorenseite nach Qualitätsjournalismus.

Dass das Gros der „neuen" Nutzer, die ja vielfach die alten sind (Stichwort Silver Surfer), serviceorientierter und auch ungeduldiger ist, stellt für die Autoren ein anderes Maß an Multimedial-Präsentation dar. Attraktive kreative Texte sind geprägt von Vielfalt, Präzision, Tempo.

10.3 Snow Fall – Die Revolution digitalen Publizierens?

Das digitale Publizieren erlebte einen Kick-off durch einen der herausragendsten Web-Texte der *New York Times*, betitelt „Snow Fall"[2]. Das kann gewiss nicht jedes Medienunternehmen leisten und nicht jedes Medienunternehmen kann es sich leisten. Das, was hier geboten wird, ist exzellent – und teuer und aufwändig. Denn der NYT-Journalist John Branch hat sechs Monate lang umfangreich recherchiert und mit anderen Helfern Filme, Bilder und Tonaufnahmen für diesen einen Artikel erstellt. Es ist ein Glanzlicht in der Branche, das nachstrahlt.

John Branch hat 2012, mehrfach ausgezeichnet, das Lawinenunglück am Tunnel Creek multimedial publiziert. Reinhard Stiehl schrieb in seinem Blog über dieses Online-Feature, es habe die Zukunft des „Digital Publishing" eingeläutet.[3] Ob dieses Feature den Journalismus im Allgemeinen oder gar dessen Zukunft wirklich verändert hat, ist ungewiss, dennoch ist es ein exzellentes Vorzeigestück im Bereich des Storytelling-Journalismus für eine grandiose Symbiose von, wie *The Atlantic*[4] schreibt, Text, Gestaltung und Kreativität. Gespickt mit statischen und dynamischen Bildern, Ton, Hypertext und Videos, emotional packend, gleichzeitig genau und mit ergänzenden wissenschaftlichen Erklärungen versehen, wirkt der Artikel, lässt seinen Konsumenten nicht mehr los.

[2] http://www.nytimes.com/projects/2012/snow-fall/#/?part=tunnel-creek. Zugriff am 16.09.2013.

[3] http://www.stiehlover.com/agenturblog/schnee-von-morgen-das-projekt-snow-fall-der-new-york-times/. Zugriff am 16.09.2013.

[4] http://www.theatlantic.com/business/archive/2012/12/snow-fall-isnt-the-future-of-journalism/266555/. Zugriff am 16.09.2013.

10.4 Datenjournalismus

Einige neue Wege zeichnen sich im Journalismus ab. Wer hat sich früher schon gerne mit opulenten Zahlenwerken befasst? Und welcher Leser wollte das schon lesen? Nun hilft der sog. Datenjournalismus. Data Journalism ist eine Variante des sog. Innovationsjournalismus. Durch Datenjournalismus erfährt der User, wie komplexe und komplizierte Zahlen, Zahlenkolonnen und statistische Elemente klar und klug aufbereitet werden. Als „Free Open-Source Reference Book" höchst empfehlenswert ist *The Data Journalism Handbook*, an dem herausragende Fachkräfte und Medienhäuser, darunter *BBC*, *Deutsche Welle*, *The Guardian*, *New York Times* et al. mitgewirkt haben. Die PDF-Datei ist kostenfrei herunterzuladen.[5] Plötzlich kann der User mit dem „Zahlensalat" etwas anfangen. Plötzlich erklärt der Journalist Dinge, die spannend sind, spannend werden durch die Interpretation nackter Zahlen. Kreatives Texten für viele Themen und frühere Ressorts am Newsdesk und im Internet kann hier mit dem User interaktiv diskutiert werden. Ja, der User wird sogar ermuntert, sich einzubringen. Stefan Plöchinger, Chefredakteur von *süddeutsche.de*, treibt in Deutschland diese neue Form von Daten- und Grafikjournalismus des kreativen Textens und Gestaltens klug und amüsant zugleich voran.[6]

Mit großen öffentlich zugänglichen Rohdaten kann über Data Mashups ein Datenmaterial für die Zielgruppe passgenau aufbereitet werden – der Kreativität in der Gestaltung wie textlichen Einordnung sind kaum Grenzen gesetzt. Dies erfordert eine völlig neue handwerkliche Kompetenz der Journalisten, die in der Vergangenheit, Spezialisten ausgenommen, i. d. R. keine Datamining- oder Statistik-Kenntnisse benötigten. Wer hier statisch denkt, ist fehl am Platz. Diese Kreativität ist eine Chance, aber auch Pflicht für die Fantasie der Autoren.

10.5 Apps

Welche Rolle Apps spielen werden, wird unterschiedlich diskutiert. Welchen Mehrwert werden sie Usern bieten, werden sie mehr für kommerzielle Zwecke im Sinne von Nutzwert und Service geladen, werden sie publizistischer Ersatz für Websites? Und wenn ja, wie werde ich dann meine dem Qualitätsjournalismus Genüge leistenden Texte für die mobile Welt gestalten? Noch knapper?[7] Apps haben den überragenden Vorteil, den Service-Wunsch der User zu befriedigen. Ob sie das Vehikel zu trefflich konzipierten und erzählten Geschichten sind, ist fraglich. Zum „Anfüttern" sind sie allemal hervorragend geeignet.

[5] http://datajournalismhandbook.org. Zugriff am 16.09.2013.

[6] http://www.sueddeutsche.de/kolumne/datenjournalismus-und-digitale-infografiken-entdecken-sie-unseren-datagraph-1.1619138. Zugriff am 16.09.2013.

[7] Jakubetz et al. (Hrsg.) (2011); vgl. zum Buchprojekt und zur Thematik, dass E-Books nicht einfach Apps werden: das „Jakblog" von Jakubetz (http://www.blog-cj.de/blog/2013/05/15/universalcode-die-apps-kommen/. Zugriff am 16.09.2013).

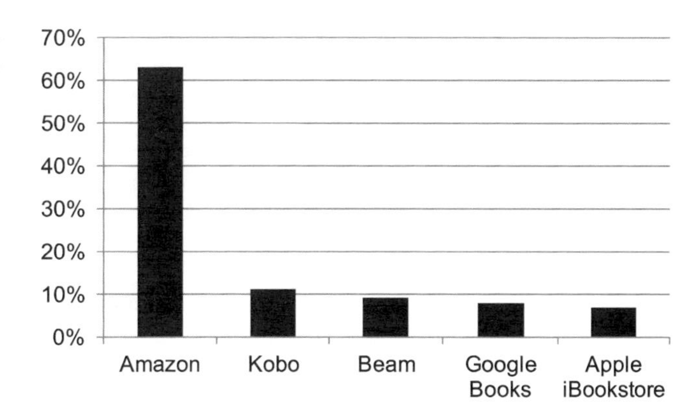

Abb. 10.1 Diese E-Book-Anbieter beliefere ich direkt ohne Distributor. (Quelle: Eigenes Diagramm, erstellt nach Matting 2013b)

Den Unterhaltungswert können Apps auf jeden Fall steigern – und das kann und wird gewiss Zukunft haben. Seriosität der Inhalte bedeutet längst nicht langweilige Präsentation, im Gegenteil. Auch Unterhaltung kann seriös und korrekt sein und wird sich immer mehr so offerieren in dieser digitalen Welt.

10.6 Self-Publishing

Kreatives Texten findet sich auch im Bereich Self-Publishing und auf zahlreichen Blogs. Autoren agieren mit eigenen Verlagen, Selbstverlagen, als Self-Publisher. Die Professionalisierung und massive Ausbreitung von Self-Publishing-Produkten kam u. a. von einem Riesen: Amazon hat 2011 das Kindle-Direct-Publishing-Programm auf den Markt gebracht. Etliche ziehen nach – die Zahl der Selbstautoren, die diese Form der Distribution fern von jeglicher Verlagsbindung wahrnimmt, steigt enorm. Diese „Indie-Autoren" wollen schreiben, sie kümmern sich um alles rund um die Buchvermarktung. Die Abhängigkeit von Verlagen sinkt. So mancher kann wohl gut davon leben, u. a. Matthias Matting, *Focus*-Redakteur, mit seiner *Self-Publisher-Bibel* (selfpublisherbibel.de/). Allein dieses Beispiel verdeutlicht, dass der Journalist immer mehr als Unternehmer auftritt. Matting belegt dies zusätzlich durch eine kleine Studie aus 2013, die zeigt, dass zumindest die Autoren, die an seiner Studie teilgenommen haben, größtenteils E-Books (91 %) publizieren und nur 60 % Print.[8] Die Ergebnisse der Studie sprechen für sich, vgl. Abb. 10.1.

10.6.1 Unternehmerjournalismus

Der immer mehr als Unternehmer auftretende Journalist ist auch eine These, die der bekannte US-Journalismusforscher Jeff Jarvis unter dem Schlagwort des „Unternehmerjour-

[8] Vgl. http://selfpublisherbibel.de/self-publishing-in-deutschland-die-ersten-ergebnisse-der-umfrage/. Zugriff am 16.09.2013.

nalismus“ proklamiert, dies u. a. in einem Interview mit Ulrike Langer im Oktober 2012 für *Vocer*, dem nach eigenen Angaben „Think Tank zur Medienkritik“ Deutschlands.[9]

10.6.2 Blogs

Ob Personal Blogs oder Corporate Blogs der Unternehmenswelt, kreatives Texten erfordert heute weder Programmier- noch andere technische Kompetenz. Dank Weblog-Publishing-Systemen, bekannt ist *WordPress*, gelingt es Autoren mühelos, einen eigenen Blog zu erstellen, durch diverse Templates zu individualisieren – und zu schreiben. „Traffic“ auf seinem Blog erhält nicht der, der exzellentes Design hat, die Besucherfrequenz beruht i. d. R. auf Inhalten.

Dass die kreativen Autoren nun Text, Bild, Ton und Video einbinden können, wollen und vielleicht sogar müssen, sich dazu evtl. technische Experten als Kollegen mit ins Boot zu holen haben, hat auch eine erhöhte Teamkompetenz zur Folge.

10.6.3 Social Media

Soziale Netzwerke stellen einen enormen Nutzer-Vorteil der Informationsbeschaffung dar. Auf YouTube oder Facebook kann Texte einstellen, wer mag. Anfangs die Plattform für Privatleute, die persönliche Kommunikation pflegte, wurde ihr Wert längst von Unternehmen jeglicher Provenienz erkannt, die sich höchst professionell in Social Media tummeln. Die Medienunternehmen selbst, die großen wie die kleinen, sind präsent, jonglieren ihren Content auf allen möglichen Plattformen. Dabei geht es häufig um bereits generierten Content der klassischen Plattform, der via Link und Teaser in die sozialen Netzwerke eingespeist wird. Noch nie war Echtzeit-Kommunikation in dieser Direktheit von allen möglich. Aber auch hier gilt: Wer als Journalist soziale Medien nutzt, hat die Grundtugenden des journalistischen Handwerkszeugs zu beachten. Nur dann ist er glaubwürdig, nur dann gesteht ihm die Community die Kompetenz zu, Dinge, Ereignisse, Personen einzuordnen und dem User Orientierung zu geben. Die Interaktivität durch das Teilen, das Kommentieren, das „Liken“ führt zu verstärkter Kontrolle – und Kontrolle fördert Qualitätsbewusstsein bei den Autoren, denen mehr Personen auf die Finger schauen denn je, und dies nicht nur passiv, sondern aktiv mit sehr raschen Aktionen und Reaktionen. Mitmachen in der Welt der Veröffentlichungen hat eine spielerische, aber auch äußerst effiziente Komponente, und so manches Unternehmen oder manch prominente Einzelperson sah sich schon völlig unerwartet einem Shitstorm ausgesetzt.

[9] http://www.vocer.org/de/artikel/do/detail/id/282/jeff-jarvis-%22seitenaufrufe-sind-gift%22.html. Zugriff am 16.09.2013.

10.7 Vertiefung

- Was versteht man unter den sieben Ws und wie lauten sie?
- Was ist das Pyramidenprinzip?
- Was macht einen guten Text aus?
- Was versteht man unter kreativem Storytelling und wozu ist es gut?
- Wozu ist Datenjournalismus gut?
- Wovon hängt Besucher-Traffic i. d. R. am stärksten ab?

Literaturempfehlung

Alkan, Saim Rolf: 1 × 1 für Online-Redakteure und Online-Texter. Einstieg in den Online-Journalismus. Business Village. Göttingen. 2009.

Quellen

Branch, John: Snow Fall – The Avalanche at Tunnel Creek. New York Times. 2012. Online Verfügbar unter: http://www.nytimes.com/projects/2012/snow-fall/#/?part=tunnel-creek, 16.09.2013.

Bucher, Hans-Jürgen/Altmeppen, Klaus-Dieter (Hrsg.): Qualität im Journalismus. VS Verlag für Sozialwissenschaften. Wiesbaden. 2003.

European Journalism Center: The Data Journalism Handbook. O'Reilly Media. 2011. Online verfügbar unter: datajournalismhandbook.org, 16.09.2013.

Jakubetz, Christian: Universalcode: Die Apps kommen. Jakblog. 2013. http://www.blog-cj.de/blog/2013/05/15/universalcode-die-apps-kommen/, 16.09.2013.

Jakubetz, Christian et al. (Hrsg.): Universalcode. Journalismus im digitalen Zeitalter. Euryclia verlag. München. 2011.

Langer, Ulrike: Jeff Jarvis: „Seitenaufrufe sind Gift." Vocer. 11.10.12. Online verfügbar unter: http://www.vocer.org/de/artikel/do/detail/id/282/jeff-jarvis-%22seitenaufrufe-sind-gift%22.html, 16.09.2013.

Matting, Matthias: Self Publishing in Deutschland: die ersten Ergebnisse der Umfrage. Online verfügbar unter: http://selfpublisherbibel.de/self-publishing-in-deutschland-die-ersten-ergebnisse-der-umfrage/, 16.09.2013a.

Matting, Matthias: Self Publishing in Deutschland. Wie gehen Autoren bei der Veröffentlichung vor? Online verfügbar unter: http://selfpublisherbibel.de/page/4/, 16.09.2013b.

Plöchinger, Stefan: Entdecken Sie unseren DataGraph – Datenjournalismus und digitale Infografiken. SZblog. 08.03.2013. Online verfügbar unter: http://www.sueddeutsche.de/kolumne/datenjournalismus-und-digitale-infografiken-entdecken-sie-unseren-datagraph-1.1619138, 16.09.2013.

Self-Publisher-Bibel: http://selfpublisherbibel.de/, 16.09.2013.

Stiehl, Reinhard: Schnee von morgen – das Projekt „Snow Fall" der New York Times. Stiehl/Over, 02.04.2013. Online verfügbar unter: http://www.stiehlover.com/agenturblog/schnee-von-morgen-das-projekt-snow-fall-der-new-york-times/, 16.09.2013.

Thompson, Derek: „Snow Fall" isn't the Future of Journalism. The Atlantic, 21.12.2012. Online verfügbar unter: http://www.theatlantic.com/business/archive/2012/12/snow-fall-isnt-the-future-of-journalism/266555, 16.09.2013.

E-Books 11

Thilo Büsching

11.1 Einleitung und Definition

Die digitale Revolution erlaubt es allen Akteuren – Autoren, Verlagen von Zeitungen und Zeitschriften, Buchhändlern sowie digitalen Mischkonzernen wie Amazon, Apple und Google – alle Inhalte schneller, einfacher, vielfältiger und bedienungsfreundlicher zur Verfügung zu stellen. Spätestens seit dem Ende der deutschen Ausgabe der *Financial Times Deutschland* am 07. Dezember 2012 wird es von renommierten Experten für möglich gehalten, dass es im Jahr 2034 keine oder nur noch ganz wenige Tageszeitungen geben wird (Meier 2013: 17). Von den Folgen der Digitalisierung sind auch zunehmend Bücher betroffen. Seit der Einführung des E-Readers Kindle durch Amazon in Deutschland Ende 2009 und durch den massenhaften Verkauf des iPads von Apple seit 2010 wird das E-Book als Alternative zum klassischen gedruckten Buch betrachtet (vgl. Blesi 2011: 20).

Für E-Books und Bücher gilt die Buchpreisbindung, d. h., alle Verlage und Importeure sind verpflichtet, einen festen Buchpreis für 18 Monate festzulegen (§ 5 des Gesetzes über die Preisbindung für Bücher). Allerdings gilt für E-Books kein ermäßigter Mehrwertsteuersatz von 7 %. E-Books werden als Dienstleistung und nicht als Produkt betrachtet. Deshalb wird der in Deutschland gültige volle Mehrwertsteuersatz von zurzeit (2013) 19 % fällig. Die etwa 20 % günstigeren E-Books könnten nochmal um 10 %-Punkte fallen, wenn sich eine andere Rechtsauffassung durchsetzen und für das E-Book auch der ermäßigte Mehrwertsteuersatz von 7 % gelten würde. Der E-Book-Absatz und die E-Book-Durchdringung könnten massiv steigen.

Vor diesem Hintergrund kann das E-Book ökonomisch gesehen das überlegene Lesemedium werden. Nach einer Definition von E-Books werden die Einflussfaktoren auf dem E-Book-Markt Deutschland analysiert und die Managementoptionen für den klassischen Sortimentsbuchhandel und die Internet-Konzerne im Vergleich analysiert.

▶ **E-Books** E-Books und E-Magazines sind Informationssysteme mit Inhalten und Funktionen, die auf Endgeräten veröffentlicht werden und nur mit einer speziellen E-Book-Soft-

T. Büsching, G. Goderbauer-Marchner, *E-Publishing-Management*,
DOI 10.1007/978-3-658-04110-6_11, © Springer Fachmedien Wiesbaden 2014

ware lesbar sind (vgl. Wenk 2013: 12). Diese ermöglicht es z. B., die Schriftgröße zu variieren, im Text zu schreiben, Lesezeichen zu setzen, im Text zu suchen oder weitere Bücher gegen Entgelt oder gratis herunterzuladen. Ein E-Book bietet deutlich mehr Informations-, Such- und Schreibmöglichkeiten als ein gedrucktes Buch. Neuere E-Book-Technologien ermöglichen es, besonders interessante oder spannende Stellen mit Freunden zu teilen.

E-Book ist nicht gleich E-Book. Und nicht immer ist ein E-Book das richtige Format. Je multimedialer die Inhalte dargestellt, je stärker Bilder und Grafiken animiert und Statistiken innerhalb des Werkes verlinkt werden, desto notwendiger ist es, dafür eine App zu programmieren. Die folgende umfangreiche Systematik verdeutlicht die verschiedenen Arten von E-Books und E-Magazinen. Die Kenntnis darüber ist deshalb so wichtig, weil Apple, Amazon und Google versuchen könnten, damit Markteintrittsschranken aufzubauen bzw. die Wechselkosten stark zu erhöhen. Insgesamt lassen sich vier Typen von E-Books unterscheiden, das normale oder „klassische E-Book", in dem die Schrifttypen und der Seitenumbruch flexibel sind, das Fixed Layout E-Book, das Enhanced E-Book und das App-E-Book. Alle E-Book-Formen weisen Besonderheiten auf, wie aus der Tab. 11.1 hervorgeht.

Das App-Format eignet sich sowohl für komplexe multimediale und interaktive Inhalte als auch für die Aggregation von Büchern: So kostete die App „Deutsche Bücher" mit 10.517 klassischen Werken der deutschen Literatur am 17. Mai 2013 lediglich 3,99 €. Aus dieser Perspektive kann eine App ein Regal, ein Container für ganze Buchreihen sein. Sie umfasst z. B. das gesamte literarische Werk von Johann Wolfgang von Goethe mit über 10.000 Seiten. Nach einem kurzen Klick auf das jeweilige Werk, z. B. *Faust I*, wird das gesamte Buch nach kurzer Dekompressionszeit eingespielt und mit einer knappen, aber komfortablen Hilfe in der Kopfnavigation angezeigt. Das gesamte Wissen von der ersten bis zur zwölften Schulklasse oder eines Hochschulstudiengangs passt also in eine einzige App! Die Folgen für das Bildungsangebot und die Lesekultur sind revolutionär.

11.2 E-Book-Markt

Der Buchmarkt ist immer noch der größte deutsche Medienmarkt in Deutschland und setzte im Jahr 2012 rund 9,6 Mrd. € um. E-Books sind mit Abstand der größte Wachstumsmarkt. Die Wachstumsraten für den Belletristik-E-Book-Markt werden von 2010 bis 2016 auf durchschnittlich 68,3 % pro Jahr geschätzt. Aber noch dominieren die klassischen Bücher, wie Tab. 11.2 zeigt, den deutschen Buchmarkt.

Die reinen Zahlen – was sind schon 650 Mio. € in einem gesamten deutschen Medienmarkt von rund 65 Mrd. € – spiegeln die ökonomischen und medialen Auswirkungen dieses Erdrutsches nicht wider. Diese Entwicklung könnte den Anfang vom Ende des Buches einleiten. In vielen Nutzungssituationen ist das „gute alte Buch" nur noch ein Teil des Internets. Es wäre dann kein gedruckter Text mehr, sondern eine Mischung aus multi-

Tab. 11.1 Formen von E-Books – eine systematische Übersicht, Quelle: Darstellung Fabian Kern und Thilo Büsching. Fabian Kern ist Experte für Digitales Publizieren, siehe seinen Blog *www.dpc-consulting.org*

Typ	Beschreibung	Format	Wichtige Endgeräte	Beispiel	Besonderheiten
E-Book	Produkte mit statischen Texten und Bildern mit geringen gestalterischen Anforderungen	ePUB 2.0, ePUB 3, Mobipocket, KF8 (PDF nur noch in Einzelfällen und für Nischenanwendungen)	E-Book-Reader, Tablets, Smartphones, PCs	*Shades of Grey* – ein genuiner E-Book-Bestseller, der zuerst die Strategie verfolgte: „E-Book first"	Breiteste Kompatibilität über alle Hardware- und Software-Plattformen. Amazon-Formate sind nicht kompatibel mit anderen E-Book-Formaten. Art: Reflow Layouts – automatischer Umbruch nach technischen Erfordernissen des Endgerätes
Fixed Layout E-Book	Produkte mit statischen Texten und Bildern mit hohen gestalterischen Anforderungen, die für eine fixe Seitenaufteilung gelayoutet werden müssen	Fixed-Layout-Varianten von ePUB 3 und KF8	Nur Tablet-PCs und Smartphones, in Ausnahmen E-Reader, z. B. Kindle Paperwhite	Aufwendig gestaltete Bücher, z. B. Kochbücher, Bildbände, Kinderbücher, historische, literarische, kulturelle Bücher, wie z. B. handgezeichnete Bibel	Art: Fixed Layout
Enhanced E-Book	Produkte mit dynamischen Inhalten, die wesentliche multimediale Inhalte und/oder interaktive Funktionen einsetzen	ePUB 3 (bietet interaktive Funktionen und Multimedia), KF8 (nur Multimedia), iBooks Author, nur auf Mac OS zu erstellen und in iBooks unter iOS zu lesen	Smartphones und Tablets	Wenige Referenzprojekte in Deutschland (Stand: 2013), iBooks Author: Life on Earth – das Referenzbeispiel für Apple E-Books. Nur lauffähig unter iBooks	Art: in der Regel Reflow Layout – automatischer Umbruch nach technischen Erfordernissen des Endgerätes, auch Mischformen möglich.
App-E-Books/ Content-Apps	Produkte mit funktionalen Anforderungen, die nicht mehr als E-Book umsetzbar sind, da: 1. interaktive Elemente eine anspruchsvolle Programmierung erfordern und ein Enhanced E-Book nicht mehr realisierbar ist 2. Contentsuch- und Indexierungsfunktionen notwendig sind, die mit der E-Book-Informationsarchitektur nicht mehr abbildbar sind 3. eine elegante Integration von Web-Modulen in das Produkt mit einer E-Book-Reader-Software nicht in dieser Art möglich ist	Apps: unter iOS mit Objective C, unter Android mit Java, unter Windows 8 mit C	Smartphones- und Tablets, je nach Betriebssystem	„Our Choice" von Al Gore, ein Referenzmodell für eine Premium-App E-Book, Bücher-App mit über 10.000 lizenzfreien Büchern zum Preis von 3,90 €	Apps werden als Vertriebsform in der Regel dann gewählt, wenn die funktionalen Anforderungen dies erzwingen. Reine Text-Umsetzungen werden aufgrund der unterschiedlichen Preisstrukturen in der Regel über die E-Book-Stores distribuiert.

medialen Informationen, interaktiven Grafiken und Filmen, Verlinkungen und Vernetzungen. Das Leseerlebnis Roman verwandelt sich in einen multimedialen, digitalen Event. Ob dies tatsächlich eintritt und wie schnell, hängt von einer Vielzahl von technischen und ökonomischen Einflussfaktoren im E-Book-Markt ab, die auf den nächsten Seiten systematisch dargestellt und ausführlicher besprochen werden.

Tab. 11.2 Der Buchmarkt in Deutschland von 2007–2016. (Quellen: Börsenverein des Deutschen Buchhandels, PwC, Wilkofsky Gruen Associates)

	2007	2008	2009	2010	2011	2012	2013	2014	2015	2016	2012-2016 ø jährliches Wachstum
Belletristik Print (in Mio. €)	4.388	4.507	4.800	4.752	4.772	4.850	4.602	4.521	4.475	4.428	
Veränderung (in %)	4,6	2,7	6,5	−1,0	0,4	1,6	−5,1	−1,8	−1,0	−1,1	−1,5
Belletristik E-Books (in Mio. €)	–	–	3	24	48	175	250	350	480	650	
Veränderung (in %)	–	–	–	695,9	101,9	263,1	42,9	40,0	37,1	35,4	68,3
Belletristik gesamt[a] (in Mio. €)	4.388	4.507	4.803	4.776	4.820	5.025	4.852	4.871	4.955	5.078	
Veränderung (in %)	4,6	2,7	6,6	−0,6	0,9	4,3	−3,4	0,4	1,7	2,5	1,0
Schul- und Lehrbücher[b] (in Mio. €)	2.126	2.144	2.055	2.015	1.959	1.890	1.840	1.810	1.815	1.825	
Veränderung (in %)	−23,5	0,8	−4,2	−1,9	−2,8	−3,5	−2,6	−1,6	0,3	0,6	−1,4
Sach- und Fachbücher[c] (in Mio. €)	3.062	2.963	2.834	2.944	2.823	2.700	2.640	2.644	2.655	2.667	
Veränderung (in %)	33,9	−3,2	−4,4	3,9	−4,1	−4,3	−2,2	0,2	0,4	0,5	−1,1
gesamt (in Mio. €)	*9.576*	*9.614*	*9,691*	*9.734*	*9.601*	*9.615*	*9.332*	*9.325*	*9.425*	*9.570*	
Veränderung (in %)	3,4	0,4	0,8	0,4	−1,4	0,1	−2,9	−0,1	1,1	1,5	−0,1

[a] Belletristik umfasst auch Kinder- und Jugendbücher
[b] Schul- und Lehrbücher umfassen die Kategorien Geisteswissenschaften, Kunst, Musik, Naturwissenschaften, Recht, Wirtschaft sowie Schule und Lernen
[c] Sach- und Fachbücher enthalten Reisebücher, Ratgeber und Sachbücher

11.2.1 Meta-Trend – Digitale Transformation

Unter *digitaler Transformation* wird hier der permanente Medienwandel a) von analogen zu digitalen Medien und b) innerhalb der digitalen Medien unter den besonderen Bedingungen extremer Komplexität verstanden (Latzer 2013: 248). Der E-Book-Markt wird also dadurch bestimmt, dass einmal immer mehr Bücher und verwandte Gattungen in E-Books verwandelt und die E-Books laufend erneuert werden. Die digitale Transformation umfasst dabei das gesamte Verhalten, insbesondere die Informationssuche „Welches Buch passt zu mir?", die Kommunikation „Können Sie mir das Buch empfehlen?", die Auswahlentscheidung „Wie wird dieses Buch überhaupt bewertet?", den Kaufakt und das interaktive Lesen selbst.

11.2.2 Meta-Trend – Einfachheit

Wenn die Weltbürger dem Gründer von Apple und charismatischen Unternehmensführer Steve Jobs etwas zu verdanken haben, dann ist es das Primat der Einfachheit in der Technik. In den Anfängen des Publikums-Internets von 1993 bis 2000 dauerte es wegen der niedrigen Bandbreite extrem lange, um Web-Seiten zu laden, sich auf ihnen zu orientieren, die richtigen Produkte zu suchen, zu finden, weitere Informationen über sie zu erhalten, sie schließlich in den Warenkorb zu legen und die Zahlung abzuwickeln. Dieser Prozess konnte – komplizierte Fehlermeldungen und deren Beseitigung nicht eingeschlossen – leicht 5–10 Minuten dauern. Amazon, der weltweit größte reine Online-Händler mit mehr als 50 Mrd. € Umsatz im Jahr 2012, hat das Prinzip der Einfachheit auf seine Website übertragen. Mit dem Button „Jetzt mit 1-Click® kaufen" kann – für registrierte Premium-Kunden – ein Kaufprozess inklusive der Eingabe eines Buchtitels und der Bestellung innerhalb von 5–7 Sekunden abgeschlossen werden. Diese Einfachheit lässt sich in Zukunft weiter steigern. So könnte z. B. bei der Titelsuche per Stimme die Titeleingabe erfolgen und der Vorschlag von Amazon „E-Book jetzt downloaden" mit „ja" bestätigt werden. Sekunden später ist das neue Buch auf dem E-Reader. Man muss kein Prophet sein, um vorherzusagen, dass zuerst junge, technikaffine Personen diesen einfachen Service in den nächsten Jahren bevorzugen und dann viele nicht-technikaffine Personen nachziehen werden. Insbesondere die, die nicht gewohnt sind, alle Inhalte mobil herunterzuladen. Das könnte das Zeitalter der Silver-Ager im E-Book-Markt werden.

11.2.3 Angebot – Etablierter Online-Buchverkauf

Der Buchreport (2013) schätzt den gesamten Bücherumsatz von Amazon in Deutschland auf 1,6 bis 1,8 Mrd. €, also auf 18 bis 20 % des gesamten Buchmarktes. Zahlreiche Buchkäufer wissen also die Einfachheit, die auch die kostenlose Lieferung von Büchern für Premiumkunden umfasst, zu schätzen, ohne dass sie bisher in großem Stil E-Books gekauft haben. Aus ökonomischen Gründen muss es das Ziel von Amazon sein, den Umsatzanteil

Tab. 11.3 Entscheidungsparameter des Kunden beim Kauf eines E-Readers. (Quelle: Eigene Darstellung)

Wirtschaftlich relevante Daten	Beobachtbare Basisdaten	Technische Besonderheiten
Preis	Größe	Speicherkapazität
Lesbarkeit von Formaten: pdf, ePUB 3, KF8 etc.	Gewicht	W-LAN
Kostenloser Mobilfunk für den kostenlosen Produkt-Download	Akkulaufzeit	Mobilfunk mit und ohne Karte
W-LAN	Display-Typ	Karten-Einsteckplatz
Buch-Cloud	Touchscreen	Lautsprecher
Auswahl an E-Books	Auflösung	Audio-Videoplayer
Höhe der Folgekosten/Total Cost of Ownership	Anti-Entspiegelung	Darstellung von interaktiven und dynamische Contents
	Beleuchtung	Interaktion mit Online-Inhalten
	Seitenaufbau	

in Deutschland am Buchmarkt weiter auszudehnen und die Printleser in E-Book-Leser zu verwandeln. Die Marktstellung, das Angebot und der Service bieten einen derartigen Wettbewerbsvorteil, dass dieser Plan realistisch erscheint. Seit 2007 hat Amazon elf verschiedene Kindle-Modelle herausgebracht – jedes mit einem besseren Preis-Leistungs-Verhältnis. Der erste Kindle kostete noch 399 US-Dollar und verfügte nur über einen 6-Zoll großen E-Ink-Bildschirm. Im Vergleich dazu hat der elfte Kindle Paperwhite 3G für rund 250 $ eine Akkulaufzeit von bis zu acht Wochen. Zudem ermöglicht er, in über 100 Ländern gratis E-Books herunterzuladen und diese gratis in einer Cloud zu speichern. Vergleichbar leistungsstarke Endgeräte bieten die Allianz aus Random House, Thalia, Hugendubel und Telekom mit dem „tolino shine", Sony mit dem „Reader PRS-T2", Kobo mit dem „eReader Touch", Apple mit dem „iPad" und Google mit seinem Betriebssystem „Android".

Die Tab. 11.3 dokumentiert die verschiedenen Entscheidungsparameter des Kunden beim Kauf eines reinen E-Readers.

11.2.4 Angebot – Inkompatible Lesegeräte

Viele E-Reader-Anbieter berücksichtigen nicht das Interesse des Lesers, jedes E-Book auf jedem Endgerät lesen zu wollen. Insbesondere können es sich Amazon und Apple aufgrund ihrer Finanz-, Markt- und Technikmacht erlauben, die E-Book-Formate fest an ihre Endgeräte zu binden. In der Folge müssen Inhaber von Amazon-E-Readern immer auf der Amazon-Plattform und Besitzer von iPads auf der Apple-Plattform einkaufen. Der nächste Punkt „Finanzstärke der Akteure" belegt, dass perspektivisch die Gewinne nicht mit den Endgeräten, sondern mit dem Content, den E-Books bzw. Enhanced E-Books bzw. Apps verdient werden, insbesondere bei Amazon. Auch Google hat E-Books, die bereits seit

Anfang des 3. Jahrtausends systematisch eingescannt werden, wieder als Treiber des Umsatzwachstums entdeckt. In den Google Labs wird zudem an einem Browser gearbeitet, der E-Books und Apps unabhängig vom Betriebssystem direkt ausführen kann, da er sowohl eine Hardware-Abstraktionsschicht als auch eine Virtualisierungsschicht für die Ausführung von Programmcodes beinhaltet (Kern 2012: 183). Dies würde E-Reader überflüssig machen, aber das Lesen von E-Books an den Browser Chrome knüpfen. User könnten dann allein über ihren Browser Inhalte in Google suchen, Apps nutzen und E-Books lesen. Die neue Technik würde zu einem großen Wettbewerbsvorteil von Google führen. Die strategisch gewollte Inkompatibilität führt zu hohen Wechselkosten und damit zu einem Lock-in-Effekt, das heißt, es ist ökonomisch unattraktiv, andere Anbieter zu nutzen.

11.2.5 Angebot – Finanzstärke der Akteure

Das amerikanische Wirtschaftsinformationsportal, an dem der Gründer und Mehrheitsgesellschafter von Amazon Jeff Bezos beteiligt ist, führte im Februar 2013 eine Geschäftsanalyse des Kindle-Ökosystems durch. Sie beauftragten Morgan Stanley herauszufinden, wie viel Prozent des operativen Gewinns auf das Kindle-Ökosystem zurückzuführen sind. Im Ergebnis nimmt Amazon im Jahr 2015 einen Verlust von ca. 650 Mio. $ in Kauf, um mit Content-Produkten, insbesondere E-Books, einen Gewinn von 2 Mrd. $ zu erzielen. Die Einzelheiten der Prognose gehen aus Abb. 11.1 hervor.

Der E-Reader-Markt ist im Vergleich zum Tablet-Markt noch relativ klein. Aber Amazon kann den begehrten Content E-Book verkaufsfördernd einsetzen, um Apple Konkurrenz zu machen. Doch die finanzielle Ausgangsposition weist große Vorteile für Apple auf. Während Amazon mit einem geringfügigen Minus in einer Größenordnung von 100 Mio. € aus dem Jahresgeschäft 2012 ausstieg, erwirtschaftete Apple im Jahr 2012 über 40 Mrd. $ Gewinn. Ein großer Gewinntreiber bei Apple sind die digitalen Inhalte Musik und Apps. Amazon hat also einen beträchtlichen Anreiz, das Systemprodukt Kindle weiter technisch zu optimieren, um mit dem Verbundprodukt Lesegerät und E-Book einen ähnlichen Wachstumspfad zu beschreiten.

11.2.6 Angebot – Service

Ein kursorischer Vergleich der Portale von Amazon, Hugendubel und Weltbild in Bezug auf die Präsentation des neuen Krimis von Dan Brown, der am 13. Mai 2013 in Deutschland erschien, zeigt, wie vielschichtig der Wettbewerb um die Aufmerksamkeit der Kunden ist. Und welche entscheidende Rolle der Service dabei spielt. Am 28. Mai 2013 boten www.amazon.de und www.hugendubel.de auf die Suchanfrage „Dan Brown Inferno" das deutschsprachige und das englischsprachige E-Book zum gleichen Preis von 19,99 € bzw. 12,99 € auf Hugendubel an, Amazon aber zusätzlich noch kostenlos den 16-seitigen Prolog und Kapitel 1 als kostenlose Leseprobe. Der Weltbild-Verlag bot auf dem Portal *www.weltbild.de* am gleichen Tag sofort eine ca. 4-seitige Leseprobe und präsentierte zusätzlich

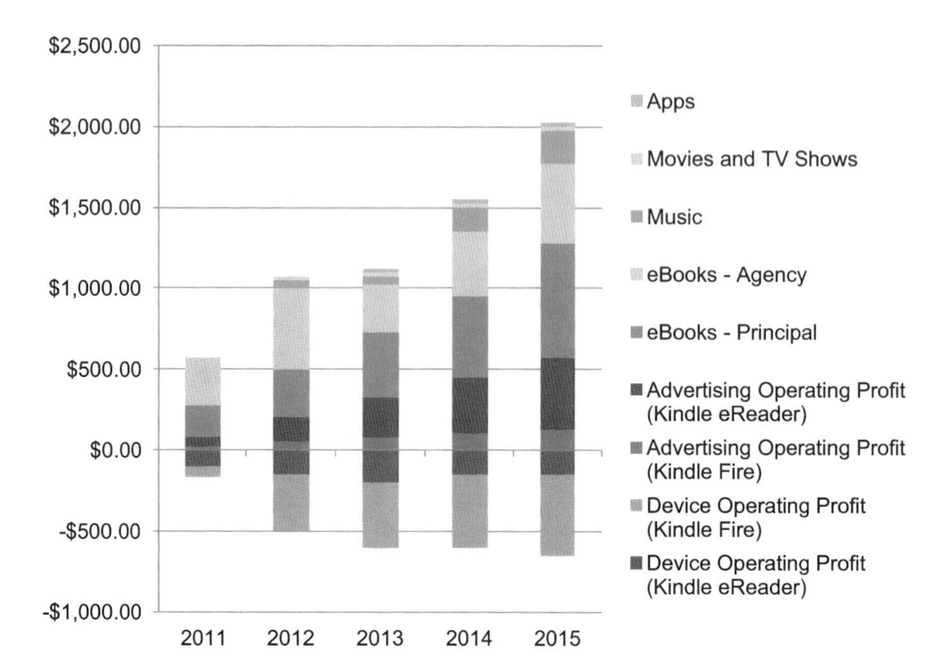

Abb. 11.1 Operativer Gewinn für das Kindle-Ökosystem von Amazon (in Mio.). (Quelle: Businessinsider)

zur Vorschau noch ein großformatiges Bild des Buches sowie ein Autorenporträt von Dan Brown. Denn nicht alle Leser wissen, dass seine Romane rund um die Figur des Harvard-Professors und Detektivs Robert London weltweit über 100 Mio. Mal verkauft wurden und somit die erfolgreichste Romanreihe aller Zeiten ausmachen. Diese Art von Content-Service, den Zusatznutzen für den Leser, akzentuiert den Markenkern. Im preisgebundenen Buchmarkt kann dies den entscheidenden Wettbewerbsvorteil für den einen oder anderen Anbieter bilden. Insbesondere dann, wenn das Preis-Leistungs-Verhältnis und die User Experience vergleichbar sind. Content in Form von Service ist auch hier King.

11.2.7 Nachfrage – Kundennutzen

Aus rein ökonomischer Sicht überwiegen die Vorteile von E-Books im Vergleich zu Büchern. Insbesondere sind folgende Kostenarten bei einem E-Book niedriger als bei einem Buch:

- Transportkosten – es gibt keine An- und Abfahrt zu einem Buchladen
- Informations- und Suchkosten – das Orientieren in einem großen Buchladen, das Suchen von Verkäufern, das Nachschlagen in Katalogen entfällt
- Transaktionskosten – die Bezahlung per Mausklick ist schneller als der Griff in das Portemonnaie oder das Zücken der Kreditkarte

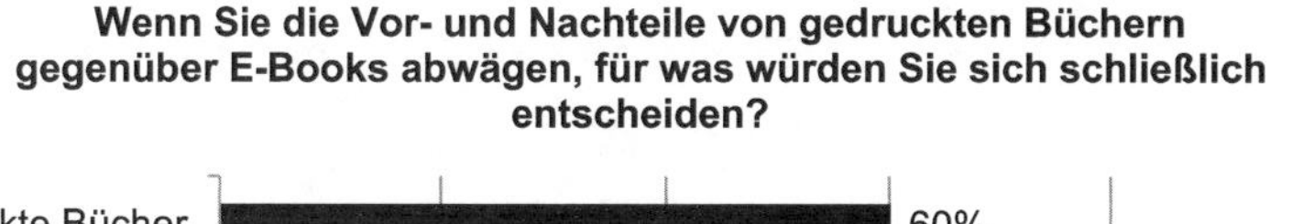

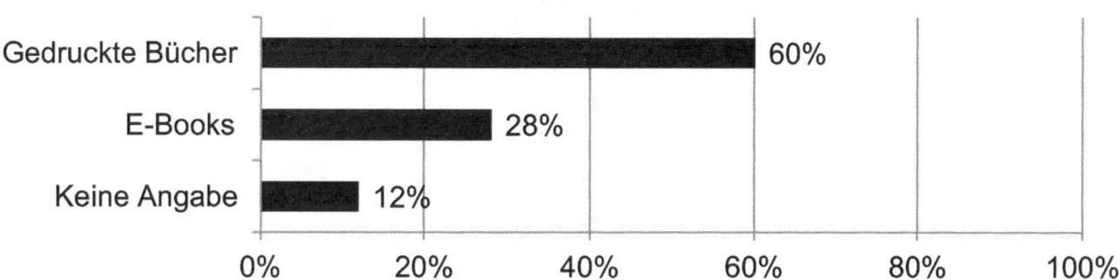

Abb. 11.2 Wenn Sie Vor- und Nachteile von gedruckten Büchern gegenüber E-Books abwägen, für was würden Sie sich schließlich entscheiden? (Quelle: Wachtveitl 2013: N = 133, 109 weiblich, 24 männlich)

- Preis – der Preis von einem E-Book ist in Deutschland ca. 20 % günstiger
- Verfügbarkeit – E-Books können jederzeit überall bezogen werden
- Multimediale Darstellung – E-Books lassen sich um Bilder, Filme, Links, interaktive Funktionen erweitern
- Keine Lagerkosten – 1.100 Bücher Speicherplatz auf seinem E-Reader bietet der Marktführer

Was spricht ökonomisch noch für ein Buch? Es kann vielleicht im Raum einfacher gefunden werden und es ist robuster am Strand bei Wasser- und Sandeinwirkung. Aber was sind das für Argumente? Keine relevanten denkt sich der Ökonom. Scheinbar. Auf die Frage „Wenn Sie Vor- und Nachteile von gedruckten Büchern gegenüber E-Books abwägen, für was würden Sie sich schließlich entscheiden?" bevorzugten 60 % der 133 Befragten noch das Buch. Nur 28 % entschieden sich für das E-Book (Wachtveitl 2013: 58), wie Abb. 11.2 zeigt.

Die Befragten sehen die Vorteile des Buches insbesondere in der Haptik (69 %), der Aufbewahrung im Bücherschrank (56 %), der Möglichkeit, darin zu schmökern (49 %) und sie zu verschenken (47 %); 38 % mochten an Büchern, dass sie damit systematisch arbeiten können (Wachtveitl 2013: 46–47). Zudem kann das Buch noch punkten, wenn es um die psychologischen Dimensionen „Fokus auf ein Werk ohne Ablenkung" geht. Ökonomisch betrachtet ist das Hauptargument gegen das E-Book, dass mit dem E-Reader eine vermeintlich feste Bindung an die Buchhändler Amazon oder Apple oder Google eingegangen wird. Das ist eine doppelte Risikosituation. Denn mit der Marktentwicklung können sowohl ein jeweiliger E-Reader veraltet als auch die Bücher darauf nicht mehr nutzbar sein, wenn sich der Vielleser entscheiden sollte, doch einen E-Reader mit anderer Technik zu kaufen.

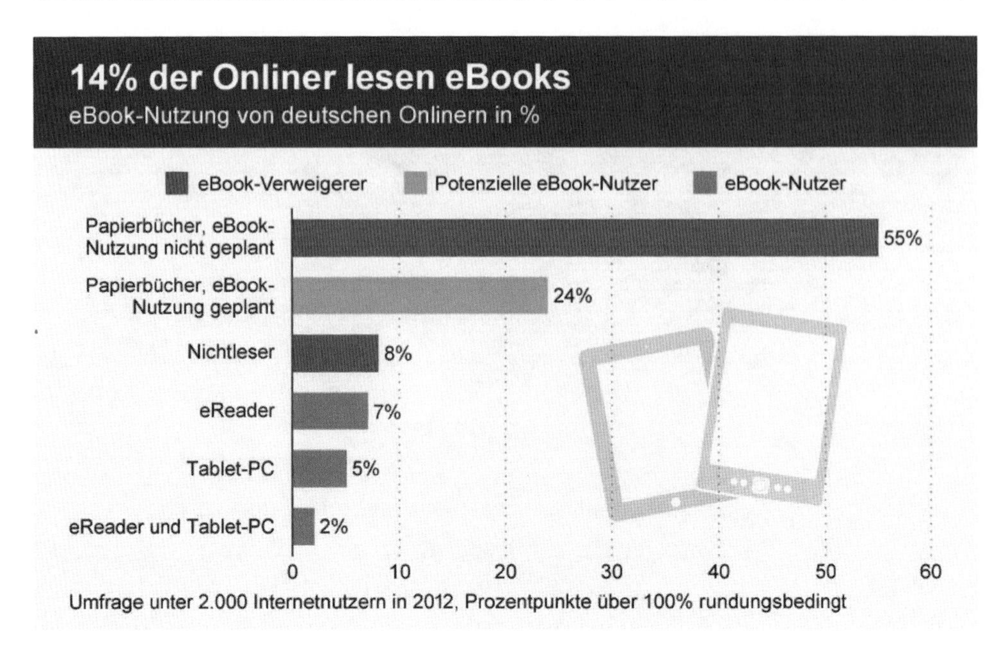

Abb. 11.3 Die aktuelle und geplante Nutzung von E-Books. (Quelle: Statista 2013a)

11.2.8 Nachfrage – Akzeptanz von Tablet-PCs

Noch lässt sich nicht sagen, ob Tablet-PCs und E-Reader technisch getrennt bleiben oder zu einem Gerät verschmelzen.

Nach Expertenmeinung wird in Deutschland im Jahr 2016 jeder 5. oder 6. einen Tablet-PC besitzen, der auch als E-Reader fungieren kann (vgl. Hermann/Sengira/Weiss 2012: 15; Abb. 11.3).

11.2.9 Markt – Intensiver Innovationswettbewerb mit digitalem Rechtemanagement (DRM)

Unter den Top-50-Unternehmen der Welt befanden sich (Stand Juni 2012) fünf Unternehmen, die versuchen, systematisch die Mediennachfrage mit einem effizienten Systemprodukt – bestehend aus einem Endgerät, einer Internetanwendung und Content-Angeboten – zu bedienen. Im Einzelnen sind dies (Platz und Umsatz jeweils in Mrd. US-Dollar):

- Apple (1., 546 Mrd. $),
- Microsoft (4., 257 Mrd. $),
- Samsung (21., 169 Mrd. $),
- Google (26., 150 Mrd. $) und
- Amazon (48., 103 Mrd. $).

Alle fünf multinationalen Medienkonzerne stehen im Wettbewerb, dem Kunden einen idealen Tablet-PC zu präsentieren, der wie ein Smartphone alle wesentlichen Inhalte und Funktionen optimal zur Verfügung stellt. Der Innovationswettbewerb schließt alle vier Marketingpolitikbereiche ein: Produkt, Preis, Place, Promotion. Auf den E-Book-Markt bezogen bedeutet dies, dass Innovationen in der Technik, im Erlösmodell, im digitalen Vertrieb und in der kreativen Bewerbung zu erwarten sind. Ein intelligentes Querschnittinstrument ist das digitale Rechtemanagement oder auch kurz DRM. Am Beispiel von Amazon wird dies deutlich. Das Amazon-eigene DRM-Format wird nur von den eigenen Readern perfekt abgebildet. Zudem erhält jeder Premium-Kunde, der 29 € pro Jahr zahlt, ein Buch pro Monat unbegrenzt geliehen. Darunter auch Klassiker, wie die siebenbändige Reihe von *Harry Potter*. Mit dem E-Reader Paperwhite 3G können diese Bücher weltweit gratis heruntergeladen werden. Das ganze Paket – innovativer E-Reader, kostenlose E-Books – wird prominent und großflächig im Internet beworben.[1] Apple und Google versuchen ihren Marketing-Mix und die DRM ähnlich für ihre Geschäftspolitik einzusetzen. Aber Amazon hat für diese Strategie die besten Voraussetzungen, da dort die E-Commerce- und Buch-Stammkunden sind. Auf Grund der herausragenden Kapitalstärke von Apple und Google bleibt das Innovationsrennen aber offen.

11.3 Fazit und Perspektiven: Die Durchsetzung von E-Books

Alle fünf weltgrößten Medienkonzerne der Welt – Apple, Amazon, Google, Microsoft und Samsung – wollen im attraktiven deutschen Medienmarkt mit neuen Produkten, Inhalten und Lösungen wachsen.

Alle Unternehmen haben ein massives Interesse, ihre starken Marken und ihren großen Kundenstamm weiter auszubauen: Google möchte den Nutzern von Tablet-PCs und E-Readern den Zugang in das offene Internet ermöglichen, da sie dort jeweils die weltgrößte Suchmaschine und mit YouTube das größte Online-Portal betreiben. Samsung beansprucht die Kostenführerschaft bei innovativen Smartphones und Tablet-PCs. Microsoft möchte sein über Jahrzehnte aufgebautes Businessimage stärker mit den Unterhaltungsbedürfnissen der Endkunden verzahnen. Apple verteidigt seine herausragende Stellung als Systemanbieter von PremiumHardware (iPhones und iPads), stabilen Betriebssystemen und exklusiven Unterhaltungsangeboten auf den iTunes- und App-Plattformen. Amazon kann perspektivisch als größtes Kaufhaus der Welt die höchsten Umsätze pro Person und Jahr erlösen, insbesondere dann, wenn es

a. den Kunden eine überlegene Systemlösung zum Download von E-Books und Unterhaltungsprodukten anbietet,
b. im Rahmen der Rückwärtsintegration einen Verlag gründet und neue Autoren an sich bindet und ihnen nicht 10 % wie im klassischen Verlagsgeschäft, sondern 50 % von den Verkaufserlösen zahlt (Blesi 2011: 31) und

[1] http://www.amazon.de/gp/product/B007OZNWRC/ref=fs_clw, Abruf 19.06.2013.

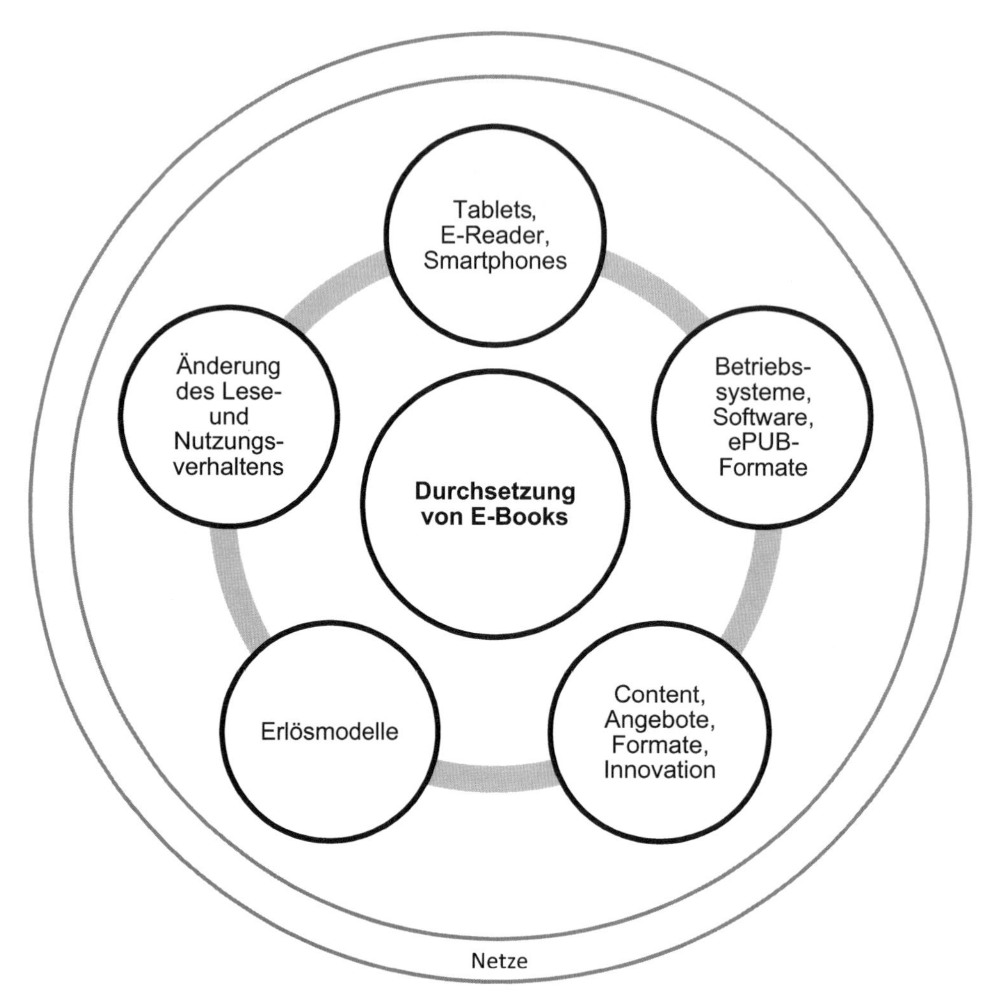

Abb. 11.4 Bestimmungsdeterminanten zur Durchsetzung von E-Books. (Quelle: Eigene Darstellung)

c. die so gewonnenen und langfristig gebundenen Kunden systematisch an das Warenangebot des gesamten Portals heranführt.

Die Grafik „Bestimmungsdeterminanten zur Durchsetzung von E-Books" in Abb. 11.4 fasst zusammen, wie die verschiedenen Bestimmungsebenen Technik, Inhalte, Erlösmodelle, Veränderungen des Nutzungsverhaltens und die Netzanbindung, die Verbreitung von E-Books langsam ausbauen oder extrem beschleunigen können.

In dem Moment, in dem z. B. alle Schulen und Hochschulen beschließen, flächendeckend Tablet-PCs oder E-Reader einzuführen und nur noch E-Books zuzulassen, sei es aus Gründen der Usability, der Kostenersparnis oder in Kombination mit E-Learning-Plattformen der besseren Lernwirkung wegen, werden die Auswirkungen für die bisherigen

Verlage und Buchhändler dramatisch sein. Das Finanzpotential und die Marktmacht der internationalen Konzerne sind groß. Es kommt aber ganz entscheidend darauf an, ob

a. der stationäre Buchhandel mit besonderer Atmosphäre, persönlicher Beratung, speziellen Aktionen und außerordentlichem Service und
b. die Verlage mit systematischem Talentmanagement, Autorenförderung, IT- und internetbasierter, zielgruppenpezifischer, intelligenter sowie kreativer Benutzerführung auf den Portalen ihre bestehenden Kundenbindungen halten und ausbauen können.

Nach der massenhaften Akzeptanz von Internetangeboten, Smartphones und Tablet-PCs kann bezweifelt werden, dass die klassische Buchindustrie im Jahr 2030 noch existent sein wird. Dies ist kein Grund für kulturellen Pessimismus. Die neuen „Enhanced E-Books" mit interaktiven Grafiken, Audio- und Videoangeboten, intelligenter Vernetzung und differenzierten Social-Media-Angeboten sowie Rückkopplung zum Autor können den Lesegenuss fördern und auch die Nachfrage nach hochwertigen Bildungsangeboten stärken.

11.4 Vertiefung

- Wie kann der Begriff E-Book definiert werden?
- Welche Formen von E-Books können unterschieden werden?
- Welche Vor- und Nachteile weisen E-Books auf?
- Welche technischen und ökonomischen Faktoren beeinflussen den E-Book-Markt?
- Welche fünf Bestimmungsdeterminanten zur Durchsetzung von E-Books kennen Sie?

Literaturempfehlung

Henzler, H./Kern, F./Wiedmann, A. (2012): Smart Publishing, Leipzig, 2012

Mummenthaler, R./Wenk, B. (2013): E-Books als (wirklich) neues Medium, Vortrag am 13. März 2013 auf dem 5. Kongress Bibliothek & Information Deutschland; in: https://docs.google.com/gview?url=http://www.opus-bayern.de/bib-info/volltexte/2013/1381/pdf/Mumenthaler_Wenk_E_Books_neues_Medium_lang.pdf&chrome=true, Abruf 19.07.2013

Quellen

Amazon (2013): http://www.amazon.de/gp/product/B007OZNWRC/ref=fs_clw, Abruf 19.06.2013

Blesi, C. (2011): Veränderung in der Buchdistribution durch die Digitalisierung von Handel und Produkt, in Medienwirtschaft 4-2011, 8. Jahrgang, Hamburg, S. 20–31

Buchreport 2013: Wie groß ist der Bücherumsatz von Amazon in Deutschland?, in: http://www.buchreport.de/nachrichten/online/online_nachricht/datum/2013/02/05/amazon-verdient-mit-medien-mehr-als-weltbild-dbh-und-thalia-zusammen.htm, Abruf 27.05.2013

Businessinsider: http://www.businessinsider.com/chart-of-the-day-how-much-money-amazon-is-making-from-the-kindle-2013-2, Abruf 27.05.2013

Hermann, A./Sengira, J./Weiss, B. (2012): Tablets im Fokus – wie die Nutzung von Tablet-PCs den Markt für E-Publishing verändert, 2012

Latzer, M. (2013): Medienwandel durch Innovation, Co-Evolution und Komplexität in M und K Medien und Kommunikationswissenschaft 61. Jahrgang, Heft 2, 2013

Meier, K. (2013): Wird es bald keine gedruckten Tageszeitungen mehr geben?, in: Deutsche Gesellschaft für Publizistik und Kommunikationswissenschaft e. V. 1963–2013 (2013): 50 Fragen – 50 Antworten, Hamburg 2013

PriceWaterhouseCoopers (2012): German Entertainment and Media Outlook: 2012–2016, Frankfurt 2012

Statista (2013a): http://de.statista.com/themen/596/e-books/infografik/578/ebook-nutzung-von-deutschen-onlinern/, Abruf 18.07.2013

Wachtveitl, A. (2013): Entwicklung und Beurteilung von E-Books und Enhanced E-Books auf Basis des Facebook-Portals „Studierende kochen" – Schlussfolgerungen und Handlungsempfehlungen für die Konzeption, Produktion und Vermarktung eines E-Books für die Mediengruppe Main-Post, unveröffentlichte Diplomarbeit, Würzburg, S. 58 und S. 46–47

Audio-Formate/E-Publishing im Bereich Audio

12

Gabriele Goderbauer-Marchner/Sandra Roth

Forget about typing! Let's use what nature endowed us with!
(Satz aus dem Hubbub-Werbefilm: http://hubbub.fm/signin;jsessionid=1j8mr3anx0d2672vf4vyy8y1k, 16.09.13.)

12.1 Audio-Content-Verbreitung durch Sound Social Networks

Die ukrainischen *Hubbub*-Gründer haben mit ihrem überspitzten Aufruf nicht ganz Unrecht: Menschen erwerben Sprache tatsächlich auf natürlichem Weg, bevor sie auf gesteuerten schulischen Wegen lesen oder schreiben lernen. *Hubbub* ist den Gründern zufolge „the first real sound social network on the web"[1]. Wie Facebook ist *Hubbub* ein soziales Netzwerk (vgl. Abb. 12.1), nur läuft die Kommunikation über Sprechen und Hören und nicht über Schreiben und Lesen. Dies ermöglicht, dass man Nachrichten der Freunde oder Nachrichtendienste bereits beim Autofahren, Sport oder während sonstiger Tätigkeiten hören kann, bei denen man nicht zwei Hände frei hat. Hat man sich eine Play-List von Freunden, Nachrichtendiensten oder sonstigen Audioproduzenten erstellt, kann man die kurzen Audionachrichten und -Updates in einem großen Stream abhören, ohne Unterbrechungen und ohne ständig auf neue Nachrichten klicken zu müssen. Quasi Twitterohne Text, dafür mit Stimme.

Die Audionachrichten kann man über andere soziale Netzwerke wie Facebook, Twitter oder auf *Hubbub* selbst mit anderen Nutzern teilen und man kann eine Audioantwort zurückschicken. *Hubbub* ist ein noch sehr junges, 2012 von zwei Ukrainern gegründetes

[1] Satz aus dem Hubbub-Werbefilm: http://hubbub.fm/signin;jsessionid=1j8mr3anx0d2672vf4vyy8y1k, 16.09.13.

T. Büsching, G. Goderbauer-Marchner, *E-Publishing-Management*,
DOI 10.1007/978-3-658-04110-6_12, © Springer Fachmedien Wiesbaden 2014

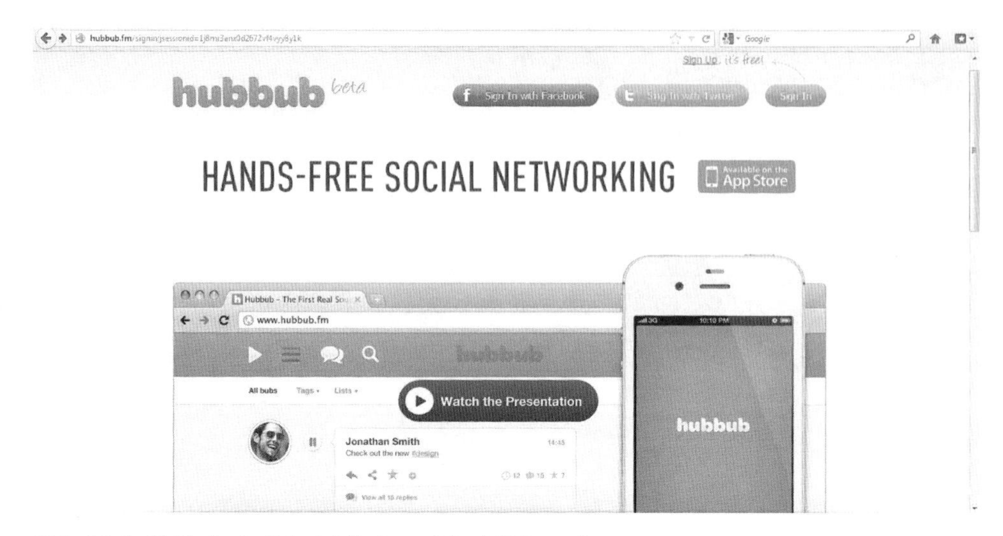

Abb. 12.1 *Hubbub*, ein Beispiel für Sound Social Networks

Unternehmen mit Sitz in Wien. Die noch wenigen angebotenen Dienste werden laufend ausgebaut.

Ganz neu ist die Idee vom Sound Social Network allerdings nicht. Bereits 2009 wurde in England *Audioboo* gegründet und ist seitdem „a simple way of recording audio while on the move and adding as much useful data to it as possible“[2]. Auch *Audioboo* vertritt die These „Sound is social“[3] und versteht sich über ein audio-soziales Netzwerk hinaus als digitales Audioarchiv, webbasiertes Diktiergerät und digitaler Podcast-Generator. Mit der kostenlosen Anwendung können Audiodateien bis zu drei Minuten Länge aufgenommen, gespeichert, geteilt und mit Bildern, Tags und Ortsangaben auf *Google-Maps* ergänzt und über Facebook, Twitter, Tumblr und Friendfeed geteilt werden. Längere Aufnahmen sind über unterschiedliche kostenpflichtige Angebote möglich. Englands vielgehörter Radiosender BBC Radio 2 stellt über *Audioboo* außerdem seine witzigsten, skurrilsten und am liebsten gehörten Audiomitschnitte zur Verfügung.[4]

Weniger für die breite Nutzergemeinde eines Sound Social Networks als speziell für die interne und externe Kommunikation von Unternehmen bietet die US-amerikanische Firma CinchCast (gesprochen: [sintʃ]) – Slogan: „Connect Simply“[5] – ein umfangreiches Angebotsportfolio für die Audio-Content-Verbreitung. „Cinchcast enables businesses to produce and share original audio content via its cloud-based platform [... and] offers mobile functionality which permit instant creation of large scale conference calls to be created

[2] http://audioboo.fm/about/us, 16.09.13.

[3] http://audioboo.fm, 16.09.13.

[4] http://audioboo.fm, 16.09.13.

[5] http://cinchcast.com/about/, 16.09.13.

on the fly to report on breaking news or on the ground from major events."[6] Hierzu den Webauftritt des Unternehmens: http://cinchcast.com/about/.

12.2 Audio-Content-Verbreitung durch Audio-Sharing-Plattformen

Die Audio-Content-Verbreitung durch Tauschplattformen betrifft größtenteils Musikstücke und Hörbücher freier oder urheberrechtlich geschützter Art. Vor allem durch die Entwicklung des Audio-Formats MP3 (siehe unten), das den Umfang von Audiodateien um bis zu 90 % verringern kann, schaffte der Online-Kauf und -Austausch von Audiodateien Ende der 1990er seinen Durchbruch.

Zahlreiche P2P-(Peer-to-Peer)-Audio-Tauschplattformen wie *Napster* oder *eMule*, Programme, mit deren Hilfe Audiodateien direkt von der Festplatte der User getauscht werden konnten, entstanden und bewegten sich oft außerhalb des Urheberrechts.[7] Zusätzlich schockte Apple mit seiner 2001 laufenden Rip-Mix-Burn-Kampagne[8] die Musikindustrie, die darin einen direkten Aufruf zur Audio-Piraterie sah, und trug so zu einem bis heute nicht endenden Krieg zwischen Musik- und Hörbuchwirtschaft auf der einen Seite und den Konsumenten auf der anderen Seite bei. Mit immer neuen Kopierschutzprogrammen versuchen Musik- und Hörbuchwirtschaft bis heute Raubkopierern Einhalt zu gebieten, meist ohne Erfolg. Vor allem die Musikindustrie mahnte Tauschbörsenbetreiber[9] und Tauschbörsennutzer in den letzten Jahren auch finanziell und medienwirksam so erfolgreich ab, dass Plattformen wie *Napster*[10] oder auch *Megaupload* ihren Betrieb einstellen mussten. Ihre Folgeplattformen wie *Kazaa, Morpheus, EDonkey* und *Mega*[11] sind dagegen wesentlich schwieriger zu handhaben. Auf diesen Plattformen tummeln sich weiterhin Millionen von Nutzern, um teils legal, teils in rechtlichen Grauzonen Musik, Filme, Bücher etc. auszutauschen.[12]

[6] Lehr, Jonathan: Fifteen NYC-based enterprise startups to keep an eye on. Veröffentlicht am 21.11.2012 auf http://pandodaily.com/2012/11/21/fifteen-nyc-based-enterprise-startups-to-keep-an-eye-on/, 16.09.13.

[7] Ebersbach/Glaser/Heigl 2011: 131.

[8] Der Werbespot mit prominenten Musikkünstlern der damaligen Zeit ist online auf verschiedenen Plattformen verfügbar, z. B. hier: http://www.youtube.com/watch?v=4ECN4ZE9-Mo, 16.09.13.

[9] Vgl. z. B. die Jagd nach dem Megaupload-Betreiber Kim Schmitz 2012.

[10] Eine kurzweilige Abhandlung zur Geschichte der Musik im Netz, zu Napster und dem proklamierten Ende der Musikindustrie bietet Janko Röttgers in seinem Buch „Mix, Burn & R.I.P. – Das Ende der Musikindustrie", durch Creative Commons online als E-Book frei verfügbar: ftp://ftp.heise.de/pub/tp/buch_10.pdf, 16.09.13.

[11] Zu Kim Schmitz' Neukonzeption von *Megaupload* in der Plattform *Mega* vgl. Boie, Johannes: Mega: Kim Dotcom ist mit neuem Filehoster zurück. Auf SZ-Online: http://www.sueddeutsche.de/digital/comeback-mit-neuem-filehoster-kim-dotcom-ist-mega-zurueck-1.1578140-2, 16.09.13.

[12] Vgl. Röttgers 2008: 1–65.

Durch ausgedehnte und abschreckende Werbekampagnen,[13] z. B. der Initiative Respect Copyrights (www.hartabergerecht.de, www.respectcopyrights.de) mit dem Ziel, ein Unrechtsbewusstsein gegenüber illegalen Musikdownloads und ein Bewusstsein für die dafür bestehenden Strafmaße zu etablieren, trägt eventuell dazu bei, dass legale Audiodownload-Shops wie Musicload, Amazon oder iTunes vermehrt Nutzer finden werden. Der ehemalige Megaupload-Betreiber Kim Schmitz fasst die Lösung der Urheberrechtsverletzungen dagegen – weitab einer Abschreckungsmethode – in fünf einfachen und logischen Regeln zusammen: „1) Gute Inhalte machen; 2) Einkauf einfach gestalten; 3) Auf der ganzen Welt zum gleichen Zeitpunkt veröffentlichen; 4) Fairer Preis; 5) Abspielbar auf allen Geräten."[14] Legale Alternativen zu den Audiodownload-Shops sind z. B. Dienste wie *Last.fm*, der 2002 als Internet-Radiostation mit dynamischen Play-Listen begann[15] und inzwischen auch zu einem Musikempfehlungsservice geworden ist. Als registrierter Nutzer der *Last.fm*-Community können Nutzer nicht nur Musik hören, sondern auch Titel taggen, an Diskussionen teilnehmen und über Trends informiert bleiben. Künstler können außerdem ihre Songs zum Download zur Verfügung stellen.[16]

12.3 Die Technik hinter der Audio-Content-Verbreitung

12.3.1 Audio-Format-Generatoren und -Konvertierer

Neben den noch jungen Sound Social Networks gibt es zahlreiche andere Audio-Format-Generatoren im Netz, mit denen Audiodateien im Internet erstellt, bearbeitet und geteilt werden können. Allerdings sind diese Anwendungen nicht in ein soziales Netzwerk eingebettet. Audioaufnahmen können heute auch ohne Computer mit der weiten Verbreitung von Analog- und Digitalrecordern, Mobiltelefonen, Smartphones, MP3-Playern etc. gemacht und in einem beliebigen Format abgespeichert werden. Diese Audiodateien kann man entweder direkt mit dem Smartphone online teilen oder später auf Computer übertragen, bearbeiten und im Netz weiterverbreiten. Formatkonvertierungen sind trotz einer wachsenden Zahl an unterschiedlichen Audio-Formaten dank kostenloser und hochwertiger Konvertierungsprogramme wie LAME[17] ebenfalls kein Problem mehr.

[13] Werbespots sind z. B. unter den folgenden Links zu finden: http://www.youtube.com/watch?v=GurmoG_518k, 16.09.13, http://www.youtube.com/watch?v=pZUCF6p-RWw, 08.01.13, http://www.youtube.com/watch?v=sH5FPmUXxbA, 16.09.13.

[14] Kim Schmitz, zitiert nach Boie, Johannes: Mega: Kim Dotcom ist mit neuem Filehoster zurück. SZ-Online: http://www.sueddeutsche.de/digital/comeback-mit-neuem-filehoster-kim-dotcom-ist-mega-zurueck-1.1578140-2, 16.09.13.

[15] Ebersbach/Glaser/Heigl 2011: 133.

[16] Vgl. http://www.lastfm.de/about, 16.09.13,und http://www.lastfm.de/uploadmusic, 16.09.13.

[17] LAME gilt als einer der hochwertigsten und schnellsten MP3-Konvertierer (vgl. u. a. http://www.chip.de/downloads/LAME_13003295.html, 16.09.13). Zur rechtlichen Situation, v. a. zur rechtlichen

12.3.2 Audio-Format vs. Kodierung

Aus historischen Gründen gibt es viele verschiedene Audio-Formate und keinen einheitlichen Standard zur Kodierung und Speicherung von Audio-Signalen. Wichtig ist die Unterscheidung von Dateiformat und Kodierung. Die Kodierung schreibt das Ausgangssignal um in eine Abfolge von Zeichen (Code) mit bestimmten Bitraten, Abtastraten und Wortbreiten, das Dateiformat speichert eine Kodierung. Schon bei der Entwicklung eines Dateiformats wird festgelegt, ob es nur zur Speicherung einer Kodierung verwendet werden kann oder ob die Möglichkeit bestehen soll, unterschiedliche Kodierungen im gleichen Dateiformat abzuspeichern. Dabei sind nur wenige Dateiformate wirklich für eine Kodierung spezifiziert (MP3 kann beispielsweise nur eine spezifische Kodierung speichern.), die meisten Dateiformate können verschiedene Kodierungen enthalten (WAVE kann beispielsweise ca. 150 verschiedene Kodierungen speichern, darunter auch die MP3-Kodierung).[18]

12.3.3 Komprimierende vs. nicht-komprimierende Audio-Formate

Bei der Kodierung und Speicherung von Audio-Signalen fallen große Datenmengen an. Als Bestimmungsgleichung für den Datendurchsatz gilt:

$$S = K \cdot F_A \cdot D/16\,[\text{Byte/s}]$$

K = Anzahl der Kanäle, F_A = Abtastrate, D = Signalauflösung in Bit.

Ein Stereosignal (K=2) würde bei einer Auflösung von 16 Bit und einer Abtastrate von 44,1 kHz 176400 Bytes pro Sekunde schreiben bzw. lesen, für ein Audiostück von drei Minuten Länge wären es bereits 30 MB. Da Speicherplatz aber immer begrenzt ist, gerade auf tragbaren Endgeräten, gibt es mittlerweile verschiedene Möglichkeiten, um viele und große Datensätze auf möglichst wenig Speicherplatz unterzubringen. Die Größe von Audiodateien kann entweder durch Reduzierung der Auflösung/Abtastrate/Kanalanzahl verringert werden, dann spricht man von Reduzierung durch Parameteränderung, oder sie kann durch Datenkompression verkleinert werden. Genauere technische Ausführungen zur Kompression finden sich u. a. bei Stotz (2011).[19] Zu den unkomprimierten Formaten zählt u. a. WAV (PCM).

Auseinandersetzung zwischen den LAME-Entwicklern und der Fraunhofer-Gesellschaft siehe u. a. http://www.princeton.edu/~achaney/tmve/wiki100k/docs/LAME.html, 16.09.13).

[18] Petermichl 2008: 688 u. 693.

[19] Stotz 2011: 39–65.

Tab. 12.1 Gängige Container-Formate für Audio. (Petermichl 2008: 705)

Containerformat	Extension	Objekte	Einsatz
Quicktime	.mov, .qt	Multimedia	Consumer
MPEG-4	.mp4	Multimedia	Consumer
MPEG-4 Audio	.m4a, .m4b, .m4p	AAC Audio	Consumer
OMFI	.omf	Video, Audio, Projektdaten	Studio
AAF, MXF	.aaf, .mxf	Multimedia	Studio
AES 31	Fat32-Dateien	Audio, Projektdaten	Studio
WMA, ASF	.wma, .asf	Multimedia	Consumer
Real Media	.ra, .rm	Multimedia	Consumer
OGG	.ogg, .osm	Audio, Video, Text	Consumer
FLAC	.flac	Lossless-Audio	Consumer, Studio
Matroska	.mka, .mkv	Audio, Video, Text	Consumer
OpenMG	.oma, .omg	ATRAC Audio, DRM	Consumer

12.3.4 Verlustfreie vs. verlustbehaftete Audio-Formate

Audio-Formate können durch verlustfreie und verlustbehaftete Kodierungen in mehr oder weniger platzsparende Form gebracht werden. Die verlustfreien Audio-Formate komprimieren das Original und geben eine originalgetreue oder identische Kopie wieder. Sie sind also vom Datenvolumen her noch sehr groß, können höchstens 25–50 % verlieren und eignen sich daher nicht so sehr für eine schnelle Datenübertragung. Die verlustbehafteten Audio-Formate schneiden dagegen ganze Passagen unwiderruflich aus dem Original aus und löschen diese, um das Datenvolumen zu verkleinern, d. h., es wird später eine datenreduzierte Datei wiedergegeben, die dem Original nicht entspricht. Moderne verlustbehaftete Formate wie AAC, Ogg oder MP3 können das Originalmaterial so um bis zu 90 % schrumpfen lassen. Da i. d. R. aber nur Passagen außerhalb der menschlichen Hörfrequenzen gelöscht werden, erleiden die Audiodateien zumindest für das menschliche Ohr keine wahrnehmbaren Verluste. Die gängigsten Audio-Formate werden im Folgenden in Tab. 12.1 vorgestellt.[20]

[20] Die Übersicht ist eine kurze Zusammenfassung technischer Beschreibungen aus Petermichl, Karl: Dateiformate für Audio. In: Weinzierl, Stefan (Hg.): Handbuch der Audiotechnik. Berlin. Springer. 2008, S. 687–718, und der Fachforen PC Magazin (http://www.pc-magazin.de/ratgeber/mp3-wma-flac-co-mit-einem-klick-konvertieren-1210711.html, 16.09.13), Netzwelt (http://www.netzwelt.de/news/32124-wichtigsten-audioformate.html, 16.09.13).

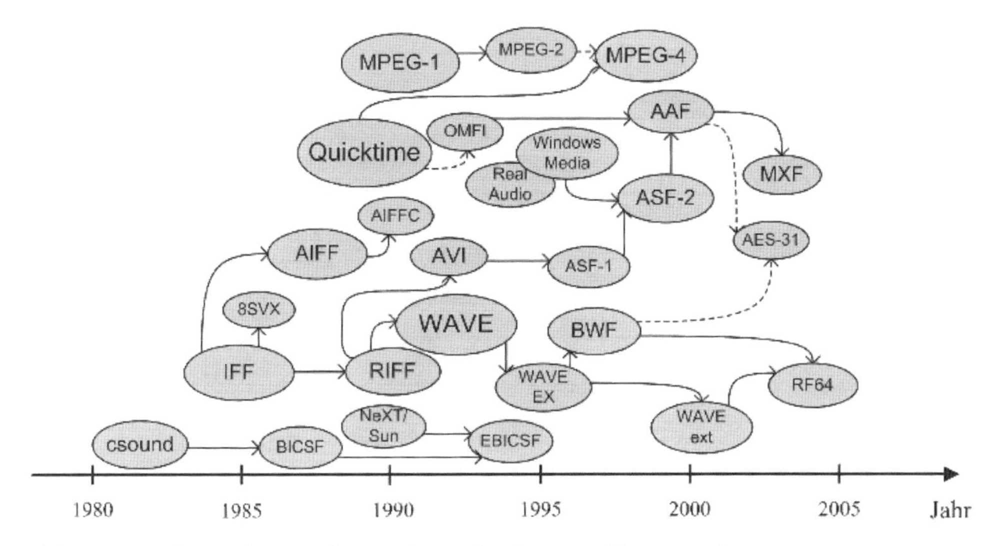

Abb. 12.2 Evolution der Dateiformate für Audio. (Petermichl 2008: 691)

12.4 Gängige Audio-Formate

Die Audiodateien können weiter in simple Dateiformate (für Audiokodierungen, Metadaten und Parameter) wie MP3 und in echte Container-Formate (für unterschiedliche Medientypen, Timecode, Texte, Markierungen, Strukturbeschreibungen etc.) wie MP4 oder FLAC unterteilt werden. Tabelle 12.1 zeigt eine Übersicht über gängige Containerformate und ordnet diese zusätzlich nach ihrem Einsatz dem Endkunden/Verbraucher oder den Rundfunkanstalten und Studios zu.

Die Abb. 12.2 bietet einen Überblick über die Evolution der Dateiformate für Audio. Symbol- und Schriftgrößen dienen als Indikator für die Bedeutung und den Beitrag des Formats zur technologischen Weiterentwicklung.

.wav Eines der vielseitigsten und meistbenutzten Container-Formate, das meist ein verlustfreies Audio-Format bezeichnet. Folglich sind die Dateien zwar identisch mit dem Original und von sehr guter Qualität, aber auch sehr groß. Zur Soundbearbeitung am heimischen PC ist WAVE immer noch erste Wahl.

.wav (BWF) Für den Austausch von Audiomaterial zwischen Rundfunkanstalten und Studios hat das gemeinsame Gremium europäischer Rundfunkanstalten, die European Broadcasting Union (EBU), 1997 zur Vereinheitlichung von Metadaten und Audiokodierungen das Broadcast-WAVE-Format (BWF) als Standard festgelegt. Dieses Audio-Format hat jedoch weiterhin die Dateierweiterung .wav und folgt im Wesentlichen dem WAVE-Format. Es ist auch nicht für Dateien geeignet, die größer als 4 GB sind.

.mp3 Das derzeit bekannteste verlustbehaftete und online gängigste Audio-Format wurde ab 1982 am Fraunhofer-Institut für Integrierte Schaltungen (IIS) in Erlangen entwickelt. Bei der Umwandlung in MP3 werden unkomprimierte Audiodateien (z. B. WAVE-Format) dadurch komprimiert, dass nicht hörbare Anteile der ursprünglichen Dateien gelöscht werden, daher die Bezeichnung „verlustbehaftet". Da es sich um für das menschliche Ohr nicht hörbare Teile handelt, entsteht aber kein wahrnehmbarer Qualitätsverlust. MP3 wird von allen Programmen und Endgeräten unterstützt, die Musikdateien abspielen. Erst mit MP3 schaffte die verlustbehaftete Audiodateikompression ihren Durchbruch.

.wma Microsofts-Windows-Media-Audio-Format, das als Konkurrent zu MP3 1999 vorgestellt wurde, verlustlose und verlustbehaftete Komprimierungen ermöglicht, ist vor allem wegen seines DRM[21]-Rechtemanagements (d. h., dass es einen Kopierschutz enthält) auf Produzentenseite beliebt. In vielen Online-Musik-Shops werden daher WMA-Musikdateien angeboten. Neben der Standard-Kodierung gibt es auch extra ein für Sprache optimiertes Format (WMA Voice). WMA eignet sich auch für Streaming. WMA-kodierte Audio-Streams werden als ASF bezeichnet.

.aac AAC wird oft als MP3-Nachfolger bezeichnet. Technisch ist dies auch der Fall, jedoch noch nicht hinsichtlich der Verbreitung. Das verlustbehaftete Advanced Audio Coding ist eine gute Verknüpfung aus Qualität und Kopierschutz und wird daher gern verwendet. Qualitativ ist es etwas besser als MP3 oder WMA und fand vor allem durch die Unterstützung von Apples iTunes und des Real Music Stores eine weite Verbreitung. Es ist Teil der MPEG-2- und MPEG-4-Spezifikation und stammt von 1997. Mobiltelefone und (mobile) Spielekonsolen wie Nintendo DSi und Sony PlayStation Portable unterstützten das AAC-Audio-Format ebenfalls. AAC wird auch in den Bereichen des digitalen Radios (DAB+, Digital Radio Mondiale) und des mobilen Fernsehens (DVB-H und ATSC-M/H) eingesetzt. Apple setzt auf dieses Format, iPhone-/iPad/iPod- und PlayStation-Portable-Videos müssen eine Tonspur mit diesem Audio Codec enthalten.

.flac Free Lossless Audio Codec ist ein verlustfrei arbeitendes und von jeglichen Softwarepatenten befreites Open-Source-Audio-Format, das 2001 erstmals veröffentlicht wurde. Die Originaldateien können auf bis zu 50 % der Originalgröße komprimiert werden. FLAC-Audiodateien können gestreamt werden (sobald Dateien empfangen werden, wird die Datei auch abgespielt). Das Format wird bisher auch aufgrund der Dateigröße nur zaghaft von der Musikindustrie und tragbaren Playern unterstützt.

.ogg OGG ist ein qualitativ hochwertiges patent- und kostenfreies Open-Source-Container-Format, in der Tradition des MPEG-Standards und eignet sich aufgrund seiner Arbeitsweise vor allem für das Streaming (Internetradio/Video). Die Stiftung Xiph.org pflegt dieses Format. Deswegen wird OGG meistens mit der freien Audio- und Videoko-

[21] Digital Rights Management.

dierung VORBIS in Verbindung gebracht und gemeinsam genannt, weil die Stiftung sich auch um VORBIS kümmert. OGG kann aber auch Kodierungen wie FLAC speichern. Es gibt mittlerweile vermehrt Player, die OGG Vorbis abspielen und das kostenlose Audio Codec ist in vielen Programmen bereits installiert. Auf der Homepage von Vorbis heißt es schon fast ein wenig zu euphorisch: „Ogg Vorbis has been designed to completely replace all proprietary, patented audio formats. That means that you can encode all your music or audio content in Vorbis and never look back."[22]

12.5 Vertiefung

- Was versteht man unter Sound Social Networks?
- Nennen Sie je einen Vor- und einen Nachteil von verlustfreien und verlustbehafteten Audio-Formaten und erklären Sie, wodurch sich diese Formate unterscheiden!

Literaturempfehlung

Friedrich, Hans Jörg: Tontechnik für Mediengestalter. Töne hören – Technik verstehen – Medien gestalten. Springer, Heidelberg. 2011.

Röttgers, Janko: Mix, Burn & R.I.P. – Das Ende der Musikindustrie. Verlag Heinz Heise. 2003. (Durch Creative Commons online als E-Book frei verfügbar: ftp://ftp.heise.de/pub/tp/buch_10.pdf, 16.09.13.)

Weinzierl, Stefan (Hrsg.): Handbuch der Audiotechnik. Berlin. Springer. 2008.

Quellen

Audioboo: http://audioboo.fm/about/us, 16.09.13.

Boie, Johannes: Mega: Kim Dotcom ist mit neuem Filehoster zurück. Auf SZ-Online: http://www.sueddeutsche.de/digital/comeback-mit-neuem-filehoster-kim-dotcom-ist-mega-zurueck-1.1578140-2, 16.09.13.

Chip: http://www.chip.de/downloads/LAME_13003295.html, 16.09.13.

Cinchcast: http://cinchcast.com/about/, 16.09.13.

Emule-Project: http://www.emule-project.net/home/perl/general.cgi?l=2, 16.09.13.

Hubbub: http://hubbub.fm/signin;jsessionid=1j8mr3anx0d2672vf4vyy8y1k, 16.09.13.

Knitter, Jörg: MP3, WMA, FLAC & Co mit einem Klick konvertieren. In: PC Magazin (Online), 04.11.11. http://www.pc-magazin.de/ratgeber/mp3-wma-flac-co-mit-einem-klick-konvertieren-1210711.html, 16.09.13.

Lehr, Jonathan: Fifteen NYC-based enterprise startups to keep an eye on. Veröffentlicht am 21.11.2012 auf http://pandodaily.com/2012/11/21/fifteen-nyc-based-enterprise-startups-to-keep-an-eye-on/, 16.09.13.

Netzwelt: http://www.netzwelt.de/news/32124-wichtigsten-audioformate.html, 16.09.13.

[22] http://www.vorbis.com/faq/#what, 16.09.13.

Petermichl, Karl: Dateiformate für Audio. In: Weinzierl, Stefan (Hrsg.): Handbuch der Audiotechnik. Berlin. Springer. 2008. S. 687–718.
Princeton: http://www.princeton.edu/~achaney/tmve/wiki100k/docs/LAME.html, 16.09.13.
Stotz, Dieter: Computergestützte Audio- und Videotechnik. Multimediatechnik in der Anwendung. Springer, Heidelberg. 2011.
Vorbis: http://www.vorbis.com/faq/#what, 16.09.13.
YouTube: http://www.youtube.com/watch?v=4ECN4ZE9-Mo, 16.09.13. (Apple)

Web-TV 13

Thilo Büsching

13.1 Einleitung und Analysedimensionen

Anfang der 1990er Jahre schien es unmöglich, dass Filme innerhalb von Minuten mit einer Mischung von Kamera, Rechner und Satellitenverbindung – dem heutigen Smartphone – produziert, vertont und weltweit im Internet veröffentlicht werden können. Dieser für damalige Zeiten visionäre Vorgang ist heute für 10-jährige Kinder einfach, schnell und hochwertig umzusetzen. Der Untersuchungsgegenstand Web-TV weist einen Innovationsgrad, eine Vielfalt von Erscheinungsformen und eine Komplexität auf, die eine wissenschaftliche Untersuchung erschwert, da jede Analysedimension für sich, aber auch die Wechselwirkungen mit den anderen Bereichen, untersucht werden muss. Weit über zehn akademische Disziplinen sind notwendig, um das Phänomen Web-TV ganzheitlich zu untersuchen.

Die dafür relevanten Wissenschaftsbereiche und ihre Teildisziplinen sind:

- Geisteswissenschaften, insbesondere Philosophie, Germanistik, Anglistik
- Technik, insbesondere Nachrichten- und Elektrotechnik sowie Informatik
- Betriebswirtschaft, insbesondere Medien- und Internetmanagement
- Volkswirtschaft, insbesondere das Zusammenspiel von Innovation und dem Verhalten der Nutzer bzw. Konsumenten
- Gestaltung, insbesondere Maske, Bühnenbild, Design, Animation
- Verhaltenswissenschaft, insbesondere Psychologie und Medienwissenschaft
- Recht, insbesondere Medien- und Urheberrecht

In diesem Abschnitt wird Web-TV aus einer angebots- und handlungsorientieren Perspektive untersucht und dem Phänomen Web 2.0 – User-generated Content – ein besonderer Platz eingeräumt. Die Forschungsleitfrage ist: Wie können Organisationen, Unternehmen, Filmemacher und insbesondere Bürger Web-TV einfach, schnell und reichweitenstark konzipieren, produzieren, verbreiten und vermarkten?

T. Büsching, G. Goderbauer-Marchner, *E-Publishing-Management*,
DOI 10.1007/978-3-658-04110-6_13, © Springer Fachmedien Wiesbaden 2014

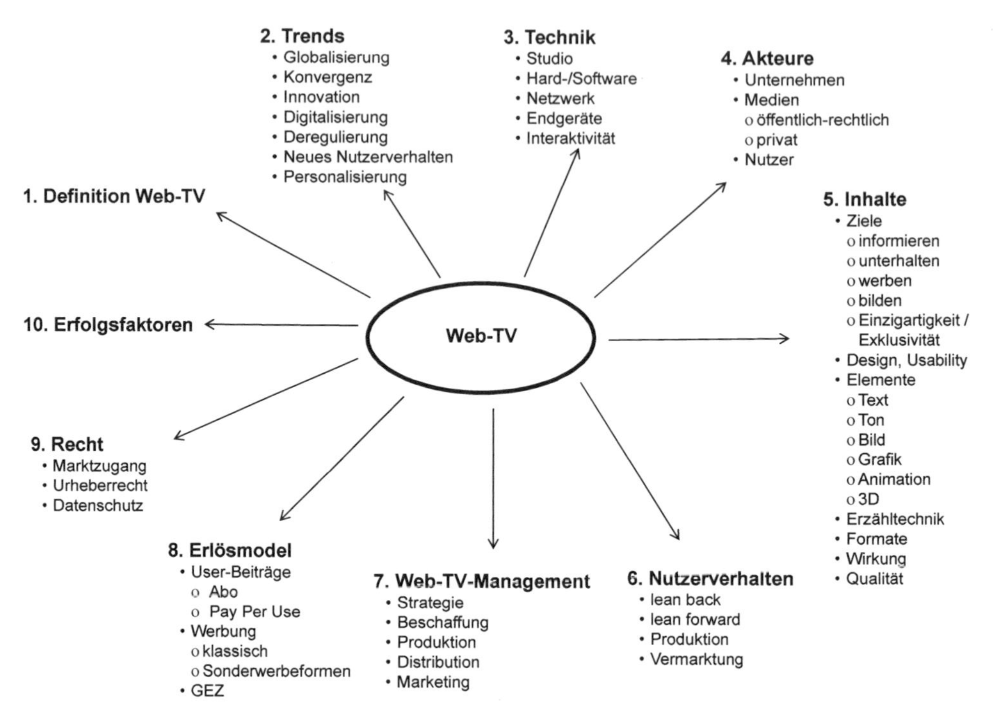

Abb. 13.1 Die Analysedimensionen von Web-TV. (Quelle: Eigene Darstellung auf der Basis von Meidel 2012)

Abbildung 13.1 zeigt, welche Analysedimensionen näher betrachtet und untersucht werden müssen.
Die nächsten zehn Abschnitte sind auf Basis des Schaubilds gegliedert.

13.1.1 Definition Web-TV

Mit dem Format „Ehrensenf" und der Moderatorin Katrin Bauerfeind startete am 1. November 2005 das Internetfernsehen in Deutschland. Erstmals wurde eine Comedy-Serie von 2005 bis 2011 exklusiv von Montag bis Freitag im Internet und nicht im TV ausgestrahlt. Durch dieses innovative ca. 5-minütige Format entwickelte sich ein nachhaltiger Trend, der durch die Internetplattform YouTube zu einer machtvollen Bewegung wurde: Web-TV. Bereits Anfang 2012 wurden täglich 4 Mrd. Videos auf YouTube geschaut und pro Minute etwa 60 h neues Videomaterial hochgeladen (Specht 2012). Die vielfachen Wirkungen dieser Audiovisualisierung auf die Medienbranche, die Kulturfertigkeiten und die menschliche Psyche aller Nutzer lassen sich nur schwer abschätzen und bedürfen fortlaufender intensiver Forschung. Bisher zählen Lesen, Schreiben, Rechnen und die digitale Kommunikation zu den Basisfertigkeiten des Menschen. Nun erscheint es möglich, dass das Produzieren, das Verbreiten und die zielgruppenspezifische Adressierung von Web-TV-Videos zu einer Basisfertigkeit des Menschen werden. Ein Bild sagt mehr als tausend Worte, so der Volksmund; aber ein selbstproduzierter Film bzw. der laufende Einsatz von (Überwachungs-) Kameras vermag noch mehr: gleichzeitig informieren, unterhalten, werben, bilden, überwachen, kontrollieren, zum Dialog einladen und ihn aufrechterhalten. So ist z. B. der gezielte Einsatz von Live-Videos, sog. Webinars, mit Interaktions- und Kommentarfunktion sowie weiteren zielgruppenspezifischen Lehr- und Lernmaterialien geeignet, den klassischen Frontalunterricht von Professoren, Dozenten und Lehrern zu ersetzen. Im Einklang mit unserer E-Publishing-Definition wird hier unter Web-TV Folgendes verstanden:

▶ **Web-TV** Web-TV sind kurze audiovisuelle Einheiten, in der Regel mit bewegten Bildern und Ton und je nach Gestaltung mit Grafiken, Animationen und in 2D- und/oder 3D-Optik versehen. Das Format kann informieren, unterhalten, werben, bilden und alle Genres bedienen sowie beliebige Längen aufweisen. Medienunternehmen, Filmproduktionsfirmen, Unternehmen, Organisationen jeder Art oder Bürger können Filme produzieren. Titel und Produzenteninformationen können in einem Vorspann oder Abspann kommuniziert werden. Web-TV-Formate können von verschiedenen Endgeräten auf Server hochgeladen und über verschiedene Internet-Portale veröffentlicht werden.

Der Dialog über den Film mit dem Zuschauer ist ein weiteres, aber nicht konstituierendes Merkmal. Dies kann über standardisierte Kommentar- und Teilefunktionen oder über den direkten Dialog im Live-Webinar erfolgen. Mit Hilfe einer speziellen frei verfügbaren Software können die Filme, z. B. aus YouTube, heruntergeladen werden. Im Gegensatz zum IPTV setzt Web-TV eine aktive Rolle des Betrachters voraus. IPTV-Formate adressieren den klassischen Fernsehzuschauer, der ein längeres Format, wie z. B. einen Action- oder Fantasy-Film über ca. 100 min, in Ruhe anschauen und genießen möchte, ohne den Film zu kommentieren, in einer Gemeinde zu teilen oder live mit den Autoren bzw. Moderatoren zu kommunizieren. Der IPTV-Zuschauer ist der klassische Lean-back-Filmkonsument, der unterhalten werden will. Die Tab. 13.1 differenziert die Unterschiede zwischen Web-TV und IPTV.

Die Unterschiede zwischen Web-TV und IPTV verschwinden mit zunehmender Bandbreite und verbesserten Kompressionsverfahren. Während IPTV eher klassische Inhalte im Web überträgt, ist Web-TV an kein bestimmtes Format oder Genre geknüpft: Persönliche Tagebücher, Blogs, Online-Journalismus, Erklär-Filme, Werbung, Mini-Episoden, Comedys oder Live Webcasts – alles ist möglich und wird permanent weiterentwickelt. In Deutschland sind allein 38 Mio. Bürger aktiv auf YouTube (Stand 2012).

Tab. 13.1 Unterschied Web-TV und IPTV. (Quelle: Eigene Darstellung)

Dimension	Web-TV	IPTV
Empfang	PC, Tablet, Smartphone	Fernseher
	Wiedergabesoftware/Browser-Plugin nötig	Wiedergabesoftware/Browser-Plugin oder Set-Top-Box nötig
Technische Übertragung	Per Videostreams mit unter-schiedlichen Bandbreiten meist von einem zentralen Server oder via P2P	Übertragung von Filmen oder Fernsehprogrammen
	Im offenen Internet	Vertrieb im Provider-Netzwerk oder im offenen Internet
Qualität	i. d. R. schlechtere Qualität als TV	Fernsehqualität oder HDTV
	Qualität nicht zwingend konstant	Qualität konstant
Dialog	Konsequente Dialogorientierung mit Kommentar- und Blogfunktionen, Livedialog mit Moderator, Dozent möglich	Interaktion, wie z. B. Voting und Shopping sind möglich, aber ohne Echtzeit-Dialog, Live-Dialog nicht möglich
Erlösmodell	i. d. R für den User ohne Kosten, Refinanzierung erfolgt durch Werbung bzw. durch Eingabe persönlicher Daten	Bezahlung im Abonnement oder mit Pay-per-View
Beispiel	YouTube, Tochter von Google	T-Entertain, Tochter der Deutschen Telekom

13.1.2 Trends

„Die Industrie ist mitten im Orkan des Medienwandels“ (Specht 2012). Dieser dramatische Medienwandel speist sich mindestens aus sechs zentralen Trends, die alle relevant sind für die Analyse, Konzeption, Produktion, Distribution und Vermarktung von Web-TV. Im Folgenden werden diese kurz dargestellt.

Globalisierung Seit den 1970er Jahren adressieren insbesondere amerikanische Konzerne, wie z. B. IBM, Hewlett Packard, Apple und Microsoft, internationale Märkte, zuallererst Europa und Südamerika. Die Duplizierung ihrer Strategien, Produkte, Standards und Unternehmenskulturen hat bei den Amerikanern jahrzehntelange Tradition. So wird z. B. YouTube in 61 Sprachen der Welt übersetzt, darunter Deutsch, Arabisch, Russisch, Chinesisch und Japanisch (Stand 11. Mai 2013).

Die sogenannte „glocale“ Strategie vereinigt die Vorteile einer globalen Standardisierung mit der Anpassung an lokale kulturelle Werte und rechtliche Rahmenbedingungen. Deshalb das Kunstwort „glocal“.

Konvergenz Nach Wirtz (2012: 62) können drei verschiedene Determinanten der Konvergenzentwicklung – technischer Fortschritt, Deregulierung der Märkte und verändertes Nutzungsverhalten – unterschieden werden. Diese werden hier etwas differenzierter dargestellt, indem der technische Fortschritt explizit in Innovation und Digitalisierung zerlegt wird.

Innovation Die wirtschaftlichen Auswirkungen von Innovation hatte zuerst Joseph A. Schumpeter in seinem Standardwerk *Kapitalismus, Sozialismus und Demokratie* eindringlich dargestellt (Schumpeter 1942/1993: 138). Der Prozess der schöpferischen Zerstörung beschreibt sehr plastisch die Innovations-Auswirkungen im TV-Markt. Anfang des 20. Jahrhunderts wurde das marktbeherrschende Eisenbahnsystem durch das unabhängigere, flexiblere Autosystem in großen Teilen substituiert. Ähnlich wird das lineare TV durch das interaktive Web-TV und IPTV ersetzt werden (Graf 2010: 39 f.). Durch die technische Weiterentwicklung und Neukombination von Produktionsfaktoren werden alte Techniken verdrängt und schließlich zerstört. Schumpeter sieht diesen „ewigen Sturm der schöpferischen Zerstörung" (1942/93: 143) als notwendige Voraussetzung für die positive wirtschaftliche Entwicklung an. Von diesem Phänomen profitiert insbesondere die Qualität, die Verbreitung und Nutzung von Web-TV.

Digitalisierung Für die effektivere Verbreitung und Nutzung von Web-TV ermöglicht die Digitalisierung eine immer noch bessere Verbreitung von Videoinhalten über schnelle Datenleitungen, perspektivisch bis 200 Megabytes/Sekunde über Glasfaser, leistungsstärkere Computerprozessoren und in der Kombination immer schnellere Uploads und Downloads von Videoinhalten über stationäre und mobile Computer bzw. Smartphones. Die durch den Upload von über 60 h Filmmaterial pro Minute alleine auf YouTube entstehenden Extrabytes = 1 Trillion (10^{18}) Bytes oder eine Milliarde Gigabytes können immer kapazitätssparender, schneller und sicherer gespeichert werden.

Deregulierung Seit Einführung des Privatfernsehens am 01. Januar 1984 wurde der TV-Markt weitreichend dereguliert. So ist es laut Mediengesetz jedem Unternehmen mit seinem Internetportal möglich, Videoinhalte beliebiger Längen und Genres anzubieten, wenn sie kein Vollprogramm im Sinne des Telemediengesetzes sind (vgl. ARD 2013). Auf der anderen Seite ist es den öffentlich-rechtlichen Sendern ARD und ZDF nur in Grenzen erlaubt, eigene aktualitätsbezogene Beiträge länger als sieben Tage zu speichern. So dürfen z. B. auf keinen Fall Fußballberichte der ersten und zweiten Bundesliga länger als sieben Tage zum Download angeboten werden. Diese Angebotsrestriktion des Gesetzgebers für die öffentlich-rechtlichen TV-Sendeanstalten eröffnet eine Marktlücke, die private TV-Sender, freiberufliche oder private Videojournalisten bzw. alle Internetnutzer mit Inhalten füllen können.

Neues Nutzerverhalten und Personalisierung Vor dem Hintergrund einer schnelleren und benutzerfreundlicheren Bedienung kristallisieren sich seit 2005 zwei zentrale Nutzertendenzen heraus. Einmal werden in Zeiten von Facebook und YouTube, die das Medienverhalten der jungen Leute von 14–29 Jahren in besonderem Maße bestimmen, Inhalte nicht nur abgerufen oder geteilt, sondern in immer stärkerem Maße Inhalte in Form von

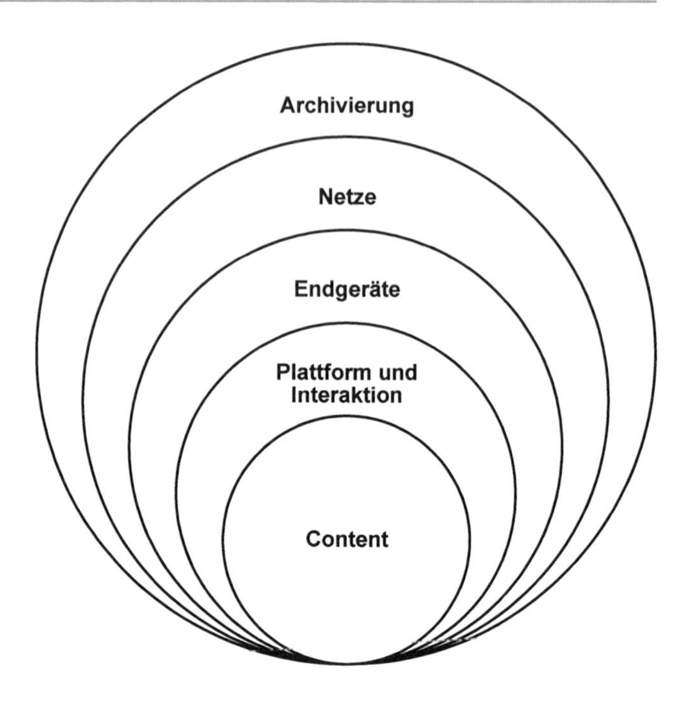

Abb. 13.2 Ansatzpunkte für Innovation durch Digitalisierung. (Quelle: Eigene Darstellung)

Texten, Bildern, und Filmen bereitgestellt. Eine zentrale Möglichkeit für die Medienindustrie, auf diese massenhafte Konkurrenz zu reagieren, ist es, den Nutzern und Konsumenten maßgeschneiderte Angebote zu unterbreiten. Hierfür bedarf es Instrumente, die normalerweise nur ausgereifte Unternehmen zur Verfügung stellen können, die über eine klar definierte Strategie, eine umfassende IT-Basis mit einer kundenorientierten Datenbank sowie eine eigene Redaktion mit fest angestellten Journalisten verfügen, wie sie z. B. jede lokale Tageszeitung vorhält. Schließlich ist E-Publishing selbst mit den Geschäftsbereichen E-Books und E-Magazines, Web-TV und Apps ein Wachstumsmotor in der digitalen Welt mit noch ungeahnten Möglichkeiten. Neue Interaktionsmöglichkeiten, weitere tiefere Analysewerkzeuge sowohl für User als auch für Unternehmen, immer mehr Bandbreiten stationär und mobil, führen zu dem neuen Phänomen „Big Data" (Kaiserwerth 2010). Das neue exponentiell wachsende Wissen und die Vielfalt der Innovation zwingt den Internet-User, seine aktiv produzierende und seine passiv reflektierende Medienkompetenz systematisch weiterzuentwickeln, wenn er die Vorteile der Mediengesellschaft nutzen will. Abbildung 13.2 oben fasst die verschiedenen Ansatzpunkte für Innovation, Digitalisierung und Personalisierung zusammen und fokussiert die Ansatzpunkte für innovatives Web-TV im Internet.

Insgesamt führt die Innovation auf den fünf verschiedenen Ebenen

- Content, wie z. B. umfassende News-Apps,
- neue interaktive Plattformen, wie z. B. Facebook und YouTube,

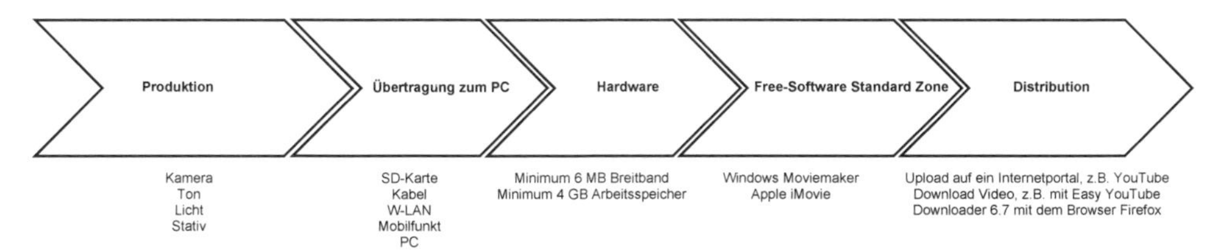

Abb. 13.3 Kamera, Hardware, Software und Ausrüstung für die Web-TV-Produktion. (Quelle: Eigene Darstellung)

- neue Endgeräte, wie z. B. Smartphones mit eigenen Schnittprogrammen,
- schnellere Netze sowie
- effizientere Archivierungs- und Suchfunktionen in den Big Data zu weiteren großen Veränderungen im Web-TV.

13.1.3 Technik für den ersten Web-TV-Film

In diesem Abschnitt geht es nicht darum, die Technik zu beschreiben, die für die Produktion von High-End-TV und Kinofilmen nötig ist. Für die Produktion eines abendfüllenden Spielfilms in einem großen deutschen TV-Sender sind analytische Vorkenntnisse nötig, wie sie z. B. der amerikanische Film-Professor James Monaco in seinem 699-seitigen Standardwerk „Film verstehen" (Monaco 2002) umfassend darlegt. Web-TV kann ohne großes Kinowissen, ohne umfassende Kenntnisse der Fernsehproduktion (Geißendörfer/Leschinski 2002: 359 f) oder vertiefende Kenntnisse über die High-End-HD-Produktion (Effenberg/Vogel 2013) hergestellt werden.

Die Produktionskosten für eine Minute Sendezeit können von Grenzkosten gleich null Euro bis hin zu 6 Mio. € für Massenszenen, wie z. B. bei *Herr der Ringe*, Teil 3 (2003), oder *Avatar* (2009) variieren. Allerdings kann große Aufmerksamkeit und Reichweite auch mit allergeringsten Mitteln erreicht werden, wie der Husky-Hund Mishka zeigt, der seit 2008 schon über 88 Mio. Mal in YouTube angeklickt wurde.[1] Ziel des Abschnitts ist es, einen Überblick über die notwendigen Voraussetzungen zu geben, um einen einfachen Web-2.0-Clip zu produzieren. Die Abb. 13.3 zeigt im Detail, welche technischen Voraussetzungen von der Produktion bis zur Distribution notwendig sind.

Die Grundausstattung variiert von einem einfachen Smartphone bis hin zu einer gezielt zusammengestellten Ausrüstung (Digitalkamera, gehobene Schnittsoftware und Stativ für ca. 600 €) (vgl. Sauer 2010: 103). Zahlreiche erfahrene Videofilmer erklären kundig Schritt für Schritt, wie sich Anfänger und junge Studierende in die Königsklasse der Medienproduktion Web-TV einarbeiten können (vgl. Sauer 2010: 99–166).

[1] http://www.youtube.com/watch?v=qXo3NFqkaRM, Abruf 11.05.2013.

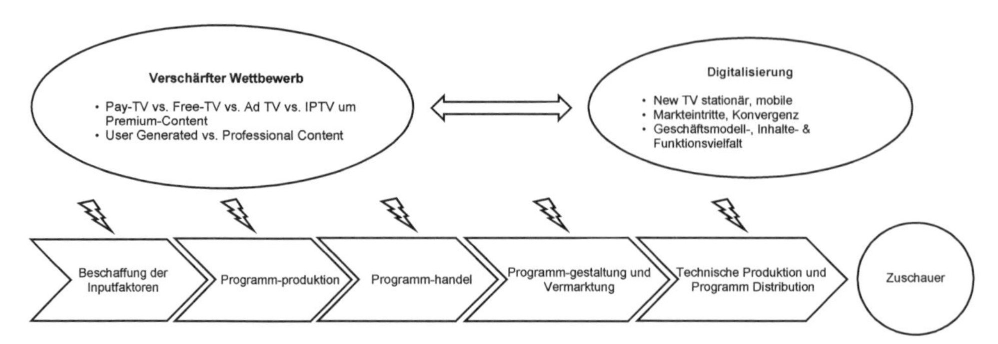

Abb. 13.4 Veränderung der TV-Wertschöpfungskette. (Quelle: Eigene Darstellung)

13.1.4 Akteure

Insbesondere der zunehmende Wettbewerb und die Digitalisierung verändern die TV-Marktlandschaft in Deutschland.

Die Angriffe auf die traditionelle TV-Wertschöpfungskette (vgl. Abb. 13.4) führen zu einer Vielzahl von neuen Anbietern. Diese konzentrieren sich teilweise auf das reine Web-TV. Die öffentlich-rechtlichen Mediatheken von ARD und ZDF verlieren zunehmend an Bedeutung. Die Abb. 13.5 zeigt prototypisch die Menge der Web-TV-Anbieter in Deutschland nach Erlösmodellen und Ursprung (Professional oder User-generated Content) gegliedert.

Eigentümerstrukturen, strategische Positionierung, Erlösmodelle, Geschäftspolitik, rechtliche Restriktionen, technische Innovationen und Wachstumsaussichten sind bei jedem dieser Akteure unterschiedlich. Die Tab. 13.2 zeigt thesenartig, welche E-Publishing-Geschäftsbereiche von welchen Wachstumstreibern besonders profitieren.

Die Tab. 13.2 „Wachstumstreiber für wichtige Web-TV-Geschäftsbereiche in D“ zeigt, welcher Wachstumstreiber welche Bedeutung für alle Geschäftsfelder hat. Auf Basis der Überblickstudie „Was macht Medien erfolgreich?“ (Sommer/von Rimscha 2013: S. 12–30) wurden die spezifischen Wachstumstreiber thesenartig herausgearbeitet. Diese beziehen sich bei Sommer und von Rimscha sowohl auf ökonomischen als auch publizistischen Erfolg. Die Übersicht „Wachstumstreiber“ stellt hingegen allein auf den ökonomischen Erfolg ab, da dieser leichter messbar ist. Innovative E-Publishing-Produkte können demnach als Ergebnis eines kreativen Entwicklungsprozesses verstanden werden (ebd.: 15), der in Medienunternehmen zu systematischer Geschäftsmodellinnovation führt und im E-Publishing aktive und interaktive Zielgruppen adressiert. Der einfache Marktzutritt in die digitale E-Publishing-Welt erhöht den Innovationsdruck und erfordert eine immer konsequentere Ausrichtung an der Zielgruppe, die diese neuen Techniken, Produkte, Geschäftsmodelle zu nutzen weiß.

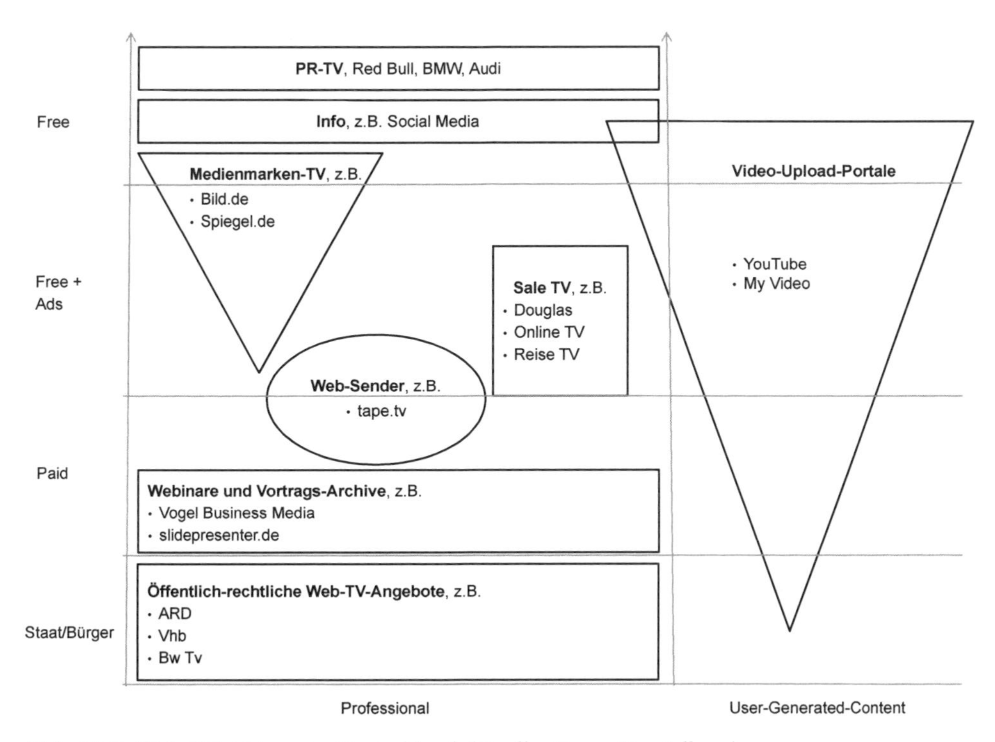

Abb. 13.5 Web-TV-Akteure in Deutschland. (Quelle: Eigene Darstellung)

13.1.5 Form und Inhalt

Die Faszination und der Siegeszug des Web-TV hängt neben den bereits erörterten Megatrends von der Einfachheit der Produktion, der Vielfalt der Gestaltungsmöglichkeiten, den Inhalten und der tiefgreifenden emotionalen Wirkung ab. Die Einfachheit ist unmittelbar nachvollziehbar durch die einfache Aufnahme eines Web-TV-Clips durch das Smartphone und den mobilen Upload auf ein Videoportal, wie z. B. YouTube. Der große Handlungsrahmen für die Akteure ergibt sich dadurch, dass den Web-TV-Produzenten grundsätzlich alle Gestaltungsmöglichkeiten des Fernsehens und des Kinos zur Verfügung stehen. Zusätzlich sind täglich die neuesten technischen audiovisuellen Innovationen, die von den besten Werbeagenturen der Welt eingesetzt wurden, im TV-Programm zu sehen. Aufwendig und interaktiv produzierte Spots von internationalen Konzernen, wie der *hunter shoots a bear*[2], setzen Trends. Der Spot zeigt, wie der Film selbst mit der scheinbar statischen Bannerwerbung interagiert. Der Werbespot bildet die Königsklasse jeglicher audiovisueller Darstellungsform, weil im Einzelfall die Produktion eines 30-sekündigen Spots mehrere Mio. Euro kosten kann. Dieser wird dann weltweit mehrere tausend Mal ausgestrahlt und kann somit ein großes Zielpublikum und eine große Wirkung erreichen. Die Konzeption,

[2] http://www.youtube.com/watch?v=4ba1BqJ4S2M, Abruf 17.06.2013.

Tab. 13.2 Wachstumstreiber für wichtige Web-TV-Geschäftsbereiche in Deutschland. (Quelle: Eigene Darstellung)

Akteure	Web-TV	Info-, Link-Portale, Social Media	Medien-Marken, Content-Apps	Sale-TV & Web-Sender	Video-Upload-Portale	Webinar-Dienst-leister	Öffentl.-rechtl. Ange-bote
Beispiel-Unternehmen	Audi BMW Red Bull	Facebook, web.de	Bild.de Spiegel.de	Reise.tv	Clipfish YouTube	Slide-pre-senter.de	ARD-/ ZDF-Media-theken
Wachstums-Treiber							
1. Markt							
Einfacher Marktzugang	xx	xxx	xx	xxx	xx	xxx	xxx
Leistungs-schutzrechte	x	x	x	x	xxx	xxx	x
Datenschutz	0	0	0	0	0	0	0
2. Angebot							
Kreativität	xxx	xxx	xxx	xxx	xxx	xxx	xxx
Exklusiver Content	xx	x	xxx	xxx	x	xxx	xxx
Free Content	xxx	xxx	0	0	xxx	xxx	xxx
Web 2.0-Funktionen	x	xxx	xx	xx	xxx	xxx	x
Vielfältige Distribution	xxx	xxx	xxx	xxx	xxx	x	x
Werbe- Finan-zierung	0	xxx	xxx	x	xxx	xx	0
Geschäfts-mo-dellinnovation	x	xxx	xxx	x	x	x	0
Marke	xxx	xxx	xxx	xx	xxx	xx	x
3. Nachfrage							
„Lean back“	x	x	x	x	x	x	xxx
Aktive	xx	xx	xxx	xx	xx	xx	xx
Interaktive	xxx	xxx	xx	xxx	xxx	xxx	x

xxx = herausragende …, xx = große …, x = geringe …, 0 = keine Bedeutung als Wachstumstreiber für die jeweiligen E-Publishing-Geschäftsbereich

Produktion und Wirkung von Werbespots ist sehr vielschichtig. Hochprofessionelle Teams analysieren gezielt die Zielgruppenbedürfnisse und erzeugen mit genau durchdachten Ästhetik- und Handlungsmustern Inhalte, die der Zielgruppe Emotion, Kognition und Nutzen bieten (vgl. Büsching 2005: 110, 116). Auf der Wirkungsebene lassen sich psychologische und ökonomische Dimensionen unterscheiden. Schon 1985 beschreibt der amerikanische Medienprofessor Neil Postman in seiner bahnbrechenden Analyse *Wir amüsieren uns zu Tode* die Wirkungen von Werbespots:

> Der Werbespot will uns glauben machen, dass alle Probleme lösbar sind, dass sie schnell lösbar sind, und zwar schnell lösbar durch das Eingreifen von Technologie, Fachwissen und Chemie. Es ist dies natürlich eine ganz unsinnige Theorie über die Wurzeln innerer Unzufriedenheit, und jedem, der sie hörte oder läse, würde dies auffallen. Doch der Werbespot verschmäht die Erörterung, denn sie erfordert Zeit und fordert Einwände heraus. Das wäre ein miserabler Werbespot, der den Zuschauer veranlasst, nach der Gültigkeit der vorgetragenen Behauptung zu fragen. (Postman 1985: 161)

Web-TV-Spots stehen im Wettbewerb um die Aufmerksamkeit mit professionell produzierten, sehr reichweitenstarken Werbespots, wenn sie nicht als private Nachricht im Rahmen eines Social-Media-Networks interpretiert werden können. Vor diesem Hintergrund der intensiven Konkurrenz um Zeit, Reichweite und Wirkung erscheint es für jeden Web-TV-Produzenten geboten, gleich ob er ein internationaler Top-Profi oder ein absoluter Beginner ist, genau zu überlegen,

a. welche Ziele er verfolgt,
b. welche Einstellung er mitbringt, also ob er unabhängig, kritisch nur der Wahrheit verpflichtet informieren will und die Glaubwürdigkeit sein höchstes Gut ist oder
c. ob es ihm darum geht, Unternehmen, Produkte, Themen oder Inhalte jeglicher Art zu verbreiten und dabei notfalls Wahrheit zu verfälschen oder die Einstellung von Lesern gezielt zu manipulieren, oder
d. ob er eine persönliche Botschaft für sein soziales Netzwerk senden will, die auch im weiteren Sinne nicht journalistisch oder pressespezifisch geprägt ist, und zu vermuten ist, dass persönliche Motive wie Beziehungsqualität, Organisation oder Eitelkeit ohne direkte Gewinnerzielungsabsicht im Vordergrund stehen.

In allen Fällen ist Web-TV-Fachkompetenz relevant, insbesondere die Frage, ob und inwieweit er in der Lage ist, seine Inhalte und Botschaften mit den entsprechenden technischen, intellektuellen und dramaturgischen Möglichkeiten umzusetzen.

Der Zielerreichungsgrad lässt sich in psychologische Web-TV- und ökonomische Web-TV-Wirkungen differenzieren. Die psychologischen Wirkungen bestehen in der Motivation zu Informationsverarbeitung, dem sog. Involvement, der Offenheit für Botschaften, der Aktivierung für Handlungen und der Glaubwürdigkeit. Die ökonomischen Wirkungen lassen sich am besten in quantitativen Dimensionen erfassen, wie z. B. die Umwandlung von potentiellen Kunden in Kaufinteressenten, den tatsächlichen Käufen und Wiederholungskäufen. Rein ökonomisch betrachtet zählt, ob die Kampagne-Kosten, die direkt zurechenbar sind, refinanziert werden können. Aus diesem Blickwinkel ist die Definition von Qualität sehr einfach. **Die Qualität hängt entscheidend davon ab, ob der quantitative Zielerreichungsgrad des Produzenten erreicht wurde.** Persönliche, psychologische oder journalistische Kriterien spielen in dieser Perspektive keine Rolle.

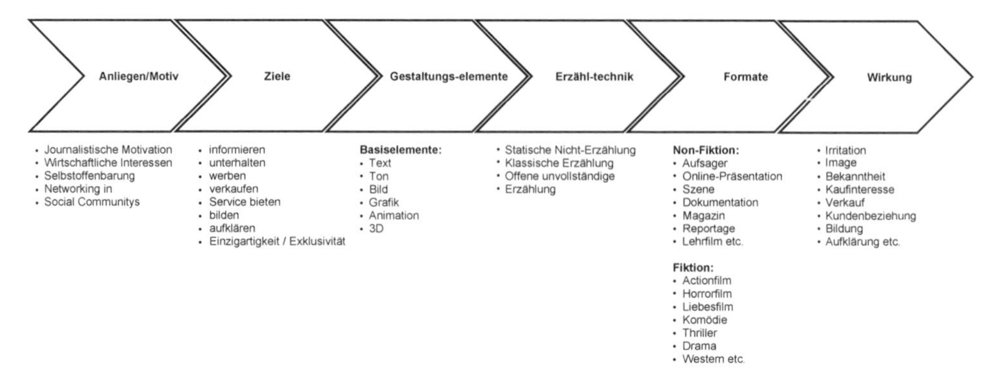

Abb. 13.6 Web-TV-Gestaltungs- und Inhaltsebenen im Motiv-, Ziel-, Wirkungszusammenhang. (Quelle: Eigene Darstellung)

Abbildung 13.6 stellt die wichtigsten Zusammenhänge für die Produktion von Web-TV in einer Grafik dar.

13.1.6 Nutzerverhalten

Im Vergleich zu Zeitung, Film, Radio und TV ist die massenwirksame Web-TV-Produktion und -Rezeption über große Videoportale ein sehr junges Phänomen. Die Analyse wird erschwert, da es noch keine Währung, d. h. kein anerkanntes Messverfahren gibt, das genau erfasst, welche Zielgruppe wie lang und wie interaktiv dieses Medium nutzt. Für die Akzeptanz der Werbeform Web-TV in der werbetreibenden Industrie ist es notwendig, die Web-TV-Werbeleistung zu quantifizieren, also genau zu messen, wer wann welche Inhalte, Werbeformen, Funktionen wie genau nutzt. Insbesondere wird erfasst, wer wann was klickt, wie lange etwas angeschaut wird und wann der User kommentiert und empfiehlt sowie wie der Einfluss von Web-TV auf Bekanntheit, Image, Markenerinnerung, Kaufinteresse, Kauf, langfristige Nutzung und Weiterempfehlung ist.

Aus Forschungssicht stellen sich drei zentrale Fragen, die im Folgenden gestellt und thesenartig beantwortet werden.

Wie unterscheidet sich die Web-TV-Nutzung in den Altersklassen?

Es erscheint, dass sich die ältere Generation ab 60 Jahren in der Regel auf ein Medium konzentriert, wenn es z. B. liest oder Fernsehen sieht. Die um die 40-Jährigen sind eher in der Lage, E-Mails zu beantworten und gleichzeitig Radio zu hören. Hingegen scheinen die 15-25-Jährigen zeitgleich Web-TV schauen und Radio hören zu können, während sie telefonieren und auf einem anderen Screen ein Online-Game spielen. Es bleibt abzuwarten, ob tatsächlich diese Generation anspruchsvollere Aufgaben parallel durchführen kann oder ob sich die herrschende Meinung durchsetzt, dass Multitasking von herausfordernden Aufgaben nicht produktiv ist.

Inwieweit wandeln sich die Web-TV-Konsumenten in aktive Kritiker, Produzenten und Vermarkter?

Bei spontanen Umfragen unter Studierenden ergibt sich regelmäßig, dass etwa 90 % Web-TV-Clips betrachten wie ein klassisches Fernsehstück. Nur ca. 8 % kommentieren oder teilen Videoclips und nur etwa 2 % produzieren Web-TV-Clips und laden sie auf ein Video-Sharing-Portal hoch.

Löst das Web-TV das klassische TV zumindest in Teilen ab oder handelt es sich im Wesentlichen nur um zusätzliche Mediennutzungszeit?

Laut der jährlich durchgeführten ARD-ZDF-Onlinestudie nutzen 70 % der Deutschen gelegentlich Videoportale, um Web-TV abzurufen (ARD-ZDF-Onlinestudie 2012). 59 % davon nutzen insbesondere die modernen Videoportale, wie z. B. YouTube, Clipfish oder MyVideo, und nicht die der etablierten Medien (ebd.). Die wichtigsten Inhalte sind dort Musikvideos (72 %), selbstgedrehte Videos (42 %), Film- oder Fernsehtrailer (36 %). Im Jahr 2011 wurden 138 Mio. Videos pro Tag ausgestrahlt (BLM 2012). Bei einer Haushaltanzahl von geschätzten 40 Mio. in Deutschland und einer durchschnittlichen Länge von ca. 2 Minuten pro Web-TV-Clip ergibt sich eine gesamte Nutzungsdauer von ca. 10 min Web-TV pro Haushalt. Im Vergleich zu 210 min Fernsehnutzungsdauer ist dies weniger als 5 %.

Zusammengefasst wird es in den nächsten 20 Jahren darauf ankommen, ob die TV-Zuschauer sich in TV-Produzenten verwandeln. Es lässt sich kaum prognostizieren, ob immer mehr professionelle Anbieter ihren Content auf Videoportalen einstellen und dort innovative Geschäftsmodelle entwickeln. Es wird entscheidend sein, ob und inwiefern die werbetreibende Industrie Werbeformen entwickelt, die vor, nach und in Web-TV-Bewegtbildern für die Zuschauer attraktiver und die werbetreibende Industrie leistungsfähiger sind als im traditionellen Fernsehen. Je mehr Fernsehsender mit Internetanschlüssen ausgerüstet sind – jeder zweite Fernseher, der 2012 verkauft wurde, hat einen Internetanschluss –, desto wahrscheinlicher wird es, dass normale TV-Abende durch Web-TV-Sessions abgelöst werden. Bereits jetzt wird ein Drittel aller Filme in Deutschland online ausgeliehen. Zu den Anbietern in Deutschland zählen unter anderem Apple mit iTunes, Lovefilm, Maxdome, Microsoft und Watchever (Internetworld 2013). Das neue Nutzungs- und Ausleihverhalten wird das Geschäftsmodell von TV-Sendern und Videotheken stark verändern.

13.1.7 Web-TV Management

Im Vergleich zur Produktion von TV-Beiträgen (vgl. Wirtz 2012: 462) muss der Web-TV-Autor mehr Aufgaben übernehmen, da die gesamte Strategie und die Vermarktung auch in den Händen des Urhebers, Produzenten oder Web-2.0-Autors liegt. Der Produktionsverlauf bei klassischen TV-Beiträgen umfasst Konzept, Auswahl, Produktion im eigentlichen Sinne, Post-Production und Sendeabwicklung. Die Abb. 13.7 zeigt, dass bei Web-

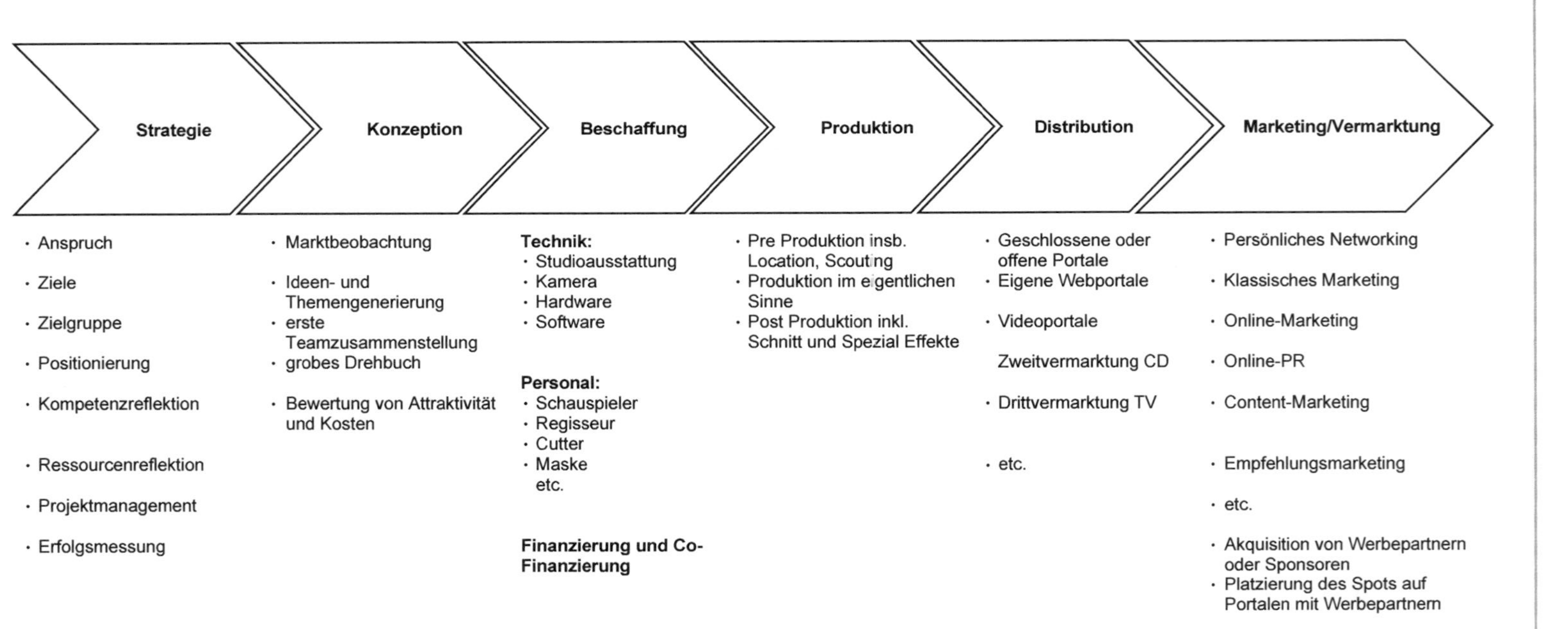

Abb. 13.7 Produktion von Web-TV-Beiträgen mit professionellem Anspruch. (Quelle: Eigene Darstellung)

TV-Spots, die mit professionellem Anspruch erstellt werden, der Produktionsverlauf beträchtlich komplizierter ist.

Dennoch ist der Web-TV-Produktionsprozess schneller und kostengünstiger, da der komplizierte Planungs- und Abstimmungsaufwand, den es in einer TV-Redaktion gibt, entfällt. Web-TV-Macher lassen sich von der Vielzahl der Anforderungen nicht abschrecken: Sie wissen, dass Motivation, Kreativität und Durchhaltevermögen wichtiger sind als Fachkompetenzen, die sich aufbauen, und Ressourcen, die sich akquirieren lassen. Insbesondere ist das kreative Personal, die Filmcrew und das eingespielte und erfahrene Produktionsteam der knappste Inputfaktor (vgl. Wirtz 2012: 362).

13.1.8 Erlösmodelle

Zurzeit gibt es in Deutschland nur eine Währung, mit der auf allen Videoplattformen von Konsumenten gezahlt wird: Aufmerksamkeit. Die Unternehmen haben bisher das klassische audiovisuelle Medium TV nur vorsichtig um Werbebuchungen im Web-TV ergänzt. Die Bruttowerbeumsätze lagen mit 195 Mio. € im Jahr 2011 bei rund 2,5 % der TV-Umsätze in Deutschland. Die hohen, teilweise garantierten Reichweiten mit attraktiven Themen (*Wer wird Millionär* mit Günther Jauch auf RTL) oder maßgeschneiderter Zielgruppenansprache (*Germanys Next Top-Model* mit Heidi Klum auf Pro7) bieten Planungssicherheit, eine hohe schnelle Reichweite im 7-stelligen Mio.-Euro-Bereich sowie ein professionelles redaktionelles Umfeld. Einzelne aufsehenerregende Inhalte auf YouTube, wie der von Gangnam Style oder der Amerikanerin Jana Marbels, die beide jeweils mehr als 1 Mrd. Abrufe in YouTube erzielten (spiegel.de 2013a), lassen für die Entwicklung des Web-TV-Portals optimistische Prognosen zu. Insbesondere können Plattform- und Content-Anbieter sich so nur durch Werbung finanzieren. Werbung, die früher im klassischen TV geschaltet wurde.

Bei der Erlösmodell-Entwicklung spielt die amerikanische Plattform und 100-prozentige Google-Tochter YouTube auf Grund seiner Marktmacht und seiner Geschäftsmodellvielfalt eine besondere Rolle. Bis 2012 zielte die Strategie von YouTube darauf ab, die Web-TV-Clips lediglich mit Werbung oder mit Google Adwords zu vermarkten. Am 10. Mai 2013 kündigte YouTube an, dass einzelne Kanäle zunächst in den USA, wie z. B. *Sesamstraße* oder *Ultimate Fighting*, für 2,99 US-$ im Monat angeboten werden (spiegel.de 2013b). Insgesamt sind folgende verschiedene Erlösmodelle und deren Kombinationen denkbar: Entweder können die einzelnen Web-TV-Spots

- über direkte Werbung oder begleitende Werbung auf der Webseite oder
- über direkte B2B-Nutzungs-Entgelte der sog. Kanalbetreiber wie z. B. Deutsche Bundeswehr oder *Spiegel* auf YouTube oder
- durch direkte Pay-per-View-Beiträge der B2C-Nutzer
- oder über monatliche Abonnenten-Gebühren der B2C-Nutzer oder

- genaues Datentracking und Datenerhebung der Nutzer refinanziert werden, die nach deren Einwilligung weiterverkauft werden bzw. auf deren Basis die werbetreibende Industrie noch effizienter werben kann.

Aus ökonomischer Sicht ist es logisch, dass YouTube in Deutschland versuchen wird, von den 4 Mrd. € Nettowerbeinvestitionen der deutschen privaten TV-Sender (Stand 2013) einen möglichst großen Marktanteil auf das Web-TV-Portal umzuleiten bzw. die dortigen Inhalte, Produkte und Dienstleistungen so zu erweitern, dass dieses Portal ein Anker wird. Welche Erlösmodelle gleichermaßen die hohe Nachfrage nach YouTube- Dienstleistungen von Nutzern und Unternehmern fördern und die Refinanzierung optimieren, bleibt abzuwarten. Die systematische Darstellung der Erlösmodelle befindet sich im Kap. 5 Geschäfts- und Erlösmodelle.

13.1.9 Recht

Wer Web-TV-Filme produzieren möchte, sollte sich rechtlich umfassend einarbeiten. Zahlreiche zentrale Rechte, wie das Medien-, Urheber- und Wettbewerbsrecht sowie die Persönlichkeitsrechte, Haftungsfragen und Jugendschutz, sind betroffen (Dierking/Golla 2013: 355–392). Einige zentrale Rechtsfiguren, die für jeden Web-TV-Produzenten wichtig sind, sollen hier kurz erläutert werden.

Marktzugang: Nach § 4 des Telemediengesetzes von 2013 sind die Produktion und die Verbreitung von Medieninhalten frei. Für die bereitgestellten Informationen sind die Produzenten nach § 7 des Telemediengesetzes selbst verantwortlich. Für Web-TV-Produzenten heißt dies insbesondere, dass die Urheberrechte Dritter gewahrt bleiben. So dürfen z. B. keine Personen oder Schauspieler aufgenommen und veröffentlicht werden, wenn sie nicht ausdrücklich zustimmen, insbesondere dann, wenn mit den Web-TV-Angeboten kommerzielle Interessen verfolgt werden. Zudem müssen die Rechte Dritter im Rahmen des Urheberrechtes gewahrt bleiben. So dürfen z. B. keine Filme mit Musikstücken unterlegt werden, wenn nicht die ausdrückliche Zustimmung der Urheber vorliegt. In § 12 des Telemediengesetzes ist eindeutig geregelt, dass nur dann personenbezogene Daten erhoben werden dürfen, wenn der Nutzer dies ausdrücklich erlaubt hat. Wie diese kurzen Ausführungen zeigen, sind die rechtlichen Belange durchaus vielseitig und sensibel und bedürfen im Einzelfall der anwaltlichen Beratung.

13.1.10 Erfolgsfaktoren

Auf Basis der bisherigen neun Abschnitte wurde eine handlungsorientierte Checkliste „Erfolgsfaktoren Web-TV“ entwickelt. Die Checkliste umfasst die zentralen Punkte: 1.) Strategie, 2.) Drehbuch, 3.) Umsetzung, 4.) Wirkung und 5.) Erfolgskontrolle. Insgesamt werden 16 Erfolgsfaktoren gelistet, mit deren Hilfe die Qualität eines Web-TV-Projektes beurteilt werden kann. Das Kriterium Relevanz „von sehr wichtig bis unwichtig" zeigt an, wie wichtig dieser Faktor für den Erfolg des Filmes ist. Erfolg wird in quantitativer Reichweite gemessen, d. h. danach, wie viele Klicks ein Film auf YouTube aufweist. Journalistische, dramaturgische und künstlerische Aspekte spielen nur insoweit eine Rolle, als sie die Reichweite steigern. Am Beispiel zweier reichweitenstarker YouTube-Clips wird der Einsatz der Checkliste vorgeführt. Erstens der Sprung von Felix Baumgartner aus dem Weltall auf die Erde im Jahre 2012, zu finden in der YouTube-Suche unter *Felix Baumgartner's supersonic freefall from 128k' – Mission Highlights* und zweitens der sprechende Hund Mishka, zu finden in der YouTube-Suche unter *Mishka I Love You.* Den Sprung aus einer Höhe von 38 km klickten über 34 Mio., den sprechenden und singenden Hund über 80 Mio. Personen (Stand Juli 2013). Beide Filme lohnen den Zeitaufwand. Von beiden Filmen lernen wir, wie Zuschauerinteresse mobilisiert wird. Das Faszinierende daran ist, dass der Mishka-Film, der schätzungsweise mit einem Budget von 100 € produziert wurde, mehr Reichweite aufweist als der Red-Bull-Clip, für den über 20 Mio. € investiert wurden. Ein Vergleich der beiden Werke mit Hilfe der Checkliste hilft, die Unterschiede zu verstehen.

Die Übersicht in Abb. 13.8 zeigt, dass alle Faktoren bis auf zwei sehr wichtig sind für den Erfolg dieses weltweit einmaligen, sehr aufmerksamkeitsstarken Projektes. Die reale Bedeutung ist so groß, dass dort irritierende dramaturgische Stilmittel, wie Ironie oder Humor, keinen Platz haben. Da es sich zudem um ein einmaliges Projekt handelt, gab es auch keine Möglichkeit, dies unter Realbedingungen zu testen. Ethisch muss es kritisch gesehen werden, dass eine Marke wie Red Bull den Tod in Kauf nimmt, um Bekanntheit für die eigene Marke aufzubauen. Andererseits ist es die freie Entscheidung von Felix Baumgartner zu springen und der Film ein großer Erfolg.

Ein ganz anderes Bild ergibt sich bei der Erfolgsfaktoren-Analyse des singenden Hundes Mishka (vgl. Abb. 13.9). Trotz Vernachlässigung aller professionellen Standards wird dieser Film doppelt so häufig angeklickt wie der Weltall-Stunt von Felix Baumgartner. Der Grund: Ein Hund der auf Kommando „I love you" singt, bedient Herz und Humor auf sehr einprägsame Weise. Vielleicht kann die Philosophie „kleine Nettigkeiten machen das Leben schön" diesen Erfolg mit erklären. Die Beispiele und die Checkliste helfen die eingangs gestellte Forschungsfrage „Wie können Organisationen, Unternehmen, Filmemacher und insbesondere Bürger Web-TV einfach, schnell und reichweitenstark konzipieren, produzieren, verbreiten und vermarkten?" zu beantworten: Es gilt in erster Linie Standarderwartungen – Hunde sitzen im Körbchen und bellen – mit kreativen Einfällen zu irritieren und in breiten Zielgruppen positive Gefühle zu wecken sowie ein Identifikationsangebot zu schaffen. Das ist der Kern des Erfolges. In zweiter Linie bedarf es eines professionellen Projektmanagements. Die Ausführungen unter 10. „Erfolgsfaktoren" haben gezeigt, dass Kreativität wichtiger für einen Web-TV-Clip ist als hohe Investments. Dies erklärt den Erfolg von YouTube. Die Erfolgswahrscheinlichkeit ist dann am höchsten, wenn professionelles Vorgehen, hohe Investments und gezielte, kreative Irritation von Standards zusammenkommen. Deshalb werden immer noch 7-stellige Euro-Beträge in 30-Sekunden-TV-

Bereich	Erfolgsfaktor	Relevanz
1. Strategie	Ziele des Auftraggebers klar	+++
	Zielgruppe analysiert	+++
	Ressourcen realistisch	+++
	Refinanzierung kalkuliert	+++
2. Drehbuch	Bedient Standards (klare Verpackung, Story, Themen, Botschaften)	+++
	Irritiert Standards (z. B. mit Überraschung, Humor, Trick)	0
	Konsistente, lineare Story (Rollen, Ort, Bild, Ton, Grafik)	+++
3. Umsetzung	Mit Projektstrukturplan	+++
	Motivation, Fokus klar	+++
	Technische Konfektionierung	+++
4. Wirkungen	Emotionale Wirkungen: Aufmerksamkeit, Sympathie, Interesse	+++
	Kognitive Wirkungen: Denk- und Lernwirkungen, Einstellungswandel	+++
	Konative Wirkungen: kurz- und mittelfristige (Kauf-) Handlungen	+++
5. Erfolgskontrolle	Kundentest vorab	0
	Messung von Bekanntheit, Image, Kaufinteresse, Konversionsrate	+++
	Feedback zu Projektmanagement, Ergebnis, Preis-Leistungs-Verhältnis	+++

Legende: +++ sehr wichtig, ++ = wichtig, + = weniger wichtig, 0 = unwichtig für den Erfolg

Abb. 13.8 Erfolgsfaktoren des Red Bull-Clips *Felix Baumgartner's supersonic freefall from 128k' – Mission Highlights 2012*. (Quelle: Eigene Darstellung, http://www.youtube.com/watch?v=FHtvDA0W34I, Abruf 25.09.2013.)

Spots investiert. Die Überprüfung der hier entwickelten und vorgestellten Checkliste zeigt, dass der große Reichweitenerfolg mit ihrer Hilfe erklärt werden kann.

13.1.11 Vertiefung

- Welche Web-TV-Analysedimensionen gibt es?
- Wie kann der Begriff Web-TV definiert werden?
- Der dynamische Medienwandel speist sich aus welchen sechs zentralen Trends?
- Was ist unter den nachfolgenden Aussagen genau zu verstehen? „Der Zielerreichungsgrad lässt sich nach psychologischen Web-TV- und ökonomischen Web-TV-Wirkungen differenzieren." und „Die Qualität hängt entscheidend davon ab, ob der quantitative Zielerreichungsgrad des Produzenten erfüllt wurde."
- Mit welchen Erfolgsfaktoren beurteilen Sie die Web-TV-Projektqualität?

Bereich	Merkmal	Relevanz
1. Strategie	Ziele des Auftraggebers klar	0
	Zielgruppe analysiert	0
	Ressourcen realistisch	0
	Refinanzierung kalkuliert	0
2. Drehbuch	Bedient Standards (klare Verpackung, Story, Themen, Botschaften)	0
	Irritiert Standards (z. B. mit Überraschung, Humor, Trick)	+++
	Konsistente, lineare Story (Rollen, Ort, Bild, Ton, Grafik)	0
3. Umsetzung	Mit Projektstrukturplan	0
	Motivation, Fokus klar	0
	Technische Konfektionierung	0
4. Wirkungen	Emotionale Wirkungen: Aufmerksamkeit, Sympathie, Interesse	+++
	Kognitive Wirkungen: Denk- und Lernwirkungen, Einstellungswandel	+
	Konative Wirkungen: kurz- und mittelfristige (Kauf-) Handlungen	0
5. Erfolgskontrolle	Kundentest vorab	++
	Messung von Bekanntheit, Image, Kaufinteresse, Konversionsrate	0
	Feedback zu Projektmanagement, Ergebnis, Preis-Leistungs-Verhältnis	0

Legende: +++ sehr wichtig, ++ = wichtig, + = weniger wichtig, 0 = unwichtig für den Erfolg

Abb. 13.9 Erfolgsfaktoren des Web-TV-Clips *Mishka – I love you* (http://www.youtube.com/watch?v=qXo3NFqkaRM, Abruf 25.09.2013). (Quelle: Eigene Darstellung)

Literaturempfehlung

Monaco, J. und Bock, H.-M. (Hrsg.) (2009) Film verstehen: Kunst, Technik, Sprache, Geschichte und Theorie des Films und der Neuen Medien, Reinbek 2009

Quellen

ARD 2013: Drei-Stufen-Test in: http://www.ard.de/intern/onlineangebote/dreistufentest/-/id=1086834/qvxjpw/index.html, Abruf 11.05.2013

ARD-ZDF-Medienkommission (2012): ARD-ZDF-Onlinestudie, http://www.ard-zdf-onlinestudie.de/index.php?id=359, Abruf 15.05.2013

BLM-Web-TV-Monitor 2012, Internetfernsehen-Nutzung in Deutschland (2012): Studie durchgeführt von der Goldmedia GmbH Strategy Consulting, vorgestellt am 25.10.2012, 78 Seiten zu beziehen über www.goldmedia.com

Büsching, T. (2005): Checkliste zur Konzeption und Bewertung von Werbespots, in: Seifert, G./ Müller-Litzkow, J. (Hrsg.) (2005): Theorie und Praxis der Werbung in den Massenmedien, Baden-Baden 2005

Dierking, L./Golla, C. (2013): Rechtliche Grundlagen, in: Sauer, M. (2010): Blogs, Video & Online-Journalismus, 2. Auflage, Köln 2010

Effenberg, P./Vogel, A. (2013): Handbuch HD-Produktion, Potsdam 2013

Geißendörfer Hans W./Leschinski, A. (2002): Handbuch der Fernsehproduktion – Vom Skript über die Produktion bis zur Vermarktung, Neuwied 2002

Graf, J. (2010): Aufmerksamkeitsökonomie und Bewegtbild, in: Beiszwenger A. (Hrsg.) (2010): YouTube und seine Kinder, Baden-Baden 2010

Internetworld (2013): Sony will Filmportal Ultraviolett in Deutschland starten http://www.internetworld.de/Nachrichten/Medien/Medien-Portale/Sony-will-Filmportal-Ultraviolet-in-Deutschland-starten-Hollywoods-Antwort?utm_source=newsletter&utm_medium=nachmittags-nl, zitiert als Internetworld, Abruf 18.07.2013

Kaiserwerth, M. (2010): Digitale Wissenswelten – die fünf kritischen Dimensionen des Wissensmanagements in unserer vernetzten Welt, in: Redwitz Gunther (Hrsg.) (2010): Die digital-vernetzte Wissensgesellschaft Aufbruch ins 21. Jahrhundert, München und Zürich 2010

Meidel, B. (2012): BtoB- und BtoC-Web-Video Erfolgsfaktoren, Online-TV-Präsentation. E-Publishing-Kurs der Virtuellen Hochschule Bayern), Länge 38:56 min, aufgezeichnet am 21.12.2012

Monaco, James (2002): Film verstehen, englische Originalausgabe „How to Read a Film", 4. Auflage April 2002, London, New York, Hamburg 2002

Postman, N. (1985): Wir amüsieren uns zu Tode – Urteilsbildung im Zeitalter der Unterhaltungsindustrie, Übersetzung des amerikanischen Titels „Amusing Ourselves to Death. Public discourse in the age of Showbusiness, New York 1985

Sauer, M. (2010): Blogs, Video und Online Journalismus, Peking, Cambridge und andere, 2010

Schumpeter, J. A. (1942): Kapitalismus, Sozialismus und Demokratie, 1. Auflage 1942, 1. deutschsprachige Auflage 1950, 7. erweiterte Auflage, Tübingen und Basel 1993

Sommer, C./von Rimscha, B. (2013): Was macht Medien erfolgreich? Eine Übersicht und Systematisierung der prozess- und angebotsbezogenen Erfolgsfaktoren, in: Medien-Wirtschaft – Zeitschrift für Medienmanagement und Kommunikationsökonomie, 10 Jg. (2013), H. 2, S. 12–30

Specht, D. (2012): Keynote-Vortrag auf dem Medientag in München 2012, YouTube, in: http://www.youtube.com/watch?v=2w3PntIqAk4, Abruf 11.05.2013

Spiegel (2013a): YouTube-Stars: blondes Klickwunder, in: http://www.spiegel.de/netzwelt/web/youtube-stars-eine-milliarde-klicks-fuer-jenna-marbles-a-894198.html, Abruf 15.05.2013

Spiegel (2013b): Videoplattform: YouTube testet kostenpflichtigen Abo-dienst, in: http://www.spiegel.de/netzwelt/web/youtube-testet-kostenpflichtigen-abo-dienst-a-899009.html, Abruf 15.05.2013

Wikipedia (2013): YouTube, in: http://de.wikipedia.org/wiki/YouTube, Abruf 09.05.2013

Wirtz, B. W. (2013): Medien- und Internetmanagement, 8. Auflage, Wiesbaden, 2009

YouTube (2013a): Miska I Love You, in: http://www.youtube.com/watch?v=qXo3NFqkaRM, Abruf 11.05.2013

YouTube (2013b): hunter shoots a bear, in: http://www.youtube.com/watch?v=4ba1BqJ4S2M, Abruf 17.06.2013

14 Social Media als Kommunikations-, Informations- und Werbekanal

Gabriele Goderbauer-Marchner/Bernhard Glasauer

Social Media sind heute aus dem Alltag nicht mehr wegzudenken. Schon Kinder haben, kaum dass sie schreiben können, ein Profil auf *Facebook* oder einen *Twitter*-Account. Sie posten Fotos ihrer Geburtstagsparty, twittern über den letzten Restaurantbesuch oder chatten mit Freunden. Innerhalb weniger Jahre avancierten Social Media so zum bevorzugten Kommunikationskanal vieler privater Nutzer – kaum ein Detail des Privat- und Arbeitslebens, das nicht kommuniziert wird. Auch Firmen und Regierungen nutzen sie heute wie selbstverständlich. Doch was genau sind Social Media eigentlich?

Allgemein gefasst, versteht man darunter zunächst alle Medien (Plattformen), die Internetnutzer verwenden, um zu kommunizieren.[1] Dabei kann man grundsätzlich zwischen zwei Kategorien unterscheiden: Social Media mit dem vorherrschenden Ziel der Kommunikation und User-generated-Content, also Inhalt, welcher von den Nutzern generiert, bearbeitet und getauscht wird.[2]

Social Media sind Andreas Kaplan und Michael Haenlein zufolge „eine Gruppe von Internetanwendungen, die auf den technologischen und ideologischen Grundlagen des Web 2.0 aufbauen und die Herstellung und den Austausch von User-generated-Content ermöglichen".[3] Hierauf aufbauend entwickelten Kaplan und Haenlein eine Klassifikation mit sechs unterschiedlichen Gruppen: Kollektivprojekte (z. B. *Wikipedia*), Blogs und Mikroblogs (z. B. *Twitter*), Content Communitys (z. B. *YouTube*), soziale Netzwerke (z. B.

[1] Harvard Business Manager, Was sind Social Media?, 2010 (20.3.2013, 13.30 Uhr), online verfügbar unter: http://wissen.harvardbusinessmanager.de/wissen/fak/dok.pdf?id=73314406.

[2] Tom Alby, Web 2.0. Konzepte, Anwendungen, Technologien, München 2007.

[3] Andreas Kaplan, Michael Haenlein, „Users of the world, unite! The challenges and opportunities of Social Media". Business Horizons 53(1), 2010, S. 59–68.

T. Büsching, G. Goderbauer-Marchner, *E-Publishing-Management*,
DOI 10.1007/978-3-658-04110-6_14, © Springer Fachmedien Wiesbaden 2014

Facebook), MMORPGs [Massively Multiplayer Online Role-Play Games] (z. B. *World of Warcraft*), und soziale virtuelle Welten (z. B. *Second Life*).[4]

Alternativ lassen sich Social Media auch hinsichtlich Identität, Gespräch, Austausch, Präsenz, Beziehungen, Reputation und Gruppen unterscheiden.[5]

14.1 Nutzung

14.1.1 Als Kommunikations- und Informationskanal

Soziale Online-Netzwerke spielen heute nicht nur in der persönlichen Kommunikation, sondern auch im Marketing oder im Zeitungsmarkt eine wichtige Rolle. Obwohl sie bereits seit den 90er Jahren existieren, setzte die massenhafte Verbreitung erst Mitte/Ende des letzten Jahrzehnts ein. Beginnend mit *MySpace*, stellen *Facebook* und *Twitter* die wichtigsten Evolutionsschritte dar. Heute nutzt, zumindest in den Industrienationen, ein Großteil der Bevölkerung Soziale Netzwerke, die Jüngeren häufiger als die Älteren.[6]

Die genutzte Plattform hängt dabei stark von deren technischen Möglichkeiten, aber auch von der Zielsetzung und Verbreitung ab. Individuelle Nutzer wollen vor allem privat kommunizieren, um z. B. ehemalige Freunde oder Schulkameraden wiederzufinden, gleichzeitig aber auch, um eine größtmögliche Bandbreite abzudecken. Tatsächlich gibt es eine Vielzahl an Nutzungsmotivationen. Freunde und Bekannte finden steht dabei ganz oben, gefolgt von beruflichen Kontakten und Produktinformationen (Abb. 14.1).[7]

Aufgrund der großen Verbreitung und des weiten Nutzungsspektrums deckt *Facebook* viele Bereiche ab, was wiederum maßgeblich zu dessen monopolartiger Stellung beiträgt. Die Verbreitung von lokalen oder regionalen Social-Media-Plattformen schließt dies freilich nicht aus. Ebenso gibt es eine ganze Reihe weiterer Plattformen, die auf ein bestimmtes Alter oder eine bestimmte soziale Gruppe zugeschnitten sind, wie etwa *schülerVZ* oder *studiVZ* für junge Menschen. *SchülerVZ* hat allerdings, aufgrund des massiven Mitgliederschwundes hin zu Facebook, seinen Betrieb zum 30. April 2013 eingestellt.[8] *Xing* und

[4] Andreas Kaplan, Michael Haenlein, „Users of the world, unite! The challenges and opportunities of Social Media". Business Horizons 53(1), 2010, S. 59–68.

[5] Jan Kietzmann, u. a., Social media? Get serious! Understanding the functional building blocks of social media. Business Horizons 54 (3), 2011, S. 241–251 (20.3.2013, 13.30 Uhr), online verfügbar unter: http://www.sciencedirect.com/science/article/pii/S0007681311000061#.

[6] BITKOM, Soziale Netzwerke. Eine repräsentative Untersuchung zur Nutzung sozialer Netzwerke im Internet, 2. Aufl., Berlin 2011, S. 6 (20.3.2013, 13.30 Uhr), online verfügbar unter: www.bitkom.org/files/documents/BITKOM_Publikation_Soziale_Netzwerke.pdf.

[7] BITKOM, Soziale Netzwerke. Eine repräsentative Untersuchung zur Nutzung sozialer Netzwerke im Internet, 2. Aufl., Berlin 2011, S. 15 (20.3.2013, 13.30 Uhr), online verfügbar unter: www.bitkom.org/files/documents/BITKOM_Publikation_Soziale_Netzwerke.pdf.

[8] SchülerVZ (20.5.2013, 13.30 Uhr), online verfügbar unter: http://www.schuelervz.net/l/help.

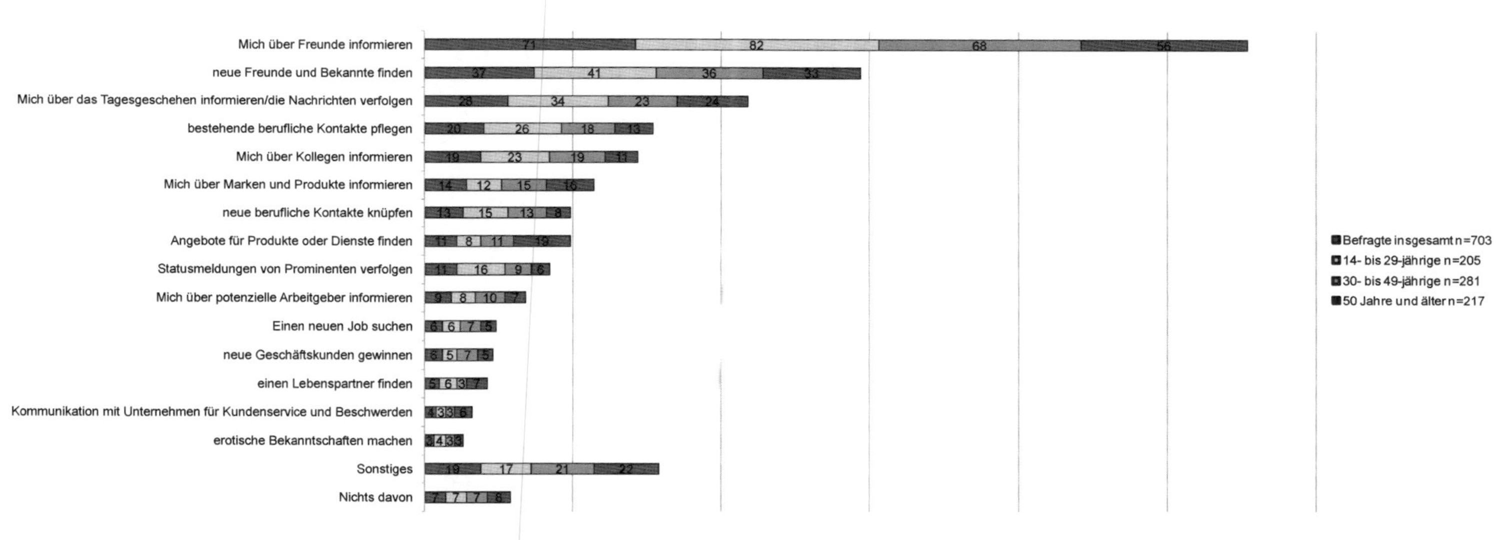

Abb. 14.1 Nutzungsmotivation sozialer Netzwerke – nach Alter. (www.bitkom.org/files/documents/BITKOM_Publikation_Soziale_Netzwerke.pdf)

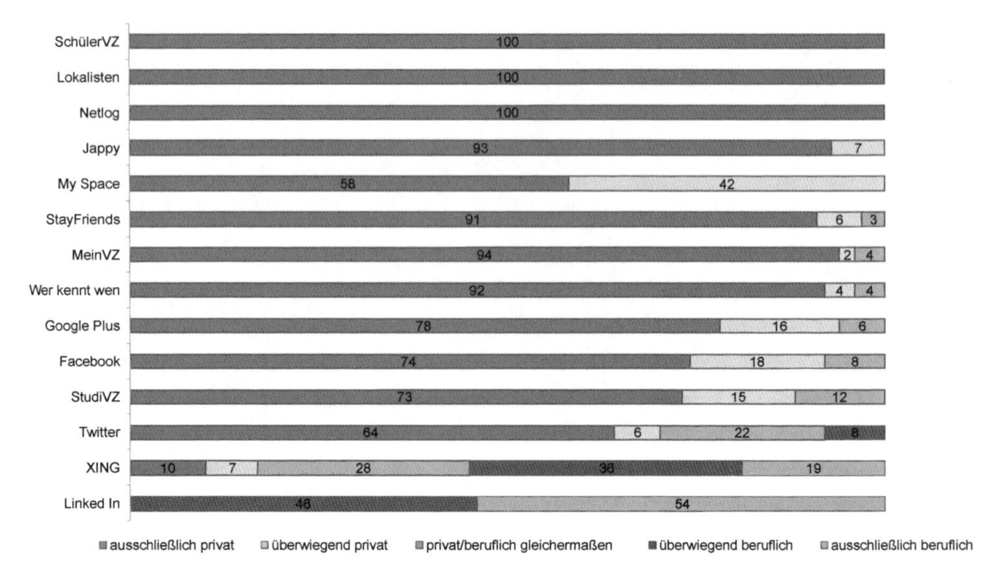

Abb. 14.2 Private und berufliche Nutzung von sozialen Netzwerken. (www.bitkom.org/files/documents/BITKOM_Publikation_Soziale_Netzwerke.pdf)

Linked In dagegen sind überwiegend für geschäftliche Kontakte und berufliche Interessen gedacht (Abb. 14.2).[9]

Die unterschiedliche Ausprägung der Nutzungsmöglichkeiten einzelner Plattformen führt dazu, dass viele Nutzer auf mehreren Plattformen aktiv sind. Dies beginnt bereits bei den Jugendlichen und setzt sich im Alter in abgeschwächter Form fort. 70 % der in sozialen Netzwerken vertretenen Jugendlichen sind auf zwei oder mehr Plattformen aktiv, davon 32 % auf zwei, 21 % auf drei, der Rest auf weiteren Plattformen. Vereinzelt gibt es sogar Nutzer, die auf bis zu acht Plattformen aktiv sind.[10]

Insgesamt ist somit festzustellen, dass sich die Nutzung vor allem hinsichtlich Alter und Zweck unterscheidet. Einschränkend muss freilich hinzugefügt werden, dass gerade durch die breite Aufstellung von Facebook allen anderen Plattformen nur eine Nischenfunktion zukommt.

14.1.2 Als Werbekanal

Solange es Medien gibt, solange gibt es Werbung. Schon im antiken Pompeji gab es Werbetafeln oder Graffito an Hauswänden, auf denen für Tavernen oder andere Vergnügungen geworben wurde. So gesehen, war es nur eine Frage der Zeit, bis auch Social Media zu die-

[9] BITKOM, Soziale Netzwerke. Eine repräsentative Untersuchung zur Nutzung sozialer Netzwerke im Internet, 2. Aufl., Berlin 2011, S. 12 (20.3.2013, 13.30 Uhr), online verfügbar unter: www.bitkom.org/files/documents/BITKOM_Publikation_Soziale_Netzwerke.pdf.

[10] Bernd Schorb, Medienkonvergenz Monitoring Soziale Online-Netzwerke-Report 2010, Leipzig 2010, S. 10 (20.3.2013, 13.30 Uhr), online verfügbar unter: http://www.uni-leipzig.de/~umfmed/MeMo_SON10.pdf.

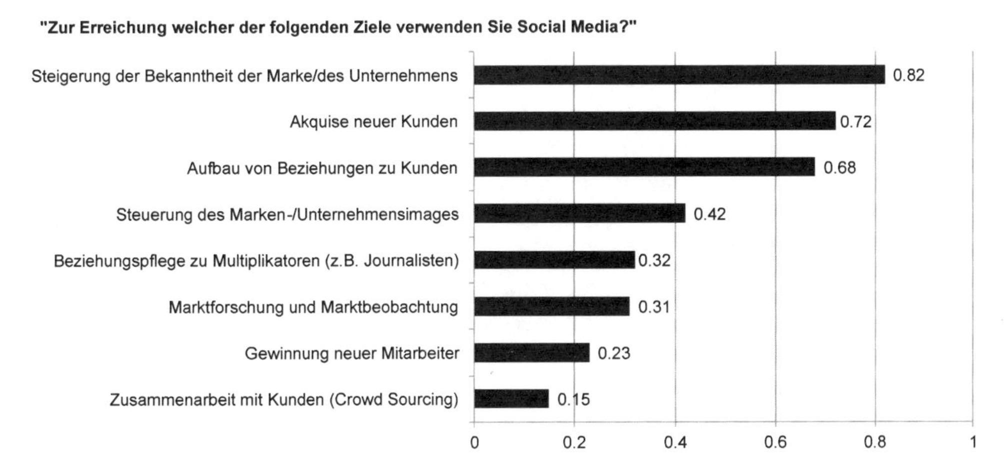

Abb. 14.3 Social Media unterstützt die Ziele der Unternehmen. (http://www.bitkom.org/files/documents/BITKOM_Praesentation_PK_Social_Media_in_Unternehmen_09_05_2012.pdf)

sem Zweck genutzt wurden. Dem kommerziellen Nutzer bieten sich hier Möglichkeiten, die sich meist im normalen Printmedium nicht realisieren lassen. Im Gegensatz zu klassischer Werbung setzen Social Media auf permanente Interaktion mit den Usern.

Sie lassen sich in mehrere Richtungen nutzen: Werbekunden können gewonnen, oder die eigene Präsenz im Medium und damit auch die Werbewirkung können gestärkt werden. Dies ist auch das primäre Anliegen von kommerziellen Nutzern. Marktforschung oder Personalgewinnung sind eher nachrangige Ziele (Abb. 14.3).[11]

Social Media verknüpfen die Vorteile des Internet mit denen der persönlichen Ansprache. In werbetechnischer Hinsicht ergeben sich daraus einige entscheidende Aspekte. Gemäß ihrer Natur sind Social Media mehrdimensional, sprechen die verschiedenen Sinnesorgane an. Von Bewegtbild-Kreationen und Web-TV über Hörbuch bis zum Podcast oder begleitendem Ton auf Websites oder erklärenden Videos und Präsentationen ist alles möglich. Im Vergleich dazu bietet das Printsegment nur Texte und Bilder.

Plattformen wie *slideshare.com* oder *docshare.com* ermöglichen darüber hinaus Document-Sharing, also Aufbereitung und Sharing von interessanten Informationen, wie Tipps, Tricks und Hilfestellungen als PDF-Dokumente oder PowerPoint-Präsentationen. Kommentare und Anmerkungen zu diesen Texten können mittels Social-Bookmarking, etwa mithilfe von Diensten wie *Delicious*, *Mister Wong* oder *YiGG*, mit anderen Lesern geteilt werden. Im Hinblick auf die Werbewirkung ist vor allem die Erzeugung von Backlinks und qualifiziertem Traffic – Stichwort Dialog, SEO, virale Werbung – wichtig, da sie die Website oder den Artikel/Text bekannter machen.[12]

[11] BITKOM, Einsatz Sozialer Medien in deutschen Unternehmen, Berlin 2012, S. 7 (20.3.2013, 13.30 Uhr), online verfügbar unter: http://www.bitkom.org/files/documents/BITKOM_Praesentation_PK_Social_Media_in_Unternehmen_09_05_2012.pdf.

[12] Einen Überblick über Social Bookmarking und die Funktionsweise bietet: Christian Maaß, Gernot Gräfe, Andreas Heß, Alternative Searching Services: Seven Theses on the Importance of Social Bookmarking, SABRE Conference, Leipzig 2007.

Im Vergleich zu Printmedien können Artikel viel individueller zugeschnitten werden, Kurzmeldungen via Mikroblogging oder Tweets in *Twitter*, RSS-Feeds, Content-Widgets direkt an den Endnutzer versandt werden. Printmedien dagegen müssen immer ein relativ großes Leserspektrum bedienen, da man ja nicht fünf Versionen derselben Zeitung drucken kann. Wie eng diese Grenze ist, zeigt sich gerade an den Tageszeitungen. Individueller Leserzuschnitt findet sich hier lediglich im Regionalteil, der aber nicht nach Lesergewohnheiten, sondern nur nach regionaler Zugehörigkeit differenzieren kann.

Gerade die Möglichkeit der Zielgruppenorientierung ist bei Werbung im wahrsten Sinne Gold wert. Auf Social-Media-Plattformen geben die Nutzer freiwillig eine Vielzahl von Informationen preis, die sich sonst nicht einmal durch umfangreiche Marktforschung ermitteln ließe. Hier kann etwa die Firma Porsche dann ansetzen und einem Mitglied der Porschegruppe München auf *Facebook* gezielt Informationen über das neueste Porschemodell zukommen lassen.

Die Werbung kann also gezielt auf das Anliegen der jeweiligen Mikrozielgruppe fokussiert und personalisiert werden, zudem kann man die Wirkung auch noch direkt messen. Darüber hinaus lässt sich die Click- und Traffic-Conversion etwa durch Chat-Funktionen noch zusätzlich steigern. So können sich die Porschefahrer beispielsweise über ihre letzten Erfahrungen austauschen. In einem weiteren Schritt wird die Werbewirkung dann durch gezielte Themen-Blogs und entsprechende *Twitter*-Themenkanäle, die für unterschiedliche Themenschwerpunkte oder als gezieltes Service- und Dialog-Instrument genutzt werden können, verstärkt. Zusätzlich lässt sich die Wirkung noch durch Podcasts, die über spezielle Dienste abonniert werden können, weiter intensivieren. Der Porschefahrer bekommt dann also nicht nur die neueste Werbeanzeige, sondern wird durch Podcasts, Tweets und Blogs zusätzlich informiert und darf sich darüber noch in einem Chat austauschen.

Sollte aber der geneigte Porschefahrer immer noch nicht wissen, ob und welches Modell er kaufen soll, kann er mithilfe sogenannter Self-Assessment-Tools einen Selbsttest durchführen. Passend zu seinen Aussagen erhält er anschließend noch eine individuelle Beratung. Die Wartezeit bis zur Lieferung des neuen Wagens kann er sich schließlich durch Online-Game-Apps verkürzen. Diese schaffen vor allem durch die kostenlose Verbreitung ein positives Bild in der Öffentlichkeit, auch bei denjenigen, die noch keinen Porsche fahren. Im Idealfall entsteht hier erst der Wunsch, diese Automarke unbedingt fahren zu wollen.

Social-Media-Marketing ist daher heute in der Unternehmenswelt weit verbreitet. Die Nutzung der verschiedenen Formen von Social Media ist dabei durchaus verschieden (Abb. 14.4).[13]

Kernelement des Social-Media-Marketing ist, wie im Porschebeispiel aufgezeigt, die zielgruppen- und personengerechte Aufbereitung von Social-Media-Content. Die Kom-

[13] BVDW, Einsatz von Social Media in Unternehmen. Ergebnisse der Umfrage, Düsseldorf 2011, S. 9 (20.3.2013, 13.30 Uhr), online verfügbar unter: http://www.bvdw.org/presseserver/bvdw_social_media_studie/bvdw_social_media_in_unternehmen_executive_summary.pdf.

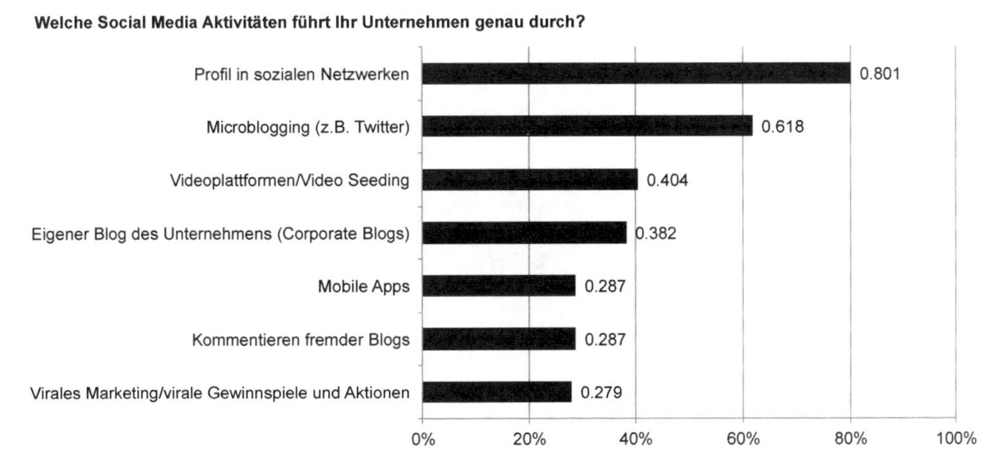

Abb. 14.4 Social-Media-Aktivitäten von Unternehmen. (http://www.bvdw.org/presseserver/bvdw_social_media_studie/bvdw_social_media_in_unternehmen_executive_summary.pdf)

munikation mit der Zielgruppe läuft dabei sowohl über klassische Social Media Plattformen wie *Twitter* und *Facebook* als auch über Videoportale wie *YouTube*.

Wichtig ist ein Konzept, das die Kunden persönlich anspricht. Dazu ist es unerlässlich, das Kunden-Feedback im Auge zu behalten. Obwohl Marktforschung eher ein nachrangiges Ziel der Social-Media-Strategie vieler Unternehmen ist, bedeutet dies nicht, dass das Potential diesbezüglich nicht genutzt wird. Fast die Hälfte aller größeren Unternehmen betreibt Social-Media-Monitoring, hat sogar eigene Mitarbeiter oder externe Dienstleister, die sich um den gesamten Social-Media-Bereich kümmern. Auch hier gilt die Binsenweisheit: je größer das Unternehmen, desto professioneller (Abb. 14.5).[14]

Ausgehend von einer professionellen Social-Media-Nutzung, lassen sich die einzelnen Elemente dann zu einer Kampagne verweben, die den Werbeeffekt noch optimiert. Beginnend mit der Auswahl der passenden Plattformen und der Social-Media-Guidelines, steht die Sicherung der dauerhaften Produktion von Social-Media-fähigem Content dann im Zentrum der Kampagne. Durch ständiges Social-Media-Tracking wird die Wirkung konstant überprüft und gegebenenfalls justiert.

Die Ziele einer Social-Media-Kampagne gehen dabei allerdings über den reinen Werbeeffekt hinaus. Sie ist meist Teil einer Kommunikations- und Marketingstrategie, die PR-Arbeit und Social-Media-Recruiting miteinschließt. Aufgrund dieser großen Bandbreite an Nutzungsmöglichkeiten und der relativ guten Messbarkeit der hervorgerufenen Resonanz, gewinnen Social Media für Unternehmen zunehmend an Bedeutung, unabhängig von der Tatsache, dass Social Media auch von den Zielgruppen immer stärker genutzt werden, ja aus dem heutigen Alltag sowieso nicht mehr wegzudenken sind.

[14] BITKOM, Social Media in deutschen Unternehmen, Berlin 2012, S. 16 (20.3.2013, 13.30 Uhr), online verfügbar unter: http://www.bitkom.org/files/documents/Social_Media_in_deutschen_Unternehmen.pdf.

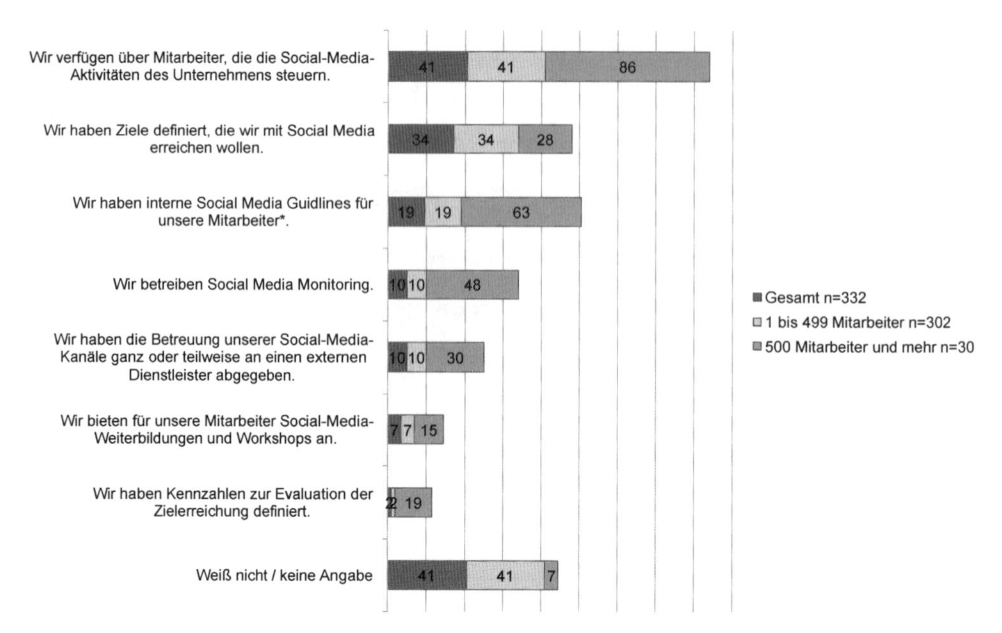

Abb. 14.5 Organisation von Social-Media-Aktivitäten in den Unternehmen – nach Unternehmensgröße in Mitarbeiterzahl. (http://www.bitkom.org/files/documents/Social_Media_in_deutschen_Unternehmen.pdf)

14.1.3 Verlage und Social Media

Verlage sind von ihrer Natur her zunächst einmal auch Wirtschaftsunternehmen. Daher gelten für sie auch keine anderen Spielregeln als in anderen Branchen. Auch für sie bietet sich zunächst die Möglichkeit, ihre Produkte in Sozialen Netzwerken mithilfe von Social Media zu entwickeln, vorzustellen, Kaufinteressenten zu generieren und Community für das Thema aufzubauen. Das große Alleinstellungsmerkmal der Branche ist aber die Möglichkeit des E-Publishing. Die Firma Porsche kann ihr neuestes Modell zwar mit Fotos, Videos, tollen Soundeffekten und Erfahrungsberichten präsentieren, Probefahren kann es der Kunde im Internet aber nicht, downloaden auch nicht. Den neuesten Roman kann der Kunde aber mittels Leseprobe anlesen und sofort entscheiden, ob er ihn kaufen will oder nicht. Der Kunde kann in diesem Fall also viel direkter erreicht werden.[15] Außerdem kann das Produkt mittels E-Publishing direkt online erworben und bezogen werden, der Porsche dagegen wird nach wie vor auf konventionellem Weg geliefert.

Diese Spezifika gelten sowohl für Buch- als auch Zeitungsverlage, hier sogar noch stärker. So nutzt bereits heute ein Drittel der Nutzer Social Media, um sich über das aktuelle Tagesgeschehen zu informieren. Im Umkehrschluss bedeutet dies, dass Zeitungen

[15] Vgl. dazu: Michael Streich, Schaffung von Awareness für Online-Verlagsprodukte, in: Claudia Fantapié Altobelli (Hg.), Print contra Online? Verlage im Internetzeitalter, München 2002, S. 75–83.

Tab. 14.1 Social-Media Aktivitäten der deutschsprachigen Zeitungen (Auszug). (BDZV, Social Media (20.3.2013, 13.30 Uhr), online verfügbar unter: http://www.bdzv.de/zeitungen-online/social-media/.)

Zeitung	Beschreibung			
Aachener Nachrichten	Facebook	Twitter	RSS	Eigene Communitys
Aachener Zeitung	Facebook	Twitter	RSS	Eigene Communitys
Aalener Nachrichten	Twitter	RSS		
Abendzeitung	Facebook	Twitter	RSS	
Achimer Kreisblatt	Facebook	Twitter	RSS	
Aichacher Nachrichten	Facebook	Twitter		
Alb Bote	Facebook	Twitter	StudiVZ	
Aller Zeitung	Facebook	Twitter	RSS	
Allgäuer Zeitung	Facebook	Twitter	YouTube	RSS
Allgemeine Laber-Zeitung	Facebook	Twitter	YouTube	RSS
Allgemeine Zeitung (Mainz)	Facebook	Twitter	RSS	
Allgemeine Zeitung für die Lüneburger Heide	Facebook	Twitter	YouTube	RSS
Allgemeiner Anzeiger	RSS			
Alsfelder Allgemeine	RSS			
Alt-Neuöttinger Anzeiger	Facebook	Twitter	YouTube	RSS
Altenaer Kreisblatt	RSS			
Altmark Zeitung	Facebook	Twitter	RSS	
Amberger Nachrichten	Facebook	Twitter	RSS	
Amberger Zeitung	Twitter	RSS		
Anzeiger für Sternberg-Brüel-Warin	RSS			

und Magazine darauf nicht mehr verzichten können. Der überwiegende Teil der deutschen Zeitungen ist demzufolge auch in Social Media aktiv, allerdings gibt es dabei sowohl Unterschiede in der Breite der Nutzung als auch hinsichtlich der genutzten Plattformen (Tab. 14.1).[16]

Gerade aufgrund der starken Verbreitung von Social Media ist ein Engagement der Verlage hier Pflicht. Die Art und Weise unterscheidet sich nicht nur nach den Kategorien Buch, Zeitung, Zeitschrift, sondern ist auch innerhalb des Segments umstritten. Als kleinster gemeinsamer Nenner lässt sich allenfalls Facebook feststellen, was vor allem an deren marktbeherrschender Stellung liegt. Allerdings unterscheiden sich auch hier Art und Umfang des Engagements erheblich.

[16] BDZV, Social Media (20.3.2013, 13.30 Uhr), online verfügbar unter: http://www.bdzv.de/zeitungen-online/social-media/.

Für diese Situation gibt es mehrere Gründe. So wird der Kosten-Nutzen-Faktor als unverhältnismäßig empfunden. Oft werden Online und Social Media nur unter dem Aspekt der Konkurrenz zum eigenen Print-Produkt betrachtet. In diesem Punkt unterscheidet sich die Verlagsbranche fundamental von anderen Branchen. Egal, wie die Social-Media-Kampagne beispielsweise der Firma Porsche aussieht, fahren kann man das Auto erst, wenn man es kauft. Was einerseits der große Vorteil der Verlagsbranche ist – das E-Publishing –, kann andrerseits einen Nachteil darstellen, wenn die Produkte im Netz kostenlos zur Verfügung gestellt werden. Tatsächlich waren 2010 fast die Hälfte der legal heruntergeladenen E-Books Gratis-Versionen der Verlage.[17] Dazu kommen noch die illegalen Downloads, die sich auch durch noch so gutes Digital Rights Management (DRM) nicht verhindern lassen, wie das Beispiel der Musikindustrie zeigt. Gerade aus diesem Grund ist in der Verlagsbranche eine gut durchdachte Social-Media-Kampagne von großer Bedeutung. Dazu gehört auch eine nachhaltige Online- und Paid-Content-Strategie.

Allerdings können kleine Verlage und Lokalzeitungen dies aber oft nicht leisten. Dazu kommt noch eine aufgrund der stark einseitigen Sichtweise hinsichtlich der Konkurrenzsituation zwischen Print und Online fehlende oder nur rudimentär ausgeprägte Crossmedia-Strategie. Ein weiterer Grund ist in diesem Zusammenhang häufig auch die mangelnde Professionalität. Bisweilen werden Social Media mit *Facebook* gleichgesetzt, die große Bandbreite und Möglichkeiten sind schlicht nicht bekannt.

In der Summe trägt dies zu dem uneinheitlichen Bild bei, das sich in der Verlagsbranche bezüglich Social Media Nutzung zeigt. Allerdings ändert sich dies langsam. Durch den verstärkten wirtschaftlichen Druck und die Abwanderung der Leser ins Internet (neuerdings verstärkt durch die modernen bequem tragbaren Tablets), sind die Verlage gezwungen, sich mit Crossmedia, Paid-Content und Social Media auseinanderzusetzen und adäquate Strategien zu entwickeln.

14.2 Vertiefung

- Erklären Sie den Begriff Social Media.
- Erläutern Sie die Nutzung von Social Media als Kommunikations- und Informationskanal.
- Schildern und beurteilen Sie die Wechselwirkung zwischen Social Media und Verlagen.

Literaturempfehlung

Alby, Tom: Web 2.0. Konzepte, Anwendungen, Technologien, München 2007.

Kaplan, Andreas/Haenlein, Michael: „Users of the world, unite! The challenges and opportunities of Social Media". Business Horizons 53(1), 2010.

[17] Börsenverein des deutschen Buchhandels, Studie zur Digitalen Content-Nutzung 2011, 2011, S. 1. (28.8.2012, 13.30 Uhr), online verfügbar unter: http://www.boersenverein.de/sixcms/media.php/976/Faktenblatt%20DIGITAL.pdf.

Quellen

Alby, Tom: Web 2.0. Konzepte, Anwendungen, Technologien, München 2007.

BDZV, Social Media (20.3.2013, 13.30 Uhr), online verfügbar unter: http://www.bdzv.de/zeitungen-online/social-media/.

BITKOM, Einsatz Sozialer Medien in deutschen Unternehmen, Berlin 2012 (20.3.2013, 13.30 Uhr), online verfügbar unter: http://www.bitkom.org/files/documents/BITKOM_Praesentation_PK_Social_Media_in_Unternehmen_09_05_2012.pdf.

BITKOM, Social Media in deutschen Unternehmen, Berlin 2012 (20.3.2013, 13.30 Uhr), online verfügbar unter: http://www.bitkom.org/files/documents/Social_Media_in_deutschen_Unternehmen.pdf.

BITKOM, Soziale Netzwerke. Eine repräsentative Untersuchung zur Nutzung sozialer Netzwerke im Internet, 2. Aufl., Berlin 2011 (20.3.2013, 13.30 Uhr), online verfügbar unter: www.bitkom.org/files/documents/BITKOM_Publikation_Soziale_Netzwerke.pdf.

Börsenverein des deutschen Buchhandels, Studie zur Digitalen Content-Nutzung 2011, 2011. (25.7.2013, 14.30 Uhr), online verfügbar unter: http://www.boersenverein.de/sixcms/media.php/976/Faktenblatt%20DIGITAL.pdf.

BVDW, Einsatz von Social Media in Unternehmen. Ergebnisse der Umfrage, Düsseldorf 2011 (20.3.2013, 13.30 Uhr), online verfügbar unter: http://www.bvdw.org/presseserver/bvdw_social_media_studie/bvdw_social_media_in_unternehmen_executive_summary.pdf.

Harvard Business Manager, Was sind Social Media?, 2010 (20.3.2013, 13.30 Uhr), online verfügbar unter: http://wissen.harvardbusinessmanager.de/wissen/fak/dok.pdf?id=73314406.

Kaplan, Andreas/Haenlein, Michael: „Users of the world, unite! The challenges and opportunities of Social Media". Business Horizons 53(1), 2010.

Kietzmann, Jan, u. a., Social media? Get serious! Understanding the functional building blocks of social media. Business Horizons 54 (3), 2011 (20.3.2013, 13.30 Uhr), online verfügbar unter: http://www.sciencedirect.com/science/article/pii/S0007681311000061#.

Maaß, Christian/Gräfe, Gernot/Heß, Andreas: Alternative Searching Services: Seven Theses on the Importance of Social Bookmarking, SABRE Conference, Leipzig 2007.

Schorb, Bernd, Medienkonvergenz Monitoring Soziale Online-Netzwerke-Report 2010, Leipzig 2010 (20.3.2013, 13.30 Uhr), online verfügbar unter: http://www.uni-leipzig.de/~umfmed/MeMo_SON10.pdf.

SchülerVZ (20.5.2013, 13.30 Uhr), online verfügbar unter: http://www.schuelervz.net/l/help.

Streich, Michael: Schaffung von Awareness für Online-Verlagsprodukte, in: Claudia Fantapié Altobelli (Hrsg.), Print contra Online? Verlage im Internetzeitalter, München 2002.

Klassische, Online- und Crossmedia-PR 15

Gabriele Goderbauer-Marchner/Sandra Roth

15.1 Was ist PR?

Die Abkürzung PR setzt sich aus engl. *public* (= öffentlich, Öffentlichkeit) und engl. *relations* (= Beziehungen) zusammen und bezeichnet im weitesten Sinne die Kommunikation zwischen Organisationen oder Personen und deren Umwelt. Im deutschsprachigen Raum wird PR synonym auch Öffentlichkeitsarbeit[1] genannt. Während die deutsche Bezeichnung nun aber lediglich die reine Tätigkeit („Arbeit") benennt, wird in der englischen Bezeichnung konkret der Beziehungsaspekt zwischen den Beteiligten hervorgehoben („relations")[2]. PR ist ein umfassender und komplexer Begriff, seinem Tätigkeitsfeld kommt häu fig wenig Ansehen zu (vgl. hierzu Avenarius 2000: 7 ff.) und der Begriff selbst wird bisher noch durch keine allgemeingültige Definition erfasst. Denn bedingt durch die zahlreichen wissenschaftlichen Disziplinen und Subdisziplinen, die an der PR-Forschung und -Lehre beteiligt sind, wie z. B. die Kommunikationswissenschaft, die Publizistik, Journalistik, Linguistik, Soziologie, Politologie, Psychologie, Pädagogik und Wirtschaftswissenschaften, stehen je nach Ausrichtung und Zielsetzung des untersuchenden Fachgebiets andere Aspekte der PR im Vordergrund und es ergeben sich folglich unterschiedliche Definitionen. Wie schwierig es ist, PRvon Begriffen wie Werbung und Propaganda abzugrenzen und schließlich zu definieren, wird durch einen Blick auf anerkannte Definitionen ersichtlich. Denn verschiedene Definitionsversuche können sich nicht nur ergänzen, sondern auch widersprechen. Einen historischen Überblick bieten u. a. Avenarius (2000: 62 ff.), Kunczik (2010: 100 ff.) oder – in einer Kurzzusammenfassung – das Gabler-Wirtschaftslexikon[3].

[1] Vgl. Fröhlich 2008: 95.

[2] Vgl. Gabler Wirtschaftslexikon, http://wirtschaftslexikon.gabler.de/Archiv/54933/public-relations-pr-v9.html, 16.09.13.

[3] http://wirtschaftslexikon.gabler.de/Archiv/54933/public-relations-pr-v9.html.

T. Büsching, G. Goderbauer-Marchner, *E-Publishing-Management*,
DOI 10.1007/978-3-658-04110-6_15, © Springer Fachmedien Wiesbaden 2014

15.2 Überblick PR-Definitionen

Was versteht man nun unter PR? Die Antwort darauf hängt zunächst von der Ausgangsperspektive ab. Laiendefinitionen, die ohne fundierte Kenntnisse aus Alltagserfahrungen und eigenen Meinungen bestehen, erfassen PR nicht in ihrer Komplexität und werden im Weiteren vernachlässigt. Genauer sollte die Eingangsfrage daher lauten: Was versteht man in den verschiedenen Wissenschaften unter PR? Denn je nach Disziplin werden andere Aspekte in den Vordergrund gestellt – „PR" ist somit interdisziplinär nicht immer „PR" – andererseits werden zuweilen auch andere Begriffe, die aber das Gleiche bedeuten wie PR, verwendet. Dieses Begriffs- und Definitions-Wirrwarr rührt einerseits von der enormen Entwicklung her, die das Tätigkeitsfeld PR seit seinen Anfängen durchlaufen hat (vgl. Fröhlich 2008: 95 ff, Röttger/Preusse/Schmitt 2011: 18–61), andererseits aus der Interdisziplinarität des Fachs. Sehr weit gefasst ist es möglich, PR als „jedwede Art interessensgeleiteter Kommunikation gegenüber Öffentlichkeiten"[4] zu sehen, im engeren Sinn kann man sie als eine Form von Kommunikationsmanagement in und für Organisationen betrachten, als die „Organisationskommunikation oder gar als Teil eines sozialen Systems, in dem PR die Rolle der friedlichen Konfliktbewältigung durch einen professionell organisierten Austausch der Meinungen zufällt"[5]. Die Kommunikation der PR ist immer geplante Kommunikation mit einem bestimmten Ziel und gesellschaftlichem Charakter, auch wenn dies nicht für jeden jederzeit ersichtlich ist (vgl. Avenarius 2000: 2–4).

15.3 PR im Unterschied zu Marketing und Propaganda

„Wenn ein junger Mann ein Mädchen kennenlernt und ihr erzählt, was für ein großartiger Kerl er sei, so ist das Reklame. Wenn er ihr sagt, wie reizend sie aussehe, ist das Werbung. Wenn sie sich aber für ihn entscheidet, weil sie von anderen gehört hat, er sei ein feiner Kerl, so sind das Public Relations."[6]

Die eindeutige Abgrenzung von PR zu verwandten Disziplinen wie Marketing bzw. Werbung ist allein schon deshalb schwierig, weil es keine allgemeingültige Definition für PR gibt, wie wir oben gezeigt haben. Lassen sich andere Formen der öffentlichen Kommunikation – wie Marketing und Journalismus – dennoch von der PR abgrenzen und falls ja, wie kann diese Abgrenzung aussehen?

Röttger/Preusse/Schmitt (2011) betonen zur Unterscheidung aus einer organisationsbezogenen Perspektive in Anlehnung an Laube (1986) und Merten (1999) den unter-

[4] Gabler Wirtschaftslexikon, http://wirtschaftslexikon.gabler.de/Archiv/54933/public-relations-pr-v9.html, 16.09.13, diese Meinung vertritt auch Avenarius (2000: 3).

[5] Gabler Wirtschaftslexikon, http://wirtschaftslexikon.gabler.de/Archiv/54933/public-relations-pr-v9.html, 16.09.13.

[6] Dem Bankier Alwin Münchmeyer zugeschriebenes Zitat, zitiert nach Avenarius 2000: 52.

Tab. 15.1 Idealtypische Abgrenzung von PR und Werbung/Marketingkommunikation. (Vgl. Röttger/Preusse/Schmitt 2011: 30.)

	(Strategische) PR	Werbung/ Marketing-kommunikation
Primärer Zweck	Image, Reputation, Legitimation	Absatzsteigerung
Zeithorizont	Mittel-/langfristig	Kurzfristig
Zielgruppen	Teilöffentlichkeiten/ Bezugsgruppen	Potenzielle Käufer/marktverbundene Zielgruppen
Differenzierung	Identifikationsmöglichkeiten der Zielgruppe	Positioniert Absender in Abgrenzung zum Wettbewerb
Kommunikationsobjekt	Gesamtorganisation	Produkte/Dienstleistungen
Zugang zum Mediensystem	Nachrichtenwerte; zielt auf Fremddarstellung	Gekaufter Anzeigenraum; Selbstdarstellung

schiedlichen Zugang zum Mediensystem und dem Adressaten, was Tab. 15.1 zusammenfassend verdeutlicht.

Die Abgrenzung in Tab. 15.1 ist idealtypisch, tatsächlich existieren in der Realität zahlreiche Mischformen, wie z. B. langfristig angelegte Image-Werbung oder stark markt- und absatzorientierte Produkt-PR (vgl. Röttger/Preusse/Schmitt 2011: 30–31).

PR und Öffentlichkeitsarbeit werden nicht selten aufgrund ihres teilweise vorhandenen persuasiven und manipulativen Charakters auch als „Überzeugungsarbeit" bezeichnet (vgl. Avenarius 2000: 46). Viele der deutschen Autoren favorisieren das persuasive Format der PR, stehen damit in der Tradition Hundhausens[7] und Dovifats, der die gesamte Publizistik als Überzeugungsarbeit sah, sowie nah an der verständnisorientierten österreichischen Schule Burkarts und der vertrauensorientierten deutschen Schule Benteles.[8] Manche Wissenschaftler, die sich mit PR beschäftigen, setzten PR-Arbeit nicht selten sogar mit Propaganda gleich, so z. B. der Mainzer Professor Michael Kunczik: „Insgesamt gesehen sind alle Versuche, Werbung, Public Relations und Propaganda unterscheiden zu wollen, lediglich semantische Spielereien."[9] Im Gegensatz zu Kunczik tendieren PR-Theoretiker aufgrund der Geschichte des 20. Jahrhunderts eher dazu, die Auseinandersetzung mit Massenpsychologie und den Zusammenhängen und Ähnlichkeiten von PR und Propaganda, Massenbeeinflussung und Massenhysterie zu scheuen[10] – gedacht sei hier vor allem an nationalsozialistische politische Propaganda à la Leni Riefenstahl und Veit Harlan, welche Teil der ersten deutschen Umsetzung von Erkenntnissen US-amerikanischer PR-Forschung der 1910er- und 1920er-Jahre waren. Gleichzeitig ist aber das vom Freud-

[7] Vgl. hierzu Carl Hundhausens Werk „Werbung um öffentliches Vertrauen".

[8] Vgl. Avenarius 2000: 51.

[9] Kunczik zitiert nach Avenarius 2000: 51.

[10] Vgl. Avenarius 2000: 55.

Neffen Edward Bernays 1928 verfasste Werk *Propaganda – Die Kunst der Public Relations*[11] trotz Scheu vor dem Begriff immer noch ein Klassiker der PR-Lehre – darin legt er u. a. dar, warum es wichtig ist, die Meinung der Masse zu steuern, und zeigt, wie dies möglich ist – Bernays wird auch heute noch häufig als „Vater der PR"[12] bezeichnet.

Das Gabler-Wirtschaftslexikon grenzt PR von Propaganda durch den Charakterzug der Manipulation ab. PR sei nicht manipulativ. PR sei im Gegensatz zu Marketing reputationsbildend, auf unterschiedlichste Zielgruppen und für eine situationsgerechte Positionierung in der Öffentlichkeit ausgerichtet und nicht auf potentielle Kunden und Märkte allein, wie das Marketing. Allerdings muss auch das Gabler-Wirtschaftslexikon zugeben, dass durch das Social Web die Grenzen zwischen den Bereichen verschwimmen und Mischformen entstehen.[13]

15.4 PR und Journalismus

In PR, gerade im Bereich Pressearbeit, und im Journalismus werden oft die gleichen handwerklichen Fähigkeiten gebraucht und verwendet. Dennoch dürfen die beiden Kommunikationsformen PR und Journalismus nicht gleichgesetzt werden, denn der Journalismus besitzt – im Gegensatz zu PR – verfassungsrechtliche Privilegien (vgl. Fröhlich 2008: 101).

Die Rechte und Pflichten der Journalisten im Gegensatz zur PR-Arbeit wurden und werden von relevanten Vertretern häufig diskutiert[14]. Für eine zusammenfassende Übersicht über rechtliche Anforderungen an die Öffentlichkeitsarbeit (Medien- und Presserecht) in Deutschland eignet sich zudem Udo Branahls Abriss *Rechtliche Anforderungen an die Öffentlichkeitsarbeit* (Branahl 2008: 552–564).

Wie sieht das Verhältnis von PR und Journalismus nun aus und wie lassen sich PR und Journalismus voneinander abgrenzen? Die Übergänge sind fließend, je nach Bereich sind die Beziehungen zwischen PR und Journalismus vielschichtig und komplex, und eine klare Abgrenzung ist somit schwierig.

[11] Ulrich Kienzle, ehemaliges Frontal-21-Urgestein, betitelt Bernays im Vorwort der deutschen *Orange-Press*-Ausgabe von „Propaganda" als „rüden Medienmachiavelli", der keine Skrupel davor kenne, den Volkssouverän, den Bürger, zu entmachten und die Propagandisten zu den Mächtigsten im Staat zu machen: „Nicht Wirklichkeit und Wahrhaftigkeit sind die entscheidenden Faktoren, sondern die Meinung der Leute, der Bürger, [...] Erste wichtige Erkenntnis: Man muss sich nicht damit abfinden, was der Souverän gerade für wichtig hält. Man kann ihn manipulieren, man kann ihm einreden, was er denken soll. Zweite wichtige Erkenntnis: Dieser Appell richtet sich nicht an den Verstand, sondern an das Gefühl. Es sind die Emotionen, die die Welt verändern. Das ist das Neue bei Bernays [...] er kennt keine Skrupel, wenn es darum geht, die Öffentlichkeit zu beeinflussen." (Kienzle 2009: 11)

[12] Vgl. hierzu den Kommentar des *TIME Magazine* zu Bernays „Propaganda" auf dem Rückumschlag der deutschen 2009er *Orange-Press*-Ausgabe.

[13] Vgl. http://wirtschaftslexikon.gabler.de/media/278/222643.png, 16.09.13.

[14] Vgl. hierzu u. a. die Aufsatzsammlung Netzwerk-Recherche Nr. 20: Getrennte Welten? – Journalismus und PR in Deutschland aus dem Jahr 2011.

Beauftragt durch Art. 5 GG (Meinungs- und Pressefreiheit) sollte der Journalismus als vierte Macht im Staat seiner Funktion idealerweise objektiv und unabhängig nachkommen (Röttger/Preusse/Schmitt 2011: 84). Dass Journalisten seit langem gern Online-Pressemeldungen und Unternehmensinformationen im Internet zur (Vor-)Recherche für ihre Arbeiten verwenden, belegen diverse internationale Studien (vgl. Kunczik 2010: 458 ff.). Wenn Wolf Schneider schreibt, der Journalist sei Mitschöpfer einer neuen Medien-Realität, die nicht zwangsläufig der realen Wirklichkeit entspricht,[15] zeigt dies eine gängige Angst, dass Medienvertreter nicht mehr objektiv berichten und ihrer Funktion als vierter Macht im Staat nicht mehr nachkommen, wenn sie z. B. durch PR beeinflusst werden. Tatsächlich können Medien nicht die gesamte Wirklichkeit abbilden, sie müssen auswählen, worüber sie berichten. Bedingt durch ihre sozialen Netzwerke können Medien-Leute in ihrer Auswahl und in ihren Darstellungen dabei auch durch ihr berufliches (Redaktionsteam, Verlag, Eigentümer, Informationsquellen etc.) und privates Beziehungsumfeld beeinflusst werden (vgl. Avenarius 2000: 93–94).

Andererseits machen PR-Zulieferleistungen die mediale Berichterstattung oft erst möglich, indem sie Anstöße zu Themen geben, die der Berichterstattung sonst entgehen würden, und indem sie Journalisten in ihrer Arbeit entlasten – zeitlich, materiell und finanziell. Die Annahme vom engen Zusammenhang zwischen PR-Kommunikation (Ursache) und journalistischer Berichterstattung (Wirkung) wird im deutschsprachigen Raum in der Determinationsthese von Barbara Baerns untersucht und unterstellt.[16] Das in der Folge aus der Kritik an der Determinationsthese entstandene Intereffikationsmodell[17] (lat. *efficare* = ermöglichen) Günter Benteles versucht dagegen, die beständigen wechselseitigen Beziehungen zwischen PR und Journalismus hervorzuheben und das Beziehungsgeflecht als wechselseitigen Austausch und wechselseitige Abhängigkeit darzustellen. Keine Seite kann auf die Leistungen der anderen Seite verzichten, sie ermöglichen sich gegenseitig. PR generiere dabei schwerpunktmäßig Themen, während der Journalismus diese Themen weitervermittle. Da es prinzipiell aber einen Journalismus ohne PR und eine PR ohne Journalismus geben kann und gibt, wird auch die Grundannahme dieser Theorie in Frage gestellt (vgl. Röttger/Preusse/Schmitt 2011: 83–92).

Tabelle 15.2 zeigt die unterschiedlichen Gestaltungsarten von PR in Abhängigkeit von kommunikativen und strategischen Zielsetzungen sowie deren typische Vertreter, Anwen-

[15] „Der Journalist ist Mitschöpfer einer neuen, der Medien-Realität, in der sich die Wirklichkeit nach ihrer journalistischen Aufbereitung richtet oder mit dieser verwechselt werden kann." Wolf Schneider, zitiert nach Avenarius 2000: 92.

[16] Eine ausführlichere Darstellung der Determinationsthese Barbara Baerns findet sich in Röttger/Preusse/Schmitt 2011: 85 ff. Baerns befindet in ihrer Studie, dass Öffentlichkeitsarbeit Themen und Timing der Medienberichterstattung unter Kontrolle hat, dies belegt sie vor allem damit, dass ca. 62 % der von ihr untersuchten landespolitischen Agentur- und Medienberichterstattung auf thematische und zeitliche Anstöße durch die Öffentlichkeitsarbeit zurückging (vgl. Röttger/Preusse/Schmitt 2011: 86).

[17] Eine ausführlichere Darstellung des Intereffikationsmodells Günter Benteles findet sich in Röttger/Preusse/Schmitt 2011: 88 ff.

Tab. 15.2 Aufgaben und Ziele der PR richten sich nach Auftraggeber und Zielgruppe: von James Grunig entwickeltes und von Horst Avenarius auf deutsche Verhältnisse übertragenes System der vier Public-Relations-Modelle. (Vgl. http://wirtschaftslexikon.gabler.de/Archiv/54933/public-relations-pr-v9.html, 16.09.13.)

Public Relations – Die vier Modelle				
	Publicity	Informations-tätigkeit	Uberzeugunsarbeit	Dialog
Charakteristik	Propagieren	Mitteilen und verlautbaren	Argumentieren	Sich austauschen
Ziel/Zweck	Anschlusshandlung	Aufklärung	Erziehung	Konsens
Art der Kommunikation	Einwegkommunikation, stark verkürzte	Einwegkommunikation, umfassende Mitteilungen	Asymmetrische Zwei-Wege-Kommunikation, Berücksichtigung des Feed Back	Symmetrische Zwei-Wege-Kommunikation, Meditation
Kommunikations-modell	Sender →Empfänger (Stimulus-Response)	Sender → Empfänger	Sender ↔ Empfänger	Gruppe ↔ Gruppe (Konvergentz-modell)
Art der Erforschung	Quantitative Reich-weiten- und Akzeptanz-studien	Verständlichkeitsstudien	Evaluierung von Einstellingen, Meinungsforschung	Evaluierung des Vertrauens, Verhaltensforschung
Typische Verfechter	P. T. Bernum	I. Lee	E. L. Bemays	J. F. Grunig, Berufsverbände
Anwender heute	Parteien, Veranstalter Verkaufsförderer	Behörden, Unternehmen	Unternehmen, Verbände, Kirchen	Unternehmen, PR-Agenturen
Geschätzer Anteil der Anwendung	25 %	35 %	35 %	5 %

der und die geschätzte prozentuale Verteilung innerhalb der PR in Deutschland. Grunig ergänzte sein PR-Modell um ein sehr idealistisches fünftes Modell, das Win-Win-Situationen zwischen den Beteiligten (Organisationen und Medien) herstellt, z. B. so, dass PR-Beauftragte seriöse Nachrichtentexte verfassen, die von Journalisten ohne weitere Recherche oder Arbeitsaufwand übernommen werden können.[18]

Eine wichtige formelle Auswirkung von Online-PR-Arbeit und Social Media auf den (Online-)Journalismus scheinen veränderte Lesegewohnheiten von Nutzern zu sein, wie Martin Heller im März 2013 in seinem Axel-Springer-Akademie-Blog feststellt: „Der digitale Wandel generell und der Erfolg von Social Media im Speziellen verändern den Jour-

[18] Vgl. http://wirtschaftslexikon.gabler.de/Archiv/54933/public-relations-pr-v9.html, 16.09.13.

nalismus."[19] Denn Studien belegen verkürzte Aufmerksamkeitsspannen beim Lesen von Texten – die ohnehin nur noch „gescanned", d. h. überflogen, aber nicht mehr vollständig gelesen werden – und eine reduzierte Lesegeschwindigkeit im Vergleich zu Print-Texten. Trotz seiner Forderung nach Kürze, Schnelligkeit, Interaktivität, einfacher Bedienbarkeit, Informationen durch Bilder und der Verknüpfung mit anderen Angeboten muss auch laut Heller gerade die Qualität des Contents, d. h. die Qualität der Textinhalte, im sich wandelnden Journalismus erhalten bleiben (vgl. Heller 2013). Auch die Journalistenschule der Axel Springer Akademie – eine der fortschrittlichsten Journalistenschulen Deutschlands[20] – hat die Bedeutung von Crossmedia festgestellt und legt ihren aktuellen Ausbildungsschwerpunkt ebenfalls explizit auf die neuen Crossmedia-Möglichkeiten („Die Ausbildung hat einen klaren Crossmedia-Schwerpunkt [...]."[21]).

15.5 Klassische PR, Online-PR und Crossmedia-PR

Dass sich Firmen und Verlage nicht mehr allein auf klassische PR verlassen können und wollen, zeigen u. a. die immer für Verlags- und PR-Mitarbeiter ausgerichteten und auf Crossmedia, E-Publishing und Online-PR ausgelegten Seminare der Axel Springer Akademie und der Akademie des deutschen Buchhandels.[22]

Ob Crossmedia-, Online-, oder klassische PR: PR jeder Art braucht eine Basis an Kernkompetenzen, um erfolgreich zu sein, eine passende Kommunikationsstrategie, um ihre Ziele zu erreichen und Beziehungen zu pflegen, eine Redaktion, um Themen zu recherchieren, Texte zu verfassen, zu redigieren und zu platzieren, sie braucht Kreation, das Entwerfen von Strategien und Konzepten, bestimmte Instrumente wie Pressemitteilungen, Fallstudien, Speaker Placements, Pressekonferenzen, Journalistenreisen, Hintergrundgespräche, Eigenveröffentlichungen, bereitgestellte Presseunterlagen und das Issue Management.[23]

Robert Deg argumentiert in *Basiswissen Public Relations*, dass ein Unternehmen ohne Internetauftritt heutzutage unseriös oder zumindest unbedeutend und leistungsschwach erscheint (vgl. Deg 2009: 165). Das Beispiel der Münchener Augustiner-Brauerei stützt diese These, denn die Brauerei, die zwar explizit keinerlei Werbung aktiv macht,[24] verfügt über einen ansprechenden Webauftritt (http://www.augustiner-braeu.de). Frei nach Paul Watzlawick ist das Verhalten der Augustiner-Brauerei dennoch auch eine aktive Kommu-

[19] Vgl. Heller 2013: http://asa-blog.de/2013/03/26/martin-heller-zu-online-journalismus-und-social-media/, 16.09.13.

[20] Vgl. http://www.axel-springer-akademie.de/, 06.05.13.

[21] Vgl. http://www.axel-springer-akademie.de/ausbildung/konzept.html, 16.09.13.

[22] Vgl. http://www.axel-springer-akademie.de/ausbildung/konzept.html, http://www.buchakademie.de/seminare/oeffentlichkeitsarbeit/.

[23] Vgl. http://wirtschaftslexikon.gabler.de/Archiv/54933/public-relations-pr-v9.html, 16.09.13.

[24] Vgl. hierzu:http://sz-magazin.sueddeutsche.de/texte/anzeigen/36284.

nikationsstrategie, denn „man kann nichtnicht kommunizieren, denn jede Kommunikation (nicht nur mit Worten) ist Verhalten und genauso wie man sich nicht nicht verhalten kann, kann man nicht nicht kommunizieren“[25].

„Heute ist Crossmedia-PR[26] an der Tagesordnung [...]“, was PR angeht, schreibt Christiane Plank in ihrem Praxisratgeber (Plank 2011: 8) und zeigt an zahlreichen aktuellen und historischen Beispielen, dass Unternehmen schon seit über hundert Jahren crossmediale PR betreiben (hierunter fallen z. B. Sammelbilder-Aktionen, Kunden-Briefe, Postkarten, Preisausschreiben etc.). Plank versteht Crossmedia in Anlehnung an die Definition der SevenOne Media als strategische Marketing-Maßnahmen mit einer durchgängigen Werbeidee in unterschiedlichen Mediengattungen, die inhaltlich und formal verknüpft sind. Also werbende Inhalte, auf die in einem weiteren Medium verwiesen wird, und nicht nur ein zusammenhangloses Nebeneinander von Werbemaßnahmen auf unterschiedlichen Kanälen wie beim vorhergehenden Media-Mix[27] (vgl. Plank 2011: 14–21). Auch auf den Journalismus hat Crossmedia Auswirkungen, analog der PR ist Crossmedia-Journalismus keine Reproduktion von Content in verschiedenen Medien, sondern die jeweilige Content-Anpassung an verschiedene Medien und Zielgruppen (vgl. Plank 2008: 16–21).

Aus der spezifischen Zielgruppenanpassung durch Crossmedia-Strategien ergibt sich ein Mehrwert für alle Beteiligten, z. B. kann die Akzeptanz eines Unternehmens erhöht, die Reichweite ausgedehnt und sogar der Mehrwert für Journalisten vergrößert werden, wenn Texte in unterschiedlicher Aufbereitung zur Verfügung stehen. Individuelle Mehrwerte für Rezipienten crossmedialer PR sind z. B. zusätzliche Informationen, Kauf- und Bestellmöglichkeiten, Spendemöglichkeiten, Gewinnmöglichkeiten, der Erhalt von Geschenken, Gutscheinen, Serviceangebote, Unterhaltung oder die Möglichkeit, z. B. einen Newsletter zu abonnieren. Der thematisierte Mehrwert crossmedialer PR ist dabei stark abhängig von Sender und Empfänger und kann unterschiedlich in Erscheinung treten. Individuelle Anpassung an Senderziele und Empfängernutzen ist daher unabdingbar in der Crossmedia-PR. Erst wenn dieser jeweilige Mehrwert klar wird, gelingt auch der crossmediale Wechsel. Für die Mehrwerterhöhung aller Beteiligten gilt i. d. R.:

- Informieren statt irritieren,
- Service statt Dschungel,
- Unterhaltung statt Ignoranz,
- Interaktion statt einsame Insel,

[25] http://www.paulwatzlawick.de/axiome.html, 16.09.13.

[26] „Crossmedia-PR ist eine Strategie zur Kommunikation bestimmter Themen auf unterschiedlichen Medieneinheiten, deren Inhalte thematische Bezüge aufweisen und Nutzern einen Anreiz bieten, zu einer anderen Medieneinheit zu wechseln. Die Inhalte erhalten dabei eine Markierung, um den Wechsel zu ermöglichen, der deutlichen Mehrwert bieten soll“ (Plank 2008: 21). Unter „Markierung“ versteht Plank alle Zeichen und Symbole, die zu einem Medienwechsel einladen (vgl. Plank 2008: 31).

[27] Beim Media-Mix werden Online- und Offline-Werbemittel angeboten, ohne dass von einem Medieninhalt auf den anderen verwiesen wird (vgl. Plank 2008: 15).

- Gewinn statt finanziellem Risiko,
- Gemeinwohl statt wegsehen (vgl. Plank 2008: 45–74).

15.6 Vertiefung

- Erklären Sie, warum es für den Begriff PR so viele verschiedene Definitionen gibt!
- Wodurch zeichnet sich Crossmedia-PR aus? Beschreiben Sie das Konzept und erklären Sie die Funktionsweise anhand eines Beispiels!
- Was ist ein grundlegender Unterschied zwischen Journalismus und PR?
- Auf welche Problematik zielt Wolf Schneider ab, wenn er behauptet, der Journalist sei Mitschöpfer einer neuen Medien-Realität, die nicht zwangsläufig der realen Wirklichkeit entspricht?

Literaturempfehlung

Plank, Christiane: Public Relations – crossmedial. Potentiale nutzen. Ein Praxisratgeber. Viola Falkenberg Verlag. Bremen. 2011.

Röttger, Ulrike/Preusse, Joachim/Schmitt, Jana: Grundlagen der Public Relations. Eine kommunikationswissenschaftliche Einführung. VS Verlag. Wiesbaden. 2011.

Quellen

Augustiner Bräu: http://www.augustiner-braeu.de/, 16.09.13.

Avenarius, Horst: Public Relations. Die Grundform der gesellschaftlichen Kommunikation. Wissenschaftliche Buchgesellschaft. Dortmund. 2000.

Bernays, Edward: Propaganda – Die Kunst der Public Relations. Orange Press. Freiburg. 2009.

Axel-Springer-Akademie: http://www.axel-springer-akademie.de/ausbildung/konzept.html, 16.09.13.

Branahl, Udo: Rechtliche Anforderungen an die Öffentlichkeitsarbeit. In: Bentele, Günter, Fröhlich, Romy, Szyszka, Peter (Hrsg.): Handbuch der Public Relations. Wissenschaftliche Grundlagen und berufliches Handeln. VS Verlag. Wiesbaden. 2008. S. 552–564.

Buchakademie: http://www.buchakademie.de/seminare/oeffentlichkeitsarbeit/, 16.09.13.

Dradio: http://www.dradio.de/download/127346/, 16.09.13.

Fröhlich, Romy: Die Problematik der PR-Definition(en). In: Bentele, Günter, Fröhlich, Romy, Szyszka, Peter (Hrsg.): Handbuch der Public Relations. Wissenschaftliche Grundlagen und berufliches Handeln. VS Verlag. Wiesbaden. 2008. S. 95–109.

Gabler Verlag (Hrsg.): Gabler Wirtschaftslexikon, Stichwort: Public Relations (PR), online abrufbar unter http://wirtschaftslexikon.gabler.de/Archiv/54933/public-relations-pr-v9.html, 16.09.13.

Heller, Martin: Punkt, Komma, Strich: Was Journalisten vom Social Web lernen können. http://asablog.de/2013/03/26/martin-heller-zu-online-journalismus-und-social-media/, 16.09.13.

Hundhausen, Carl: Werbung um öffentliches Vertrauen. Girardet. 1951.

Kienzle, Ulrich: Vorwort zu Edward Bernays Propaganda. In: Bernays, Edward: Propaganda – Die Kunst der Public Relations. Orange Press. Freiburg. 2009. S. 11–14.

Kunczik, Michael: Public Relations. Konzepte und Theorien. Böhlau Verlag. Köln. 2010.

Netzwerk Recherche e.V. (Hrsg.): Getrennte Welten? – Journalismus und PR in Deutschland. Netzwerk Recherche e.V. Wiesbaden. 2011.

Paul Watzlawick: http://www.paulwatzlawick.de/axiome.html, 16.09.13.

SZ-Magazin: http://sz-magazin.sueddeutsche.de/texte/anzeigen/36284, 16.09.13.

Apps verstehen und gestalten 16

Thilo Büsching

16.1 Einleitung und Definition

Ist die Zukunft des E-Publishing wirklich eine App-Ökonomie (vgl. Boing: 2012)? So schnell verbreitet, durchgesetzt und differenziert wie diese kleinen Anwendungen hat sich noch kein Medium. Der Duden definiert Applikation, oder auch kurz App genannt, als Anwendung (http://www.duden.de/rechtschreibung/Applikation). Im weiteren Sinne erfüllen Apps alle E-Publishing-Funktionen und setzen dafür alle E-Publishing-Elemente so ein, wie dies in der Einleitung definiert wurde. Apps sind also per Definition Alleskönner, die den gesamten Medienkonsum befriedigen können, und zwar von der Zeitung über Radio, Musik, Fernsehen, Internet bis hin zu Online-Games. Der Bundesverband Informationswirtschaft, Telekommunikation und neue Medien e. V., BITKOM, befragte Mitte 2011 mehr als 500 Experten zu dem Thema, ob sich eher Apps oder mobile Webseiten auf Smartphones durchsetzen werden. Danach gehen 72 % der Fachleute davon aus, dass die User Apps gegenüber mobilen Websites bevorzugen. 20 % schätzen, dass die Verbraucher mobile Websites und sonstige browserbasierte Anwendungen präferieren (BITKOM: 2012).

16.2 App-Markt: Angebot und Nachfrage

Apps sind Systemprodukte, das heißt, der Konsument kann sie nur dann nutzen, wenn er über ein Endgerät wie ein Smartphone oder ein Tablet verfügt. Originäre Apps sind in der Regel fest mit dem Betriebssystem wie zum Beispiel IOSX, Android oder Windows 8 Mobile verknüpft. Mit dem iPhone gelang es dem amerikanischen Kommunikations-, Computer- und Unterhaltungskonzern Apple, das Geschäftsmodell Hardware plus Internet-Content (z. B. iPod und Musikangebote auf iTunes) auf dem Smartphone-Markt

T. Büsching, G. Goderbauer-Marchner, *E-Publishing-Management*,
DOI 10.1007/978-3-658-04110-6_16, © Springer Fachmedien Wiesbaden 2014

Auf dem Weg in die Post-PC-Ära
Weltweiter Absatz von PCs, Smartphones und Tablets (in Millionen)

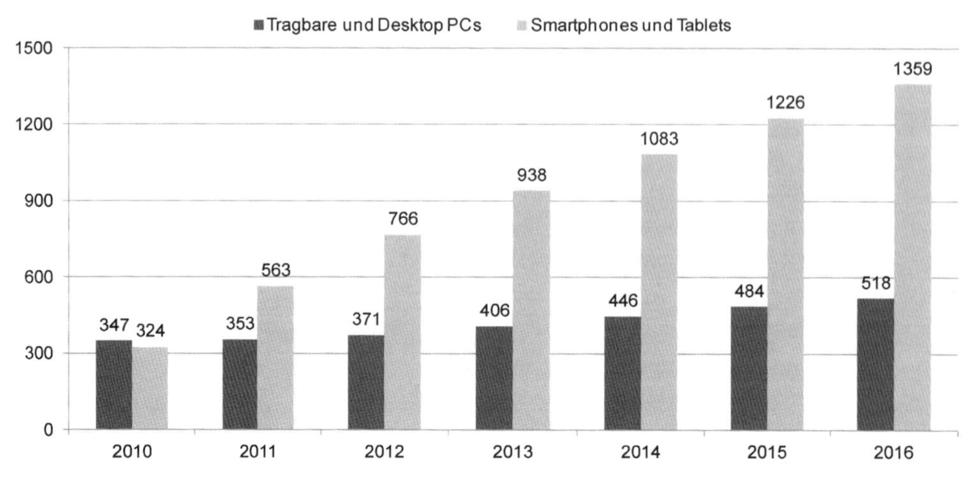

Abb. 16.1 Absatzprognose für PCs, Smartphones und Tablets. (Quelle: Statista 2013a)

auszurollen. Die technische Überlegenheit von Smartphones und Tablets ist erstmals seit dem Jahr 2011 so stark, dass herkömmliche Desktop-PCs und Laptops verdrängt werden, siehe Abb. 16.1.

Die Kombination von technischer Innovation, Design, Usability und einer Strategie, die konsequent Netzwerkeffekte und Paid Content kombiniert, wurde bis zum Tod des Gründers von Apple Steve Jobs im Jahr 2011 gefeiert. Apple entwickelte sich zum kostbarsten Unternehmen (Basis Börsenkapitalisierung und Markenwert) der Welt, noch vor den amerikanischen Ölkonzernen und den chinesischen Banken. Der amerikanische Smartphone-Hersteller konnte in den Jahren 2007–2011 sein Handy als Kultmarke etablieren, bevor Samsung und andere Hersteller Geräte mit gleichwertigem Funktionsumfang anbieten konnten. Die Abb. 16.2 zeigt, dass der Anteil von iPhone-Besitzern im Smartphone-Markt Mitte 2012 noch über 40 % betrug.

Die Anzahl der Downloads mobiler Apps verzehnfachte sich mit dem Siegeszug des Smartphones innerhalb von zwei Jahren in Deutschland, siehe Abb. 16.3.

Ende 2012 bot der App Store 650.000 Apps an, davon 225.000 allein nur für das iPad.

Android-Nutzern standen nur 350.000 Apps zur Verfügung (Boeing 2012: 78). Die Konkurrenz zwischen diesen beiden Systemen ist so intensiv und die Aufholrate von Android so hoch, dass die Autoren schon für das Jahr 2015 mehr als eine Million Apps in beiden Shops erwarten. Allerdings bot Apple 2012 noch die bessere Systemlösung und beherrscht den Tablet Markt (vgl. Abb. 16.4).

Die Konkurrenten Samsung und Amazon versuchen, mit radikalen Preissenkungen, technischen Innovationen und exklusivem Content den Vorsprung von Apple einzuho-

Genutzter Internetzugang nach Geschlecht und Alter 2012
Anteil in %

	Gesamt	Frauen	Männer	14-29 J.	30-49 J.	50-69 J.	ab 70 J.
Computer bzw. PC	73	71	75	72	74	73	81
Laptop	58	58	58	68	60	50	31
Handy (netto)	22	21	24	45	19	8	4
iPhone	9	9	9	15	9	2	2
anderes Smartphone	13	11	15	27	10	2	1
„normales" Handy	1	2	1	3	1	4	1
Spielekonsole	4	0	7	8	3	0	3
elektronischer Organizer	0	-	0	-	0	0	1
MP3-Player	1	1	1	3	0	0	-
Fernseher	2	1	3	3	2	3	1
Tablet PC	4	3	5	3	6	2	1
ein anderes Gerät	0	0	0	-	-	0	4

Basis: Deutschsprachige Onlinenutzer ab 14 Jahren (n=1.366)

Abb. 16.2 Genutzter Internetzugang nach Geschlecht und Alter 2012. (Quelle: v. Eimeren/Frees 2012: 367)

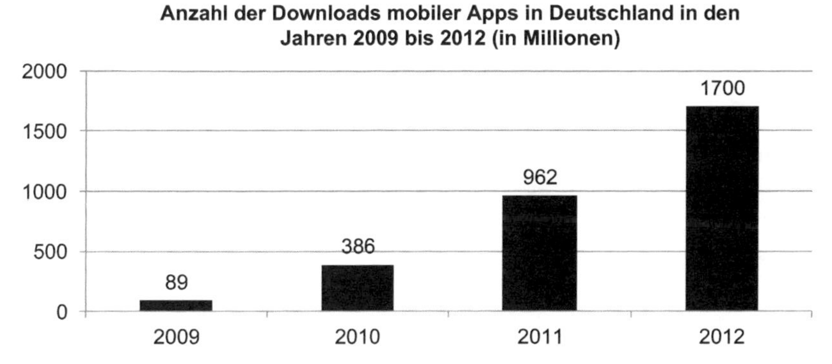

Abb. 16.3 Anzahl der mobilen App-Downloads in Deutschland von 2009 bis 2012. (Quelle: Statista 2013b)

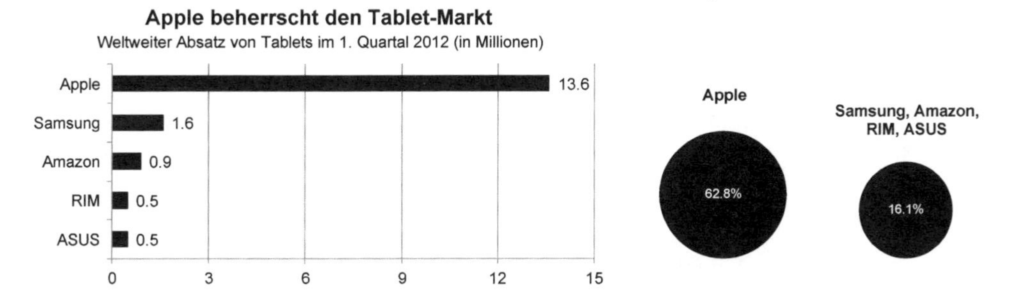

Abb. 16.4 Weltweiter Absatz von Tablets im 1. Quartal 2012. (Quelle: Statista 2013c)

Weibliche Tablet-Nutzer	Männliche Tablet-Nutzer
Apps für:	Apps für:
• E-Mail	• E-Mail
• Musik	• Nachrichten
• Spiele	• Musik
• Nachrichten	• Spiele
• Navigation	• Navigation

Abb. 16.5 Wichtigste Funktionen für weibliche und männliche Tabletnutzer. (Quelle: PWC 2012a: 40)

len. Trotz der verschärften Konkurrenz verkaufte Apple im November innerhalb von drei Tagen drei Millionen iPads (Apple: 2012c). Die Nutzer schätzen nicht nur die technischen Innovationen, das ansprechende Design, das einfache Bedienungskonzept sowie die breiten Content-Angebote, sondern auch die vielfachen Möglichkeiten der Kundenansprache für die werbetreibende Industrie. „Tablets sind sehr attraktive Werbeträger. Sie verbinden Vorteile des Internets – wie Messbarkeit, zahlreiche Auslieferungsformate und Rückkanalfähigkeit – mit den Vorzügen von Print, der Emotionalität und einer starken Nutzerbindung" (v. Wersch: 2012: 40).

Tablet-Apps sind, eher noch als Smartphone-Apps, ein mindestens gleichwertiger Ersatz für Zeitungen, Zeitschriften, Bücher, aber auch Musik, Radio, TV, Internet und Online-Games auf anderen Endgeräten. Die Tablet-Nutzung ist eng mit der Nutzung von Applikationen verknüpft. Männer und Frauen greifen in unterschiedlicher Weise auf Apps zu (vgl. Abb. 16.5):

Von 500 Nutzern, die PriceWaterhouseCoopers im November 2011 befragte, besaßen 86 % ein Tablet. Die Untersuchung zeigt eindrucksvoll, dass 70 % der Tablet-Inhaber „mindestens gelegentlich" folgende Tätigkeiten auf ihrem Tablet ausführen (jeweilige Prozentzahl in Klammern):

- Recherchieren/Suchmaschinen benutzen (94 %),
- E-Mails lesen und schreiben (90 %),
- Informationen über Nachrichten des Tages abrufen (90 %),
- Produktrecherche und Shopping (87 %),
- Ohne konkretes Ziel im Internet surfen (81 %),
- Zeitung oder Zeitschrift lesen (74 %),
- Videos anschauen (70 %),
- Musik hören (69 %),
- Soziale Netzwerke nutzen (69 %),
- Dokumente erstellen/bearbeiten (69 %),
- Online-Banking (63 %),
- Bücher lesen (61 %).

Auf die Frage „Haben sich, seitdem Sie ein Tablet besitzen, Ihre Gewohnheiten bei der Nutzung folgender Medien verändert?", gaben lediglich 40 % an, dass sich ihre Gewohnheiten bezüglich der Nutzung von Büchern, Zeitschriften und Zeitung nicht verändert haben. Relativ unterschiedlich ist die App-Nutzung im privaten und beruflichen Umfeld: Als App-Lösungen werden im privaten Umfeld bevorzugt Informationsdienste, Social-Media-Anwendungen, ortsbezogene Dienste und Spiele genutzt; hingegen werden mobile Webseiten für Mobile Commerce, Customer Relationship Management, Advertising und Supply-Chain-Management eingesetzt (BITKOM: 2012). Komplexere Inhalte lassen sich mit mobilen Webseiten flexibler kommunizieren als mit Apps. Aktualisierungen an Inhalten und Funktionen können schnell auf dem eigenen Websurfer durchgeführt werden und müssen nicht auf externe technische Ressourcen oder gar externe Freigabe, wie das bei iTunes der Fall ist, warten.

16.3 Der 5P-Marketing-Mix: Pragmatische Empfehlungen für App-Macher

16.3.1 Personenpolitik

Das Internet verwandelt mit seinem demokratischen Anspruch und seinen technischen Möglichkeiten das Massenmarketing zunehmend in ein Individualmarketing. Die unglaubliche Vielfalt und die stürmische Innovation im App-Markt sind eine Folge der Anbieter-Strategien, möglichst spezifische Lösungen für jeden einzelnen Menschen zu produzieren.[1] Das Marketing-Ziel ist vielfach nicht mehr, Segmente oder Zielgruppen zu adressieren, sondern einzelne Personen emotional, rational und werteorientiert anzusprechen. Ob Apps das Leitmedium in der App-Economy oder das nachfragestärkste Produkt im Leitmedium Internet werden, hängt von der Beantwortung folgender Frage ab: Werden die Digital Natives (40 % im Jahre 2012) die Digital Outsiders (40 % im Jahre 2012) und die Digital Immigrants (20 % im Jahre 2012) von den Möglichkeiten der App-Kultur soweit „anstecken" und begeistern können, dass eine dominante App-Nutzung über alle Altersgruppen eintritt? Im Mittelpunkt steht die philosophische und psychologische Frage, ob und inwieweit die Älteren bereit sind, im großen Stil vom Informations-, Unterhaltungs-, Bildungs-, Einkaufs- und Mobilitätsverhalten der jüngeren Generation zu lernen und dieses anzunehmen. Lernen hier wirklich die Älteren von den Jüngeren? Tempo und Umfang der menschlichen Verhaltensänderung entscheiden, ob zum Beispiel jede Zeitung in eine App transformiert wird oder ob es im Jahr 2050 eine Parallelwelt von gedruckter Zeitung und App-Zeitung geben wird. Dagegen spricht, dass das Medienverhalten der „Generation Netz" in vielen Teilen noch der älteren Generation entspricht (vgl. v. Eimeren/Frees 2012: 364). Die Konsequenzen aus dem Wechselspiel von technischer Innovation, rechtlicher Deregulierung und User-Verhaltensänderung können ungeahnte Dimensionen an-

[1] Vgl. hierzu und für weitere Internetstatistik v. Eimeren/Frees 2012: 362 ff.

nehmen, zum Beispiel wenn im Jahr 2020 per Gesetz an allen deutschen Schulen und Hochschulen nur noch Tablet-PCs als Lehrmittel vorgeschrieben sein sollten. Politik und Unternehmen sind gefordert, die offensichtlichen Vorteile des E-Publishing motivierend zu kommunizieren und sie konsequent einzusetzen, um so die Bildungsqualität zu verbessern.

16.3.2 Produktpolitik

Weltweit arbeiten drei Millionen Web-Entwickler und 300.000 echte Programmierer daran, neue Apps zu erfinden, zu entwickeln bzw. bestehende weiterzuentwickeln (Stand 2012; Abb. 16.6).

So werden Apple-Apps ausschließlich in Objective-C auf Mac OS programmiert; Android-Apps hingegen können in Java auf den Betriebssystemen Windows, Mac OS und Linux entwickelt werden. Google verteilt zudem sein Android-Betriebssystem kostenlos an die Smartphone-Produzenten. Google verfügt also wegen seiner vielfältigeren und flexibleren Entwicklungsumgebungen für Programmierer und aufgrund seiner Kostenlos-Philosophie über erhebliche Vorteile im Wettlauf um die meisten und verkaufsstärksten Apps auf einer Plattform. Apple bot bis 2012 überlegene Technik und mehr Usability für User und Apple-Programmierer: So müssen die OS-Programmierer nur für vier Bildschirmgrößen entwickeln und testen (zwei iPhone- und zwei App-Bildschirmgrößen). Im Vergleich dazu weisen die Android-Smartphones mehr als 200 Screen-Größen auf (vgl. Boeing 2012: 74, 79).

Die Größe des Bildschirms von Smartphone oder Tablet hängt eng mit dem Design zusammen. Thesenartig zusammengefasst lässt sich der Apple-Wettbewerbsvorteil auf die Faktoren Design, Einfachheit, Innovation und Funktionsvielfalt zurückführen. Doch das Design ist der erste Eindruck, der erste Lockruf: „Schau mich an, fass mich an, probier mich aus!“ Die Redaktion, die inhaltliche Konzeption, Informationsbeschaffung, Produktion und Qualitätssicherung von Content-Apps erfolgt nach den gleichen Kriterien wie bei einer Tageszeitung, einer TV-Nachrichtensendung oder einem Online-Portal: Aktueller, relevanter, professionell aufbereiteter Content steht im Vordergrund, nur mit einem zentralen Unterschied: Es ist alles interaktiver.

Dies soll kurz am Beispiel der *Tagesschau*-App, des Preisträgers des Grimme Online Award Publikumspreises 2012, erläutert werden (vgl. Grimme Institut 2012). Die *Tagesschau*-App der ARD bietet stets aktuelle, relevante News in einem 100-Sekunden-Format; wichtige Informationen werden mit einer Push-Funktion direkt auf dem Smartphone präsentiert. Das Design entspricht dem der Tagesschau, die Benutzerführung ist höchst einfach und intuitiv. Die *Tagesschau* wird im 100-Sekunden-Format angeboten. Die App wurde für alle wichtigen Handelsplattformen Apple, Android, Microsoft und Blackberry hergestellt. Für Apps gilt die gleiche Regel wie für Online-Sites. Nach Fertigstellung des Prototypen fängt die Arbeit an: Alleine oder mit anderen Programmierern und Experten testen, testen, testen. Zudem müssen die medienkompetenten Heavy User selbst ausführlich getrackt und befragt werden, bevor die App einem Portalbetreiber vorgestellt werden

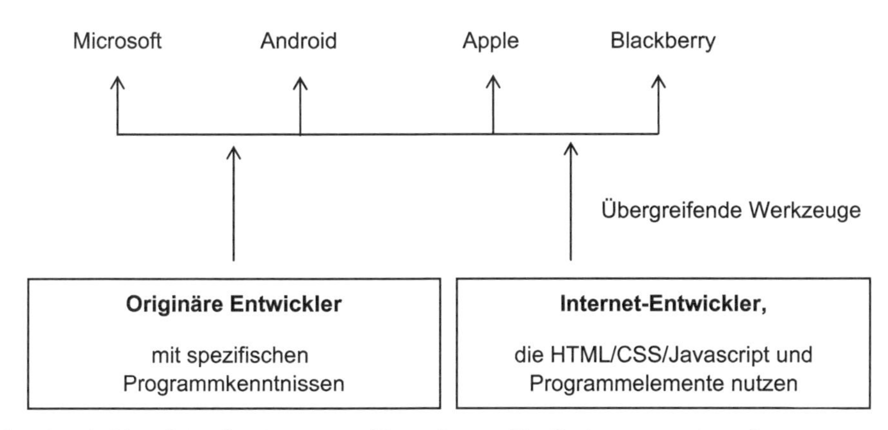

Abb. 16.6 Zahl und Art der App-Entwickler weltweit. (Quelle: Boeing 2012: 100)

Tab. 16.1 23 App-Kategorien am 21.12.2012. (Quelle: vgl. Distimo, Abruf 21.12.2012)

All Games	Books	Business	Catalogs	Education	Entertainment
Finance	Food & Drink	Healthcare & Fitness	Lifestyle	Medical	Music
Navigation	News	Newsstand	Photo & Video	Productivity	Reference
Social Networking	Sports	Travel	Utilities	Weather	

kann. Tabelle 16.1 gibt einen Überblick, zu welchen Themen Apps existieren und wie die niederländische App-Analyse-Agentur Distimo die Performance jeder einzelnen App analysieren kann.

Im folgenden Auszug aus der Website des niederländischen Unternehmens Distimo, das systematisch die Top-Verkäufe in den verschiedenen App-Stores analysiert. Die gleichgeordneten Rubriken veranschaulichen, wie vielfältig die App-Angebote sind und nahezu jeden Lebensbereich umfassen.

16.3.3 Preispolitik

Viele App-Entwickler lassen sich durch die „Vom-Tellerwäscher-zum-Millionär-Stories" motivieren, aber nur wenige werden reich. Millionen programmieren weltweit oder verkaufen Software, aber es gibt nur einen Steve Jobs. Die ökonomischen Gesetze und Rahmenbedingungen wie Netzwerkeffekte, die Kombination von Skalen- und Netzeffekten, Marktmacht durch asynchrone Information und Markenstärke sind verantwortlich dafür, dass vermutlich 2 % der Anbieter 98 % der Gewinne erwirtschaften. Aus der Übersicht in Abb. 16.7 geht hervor, dass der attraktivste Markt der der Hit-Apps ist. Dort können Apps, die ein Thema behandeln, das nahezu jeden interessiert, wie zum Beispiel Wetter- oder

Abb. 16.7 Die Abhängigkeit des Profits von Download-Anzahl und – Preis. (Quelle: Olsen 2013)

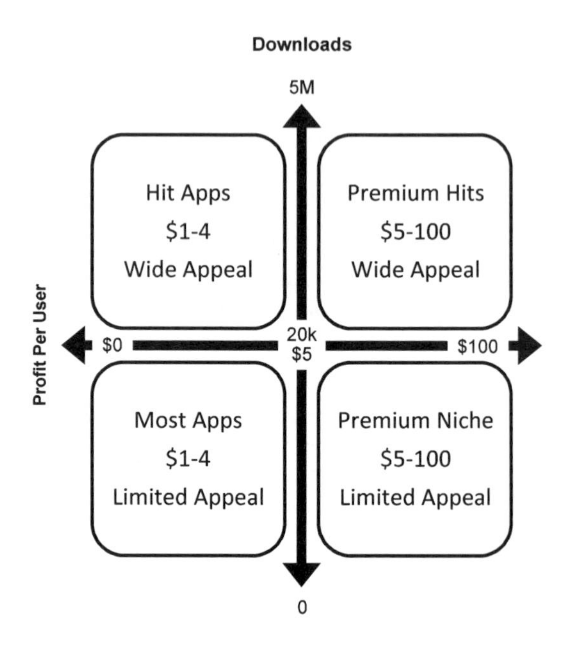

Radio-Apps, mit gezielten Marketingaufwendungen erfolgreich platziert und im Idealfall millionenfach verkauft werden.

Am erfolgversprechendsten sind Apps, die gratis sind und den User im Zuge seiner Nutzung weitere entgeltliche Features und/oder Dienstleistungen anbieten. Der User zahlt nur dann, wenn er den Mehrwert in diesem Moment erkennt – oder dazu verführt wird: eine Aufgabe für die Promotion im 5P-Marketing-Mix. Abbildung 16.8 zeigt, dass diese sog. Free Apps mit In-Apps den meisten Umsatz generieren.

Besonders relevant für die User ist der Datenschutz, nicht nur im Netz, sondern auch bei der Nutzung von Apps.[2]

16.3.4 Promotion

Eine App zu bewerben ist schwieriger als ein paar Schuhe im Schuhshop zu inszenieren, weil die App-Insider und die App-Heavy-User ausführlicher live testen können als ein E-Commerce-Schuhkäufer einen Schuh. Der App-Markt ist also um ein vielfaches dynamischer, transparenter, innovativer als es der 100 %-E-Commerce-Anbieter Zalando jemals werden kann, da der User von Anfang an das Produkt mitentwickeln und testen kann. Dementsprechend komplex ist der App-Marketingprozess. Dieser kann idealtypisch in vier Stufen dargestellt werden (vgl. Olson 2012):

[2] http://www.test.de/presse/pressemitteilungen/Datenschutz-bei-Apps-Persoenliche-Daten-unverschluesselt-uebermittelt-4380605-0/.

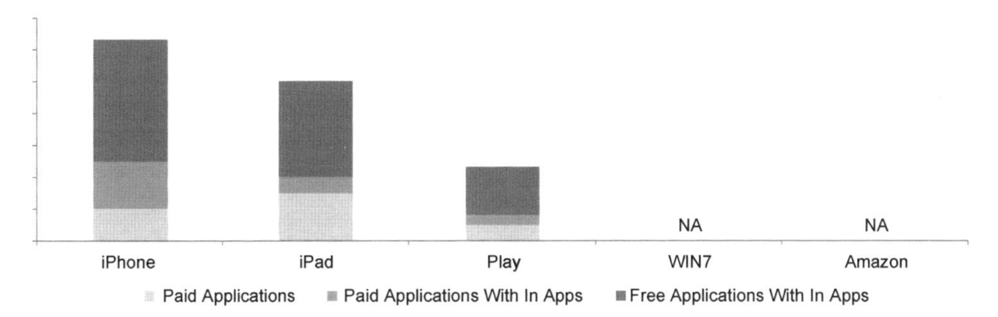

Abb. 16.8 Free Apps mit In-Apps generieren den meisten Umsatz. (Quelle: Distimo – The Need for Cross App Store Publishing and the Best Strategies to Pursue, 21.12.2012)

A. Strategischer Ansatz Je stärker das Produkt von den Empfehlungseffekten auf Facebook, Twitter und Co. profitiert, desto stärker ist es notwendig, den gesamten Kommunikationsprozess aus der Web-2.0-Perspektive zu durchdenken. Je größer die Web-Marktmacht von Facebook, desto mehr gilt: Finde zuerst die Produktbotschaft zu deinem Produkt, die zu größter Aufmerksamkeit, Sympathie und zu maximalen Empfehlungen führen könnte, und entwickle danach die App. Mit welchen Inhalten, Themen, Funktionen, Features, Specials soll die Zielgruppe begeistert werden? Und wie, in welcher Form und wie oft soll sie idealerweise darüber reden, Fotos und Filme posten, liken und kommentieren und sympathische, kreative Empfehlungen aussprechen? Welche Ziele werden in welcher Zielgruppe damit verfolgt? Geht es nur um Image oder Bekanntheit oder soll der Umsatz in einem Zeitraum X maximiert bzw. der In-App-Werbepartner durch die Gratis-Download-Anzahl begeistert werden? Ziele, Zielgruppen, Themen, Botschaften, Kommunikationskanäle, Art des Monitorings und vor allem der Wettbewerbsvorteil müssen vor der ersten Programmierstunde durchdacht werden. Steht fest, was die App können soll und welche Ziele die Produzenten verfolgen, kann der nächste Schritt in Angriff genommen werden.

B. Aufbau des Netzwerks Face-to-Face, mehr noch als bei Facebook, ist die Basis von wirklich erfolgreichen, mächtigen Leuten. Die Gesetze der Diplomatie, wie „erst Vertrauen aufbauen, dann Vertrauen abheben", zählen in der digitalen Welt genauso wie vor 2000 Jahren. Messen, Events, Vorträge und Workshops mit Personen, die Sie bei der Entwicklung beraten, Ihre App empfehlen oder systematisch z. B. via Online-PR promoten, sind Gold wert. Doch treten Sie dezent auf. Unsympathisch sind bei Network-Events jene, die mit der Tür ins Haus fallen. „Seek first to understand, then to be understood", gilt gerade in Zeiten, da viele Selbstverwirklicher ihr Heil im Internet suchen, selbstsüchtig kommunizieren und die Interessen der Mitmenschen vernachlässigen. Als langfristig orientierter, diplomatisch agierender Kommunikator haben Sie die besten Chancen, Sympathisanten für Ihre App zu mobilisieren – vielleicht. Denn erfolgreiche Kommunikation braucht immer Substanz, sonst ist sie nur Verpackung.

C. Der Marketing-Mix Ausgangspunkt einer Kampagne kann die eigene attraktive Website mit persönlichen Daten und zahlreichen Links sein. Oder ein Facebook- und/oder Twitter-Account, in dem regelmäßig über den Fortschritt der Programmierung und gegebenenfalls neue Ideen berichtet wird. So kann eine Mini-Community aufgebaut werden, die tatsächlich Interesse an diesem Spezialthema hat. Drittens: Was genau ist erstens und zweitens? Ein gut strukturiertes, originelles Video mit aufmerksamkeitsstarken Bildern, das die einzelnen Funktionen und die möglichen Erweiterungen, die Potentiale darstellt, wirkt Wunder. Viertens: Profis stellen kurz vor dem Launch eine 0.1 Beta-App ins Netz mit der Bitte, das Produkt ausführlich zu testen. Potentielle User und Fans werden so ernst genommen und geben zahlreiche wertvolle Tipps.

D. Die Turbo-PR Nach dem Launch entscheidet sich, ob und wer sich in der Blogger-, App- oder PR-Szene positiv äußert. Trendthemen, innovative Features oder unkonventionelle Spielmechanismen können dazu führen, dass die App am ersten Tag einen Chart Entry unter die Top 25 erlangt. Dazu sind mehrere hundert Verkäufe pro Woche nötig.

Im Idealfall verstärken sich Empfehlungen von Apple, zum Beispiel als „App-Game of the Week", rasant steigende Likes in Facebook und positive Berichte in namhaften Online- oder Print-Zeitschriften. Dieser sich selbst verstärkende Regelkreis, dieser PR-Rückenwind kann nur entstehen, wenn die App-Strategie der App, die Qualität der Programmierung, die vielfältige Interaktivität und die innovativen Funktionen konsequent durchdacht, an den Zielgruppen ausgerichtet und nach mehrfachem Testen sorgfältig umgesetzt werden. Kurzum, für Apps gelten die gleichen Marketingüberlegungen wie für alle anderen B2C-Consumer-Goods – nur ist es schwieriger und unberechenbarer, diese umzusetzen.

16.3.5 Place

Apps werden über die großen App-Shops der amerikanischen Konzerne – App Store, Google Play und Windows 8 Apps – bereitgestellt. Die drei Vertriebsstationen stehen in einem erbitterten Wettbewerb zueinander, da die einzelnen technischen Plattformen iOSX, Android und Windows 8 nicht kompatibel sind. Die Entwickler müssen für jede Plattform die Inhalte, Funktionen und Spiele spezifisch programmieren. Alle drei Plattformen verlangen für den App-Vertrieb 30 % vom Endverkaufspreis. Google und Microsoft akzeptieren jede rechtlich einwandfrei App, während Apple sich vorbehält, Apps auch abzulehnen. Bis April 2013 führte der Apple App Store und wurde dann im Mai 2013 quantitativ vom Android App Store knapp überholt. Beide Unternehmen boten mehr als 800.000 Apps zum Download an, davon etwa 80 % kostenlos. Der Zweikampf zwischen diesen beiden Anbietern – Microsoft spielte mit den Windows 8 Apps noch keine signifikante Rolle – wird detailliert in *Wikipedia* dokumentiert.[3] Wikipedia muss von beiden PR-Abteilungen intensiv gepflegt werden und kein Unternehmen würde tendenziöse Aussagen des Wett-

[3] Vgl. http://de.wikipedia.org/wiki/App_Store_(iOS) und http://de.wikipedia.org/wiki/Google_Play.

bewerbers auf *Wikipedia* zulassen. Schließlich ist *Wikipedia* einer der meist genutzten digitalen Informationsmedien in Deutschland und muss vom Content-Marketing der Unternehmen prioritär und seriös bedient werden. Gleichzeitig ist dies ein Beispiel dafür, wie die PR-Konkurrenz im Internet zu einem kostenlosen Mehrwert für die User führt. Dies sind positive externe Effekte der App-Economy.

16.4 App-Innovationsentwicklung

Ende 2012 befanden sich über 650.000 Apps allein im App Store von Apple. Starke Marken dominieren die Verkaufsranglisten, wie z. B. die Fifa-Soccer 13-App, die Nr. 1 bei den Bezahl-Apps im Dezember 2012 mit Lionel Messi, oder Bild.de oder Wetter-Apps. Wie können in diesem Meer von Leuchttürmen und Flaggschiffen neue umsatzstarke Ideen, Strategien, Konzepte von One-Man-Show-Programmierern oder kleineren Agenturen entwickelt werden? „Finde ein Vakuum" (Olson 2012: 2) heißt eine Antwort erfolgreicher App-Programmierer. Die Zweite heißt: Denke unlogisch, kreativ, spinne – konzipiere Produkte abseits von klassischer Bedürfnisanalyse, Marktsegmentierung und Positionierung (vgl. Kotler/de Bes 2005: 46 f). Das klassische Marketing setzt an vorhandenen Bedürfnissen und vorab definierten, bestehenden Märkten an und leitet daraus Leistungsspektren von Unternehmen sowie relative Wettbewerbsvorteile ab. Dieses Vorgehen übersieht Bedürfnisse, die zum Beispiel aufgrund nicht vorhandener Technologie noch nicht befriedigt werden können, oder aufgrund von neuer Technologie erst im Entstehen sind. So gab es auch kein Bedürfnis, ein All-in-one-Handy wie das Smartphone zu nutzen, da es erst 2007 mit dem ersten iPhone in einem vollständigen Funktionsumfang erfunden wurde. Es ist Aufgabe des kreativen Prozesses, innovative Technologien, Geschäftsmodelle und neues Verhalten zusammenzudenken, um neue Lösungen, echte Innovationen zu schaffen. Dies gilt in besonderem Maße für die App-Entwicklung.

16.5 App-Checkliste: App-Strategie – Apps erfinden, entwickeln, managen

Die bisherigen Ausführungen werden in Abb. 16.9 in eine handlungsorientierte, strategische und operative Checkliste zusammengefasst.

16.6 Fazit: Die App-Economy

Kühner noch als die These, dass sich alle E-Publishing-Produkte in Apps verwandeln, ist die Behauptung, dass alle Arbeits-, Kommunikations- und Unterhaltungsbedürfnisse in Apps verwandelt werden. Tatsächlich treiben die amerikanischen Spiele-, Technologie- und Unterhaltungskonzerne, wie zum Beispiel Electronic Arts, Game Loft, Disney, Micro-

Checkliste App-Erfolgsfaktoren		J	N
Strategische Überlegungen	Wurden im Vorfeld eine klare Strategie sowie aus dieser Strategie abgeleitete Ziele festgelegt, die mit dem E-Publishing-Produkt erreicht werden sollen?		
	Gibt es im Unternehmen geeignete Tools/Instrumente zur Früherkennung von Trends und neuen technischen Entwicklungen?		
	Ist es möglich, bei der E-Publishing-Produktentwicklung Kooperationen einzugehen, um Teilbereiche auszulagern (z. B. die technische Produktion einer App) und sich somit auf seine Kernkompetenzen (z. B. die Beschaffung oder Aufbereitung von Content) zu konzentrieren?		
	Sind die entsprechenden Ressourcen/Mitarbeiter (z. B. Medien-Produktmanager, Grafik-Designer, Programmierer, EDV-Spezialisten, Marketing- und Vertriebsmitarbeiter) und das nötige Know-how vorhanden, um erfolgreich innovative E-Publishing-Produkte zu entwickeln?		
Zielgruppe Kunde (Person)	Ist die Zielgruppe, die mit dem E-Publishing-Produkt erreicht werden soll, bekannt und klar definiert?		
	Wurden alle relevanten Kundendaten sowie das Nutzungsverhalten und die Bedürfnisse der Zielgruppe gesammelt (auch unter Einbeziehung der Nutzer/Kunden) und mithilfe von geeigneten Instrumenten genau analysiert?		
Produkt	Erfüllt mein E-Publishing-Produkt die spezifischen Bedürfnisse meiner Zielgruppe optimal und entsteht somit ein langfristiger Kundenvorteil (messbarer Mehrwert für den Kunden)?		
	Unterscheidet sich mein E-Publishing-Produkt von den anderen im Markt, d. h., hat das Produkt ein eindeutiges Alleinstellungsmerkmal (USP)?		
	Ist der Inhalt (Content) des Produktes leicht verständlich und optimal auf die Bedürfnisse und das Nutzungsverhalten der Zielgruppe zugeschnitten (z. B. zielgruppenrelevante Themen, richtige Länge der Inhalte)?		
	Sind die Inhalte, um Fotos, Videos/Web-TV, Audio usw. erweitert worden und somit multimedial für die Zielgruppe aufbereitet?		
	Sind kundenorientierte „Produkttests" durchgeführt worden, bevor das E-Publishing-Produkt auf den Markt gebracht worden ist?		
Preis	Wurde ein angemessener (mindestens kostendeckender) Preis für die Leistung/das Produkt ermittelt, den der Kunde auch bereit ist zu zahlen?!!		
	Gibt es ein geeignetes und innovatives Erlös-/Geschäftsmodell, mit dessen Hilfe der gewünschte Umsatz mit dem E-Publishing-Produkt generiert werden kann (z. B. „werbefinanziertes Modell" oder „Paid-Content")?		

Abb. 16.9 Checkliste App-Erfolgsfaktoren. (Quelle: Eigene Darstellung)

Kommunikation	Wurden innovative und glaubwürdige Werbebotschaften, Werbemittel, und Werbeaktionen/Kampagnen gewählt, um die Vorzüge des E-Publishing-Produktes der Zielgruppe „attraktiv" zu inszenieren?		
	Leistet das neu entwickelte E-Publishing-Produkt einen Beitrag zum Aufbau bzw. zur Stärkung der Unternehmensmarke und entspricht die Markenwahrnehmung der Zielgruppe dem Selbstbild der Verantwortlichen?		
Distribution	Kann das E-Publishing-Produkt (z. B. eine App oder ein E-Book) auf allen mobilen Endgeräten (Tablets wie z. B. dem iPad, Kindle und auf Smartphones wie z. B. iPhone, Android-Smartphones) abgespielt werden? (Unterschiedliche Formate usw. berücksichtigen!)		
	Sind geeignete Vertriebskanäle ausgewählt worden, um das E-Publishing-Produkt an die entsprechende Zielgruppe zu bringen (z. B. App-Store oder Google Play-Store für Apps)?		

Abb. 16.9 (Fortsetzung)

soft Corporation und natürlich Apple diese Bewegung voran, da sie sich margenstarke Geschäfte versprechen. Die Übersicht des niederländischen App-, Forschungs- und Serviceanbieters Distimo in Tab. 16.2 zeigt, wie viele Apps die jeweiligen Konzerne zu welchem Durchschnittspreis auf welchem Vertriebskanal anbieten.

Die niederländische Agentur Distimo (www.distimo.com) hatte einen Monitoring-Service für jede App über alle Vertriebskanäle entwickelt, der die Verkaufsperformance jeder einzelnen App detailliert analysiert. Ähnlich wie der Siegeszug des Fernsehens und des Internets mit einer detaillierteren Mediennutzungsanalyse einherging, vertiefen die statistischen Analysen den ökonomischen Wert von Apps.

Ob und inwieweit die App-Economy innerhalb der Medien an Bedeutung zunimmt, hängt nicht nur von dem sehr guten Preis-Leistungs-Verhältnis, dem Design, der Usability, der Vielfalt und der Breite der Funktionen, der informierenden, unterhaltenden und bildenden Inhalte ab, sondern auch davon, ob und inwieweit die dezidierte Auswertung des Nutzerverhaltens, das User Tracking und User Targeting innerhalb der Apps perfektioniert werden kann. Hier leistet Distimo ähnlich wie die Gesellschaft für Konsumforschung in Nürnberg für das Fernsehen oder die IVW, die Informationsgemeinschaft zur Feststellung der Verbreitung von Werbeträgern e. V., Basisarbeit für die weitere Verbreitung. Denn nur die Reichweite, die Nutzungszeit, die exakt gemessen wird und im Idealfall aus Sicht der werbetreibenden Industrie zu Umsätzen führt, wird langfristig erfolgreich sein. Apps sind auf dem besten Weg dazu.

Tab. 16.2 Top 10 Cross Store Publishers. (Quelle: www.distimo.com, Abruf 21.12.2012)

App Anbieter	Angebot	Ø-Preis in $	Bekanntes Beispiel	Amazon	Apple iPad-Apps	Apple iPhone-Apps	Black Berry	Google Play	Windows Store
Rovio Mobile Ltd.	32	1,87	Angry Birds Space	10	6	6	4	6	0
OMGPOP	11	1,33	Draw Something	2	2	5	0	2	0
Gameloft	505	3,23	Ice Age Village	44	76	151	181	45	8
Electronic Arts	566	3,24	Zuma`s Revenge!	11	51	108	329	60	7
Google	78	Free	Google+	1	8	16	0	52	1
Microsoft Corporation	141	2,99	Windows Live Messenger	2	13	19	1	12	94
Apple	34	6,99	Pages	0	15	19	0	0	0
ZeptoLab UK Limited	15	1,63	Cut the Rope: Experiments	4	3	3	1	4	0
Disney	150	2,96	Hidden Objects: Gardens of Time	3	71	66	0	10	0
Adobe Systems Incorporated	63	8,52	Adobe Reader	7	19	12	3	21	1

16.7 Vertiefung

- Was sind Apps, was können sie und wer nutzt sie?
- Wie wichtig sind die 5 „Ps“ (Person, Produkt, Preis, Promotion, Place) bei der Entwicklung von Apps?
- Was muss beim App-Management alles bedacht werden?
- Wieviel App-Kategorien gibt es? Welche sind die kommerziell am erfolgreichsten?
- Was kann das E-Publishing insgesamt von diesen Apps lernen?
- Wird sich das bisher immer noch analog geprägte Verlagswesen in eine App-Economy verwandeln?

Literaturempfehlung

Olson, J. (2012): How to succeed with your mobile app, in http://mobile.smashingmagazine.com/2012/11/07/succeed-with-your-app/, Abruf 11.07.2013

Quellen

Apple 2012c: http://www.apple.com/de/hotnews/, Abruf 18.12.2012

BITKOM 2012: Scharfer Wettbewerb zwischen Apps und mobilen Seiten, in http://www.bitkom.org/de/themen/54842_68588.aspx, Abruf 21.12.2012

Boing, G. (2012): Die Apps-Economy, unveröffentlichter Vortrag auf der Arbeitstagung E-Publishing an der Hochschule für angewandte Wissenschaften Würzburg-Schweinfurt

Distimo: www.distimo.nl, Abruf 21.12.2012

Duden: http://www.duden.de/rechtschreibung/Applikation, Abruf 18.12.2012

Eimeren, V. B./Frees, Beate (2012): 76 % der Deutschen online – neue Nutzungssituationen durch mobile Endgeräte, Ergebnisse der ARD/ZDF-Onlinestudie 2012, in: Media Perspektiven 7–8, 2012

Kotler, P./ de Bes F. T. (2005): Laterales Marketing für echte Innovationen, Frankfurt/ New York, 2005

o. V. Grimme Institut (2012), in: http://www.grimme-institut.de/html/index.php?id=1579#c9874, Abruf 21.12.2012, zitiert als Grimme 2012

PriceWaterhouseCoopers (2012): Tablets im Fokus – wie die Nutzung von Tablet-PCs den Markt für E-Publishing verändert, Frankfurt 2012

statista 2013a: http://de.statista.com/statistik/daten/studie/165462/umfrage/prognose-zum-weltweiten-absatz-von-media-tablets-bis-2015/, Abruf 11.07.2013

statista 2013b: http://de.statista.com/statistik/daten/studie/168038/umfrage/anzahl-der-downloads-mobiler-apps-in-deutschland-seit-2009/, Abruf 11.07.2013

statista 2013c: http://de.statista.com/statistik/daten/studie/225940/umfrage/weltweiter-absatz-von-tablets/, Abruf 11.07.2013

Test: http://www.test.de/presse/pressemitteilungen/Datenschutz-bei-Apps-Persoenliche-Daten-unverschluesselt-uebermittelt-4380605-0/, Abruf 11.07.2013

v. Wersch, O. (2012): zitiert nach PriceWaterhouseCoopers AG Wirtschaftsprüfungsgesellschaft (2012): Tablets im Fokus – wie die Nutzung von Tablet PC`s den Markt für E-Publishing verändert, Frankfurt, Juli 2012

Wikipedia: http://de.wikipedia.org/wiki/App_Store_(iOS) und http://de.wikipedia.org/wiki/Google_Play, Abruf 24.06.2013

Qualitätssicherung auf der Mikro-, Meso- und Makroebene

17

Gabriele Goderbauer-Marchner/Sandra Roth

> *Das ,Web 2.0' mitsamt seinen neuartigen Publikations-, Interaktions- und Kommunikationsmöglichkeiten hat zu einem grundlegenden Wandel des Nutzerverhaltens im Internet geführt. Niemals zuvor war es für ein Individuum leichter, einem Massenpublikum eigens produzierte Text-, Bild-, Audio- oder Video-Beiträge zugänglich zu machen [...] (Bauer 2011: 1).*

17.1 Qualität und Geschmack

Facetten des User-generated Content spricht Bauer (2011) im Eingangszitat an, um auf die neuen Content-Produzenten hinzuweisen, die mit den neuen technischen Möglichkeiten des Web 2.0 den Content-Markt verändern. Es gibt plötzlich zahllosen und wahllosen Content, veröffentlichbar von jedermann, der ein internetfähiges Endgerät besitzt. Und dennoch ist nicht jeder Produzent erfolgreich in seiner Content-Produktion. Bestimmte Webseiten haben mehr Traffic als andere, manche Autoren erlangen Einfluss und Berühmtheit, während andere nie gelesen werden. Das liegt meistens an der Qualität des produzierten Content. „De gustibus non est disputandum" – in ähnlicher Weise wie mit dem Geschmack im lateinischen Sprichwort verhält es sich mit der Qualität von Produkten. Es muss objektiv messbare Qualitätskriterien geben, nach denen wir Produkte, egal welcher Art, bewerten und vergleichen können, um ihren Wert zu bemessen und daraus folgend bestimmte Produkte mehrheitlich anzunehmen und andere abzulehnen. Versuche, Qualität zu definieren, sind dagegen tatsächlich schwierig, da für die Nutzer individuelle Komponenten im Vordergrund stehen. Ein Bewohner der Arktis wird wohl andere Qualitätsmaßstäbe an seine Bekleidung stellen als ein Bewohner der Sahara, individuelle Lebensaspekte werden wichtig sein. Ähnlich verhält es sich mit der Aufbereitung von Content: Will ich schnell und umfassend informiert werden oder möchte ich zu meiner Entspannung lesen? Es werden jeweils unterschiedliche Qualitätsmerkmale an das Produkt

T. Büsching, G. Goderbauer-Marchner, *E-Publishing-Management*,
DOI 10.1007/978-3-658-04110-6_17,

herangetragen. Auch beim Blick auf digitale publizistische Produkte, einen Markt, an dem man sich seit dem Social-Sharing-Boom auf einfachste Weise beteiligen kann, wird man Unterschiede in der Qualität der Produkte feststellen können. Texte, die man als hochwertig empfindet, von solchen trennen, die unattraktiv sind.

Was aber macht die Qualität eines publizistischen Produkts aus? Wie lässt sie sich bestimmen? Wer definiert Qualitätsstandards? Gibt es allgemeingültige Qualitätsstandards oder lässt sich der Qualitätsbegriff in seiner individuellen Komponente nicht verallgemeinern?

17.2 Was ist Qualität?

„Qualität ist, wenn die Kunden zurückkommen und nicht die Ware.“[1]

Qualität aus publizistischer Sicht „bezeichnet die Art oder die Güte einer journalistischen oder, allgemeiner, einer publizistischen Produktion“ (Heinrich 2011: 513). Diese „Güte“ allgemeingültig zu bewerten, ist nicht ganz einfach. Denn was die Rezipienten als gut empfinden, kann sich ändern (kulturelle Veränderungen etc.), ihre individuellen Vorstellungen nicht zu vergessen. Auch das Medium, die verwendeten Formen und Formate sowie die Zielsetzungen spielen bei der Bewertung und dem Vergleich der „Güte“ eine Rolle und sind zu beachten, „damit nicht ‚Äpfel, Birnen und Fischstäbchen‘ miteinander verglichen werden“ (Neuberger 2004: 39).

17.3 Was sind Qualitätskriterien?

Wenn wir versuchen, der Qualität bestimmte Maßstäbe aufzuerlegen, geben wir der Qualität eine Norm. Bei publizistischen Produkten gibt es demnach ebenso normierte Qualitätskriterien wie bei Wirtschaftsprodukten (Man denke nur an die zahlreichen Gütesiegel in der Wirtschaft). Diese Qualitätskriterien publizistischer Produkte beruhen in der Regel auf breiter gesellschaftlicher Bekanntheit und Akzeptanz (vgl. Vlašić 2004: 17). So legt das Gabler Lexikon Medienwirtschaft (2011: 513) aufgrund der Qualitätsvorstellungen des deutschen Presserates, der deutschen Rechtsprechung und der journalistischen Wissenschaft fünf Qualitätskriterien für publizistische Produkte fest (vgl. Tab. 17.1).

Hieraus lässt sich ablesen, dass journalistische Berufsnormen zu Qualitätskriterien journalistischer Produkte wurden. Nun müssen die publizistischen Sender mit ihren Berufsnormen nicht die gleichen Qualitätsansprüche haben wie die Empfänger. Studien nach ist es allerdings so, dass Sender und Empfänger in diesem Fall aktuell weitgehend die gleichen Kriterien für wichtig erachten (vgl. Neuberger 2004: 51). Dass gerade der Transparenz seitens der Nutzer ein besonders hoher Wert beigemessen wird, wurde auch im Rahmen der Vorträge zum 9. Frankfurter Tag des Online-Journalismus 2013[2] deutlich. Die

[1] http://www.was-ist-qm.de/index.php?section=definitionen, 30.07.2013.

[2] Vgl. http://blogs.hr-online.de/ftoj/programm/, 30.07.2013.

Tab. 17.1 Qualitätskriterien publizistischer Produkte

Aktualität	Zeitliches (Abstand Ereignis und Ereignisbericht) und inhaltliches (Was ist daran neu?) Konzept
Relevanz	Funktionales (Bedeutsamkeit der Information) und personales (Bedeutsamkeit für Rezipient) Konzept, ermittelt anhand von Nachrichtenwertfaktoren wie Betroffenheit, Nutzwert, Nähe, Kontroverse, Überraschung, Prominenz, Eindeutigkeit und Personalisierung
Vielfalt	Formale (Medien, Ressorts, Stil- und Darstellungsformen etc.) und inhaltliche (Themen, Meinungen, Quellen, Anlässe) Vielfalt
Journalistische Professionalität	Sachliche Richtigkeit Allgemeine Überprüfbarkeit Subjektive Wahrhaftigkeit Genauigkeit Transparenz des Entstehungsprozesses (Recherche, Produktion)
Vermittlung	Verständlichkeit Unterhaltsamkeit

Nutzer wünschen mehr Transparenz und bringen die Online-Autoren so zu einer schwierigen Gratwanderung zwischen Transparenzauftrag einerseits und Redaktionsgeheimnis sowie Informantenschutz andererseits. Eine erste bedeutendere journalistische Reaktion auf diesen Nutzerwunsch ist z. B. die Offenlegung sämtlicher Quellen zu Artikeln des Magazins *ZEIT WISSEN*, dem Wissensmagazin des *ZEIT* Verlags, seit Juni 2013, um mehr Transparenz für den Nutzer zu schaffen.[3]

17.4 Content-Qualität im Redaktionsprozess

Crossmediale Strategien stellen auch neue organisatorische Anforderungen an Redaktionsteams, um eine funktionierende konvergente Redaktion zu werden und die Qualitätssicherung auf Ebene der Redaktionsinstrumente und des Content so sicherzustellen. Ein beispielhaftes und anschauliches Szenario hierzu hat Meier (2012) für die Bundeszentrale für politische Bildung skizziert und anhand der Abb. 17.1 zusammengefasst (vgl. Meier 2012):

Dass die Chefredaktion bzw. der Chefredakteur innerhalb erfolgversprechender publizistischer Verlage heute eher zu einem gewinnorientierten Redaktionsmanager wird als zu einem klassischen Publizisten, zeigt das Beispiel des Chefredakteurs der *NOZ*, Ralf Geisenhanslüke, besonders gut.[4]

[3] Vgl. http://www.zeit-verlagsgruppe.de/presse/2013/06/zeit-wissen-legt-quellen-offen/, 30.07.2013.

[4] Vgl. hierzu den ABZV-Videoreporterbeitrag von Roman Mischel unter: http://videoreporter.abzv.de/2013/ralf-geisenhanslueke-noz/, 31.07.2013.

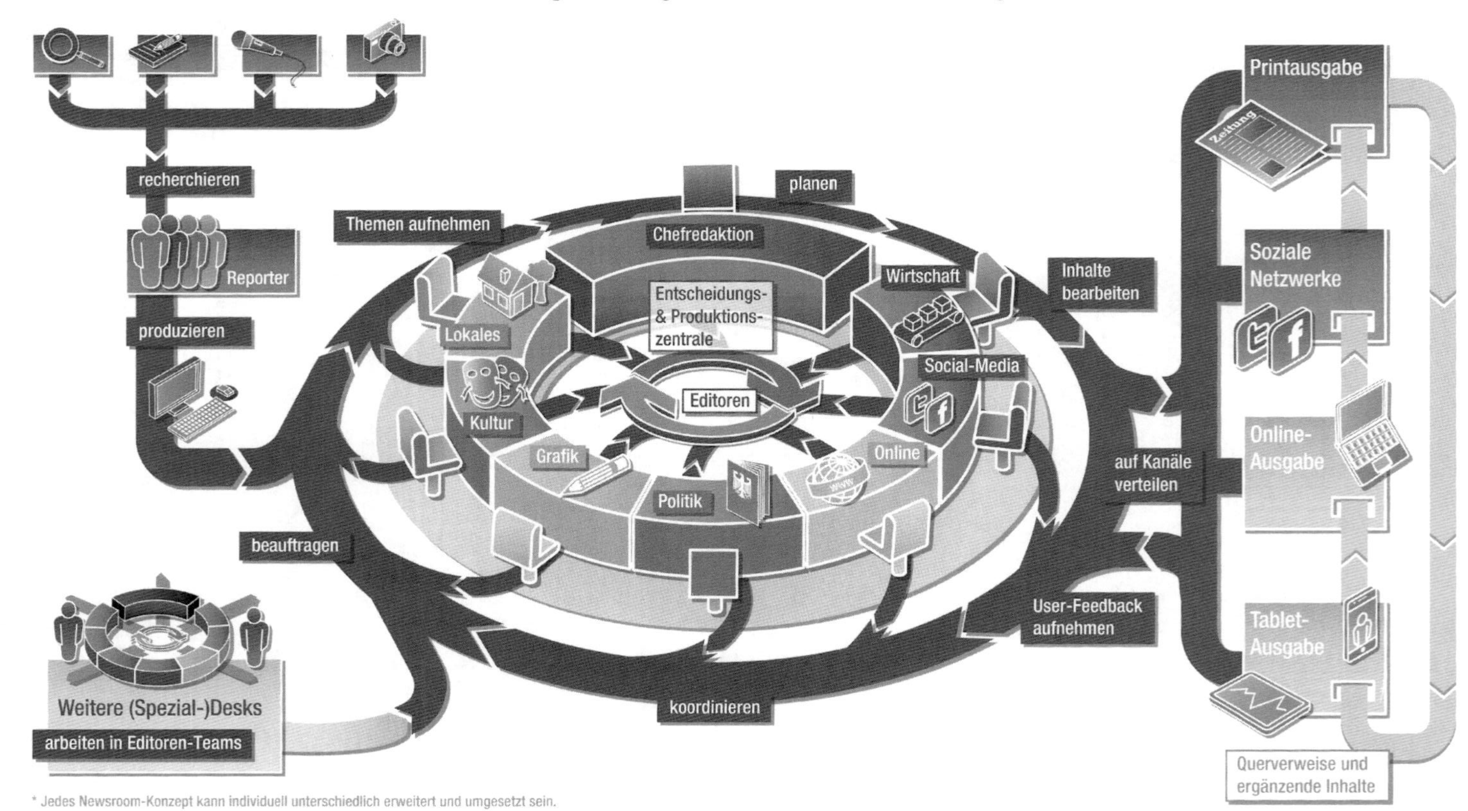

Abb. 17.1 Crossmediales Arbeiten im Newsroom. (Source: http://www.bpb.de/gesellschaft/medien/151607/unter-strom-der-newsroom, 31.07.2013)

Abb. 17.2 Ebenen der Qualitätssicherung nach Fabris (nach Quandt 2004: 63)

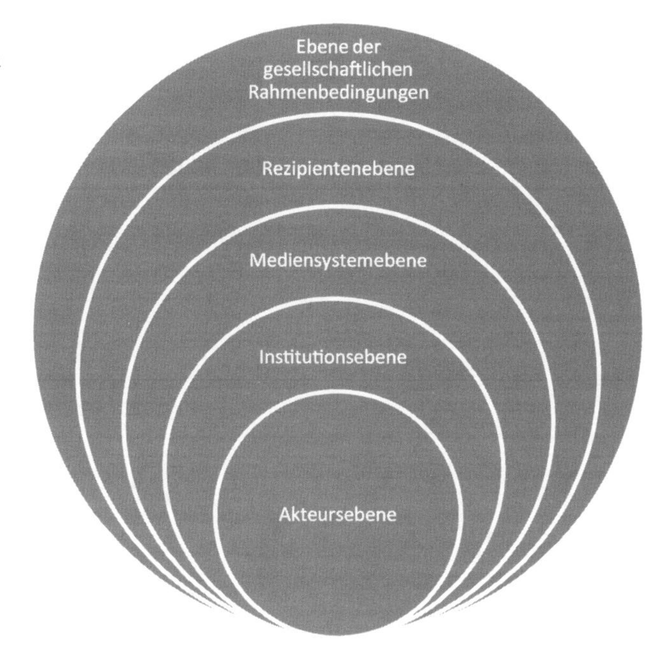

17.5 Ankerpunkte für Qualitätskriterien: Makro-, Meso- und Mikroebene

Fabris' Mehrebenen-Modell (vgl. Abb. 17.2) sieht Qualität nicht als willkürlich festgelegte Norm, sondern als gesellschaftliches Konstrukt und setzt sich die Systematisierung der gesellschaftlichen Ebenen der Qualitätssicherung journalistischer Produkte zum Ziel. Qualitätskriterien entstehen demnach in einem längeren rekursiven Prozess. Sie werden vererbt, in Strukturen implementiert, angepasst und verändert. Sie führen zu Produkten, die evaluiert werden und wiederum zur Grundlage neuer Qualitätserwartungen und Strukturen führen. Qualitätssicherung journalistischer Produkte erfolgt nach Fabris und Quandt auf drei Ebenen, die miteinander verbunden sind und in denen es Übergangsbereiche gibt: der gesamtgesellschaftlichen *Makroebene*, der Ebene der Orientierungshorizonte, die aus dem sozialen menschlichen Miteinander gebildet wird und in der der Journalismus seine gesellschaftliche Funktion erfüllt sowie alle funktionserfüllende Maßnahmen als qualitätssichernde Maßnahmen gesehen werden, der institutionellen und organisationalen *Mesoebene*, in der Strukturen aus Vorstellungen und Vorstellungen aus traditionellen Strukturen betrachtet werden. Gerade in der Anfangsphase hat der Online-Journalismus die Strukturen des klassischen Journalismus übernommen und ist derzeit noch auf Struktursuche. Qualitätsmerkmale dieser Ebene leiten sich daher (noch) zumeist aus traditionellen institutionellen und organisationalen Zielen ab, also altbekannter Normen des Journalismus. Drittens erfolgt Qualitätssicherung auf der *Mikroebene* der Akteure, der Handelnden und des Akteurshandelns. Qualitätskriterien leiten sich hier aus der Umsetzung von Pro-

Tab. 17.2 Bildung von Qualitätskriterien auf drei Ebenen in Anlehnung an Fabris (eigene Darstellung nach Vorlage von Quandt 2004: 68)

Betrachtungsniveaus		Ankerpunkte für Qualitätskriterien
Makroebene	Orientierungshorizonte	Gesellschaftliche Funktion, Aufgaben
Mesoebene	Institutionen, Organisationen	Institutionelle und organisationale Ziele
Mikroebene	Akteure	Handlungsregeln, Programme, Rollen

grammen und Handlungsregeln sowie rollenadäquatem Handeln ab. Dies stellt keine zu Standardisierung, Uniformität und Konformität negativ ausgerichtete Denk- und Handlungsorientierung dar. Qualitätsvolle publizistische Produkte entstehen aus fachlich altbekannten Darstellungsformen, Handlungs- und Vorgehensweisen. Diese Handlungsszenarien erleichtern dem Journalisten vielfach seine Arbeit, er weiß anhand verschiedener Baupläne, wie er einen attraktiven Text verfassen kann (vgl. Quandt 2004: 63–69) (Tab. 17.2).

Dass es manchmal aber keinen Bauplan gibt und sich neue kreative Vorgehensweisen durch neue technische Möglichkeiten zu neuen Bauplänen etablieren, zeigt das neue Format des multimedialen Storytellings. Beispielhaft seien hier die preisgekrönten multimedialen Berichte *Snow Fall* (*New York Times*) und *Firestorm* (*The Guardian*) erwähnt[5], für deren Umsetzung nicht mehr ein Redakteur, sondern ein ganzes Redaktionsteam nötig war.

Zusammenfassend gilt für die Qualitätssicherung im Bereich Content von E-Publishing-Produkten das vielzitierte PDCA-Modell[6] Demings. Die dargestellten Besonderheiten der Qualitätskriterien, des Redaktionsprozesses und der Mikro-, Meso- und Makroebene können in dieses Modell eingepasst werden und es so zu einem spezifischen Qualitätssicherungsmodell für (journalistische) Content-Produkte machen (vgl. Abb. 17.3).

17.6 Vertiefung

- Was ist Qualität?
- Was sind Gütekriterien publizistischer Qualität?
- Wie entstehen publizistische Qualitätsmerkmale?
- Warum ist gerade die Transparenz den Empfängern publizistischer Produkte wichtig? Welche Problematik stellt sich dadurch den Produzenten?
- Was versteht man unter Qualitätskriterien auf Mikro-, Meso- und Makroebene?

[5] Vgl. http://www.nytimes.com/projects/2012/snow-fall/#/?part=tunnel-creek, 31.07.2013 und http://www.theguardian.com/world/interactive/2013/may/26/firestorm-bushfire-dunalley-holmes-family, 31.07.2013.

[6] Vgl. http://www.olev.de/p.htm, 20.08.13.

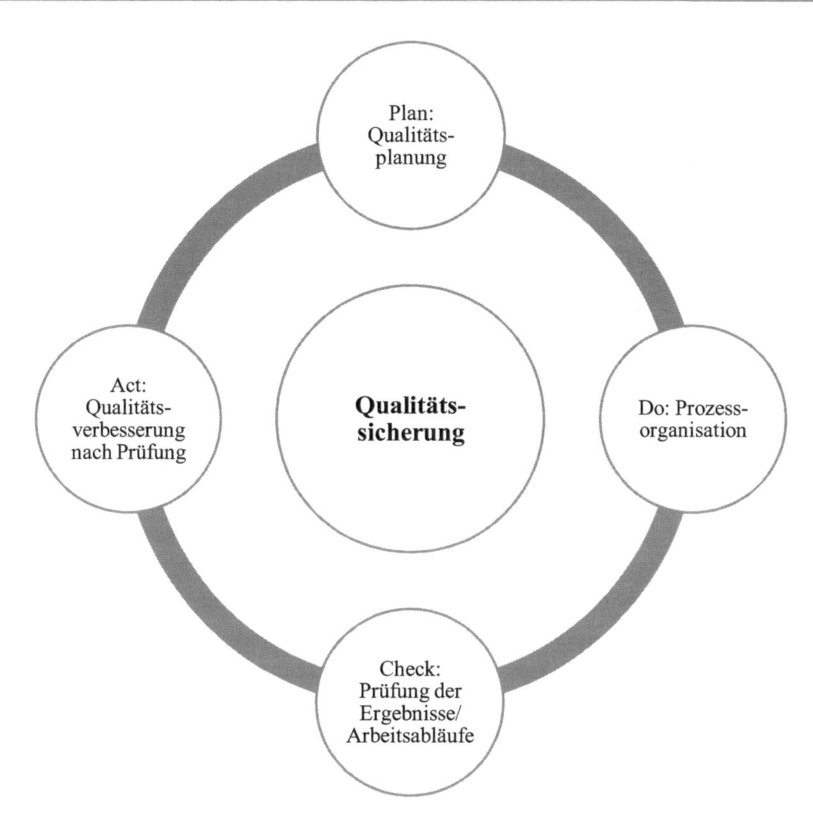

Abb. 17.3 Content-Qualitätssicherung journalistischer Texte nach dem Deming'schen PDCA-Zyklus

Literaturempfehlung

Heinrich, Jürgen: Publizistische Qualität. In: Sjurts, Insa (Hg.): Gabler Lexikon Medienwirtschaft. Gabler. Wiesbaden. 2011. S. 513–514.

Quellen

Bauer, Christian Alexander: User Generated Content. Urheberrechtliche Zulässigkeit nutzergenerierter Medieninhalte. Springer. Heidelberg. 2011.

Branch, John: Snow Fall – The Avalanche at Tunnel Creek. New York Times. 2012. Online Verfügbar unter: http://www.nytimes.com/projects/2012/snow-fall/#/?part=tunnel-creek, 24.07.2013.

Bundeszentrale für politische Bildung: Crossmediales Arbeiten im Newsroom. 2012. Online verfügbar unter: http://www.bpb.de/gesellschaft/medien/151607/unter-strom-der-newsroom, 31.07.2013.

Frankfurter Tag des Online-Journalismus 2013: Programm. Online erhältlich unter: http://blogs.hr-online.de/ftoj/programm/, 30.07.2013.

Große-Homann, Hendrik: ZEIT WISSEN legt Quellen offen. Zeit Magazine. 07.06.2013. Online verfügbar unter: http://www.zeit-verlagsgruppe.de/presse/2013/06/zeit-wissen-legt-quellen-offen/, 30.07.2013.

Henley, Jon: Firestorm. The Guardian. 23.05.13. Online verfügbar unter: http://www.theguardian.com/world/interactive/2013/may/26/firestorm-bushfire-dunalley-holmes-family, 31.07.2013.

Krems, Burkhardt: Online-Verwaltungslexikon OLEV. Online verfügbar unter: http://www.olev.de/p.htm, 20.08.13.

Meier, Klaus: Unter Strom: Der Newsroom. bpb. 2012. Online verfügbar unter: http://www.bpb.de/gesellschaft/medien/151607/unter-strom-der-newsroom, 31.07.2013.

Mischel, Roman: Der Chefredakteur: Ralf Geisenhanslüke, Neue Osnabrücker Zeitung. ABZV. 23.04.13. Online verfügbar unter: http://videoreporter.abzv.de/2013/ralf-geisenhanslueke-noz/, 31.07.2013.

Neuberger, Christoph: Qualität im Online-Journalismus. In: Beck et. al. (Hg.): Gute Seiten – schlechte Seiten. Qualität in der Onlinekommunikation. Verlag Reinhard Fischer. 2004. S. 32–57.

Quandt, Thorsten: Qualität als Konstrukt. Entwicklung von Qualitätskriterien im Onlinejournalismus. In: Beck et. al. (Hg.): Gute Seiten – schlechte Seiten. Qualität in der Onlinekommunikation. Verlag Reinhard Fischer. 2004. S. 58–80.

Team Prof. Dr. Schmitz: Qualität. RFH Köln e.V. 2004. Online verfügbar unter: http://www.was-ist-qm.de/index.php?section=definitionen, 30.07.2013.

Vlašić, Andreas: Über Geschmack lässt sich nicht streiten – über Qualität schon? Zum Problem der Definition von Maßstäben für publizistische Qualität. In: Beck et. al. (Hg.): Gute Seiten – schlechte Seiten. Qualität in der Onlinekommunikation. Verlag Reinhard Fischer. 2004. S. 15–31.

Printed by Printforce, the Netherlands